湖北省档案馆 编

汉冶萍公司档案
汇编（一）

荆楚文库

荆楚文库编纂出版委员会

华中科技大学出版社

汉冶萍公司档案汇编

HAN-YE-PING GONGSI DANGAN HUIBIAN

图书在版编目（CIP）数据

汉冶萍公司档案汇编 / 湖北省档案馆编 .
一武汉：华中科技大学出版社，2021.1
ISBN 978-7-5680-3275-9

Ⅰ．①汉…
Ⅱ．①湖…
Ⅲ．①汉冶萍煤铁厂矿公司 - 企业史
Ⅳ．① F426.31
中国版本图书馆 CIP 数据核字 (2020) 第 017290 号

策划编辑：李东明　钱　坤　周清涛
责任编辑：章　红
整体设计：范汉成　曾显惠　思　蒙
责任校对：张会军　李　琴
责任印制：周治超
出版发行：华中科技大学出版社（中国·武汉）
地址：武汉市东湖新技术开发区华工科技园
电话：(027)81321913　邮政编码：430223
录排：华中科技大学惠友文印中心
印刷：湖北新华印务有限公司
开本：720mm×1000mm　1/16
印张：235.5　插页：26
字数：3406 千字
版次：2021 年 1 月第 1 版　2021 年 1 月第 1 次印刷
定价：1599.00 元（全七册）

ISBN 978-7-5680-3275-9

9787568032759 >

出版说明

　　湖北乃九省通衢，北学南学交会融通之地，文明昌盛，历代文献丰厚。守望传统，编纂荆楚文献，湖北渊源有自。清同治年间设立官书局，以整理乡邦文献为旨趣。光绪年间张之洞督鄂后，以崇文书局推进典籍集成，湖北乡贤身体力行之，编纂《湖北文征》，集元明清三代湖北先哲遗作，收两千七百余作者文八千余篇，洋洋六百万言。卢氏兄弟辑录湖北先贤之作而成《湖北先正遗书》。至当代，武汉多所大学、图书馆在乡邦典籍整理方面亦多所用力。为传承和弘扬优秀传统文化，湖北省委、省政府决定编纂大型历史文献丛书《荆楚文库》。

　　《荆楚文库》以"抢救、保护、整理、出版"湖北文献为宗旨，分三编集藏。

　　甲、文献编。收录历代鄂籍人士著述，长期寓居湖北人士著述，省外人士探究湖北著述。包括传世文献、出土文献和民间文献。

　　乙、方志编。收录历代省志、府县志等。

　　丙、研究编。收录今人研究评述荆楚人物、史地、风物的学术著作和工具书及图册。

　　文献编、方志编录籍以 1949 年为下限。

　　研究编简体横排，文献编繁体横排，方志编影印或点校出版。

《荆楚文库》编纂出版委员会

2015 年 11 月

光绪十六年创办汉阳铁厂人张之洞（1907年）

光绪二十二年接办汉阳铁厂人盛宣怀（1907年）

汉阳钢铁厂（1907年）

汉阳钢铁厂东望图（1907年）

汉阳兵工厂（1907年）

汉阳钢铁厂襄河煤炭码头（1907年）

汉阳铁厂总办李维格（中）与职员（1907年）

汉阳铁厂职员观看铁水出炉情景（1893年）

汉阳铁厂竣工投产中外职员合影留念（1894年）

汉冶萍公司总工会成立大会（1922年12月10日）

大冶得道湾狮子山采矿处（1907年）

大冶铁矿野鸡坪矿山（1907年）

大冶铁山分局员司矿工住屋（1907年）

萍乡煤矿全景

萍乡煤矿直井井口

被侵华日军飞机炸毁的大冶铁厂炼铁炉（1938年6月）

侵华日军攻占遭到轰炸后的汉阳钢铁厂（1938年10月）

华中钢铁公司全景（1953年）

华中钢铁公司员工医院（1950年）

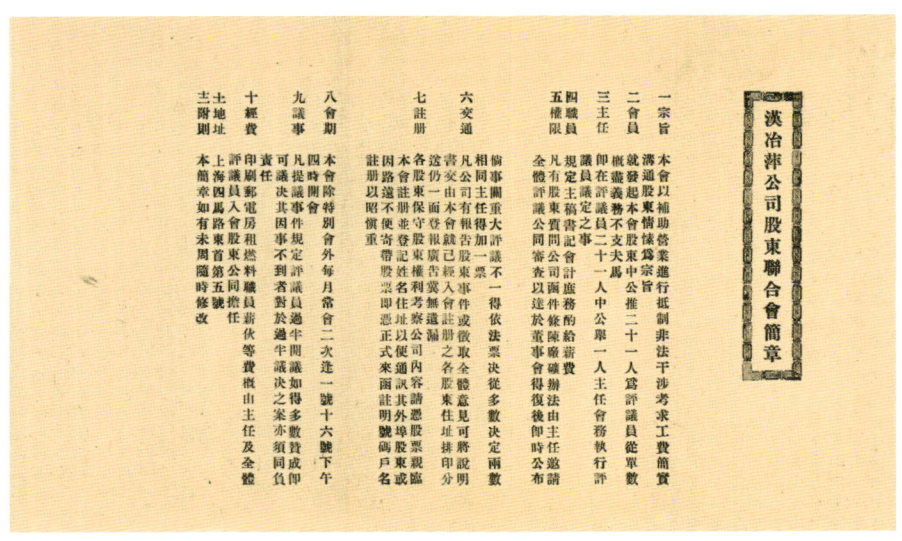

《汉冶萍公司股东联合会简章》

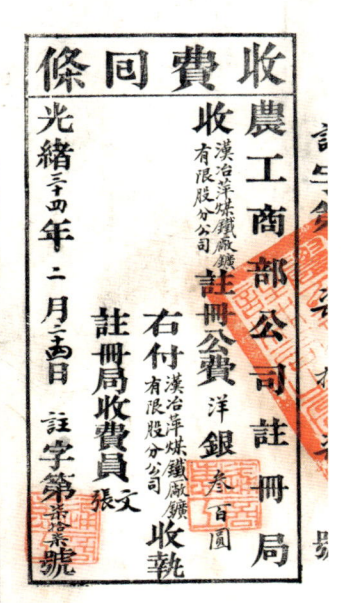

汉冶萍煤铁厂矿有限股份公司注册公费收费回条（光绪三十四年二月二十四日）

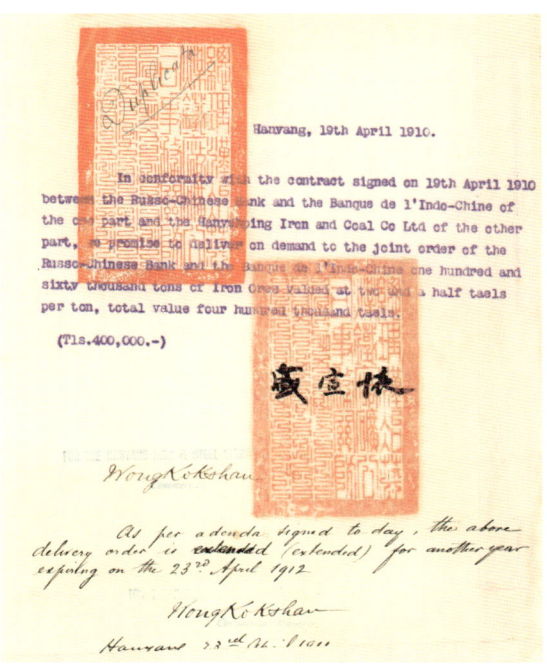

Hanyang, 19th April 1910.

In conformity with the contract signed on 19th April 1910 between the Russo-Chinese Bank and the Banque de l'Indo-Chine of the one part and the Hanyeping Iron and Coal Co Ltd of the other part, we promise to deliver on demand to the joint order of the Russo-Chinese Bank and the Banque de l'Indo-Chine one hundred and sixty thousand tons of Iron Ores valued at two and a half taels per ton, total value four hundred thousand taels.

(Tls.400,000.-)

汉冶萍公司与俄中银行和东印度银行联合体关于交付铁矿石的协议（1910年4月19日）

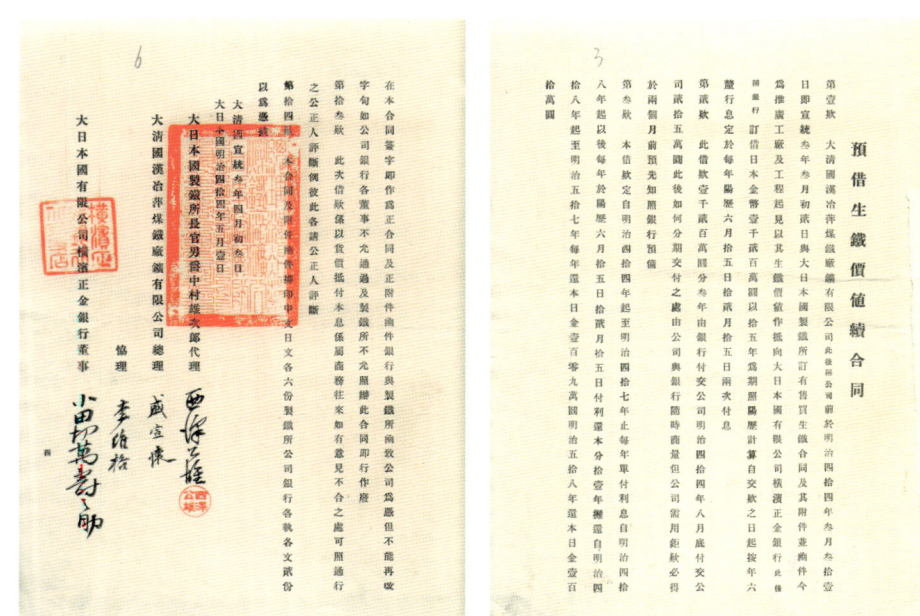

公司与日本制铁所签订《预借生铁价值续合同》（部分）（1911年5月1日）

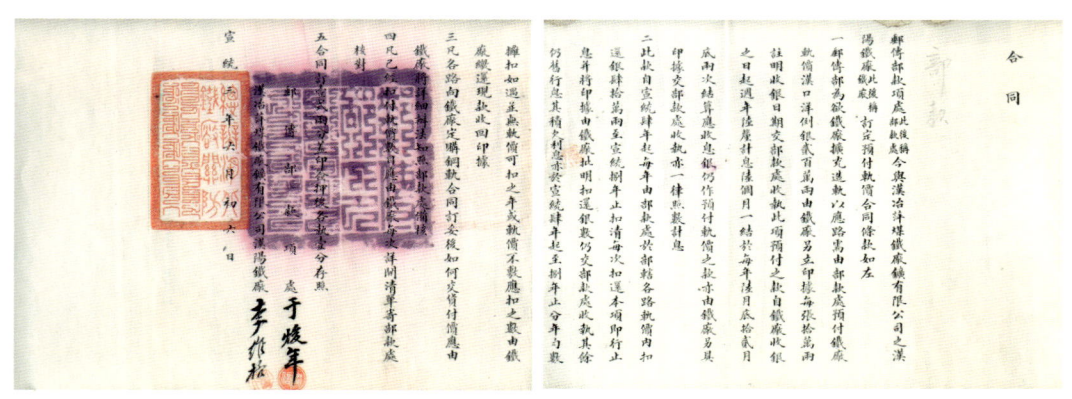

公司与邮传部签订《预付轨价合同》（1911年7月1日）

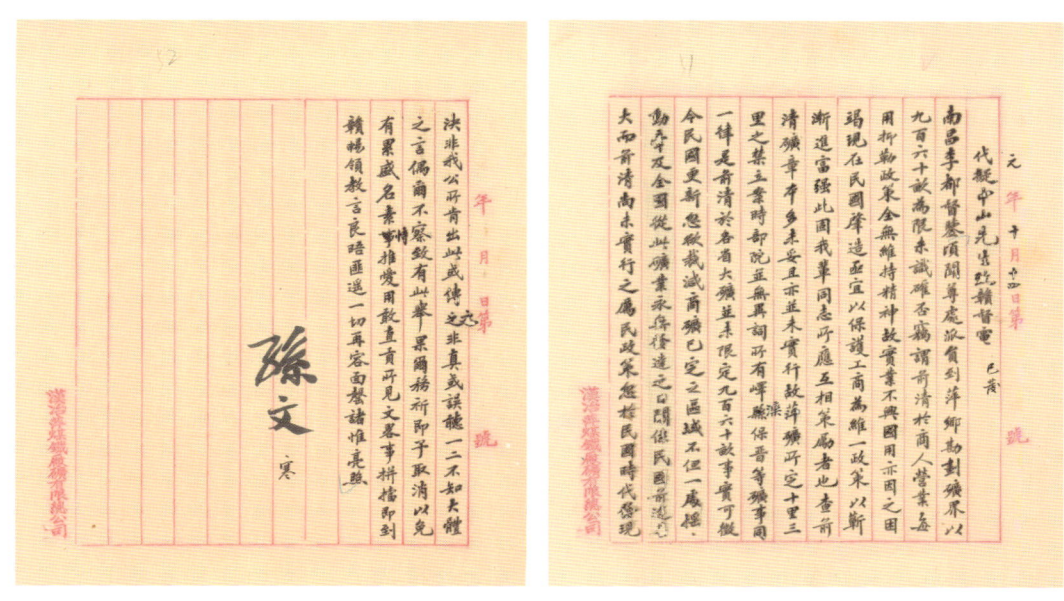

孙中山致李烈钧电（1912年10月14日）

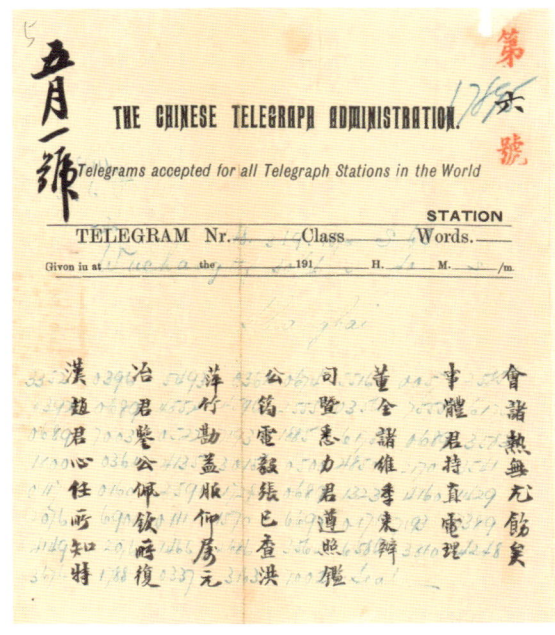

黎元洪致公司董事会电（1912年5月1日）

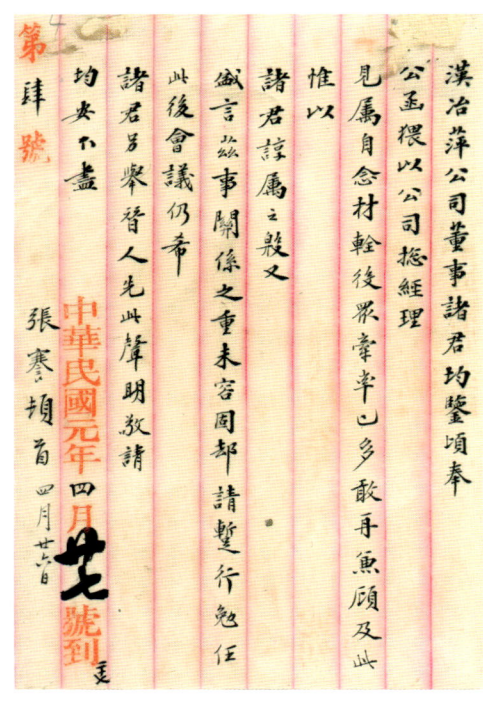

杨学沂致公司董事会信（1912年4月19日）

张謇致公司董事会信（1912年4月27日）

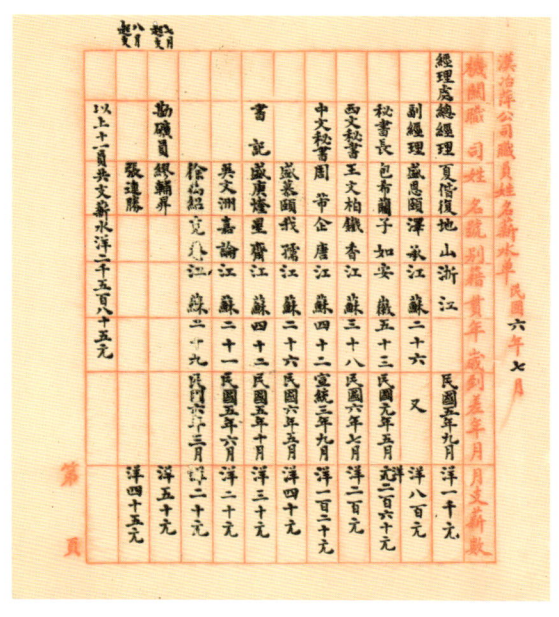

汉冶萍公司职员姓名薪水单（1917年7月）

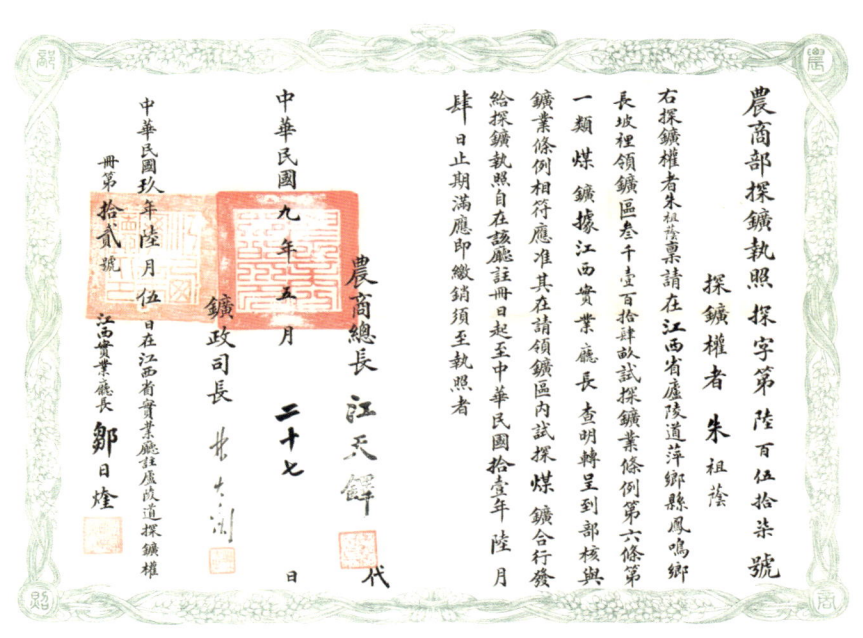

农商部颁发探矿执照（1920年5月27日）

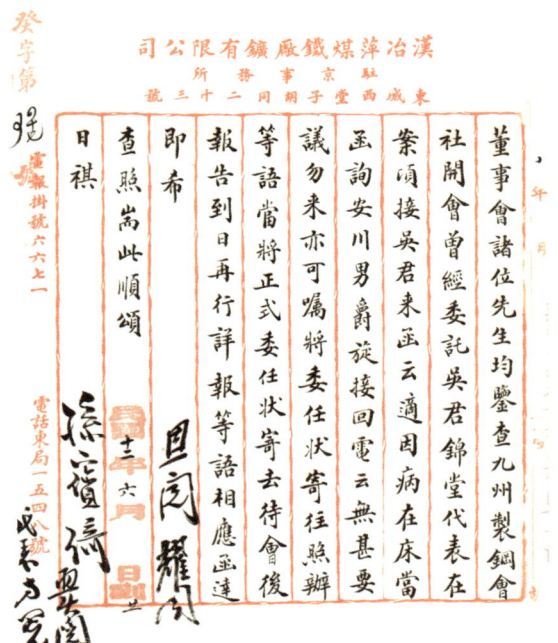

孙宝琦致公司董事会信（1923年6月21日）

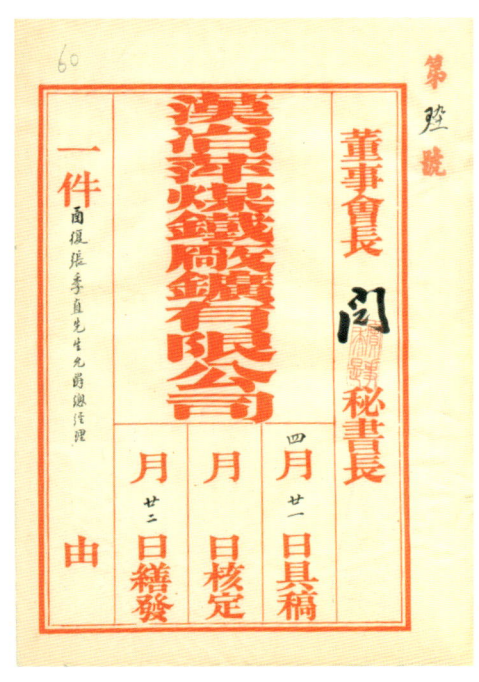

汉冶萍公司档案（1912年）

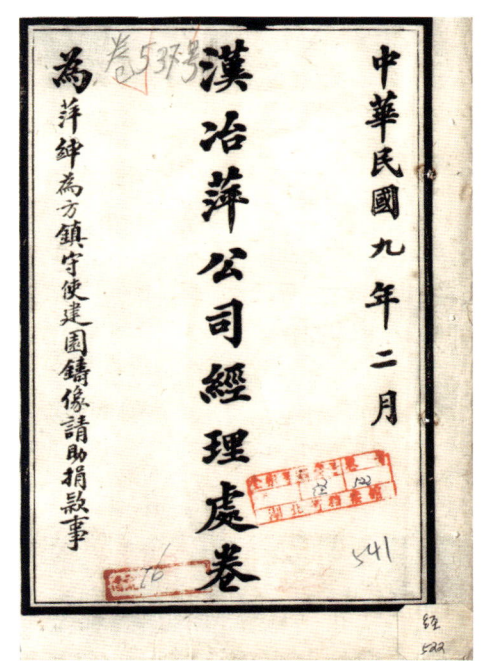

汉冶萍公司档案（1920年）

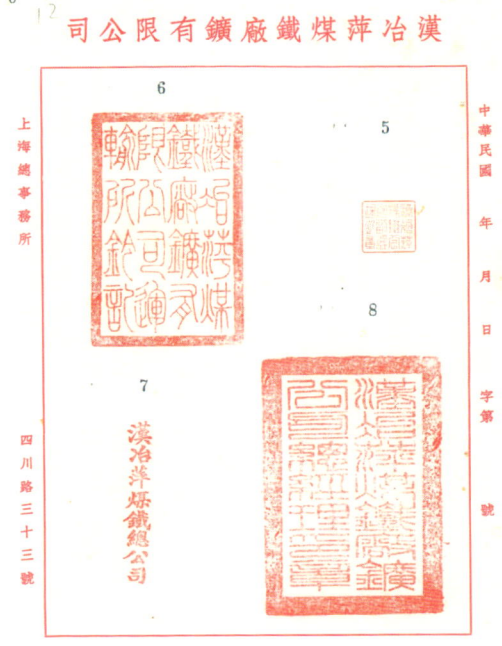

汉冶萍公司钤章

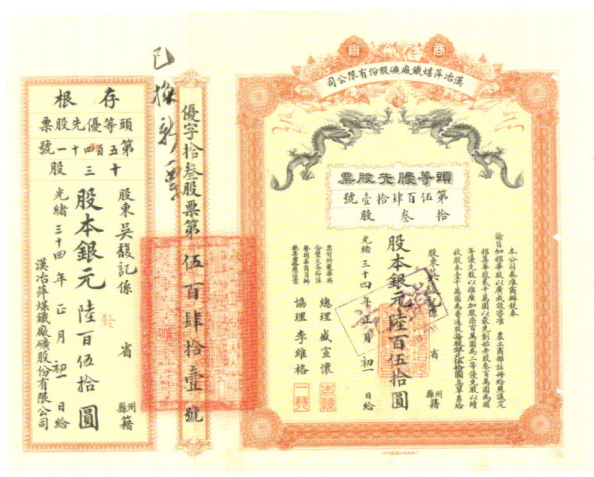

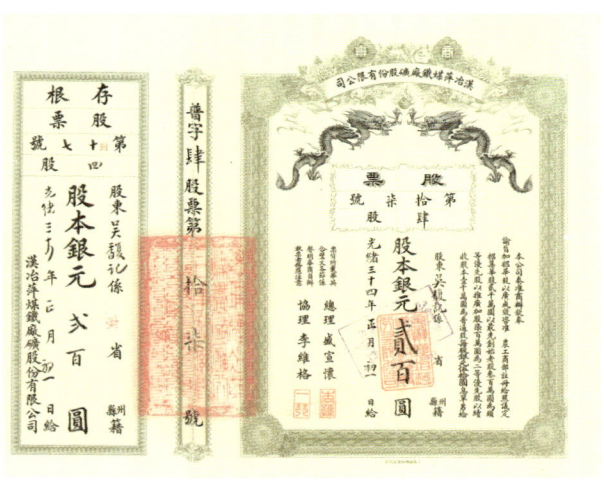

汉冶萍公司股票

编辑说明

一、依照《荆楚文库》编纂出版委员会编纂方案,我们对中国社会科学出版社 1992 年出版的《汉冶萍公司档案史料选编》(上下册)重新进行了整理,并在此基础上新增了华中钢铁公司部分。

二、本书所选史料,绝大部分选自湖北省档案馆馆藏的汉冶萍公司、华中钢铁公司原始档案或资料,成文时间 1889 年至 1954 年。

三、将汉冶萍公司于 1924 年编写的《汉冶萍公司事业纪要》置于附录,主要是为了使读者对公司历史情况有一个大致的了解,从而便于对史料的利用和研究。

四、《汉冶萍公司档案汇编》分官办时期、官督商办时期、商办时期、华钢时期,按大类、问题、成文时间顺序编排,日期、月份不明的置于月末或年末。在商办时期的综合大类中,有的文件如董事会议案等,内容涉及其他大类,为保持原件的完整,我们没有将其分别归入,希望读者注意。史料标题为编者统一改拟或加拟。成文时间统一排在标题下面,原件用中历纪年者,均已对照公历用阿拉伯数字置于"( )"内,个别电文的韵目代日与标题下面时间不一致的,系原件如此,编者未作改动。由于选录的文件数量较多,文件目录篇幅较长,为了查找方便,特在第一册目录前编列了全书的总目录。

五、为了存真,所选史料原则上全文照录,尤其是人名、地名,大多按原件写法,如"夏棣三"或作"夏棣山""夏地山","王宠佑"或作"王宠祐","株洲"或作"洙洲""株州"等,读者利用时请加以注意。个别文件因前后内容重复或价值不大,予以删节,并在标题上标明"节录"二字或注明重复之文件名称。

六、在编辑过程中,对所选史料进行了必要的校勘和注释工作,原件十分明显的错别字改正,用"〔　〕"标出,漏字加补用"〈　〉"标出,原文残缺、漫漶不清的字句及空格用"□"代替。表中和文中的""""符号和"ゝ"符号意指与前文或前数据相同,系原文照录。数字后的"″"符号表示英寸。原件中某些文理不通之处,或竖排行文中提到的"如左""列左"等,未作改动。标题中提及的重要人物首见处附有简注,资料不详者、次要人物及地名、厂名一般不注。日本人名一般使用简称,读者利用时请注意。专业技术名词一般不作注释。

七、原件中对某些事实有歪曲的表述,或有不当称谓,为了保持史料的原貌,均未作评注或改动,请读者利用时注意。

八、汉冶萍公司档案资料卷帙浩繁,年代久远,破损较多,给选编工作带来不少困难,加之编者水平有限,在选编和考订注释等方面难免存在缺失和错误,恳请读者批评指正。

汉冶萍公司及其档案简论[①]

（代序）

清代光绪十六年（1890），湖广总督张之洞在湖北汉阳创建炼铁厂，在大冶兴办铁矿。三年之后，标志着中国近代钢铁企业诞生的汉阳铁厂竣工投产。此后，晚清重臣盛宣怀接办汉阳铁厂，在江西萍乡开办煤矿。光绪三十四年（1908），汉冶萍煤铁厂矿股份有限公司（简称汉冶萍公司）成立，中国历史上诞生了第一个钢铁联合企业。汉阳铁厂"为东亚空前之伟业"，"大冶之铁，既为世界不可多觏之产，而萍矿又可与地球上著名煤矿等量齐观。是汉冶萍不独为中国大观，实世界之巨擘也"[②]。公司集勘探、冶炼、销售于一体，"兼采矿、炼铁、开煤三大端，创地球东半面未有之局"[③]，规模之庞大、影响之深远，在中国近代史上绝无仅有，堪称"中国钢铁工业的摇篮"[④]。

汉冶萍公司从1890年创建汉阳铁厂，经1945年改建华中钢铁公司，至1948年注销公司名称，到中华人民共和国成立后被人民政府接管，经历官办、官督商办、商办、国营四种企业体制形态，清末、北洋、民国和新中国初期四个历史时期，时间长达64年。伴随公司的发展历程，产生了数量浩繁的档案，其内容涉及政治、经济、军事、文化、外交及社会生活，反映了自19世纪90年代起的半个多世纪中国所发生的诸多重大历史事件，是珍贵的第一手史料。这批档案历经兵燹之祸，比较完整地保存下来，现藏于湖

---

① 本文中未注明出处的引文，均系湖北省档案馆馆藏汉冶萍公司档案。
② 《汉冶萍公司过去及将来》，《东方杂志》第15卷，1918年5月。
③ 《张文襄公全集·张文襄公奏稿》第28卷，北平文华斋1928年刻印。
④ 孙越崎为《大冶铁矿志》（自刊本）的题词，武钢《大冶铁矿志》办公室编印，1986年。

北省档案馆。

一

　　鸦片战争以后，向以"天朝上国"自居、睥睨群夷的清王朝，在西方资本主义国家"坚船利炮"的冲击之下，门户洞开。"今日之中国，其见欺于外人也甚矣！……其公使傲睨于京师，以凌我政府；其领事强梁于口岸，以抗我官长；其大小商贾盘踞于租界，以剥我工商；其诸色教士散布于腹地，以惑我子民。"①帝国主义的强盗行径和清王朝的腐朽颟顸，激起中国人民的极大义愤。咸丰元年（1851）爆发的太平天国农民战争，打击了帝国主义侵略势力，动摇了清王朝专制统治的根基。

　　在内忧外患的历史条件下，中国社会在思想层面出现新的变化，尝试探索新知，寻求强国御侮之道，开始了近代化的起步。在统治阶级内部，出现了一批标榜"自强求富"、兴办"洋务事业"的人物，摒弃视西方先进技术为"奇技淫巧"的井底之见，提倡"师夷长技"，骛赴云集般地兴办了江南制造局等 10 余家军事工业和轮船招商局等 20 多所民用工业。由于钢铁工业极度落后，这些企业所需的钢铁原料基本依赖进口。此外，"妇女用之针黹，炊饭用之锅釜"亦多仰赖外国供给。同治六年（1867）进口铁 11 万担，光绪十七年（1891）增至 173 万担。② 张之洞在光绪十五年八月（1889 年 9 月）的奏折中说，广东省"每年洋铁入琼州者百万斤有奇，入省城、佛山者约一千余万斤"。光绪十三年（1887）贸易总册所载，各省洋铁、洋针进口值银 213 万余两，次年升至 280 余万两。白银大量外流，使得清王朝更显国力竭蹶。

　　"钢铁之用，亦犹菽粟水火，不可一日缺也"，关系国防民生至重且巨。发展钢铁工业成为政见不同的洋务派领袖的共同目标。直隶总督、北洋通商大臣李鸿章提出："中国欲自强，则莫如学习外国利器；欲学习外国利器，

---

① 　马建忠：《拟设翻译书院议》，见《适可斋记言》，中华书局，1960 年。
② 　湖北省冶金志编纂委员会：《汉冶萍公司志》，华中理工大学出版社，1990 年。

则莫如觅制铁器之器。"①同治十三年（1874），李鸿章在得到清廷许可后，开办河北磁州煤铁矿，但因煤铁矿藏不旺，距船运河道甚远，资金筹措无着，加之购买英国的设备不符和被征用土地居民的反对等原因，导致磁州煤铁矿胎死腹中。光绪元年（1875），接受李鸿章密谕饬查中国地面产煤铁之区的盛宣怀，在广济盘塘设立"开采湖北煤铁总局"，雇英国矿师查勘湖北煤铁矿藏。光绪三年（1877）勘得大冶铁矿，盛宣怀赴大冶详勘，购得部分铁山土地产权，准备设厂炼铁，但因经费过巨，未获李鸿章批准。光绪十一年（1885），贵州巡抚潘霨开办青溪铁厂，经过5年多的建设投入试产，但因矿石无开采储量，燃料不符合新式高炉冶炼的要求，引发高炉多次爆炸，冶炼工人因害怕而离去，仅一个半月就被迫停产。后时断时续，8年后完全停产，多名官员为此被朝廷革职查办，潘霨因愧疚而吞金自尽。青溪铁厂为开启中国近代钢铁重工业的先河付出了惨痛代价。

青溪铁厂以失败告终的同年，张之洞创办的汉阳铁厂宣告建成。光绪二十年七月二十四日（1894年8月24日），张之洞上奏朝廷说，汉阳铁厂"诹吉于五月二十五日升火开炼，二十七日出铁。其余各炉机亦皆演试如法，一切均极顺利"。

张之洞在两广总督任上就有意开办铁厂。他认为，"凡武备所资……以及民间日用、农家工作之需，无一不取资于铁。办铁厂可以塞漏卮、开利源。"适逢朝野就修筑铁路发生争论，醇亲王奕譞及张之洞等人提出修筑芦汉铁路的建议，得到清廷认可。张之洞提出，"欲修铁路，必先造轨，造轨必先设铁厂，否则事倍功半。"奕譞深以为然，嘱其委托驻外公使，购买比利时日产生铁100吨的高炉两座和配套设备，准备在珠江南岸的凤凰岗择地设厂。

光绪十五年七月（1889年8月），张之洞调任湖广总督，督办芦汉铁路南段。继任两广总督李瀚章不愿意接手，"广东铁矿贫乏，……且营建厂房及购置机器的费用庞大，决不是广东财政所能负担"，奏请将尚未运到的机

---

① 《筹办洋务始末（同治朝）》，中华书局，2008年。

炉,径运湖北或直隶。李瀚章上奏后的第 13 天,即光绪十五年十一月二十六日(1889 年 12 月 18 日),张之洞就任湖广总督。三天后便致电海军衙门及李鸿章,要求将铁厂移建到湖北,很快得到清廷批准,并由户部拨款 200 万两库平银作为建厂经费。踌躇满志的张之洞,将在广东所定购之熔铁炉移到武汉,力排众议,将厂址定在"旧为洼塘榛棘之区"的汉阳大别山(今龟山)脚下。汉阳铁厂于光绪十七年八月(1891 年 9 月)动工兴建,两年十个月后,即光绪十九年十月二十二日(1893 年 11 月 29 日)竣工,次年上半年开炉炼铁。

湖南巡抚陈宝箴评价说,汉阳铁厂开炉鼓铸,既是"中国第一大政",也是张之洞"生平第一盛业"。由于采用了世界最为先进的生产设备和技术,汉阳铁厂的创设被称为"取法欧美钢铁冶炼工程之嚆矢"①。清廷户部在奏折中说:"湖北铁政一厂为中国制造之权舆,亦为外人观听之所系。"后世学者认为,汉阳铁厂建成投产,既是中国钢铁工业起步的标志,也被西方视为中国觉醒的标志。

汉阳铁厂投产不久,问题接踵而来,首当其冲的是焦炭不足。张之洞原本以为"中国矿产之富,甲于天下",实际却大相径庭。湖北境内,当阳煤矿储量过少,"仅敷数年";王三石煤矿,因透水无法解决而停闭;马鞍山煤矿虽然出煤,但"磺重不合化炼"。"湖北全省中欲求可炼焦炭之煤,竟渺不可得"。迫不得已远购英国、比利时"价值过昂"的"洋焦"。为减轻成本,搀用湖南宝庆煤,结果"火力不足,铁液凝结炉底,几致偾事"。当时国内能炼焦炭的煤矿仅河北开平一处,于是改用开平焦。"开平一号块焦,每吨正价及杂费水脚,需银十六七两,道远价昂,又不能随时接济"②,结果造成铁厂时常停工待料。

汉阳铁厂的总投资在 588 万两库平银以上,投产后两年间开支达 160 万两,而销售额只有 24 825 两,仅占开支的 1.6%。汉阳铁厂维持生产所

---

① 胡博渊:《三十年来之中国钢铁事业》,见《三十年来之中国工程》,中国工程师学会,1946 年。

② 汪胡桢:《中国煤矿业小史》,《东方杂志》第 18 卷,1921 年 9 月。

需经费数额巨大,其中仅支付"洋匠"的薪资便是一笔不小的开支。由于"事非素习,人乏专门,工师匠目,悉聘自外洋,资用浩繁,支持困苦"。汉阳铁厂初建时,购买地基花了银子 2.8 万两,购买民房并补给迁费 1.5 万两,共计 4.3 万两。但两年间支付德、英、比国的 9 名"工师匠目"的薪资共达 7.2 万两,为其修建住房和购买勘矿、测绘器具的 1.3 万两尚未计算在内。张之洞要求各驻外使节延揽"洋匠"时"优其薪、久其期"的承诺,成为沉重的包袱。

进退维谷之时,中日甲午战争爆发,清廷既付出了巨额开支,又因战败而需赔付二亿两银子,库空如洗,无力顾及嗷嗷待哺的汉阳铁厂。张之洞未曾想到,一年多前上奏朝廷的豪言壮语尚在绕梁,"甫经一稔,而已心力交瘁矣"。面对困境,张之洞便下决心实施其早已拟定的"经久之计":将铁厂招商承办。① 出于当时国内万马齐喑的氛围,他不能将此计划和盘托出,先是反复强调"华商力薄,不能任此","中华绅商,类多巧滑",致电湖北铁政局总办蔡锡勇说,"铁厂仍以外洋包办为宜"。消息传出,引发朝野一片反对。陈宝箴致电张之洞,认为铁厂包与洋人的设想"与公初意不大符合……甚为中国惜之"。于是,张之洞便驰电李鸿章,说包与洋人之议"已作罢论矣"。

在张之洞决定将原准备在广东兴建的炼铁厂迁至湖北时,光绪十五年十一月(1889 年 12 月)间,时任山东登莱青道盛宣怀到上海拜谒张之洞,两人"连日晤谈,详加考究"。盛宣怀为表示诚意,将在大冶购得之铁山矿相赠,以免"徒然藏富于地"。此后,盛宣怀致电张之洞,不仅表示愿意"获随侍""供驱策",而且对其知遇之恩"恨不沥肝以报"。张之洞在致盛宣怀的主子李鸿章的信中,对盛宣怀大加赞誉:"方今有才思、有魄力、深通西法商务者,惟津海关盛道为最。"而被称为"合肥相国左右臂"的盛宣怀,一方面向李鸿章表示"谁肯以丑恶无益之干求,商诸爱憎无常之大吏",以示不应张之洞之招而一心追随李鸿章之心迹;另一方面,对张之洞抛出的绣球

---

① 1892 年 6 月 11 日,张在致李鸿章的信中说,汉阳铁厂的"经久之计,终以招商承领、官督商办为主,非此不能持久"。

又难以不为所动。由于时局的关系,起初愿意接办铁厂的盛宣怀却又犹豫不决,多有推辞之意。张之洞在致李鸿藻的信中说:"盛为人极巧滑……海内皆知之。"此时国内兴办铁路之说泛起,立即"歆动"的盛宣怀表示愿意赴鄂"通筹决策"。早已属意盛宣怀出面经理铁厂的张之洞,立刻上奏清廷说"盛道才猷宏达,综核精详",明确表示接办汉阳铁厂之人"非盛莫属"。

光绪二十二年四月十一日(1896年5月23日),汉阳铁厂改为官督商办,从而给这个濒临衰竭的企业注入了些许活力,经营与生产较之以往出现了一些前所未有的生机。一直无法解决的两大致命难题,即缺乏煤焦和产品质量不高,随着萍乡煤矿的大规模开采和铁厂机炉的扩充改造,都得到了圆满的解决。在张之洞、盛宣怀的一再要求下,清廷下令任命盛宣怀督办铁路;规定铁路所需铁轨均购之于汉厂;批准其产品减免税厘等等。这些政策性措施对汉厂的生产和经营发挥了巨大的推动作用。

经过10余年的发展,官督商办的弊端诸如营私舞弊严重、充溢官场积习、生产效率不高、官商矛盾尖锐以及外国银行的刁难等,愈来愈明显。近代中国开启民智的一代宗师严复指出,官督商办是"盗西法之虚声,而沿中土之实弊","糜无穷之国帑,以仰鼻息于西人","无一实效之可指"①。由于未能取得民族资本家的信任,"华商多以官夺商业为惧",难以招徕民间资金。

光绪三十四年二月十一日(1908年3月13日),盛宣怀与湖广总督赵尔巽合词恭折,奏请"扩充股本,合并公司"。盛宣怀向皇上报告说,萍矿之煤,"炼焦足可合用";汉厂之钢,"足与英、德第一等纯钢媲美";邮传部通令各省兴筑铁路所需钢铁一律购自汉厂;因此,"以免巨资外溢,实已确有把握"。同时表态,一定"躬冒奇险,精思锐进,艰危困苦,绝不瞻顾,期于必成"。皇上下旨:著责成盛宣怀加招华股,认真经理,以广成效。13天以后,农工商部颁发注册执照,将汉厂、冶矿和萍矿合并组成公司,定名"汉冶萍煤铁厂矿股份有限公司",改官督商办为完全商办,汉冶萍公司正式

---

① 严复:《原富》译者按语,南洋公学译书院,1902年。

成立。

公司额定股本银洋 2 000 万元，由于华商"人情观望"，招附新股并不顺利。盛宣怀一面不断给亲贵大吏写信，描绘"各省铁路齐兴，煤铁销路愈推愈广"的美好前景，一面赠送若干股份，诱之以"大约将来余利总在轮船、电报之上"，一面请求购股，"大股小股，零整不拘"，"虽一二股不嫌其琐碎也"，"恨不得十八省百姓个个有股份"。

在盛宣怀的不懈努力下，"始有大批股份接入"，不久募集新股 1 300 多万元，暂时解决了资金短缺问题，三大厂矿的生产规模逐年扩大。宣统三年（1911），以年产量计，汉厂产钢 38 640 吨，萍矿产煤 1 115 614 吨，冶矿产矿石 441 812 吨。1914 年，第一次世界大战爆发，"列国工厂停顿，制造航轨器械，纷向汉冶萍定购，该公司供难应求"。世界钢铁市场价格暴涨，铁价"每吨由二十余两增至百余两，砂价亦至六倍以上"，公司瞬间"获利至九百余万"。公司还不失时机地购置、开办了附属厂矿，投资兴办了合资企业，由此进入"黄金时代"。1917 年，董事会会长孙宝琦等 11 名职员，分得"普红""特奖"合计 48 640 元，人均 4 420 元。总经理夏偕复、副经理盛恩颐两人分得 25 600 元。"各办事机关精神至此为之一振"。上海《万国商业月报》登载译自西方报纸的文章，如此描绘汉阳铁厂："烟囱凸起，插入云霄，屋脊纵横，盖于平野。化铁炉之雄杰，辗轨床之森严，汽声隆隆，锤声丁丁。触于眼帘，轰于耳鼓者，是为二十世纪之雄厂耶！"①

第一次世界大战结束后，钢铁价格急剧下跌，公司产品严重滞销。从 1921 年开始的三年里，公司"积亏至七百余万"。巨额亏损犹如一颗炸弹，被一时掩盖的"良莠杂出，上下相朦"等问题骤然出现。公司管理乱象丛生，决策层勾心斗角，厂矿长尔虞我诈、攻讦不止，员司匿情舞弊、龃龉不断。萍矿总办林志熙捏造假账，"侵蚀公司款项至三十余万两之巨"，轰动一时。被汉厂总办李维格称为"办事亦有血性"的德国总工程师吕柏说，铁厂的大小官员们"只想着如何去满足他们自己的私人利益。工厂的兴衰对

---

① 《东方杂志》第 7 期，1910 年 12 月。

他们来说,就像宇宙中最遥远的恒星距地球那样遥远。"①

"执中华实业之牛耳"的汉冶萍公司,瞬间陷于万劫不复之境地。从1921 年起,汉阳铁厂停止炼钢。三年后,3 号、4 号高炉停产。大冶铁厂 1号高炉开炼仅 10 余日就因事故停炼。2 号高炉投产 2 年,因煤焦供应不足而停产。国内仅有的两座日产量 450 吨的高炉,总共只生产了 26 个月。1925 年,大冶铁厂高炉全部停产。1928 年,萍乡煤矿被江西省政府接管,继由资源委员会赣西煤矿局接管经营。汉冶萍公司开煤、炼铁两大端已不复存在,只剩下大冶铁矿一处为抵偿日债而继续生产。"中国唯一的钢铁企业,变成了供给日本重工业原料的基地"②。

抗日战争爆发后,国民政府军政部兵工署和资源委员会成立迁建委员会,将汉厂、冶厂、冶矿的部分设备运往四川渡口另建新厂。1938 年 10月,大冶沦陷,日本侵略者在大冶成立"日铁大冶矿业所",大肆进行掠夺性开掘,运往日本的矿石达 450 多万吨。抗战胜利后,国民政府资源委员会接收"日铁大冶矿业所",成立华中钢铁有限公司筹备处。1947 年 12 月 1日,汉冶萍公司上海浦东码头基地被资源委员会钢铁事业管理委员会接管。1948 年 7 月 10 日,在原汉冶萍公司大冶铁厂、铁矿基础上组建华中钢铁有限公司。1948 年 7 月 12 日,资源委员会接收了位于上海四川路 33号中国企业银行大楼 809 号的汉冶萍公司总事务所。1948 年 9 月 29 日,国民政府行政院下发指令,核定汉冶萍煤铁厂矿公司处理办法:"该公司全部资产已抵押与日本,其剩余资产远不足抵偿其所负之日债,所有抵押品应由接收债权之政府予以接收,全部拨交资源委员会华中钢铁公司承受运用。汉冶萍公司事实上早已破产,其名义应即撤销。"

1949 年 5 月 27 日,武汉市军事管制委员会接管华中钢铁公司。中华人民共和国成立后,中原人民政府工业部、中南工业部和中共湖北省委先后任命了华钢党政领导干部。1954 年 9 月,重工业部钢铁局宣布,华钢更名为武汉钢铁公司。次年 10 月,武钢青山厂区动工兴建,随后建成新中国

---

①　吕柏:《中国的采矿业和钢铁工业》,慕峰涛摘译油印本。

②　陈之安等:《中国近代史(职工读本)》,山东人民出版社,1987 年。

第一个钢铁联合企业——武汉钢铁公司。

二

汉冶萍公司在华夏大地崛起时,国人为之振奋,挺胸抬头,在发出"翻东半球阛茸之旧局,作西半球灿烂之奇观"的赞叹之余,积贫积弱的民族找到了久违的自豪感。作为近代中国最大的钢铁联合企业,总共生产铁矿石1 400多万吨,生铁240多万吨,钢60多万吨,煤1 500多万吨,焦400多万吨(煤统计到1928年,焦统计到1924年)。借此,汉冶萍公司在中国钢铁工业史上铸下沉重的一页。

汉冶萍公司由盛而衰的原因,引发当世与后人无穷尽的探究。

曾任汉阳铁厂总办的李维格作《汉冶萍公司历史说略》一文,例举了五大原因:事非素习、债多股少、商股生利、洋轨免税、赎路风潮。李维格有"襄助盛公,竭忠尽智"之誉,且此文作于民国初年,因而备受重视。

1924年,汉冶萍公司编纂的《汉冶萍公司事业纪要》认为,公司经营困难之主因"厥有两端":一是负有巨额内外债款,每年应付利息约需二百数十万,"公司之营业不啻专为债权者作嫁"。二是公司没有副产炉,无法利用制铁的副产品,"以致成本不能轻减"。主纂者进一步强调说:"况公司与日本订立之借款交铁契约,绵亘有三十八年之久,若不通盘筹划,其将何以应付? 瞻望前途,不寒而栗。"

全国矿业主管机构农商部矿政司长胡庶华认同"日债"关系是导致公司衰亡的重要因素。他在报纸上发表文章说:"吾国钢铁事业,首推汉冶萍公司……其失败原因,皆由于办理之未善……兼之历年军阀斗争,颇受影响。复因欠日债关系,处处都受日人之操纵与牵制……"[①]在发表这篇文章两年后,胡庶华被国民政府军事委员会任命为汉阳钢铁厂筹备处处长,解决了汉厂长期停修问题。

1925年6月,董事会副会长李经方请公司商务调查员高木陆郎为公

---

① 1925年5月16日上海《新闻报》。

司"妥筹补救良策",高木列举了七个问题,其核心,一是频年动乱;二是借款利息及官利过重;三是事多冗员,人多冗费,众心弛怠。高木将公司比喻为"戕害寿命于不自觉"的浪子,"公司于健全时代,每多滥费血本"是致病之源。

交通部所辖整理汉冶萍公司委员会成立时,在报纸上宣称,汉冶萍公司开办40年来,因为"主其事者无非借公肥私",所以"其事业之发展毫无希望"。① 隶属于湖北省政府的清理汉冶萍公司债捐委员会,因"债捐""地税"问题始终与公司纠缠不休,认为公司不仅是"废官黠侩之集团",而且"益以日人为之主使"。

早年重点思考中国工业化问题的社会学家吴景超,将公司失败的原因概括为"四不",即计划不周、用人不当、管理不善、环境不良。所谓环境不良,一是"内乱时时发生",二是各级执政当局"补助是少有的,而诛求却无厌"。并且说张之洞在既无煤又无铁的汉阳建厂,"盲目无知""盲冲瞎干",最终失败在情理之中。②

1928年,交通部在讨论着手整顿公司办法时指出,张之洞的戊戌奏折(1896年6月)所言"巨细万端而皆非经见,事机屡变而意计难周"一语,乃是开脱之词,实质是"所计者未必得行,所行者未必早计"。③

20世纪70年代初,有学者将公司失败的原因归结为"钢铁生产的成本高昂",并认为这对公司的失败,"起着一种决定性的作用"。④

美国密西根大学教授费惟恺在其《19世纪中国的工业化:汉冶萍案例》一书中提出,汉冶萍公司这个"本来可以为国库生财、成为财富源泉的企业"之所以被断送,是因为它"不容许外人经营管理这个企业,滥借资金,经营腐败,最终为日本人所控制"。⑤

---

① 1927年12月14日上海《新闻报》。
② 吴景超:《汉冶萍公司的覆辙》,《新经济半月刊》第1卷第4期,1939年。
③ 《交通部整理汉冶萍公司委员会着手办法》,《矿冶》第1卷第1期,1928年2月。
④ 全汉昇:《汉冶萍公司史略》,香港中文大学,1972年。
⑤ 引自张仲礼等:《国外洋务运动研究概述》,《历史研究》1985年第3期。

八九十年代，以张国辉、代鲁为代表，则是将更多注意力集中到日本侵略势力对公司的掠夺和扼杀。代鲁认为，"一部公司史即一部公司日债史，研究公司与日本特别是日本政府的关系，即是抓住了公司存亡的主线"①。

曾任北洋政府外交总长兼代国务总理的公司董事会长孙宝琦，在1918年1月19日写给董事会的信中，以袁世凯为例说："项城诚一世之雄，其所以致败之由，固不仅在称帝。国家如此，公司亦何独不然？"继以盛宣怀为例说："补老昔当帝国专制时代，事权在握，无所掣肘。"到了民国，面对湖北的"填股"要求，却只能"亦即慨允"。随后叹惋："宝琦……阅历政界，悲观已极。"孙宝琦的这段话，将公司陷入困境的原因与政界和国家相联系，深中肯綮，值得重视。

从19世纪60年代末期起的30余年间，洋务派创立了一系列的军事和民用工业，它们形式不一、规模有异，消亡的命运却如出一辙。究其根源，洋务派所提倡的"中学为体，西学为用"，目的是利用西方先进技术维护而并非改变封建统治制度，他们"不懂得也不想懂得生产关系必须适应生产力这一社会发展规律，而且在实际上违抗了这一规律"②，造成了先进的生产力同落后的生产关系的巨大矛盾。洋务政论家王韬批评说，洋务运动"只能为民祸而不能为民福，能为民害而不能为民利"，原因就是向西方的学习"末者徒袭其皮毛，本者绝未见其有所整顿"③。方法与目的、手段与基础的矛盾，决定了洋务运动注定不可能成功。正如马克思、恩格斯在《共产党宣言》中所说，"把现代的生产资料和交换手段硬塞到已被它们突破而且必然被突破的旧的所有制关系的框子里去"，其结果只能"是反动的，同时又是空想的"④。洋务派本身的阶级局限性，使得李鸿章、左宗棠、张之洞及盛宣怀等人，最终留下这样的历史烙印：既是中国近代工业的创办者，

① 代鲁：《汉冶萍公司史研究》序言，武汉大学出版社，2013年。
② 黄逸峰、姜铎：《中国洋务运动与日本明治维新在经济发展上的比较》，《历史研究》1963年第1期。
③ 王韬：《上当路论时务书》，《弢园文录外编》，中华书局，1959年。
④ 《马克思恩格斯选集》第1卷，人民出版社，1995年。

也是终结者;既是经营者,也是破坏者。

汉冶萍公司同洋务运动有着天然的血缘关系,同洋务运动初期创办的一系列官办企业一脉相承。汉阳铁厂投产后不久,爆发了标志着洋务运动彻底失败的中日甲午战争,在客观上使汉阳铁厂成为洋务运动的谢幕剧。可以认为,汉冶萍公司从诞生之日起就站在了走向消亡的起跑线上,如同时开时停的列车,沿着自己生产的铁轨,一步步驶向倒闭。

洋务运动揭开了中国采用西方资本主义生产方式的序幕,使中国产生了自己的近代化企业,对民族资本主义的产生和发展起了刺激和推动作用。这些特点在其嫡传汉冶萍公司的历史上表现明显:官督商办以后,吸收了私人投资;经营的主要目的是追求利润,其产品作为商品投入市场;企业的劳动力是处在劳资关系下的雇佣工人;厂方任意地延长劳动时间,酷热季节仍要做满 12 小时;大冶铁矿"工人中多童子,年仅十龄者,肩土一担,得钱二文"①。所有这些,资本主义的特点十分明显。"劳心者高楼大厦,劳力者贫无立锥"的劳资关系发生严重冲突,如 1919 年汉阳铁厂工人罢工时,为达到"以期固结其心"的目的,公司采取了"建造工人住宅,为工人子弟设立学堂"之类的"体恤优待工人之举"。正因为如此,公司没有像其他企业那样夭折,而是带着严重的先天不足,顽强地延续了半个多世纪。

研究汉冶萍公司从兴建到发展继而衰亡的过程,可以清晰地看到,在半殖民地半封建的旧中国,资本主义的发展受到来自三方面的限制。

首先是封建官僚的抵制与束缚。李鸿章坚信"中国文武制度,事事远出西人之上",无须变革,所不及者"独火器"而已。② 盛宣怀在戊戌变法中极力主张"中国根本之学不必更动";到清王朝被迫搞立宪的时候,还企望"但求宪法顾得住君权"。他们创办的企业,经费多由官款拨充,沿用封建的管理制度,一个工厂就像一个衙门,工人处处受官吏的压迫。其根本目的是为了维护封建统治,而绝非发展资本主义。

其次,是资本-帝国主义的压迫和破坏。甲午战争前后,是外国资本主

---

① 1910 年 10 月 5 日《时报》。

② 《李文忠公全书(奏稿)》第 24 卷,清末金陵刻本。

义侵略中国的一个转变时期。已发展到帝国主义阶段的资本主义各国，不再满足于商品输出，他们无意使中国成为商品竞争的对手，而是日益注重于资本输出，目的就是瓜分中国，更多地攫取原材料和廉价的劳动力。第一次世界大战爆发后，帝国主义列强对中国的经济侵略暂时缓解，中国近代工业出现了昙花一现的繁荣。汉冶萍公司也不例外，生产和经营有了一个千载一时、空前绝后的大好局面。第一次世界大战结束后，帝国主义势力卷土重来，中国近代工业迅速地走向衰竭。这一切，正如毛泽东所说："帝国主义列强侵入中国的目的，决不是要把封建的中国变成资本主义的中国。……和这相反，它们是要把中国变成它们的半殖民地和殖民地。"①

再者，中国民族资本力量屡弱，无法与强大的资本-帝国主义较量。清末民初，"中国所成立之矿业公司颇多……然其财力，大半薄弱，不足称霸一方。而其产业权利，大抵属诸外人。"②公司曾宣称"拒收洋股"，向以"纯粹之中国公司"自诩，但在萍矿开办之初，就不得不向德国借了 400 万马克。公司自始至终都未能逃脱日本的吞噬。自光绪二十四年（1898）以后，日本加紧了对该公司的资本输出，明确要求公司以矿产作为抵押，仅在北洋政府时期就逼迫公司向其借债 17 次，最终将公司牢牢地控制在它的魔爪之下。在资本-帝国主义虎视鹰瞵之下，"堂堂华夏，不耻于邻邦，文物冠裳，被轻于异族"③。即使有不借外债的中小企业，则"不挂一洋旗，不由一洋商出面，亦成而必败"④。民族资本与其较量的结果，"停厂者有之，杀生破家者有之"。⑤

综上所述，汉冶萍公司纵有"万牛回首之力"，最终倒闭无法避免。同中国作为灿烂的文明古国到近代却沦落至任人宰割的悲惨境地一样，其原

---

① 《毛泽东选集》第 2 卷，人民出版社，1991 年。
② 一新：《汉冶萍公司近事记》，《东方杂志》第 15 卷第 12 号，1918 年 4 月。
③ 《孙中山选集》上卷，人民出版社，1956 年。
④ 汪敬虞：《中国近代工业史资料》（第二辑 1895—1914 年），科学出版社，1957 年。
⑤ 《中国新工业史发展大纲》，引自胡绳：《从鸦片战争到五四运动》，人民出版社，1981 年。

因正如毛泽东所说：一是社会制度腐败，二是经济技术落后。① 试想，公司的船只许悬挂日、俄"洋旗"才能在本国的内河上通行，在这样的国度里能有何作为？反观新中国的大冶炼钢厂，1951 年就创造了日产 35.3 吨钢的全国纪录。由此可见，"没有独立自主的国家地位，没有为民执政的国家政权，焉能有商办企业的生存发展，焉能有民族工业的振兴"②。由此可知，我们今天所做的研究工作之目的，"归根结底，就是要有助于中华民族在新的历史时期，更加觉醒起来，振奋起来，聪明起来"。③

<h1 style="text-align:center">三</h1>

汉冶萍公司自始至终重视档案工作，为后世留下了丰富的遗产和值得借鉴的经验。公司在档案的分类、编目、保管和利用等方面的实践，反映了这一时期文书档案工作的特点和规律，构成了我国近代档案学理论的基本内容。概括而言，其成就表现在：一是实行了档案的统一管理；二是使用了类似当代全宗理论的管理方法；三是采用了组织机构分类法；四是进行了重要档案文件汇编工作；五是建立了档案的借阅制度。上述内容成为我国近代档案学理论产生的重要基础，对于研究档案工作发展史具有很高的学术价值。

据档案记载，公司档案在战争年代曾两度遭受严重损毁。第一次是1941 年侵华日军拆除上海浦东码头时，公司存于此处的公司总事务所1919 年以前的账册及部分文件散失；第二次是 1945 年汉口保管处遭到飞机轰炸，相关文卷账册损毁。在公司档案工作者精心擘画之下，公司遗存的档案比较完整地保存下来。

汉冶萍公司档案共 9121 卷，上架排列长度 226 米，时间起于光绪十五年（1889），迄于 1954 年。这批档案、资料，由数量众多的电报、公文、函件

---

① 引自中共中央党史研究室：《中国共产党的九十年》，中共党史出版社，2016 年。
② 代鲁：《汉冶萍公司的钢铁销售与我国近代钢铁市场（1908—1927）》，《近代史研究》2005 年第 6 期。
③ 李侃：《近代传统与思想文化》，文化艺术出版社，1990 年。

等构成,可以分为四大类。

1. 经理处档案。数量最多,价值也较高。主要包括:规章制度、经营管理、销售运输、计划报告、产业设备、人事任免、机构设置、债捐交涉等内容。

2. 董事会档案。是公司最高权力机关产生的关于各类事项的议案、决议,以及与公司内外联系的函电,分总务、银钱、厂务、煤务、矿务、杂件六类。

3. 财会档案。包括公司会计所、商务所产生的四柱清册、股票存根、地(矿)契据、单据票证等。

4. 华钢档案。是汉冶萍公司的后续——华中钢铁公司的档案,分为国民政府资源委员会和新中国成立以后两大时期。有清理汉冶萍公司资产有关文件,接收、清理日本大冶矿业所的情况,汉冶萍公司股权登记、债权处理及债捐资料节录,华钢复工及开采计划和生产经营情况等。另有国民政府资源委员会迁建委员会的部分有关档案;公司刊行的各种资料汇编;公司收集的有关公司内容的剪报;反映公司情况的影集;图纸、地图、收发文簿和尚未立卷的杂件;日文、英文的合同、函件,图表、账册等。

湖北省档案馆馆藏其他全宗档案中,也有反映公司情况的档案。民国时期湖北省政府全宗有公司与湖北"债捐""地税"纠纷记录;建设厅全宗有湖北省整理汉冶萍公司委员会、湖北官矿公署有关工作,公司处理办法及债捐问题,清理汉冶萍公司财产节略;财政厅全宗有清理汉冶萍湖北债捐处简章,清理汉冶萍砂捐债款案;江汉关全宗有公司货运监管、轮船调查表和运载矿砂和生铁章程。新中国成立之初的中南重工业部全宗,也有大量与汉冶萍公司和华中钢铁公司相关联的档案。

在馆藏报刊资料中,反映公司情况的档案文献十分珍贵。在《民国日报》《晨报》《中央日报》《武汉日报》等报刊中,有关公司的报道数量众多;《矿冶》《矿业周报》《东方杂志》等刊物,常见登载对公司的评论及有关文章,如1923年《劳动周报》第3期,载有《汉冶萍总工会成立宣言》。

公司在官办、官督商办时期(1890—1908年)形成的档案,由于在抗战时期两次被毁,尽数亡佚。所幸,这段历史可从公司保存的资料,如《张文襄公奏稿》《汉冶萍公司事业纪要》和《汉冶萍公司年表》等中得到弥补。公司进入商办时期(1908年)以后的档案,尤其是盛宣怀去世(1916年)以后的档案数量众多,约占现存全部档案的五分之四。

从具体内容上看,公司早期的档案主要是张之洞、盛宣怀等人的奏折、电报,反映了洋务派官僚的思想与实践活动,记述了与中央政府和封疆大吏的各种关系;《汉冶萍公司事业纪要》记录了公司沿革、组织机构、产品出数、利润盈亏等方面的情况;《董事会议案草底》和历届《股东大会议案》是公司各项重要决策产生过程的原始记录;《汉冶萍公司紧要合同汇编》记录了公司历年商借外债及产品销售的情况;《德培办事条规》记载了聘请、管理和使用"洋匠"的情况;《与日本安川合办九州制钢厂》记述了中日"合办"钢铁企业的经过;《清理汉冶萍湖北债捐文件纪要》反映了公司与地方政府错综复杂的关系;《李维格日记》描述了辛亥革命爆发时武昌、汉口的社会情形;《汉阳钢铁厂全体工人罢工宣言》是我国最早一批产业工人之一——汉阳铁厂工人生活劳作的原始记录;《蒋介石致汉阳铁厂迁建会快邮代电》记录了抗战时期蒋介石下令拆除公司设备的命令;《汉冶萍公司资产清理委员会公告》是国民政府行政院组成公司资产清理委员会,清理接收公司的公告;《华钢党委关于重点整党建党的初步情况报告》记录了在共产党的领导下新中国钢铁工业蓬勃发展的宏伟景象。此外,还有孙宝琦、张謇、谭延闿、孙武等人的书札,既可为考证史实之用,亦可满足欣赏之需。

综括而言,汉冶萍公司的档案具有十分鲜明的特色。

原始性。公司档案伴随实践活动的客观需要而产生,为了便于日后查考而保存。形式上有草拟人的笔迹、核发者的签名、发文单位的大印;内容上记录了作者和主管单位的思想、立场,是当时具体情况的真实反映。

完整性。档案个体基本构成完备无缺,档案整体完整齐全;既记录了某一事件的前因后果,也反映了公司的历史全貌。

综合性。公司所处的历史时期,正是中国孕育和发生巨大变革的时期,张之洞、盛宣怀等人是当时声名显赫、举足轻重的人物,加之公司在亚洲首屈一指的规模及其在当时所处的特殊地位,使得公司档案的内容包罗万象,极为丰富。

汉冶萍公司的档案是公司历史的积淀,具有可靠的凭证作用和广泛的参考价值。

公司的档案是研究公司历史的原始材料。汉冶萍公司的历史,基本上就是我国早期钢铁工业的历史。分析、研究公司由创办到发展直至衰亡的过程,对于总结我国近代工业发展过程中的经验教训,具有非常重要的意义。而研究公司的历史,则必须以公司的档案为主要的材料依据,才能得出正确的结论。

公司的档案是印证公司史实的可靠凭证。过去对公司历史的研究,主要是根据盛氏私档和流传的零星的档案,缺乏官方档案的印证。而公司的最高权力机关董事会和经理处产生的档案,具有不可比拟的权威性。尤为难得的是,档案内容系统全面,数量恢宏,而且事无巨细,均有案可稽。

公司的档案是研究近代史的重要参考材料。在晚清、民国的中国政治舞台上,在帝国主义列强将中国瓜分豆剖的争夺中,公司始终扮演了一个引人注目的角色。中国近代史上所发生的重大事件,如辛亥革命、日本"二十一条"、北洋军阀南北战争、北伐战争、日本侵略中国,均与公司密切相关。正如冯天瑜所言,一部汉冶萍史,既是公司"历尽坎坷而又奋斗不已的历史",也是"曲折悲壮的中国近代史的缩影"①。

鉴于公司档案的重要价值,2002 年 3 月,"中国档案文献遗产工程"国家咨询委员会宣布,汉冶萍公司档案同其他 47 件"藏在深闺人未识,件件档案值万金"②的人类文明遗产一道,入选《中国档案文献遗产名录》,成为全国第一批"国宝档案"。

四

研究汉冶萍公司所依据的史料,早期主要是将私人奏稿、电稿、函稿、文稿等编辑而成的史料汇编,如张之洞、盛宣怀的《督楚公牍》《愚斋存稿》

---

① 吴绪成主编:《百年汉冶萍》,湖北人民出版社,2009 年。

② 《中国档案报》,2002 年 3 月 22 日。

等。汪敬虞、陈真、孙毓棠三人的同书名、不同出版社和年代出版的《中国近代工业史资料》，亦为学者必备必用。1980年以来，陈旭麓等的《汉冶萍公司》(三册)陆续问世，以及武汉大学经济学系的《旧中国汉冶萍公司与日本关系史料选辑》的出版，深受学界重视，是必不可少的引用、参考文献。

以盛宣怀研究为例，日本东京学艺大学从事辛亥革命历史研究的中村义教授所著《清末政治与官僚资本——以盛宣怀的活动为中心》[①]一文，对《愚斋存稿》的引用占引文的五分之一。需要说明一点，此书出自"盛氏私档"，经盛宣怀本人以及盛氏家族精心挑选而纂。"许多他们认为有碍盛宣怀官声、私德的都不收或作了删改"[②]。"私档"固为第一手资料，"官档"的价值则更胜一筹。由于与汉冶萍公司"官档"无缘得见，一些学者尽力钩稽，仍不免语焉不详。例如，某论述龙烟铁矿公司的文章说，1921年总经理盛恩颐决定购买龙烟公司股份。公司档案载："十三年……夏总经理辞职，推傅公宗耀为副会长、盛副经理代总经理。"且记录认购龙烟股票是在1918年10月。某文对李维格1904年出洋考察，携带矿石、焦炭、生铁、钢材等样品一说提出质疑，依据是《李维格呈出洋采办机器禀》所说只带了"铁石、焦炭"，并无生铁、钢材。公司档案载，李维格携带了"大冶铁石、萍乡煤焦及汉厂所炼之焦铁"。某文依据张之洞1889年9月20日的奏折，认为汉厂机炉购自英国谛塞德公司(Tee Side Co.)。公司档案载，比利时的厂家以同意接受训练40名中国工匠为购货条件，夺走了这笔生意。吕柏曾说，"张之洞派了一批18岁的年轻人到欧洲去，在设在比利时塞兰(Seraing)的科克里尔公司接受操作工和工长的岗位培训"[③]，可为印证。此类错讹虽无伤根本，却难免殃及治学。

在学界的共同努力之下，汉冶萍公司研究工作取得了巨大成绩。有学者统计，仅在2006—2016年的10年里，围绕公司的研究发表了数以百计

---

① 中国社会科学院近代史研究所《国外中国近代史研究》编辑部：《国外中国近代史研究》第6辑，中国社会科学出版社，1984年。

② 陈旭麓等：《辛亥革命前后：盛宣怀档案资料选辑之一》，上海人民出版社，1979年。

③ 吕柏：《中国的采矿业和钢铁工业》，慕峰涛摘译油印本。

的学术论文,出版了 8 本专著,这在中国近代经济史研究中十分罕见。①
但认真分析,有关研究仍嫌不够全面、系统,依然存在"盲区"。究其原因,
"在资料搜集和研究上花的功夫还不够深恐怕是一个重要原因"。② 进入
20 世纪 80 年代以后,史学研究的传统规范开始面临全新观点的挑战。比
如,中外关系不只有侵略和被侵略的一面,还有正常交往的一面;"借洋债"
"重用洋员"不能一律视为买办行为等③。这些观点的得出,与占有史料的
广度、研究的深度,特别是新的第一手资料的发现和利用有因果关系。再
如汉冶萍公司的借债问题,民国初期就有人研究,终因缺乏核心资料,只好
托言"事实秘密,未能详知"④,不了了之。随着档案的公布,包括日本方面
史料的发现和利用,这一问题就研究得比较透彻了。

1980 年 5 月,中共中央书记处做出开放历史档案的决定,对历史档案
开发利用工作提出了新的要求,指明了新的方向。为此,湖北省档案馆编
辑出版了《汉冶萍公司档案史料选编》一书。此书是第一部以公司档案为
主体的史料书籍,引起国内外学术界的很大反响,成为研究汉冶萍公司历
史必不可少的参考书。2015 年,湖北省《荆楚文库》编纂出版委员会将《汉
冶萍公司档案汇编》列入出版计划。根据要求,我们在《汉冶萍公司档案史
料选编》基础上做了补充与完善。其学术意义表现在:一是公司企业体制
形态由官办、官督商办、商办,增加国营为第四种;二是公司存在时间由
1890—1948 年,改为 1890—1954 年。本书收辑的史料基本为档案原件,
具有真实性和权威性;史料选用慎重,注意史料的全面性和差异性;翔实反
映公司历史上所发生的事件,并注重提挈前因后果及社会因素的影响。
《汉冶萍公司档案汇编》可称汉冶萍公司档案资料收集整理的最新成果,可
为学者治学带来莫大裨益。

---

① 李海涛:《近十年国内汉冶萍公司史研究的回顾与反思》,《湖北理工学院学报(人
  文社会科学版)》2017 年第 2 期。
② 谭其骧:《对今后历史研究工作的四点意见》,《社会科学》1983 年第 5 期。
③ 张亦工:《中国近代史研究的规范问题》,《历史研究》1988 年第 3 期。
④ 高劳:《临时政府借债汇记》,《东方杂志》第 8 卷,1911 年 1 月。

为充分挖掘档案的历史价值、文化价值,学好用活档案这一宝贵财富,我们对汉冶萍公司研究中可望引起社会关注的课题做出研判,与专家学者共飨。

1. 中国革命史研究

中共一大做出集中力量领导工人运动的决议后,向工人宣传马列主义,帮助工人组织工会,领导罢工斗争,掀起第一次工人运动的高潮,成为党的中心工作。"汉冶萍是中国最新式、最进步的大产业,为中国中部工业制造的策源地,其一举一动足以影响全国"[①]。资料记载,毛泽东在1920年至1930年,先后10次来到安源,领导了安源工人大罢工和秋收起义,在中国革命史上留下了光辉的篇章。公司档案中,有关于刘少奇、李隆郅(李立三)、李汉俊、蒋先云、黄静源等人的记载,有李福生(张浩)在大冶铁矿活动的记录。

在中共党史方面。中国共产党成立后不久,毛泽东、刘少奇、李立三、陈潭秋、蔡和森、毛泽民、夏明翰、恽代英、李维汉、萧劲光等党的早期领袖和重要干部,都来到安源从事过革命活动;产生了中国最早的产业工人党支部、最早的党校,最早进行反腐倡廉探索实践;党的四大召开前,安源党的组织是全国党员人数最多、规模最大的地方组织;毛泽东亲自介绍入党的夏明翰、蒋先云、刘义、黄静源、毛新梅等人,都曾在这里从事革命活动。现存档案中有敌人枪杀黄静源的详细记载。此外,还有一些人曾经担任党的重要职务,后背叛了党的宗旨,如向忠发、李涤生、陆沉(卢斌)等人,都曾在公司领导过工人运动。

在人民军队史方面。1927年9月,毛泽东在安源领导了湘赣边界秋收起义,安源工人是毛泽东最早领导和指挥的工人武装队伍"工农革命军"的重要组成部分。1936年,埃德加·斯诺在延安记录下毛泽东回忆:工农军队的第一批部队战士的三个来源之一是"汉阳矿工"[②],即为"汉冶萍矿工"之笔误。据资料记载,1927年至1930年,有5 000多名安源矿工分别

---

① 湖北省冶金志编纂委员会:《汉冶萍公司志》,华中理工大学出版社,1990年。
② 埃德加·斯诺:《西行漫记》,董乐山译,外语教学与研究出版社,2012年。

参加了秋收起义、创建井冈山革命根据地和中央革命根据地的斗争,成为人民军队中独有的工人群体,从中走出杨得志等 13 名开国将军。

在工人运动史方面。汉冶萍公司鼎盛时期(1914 年前后),拥有工人数量在 3 万人以上,"是当时中国最大的一支产业大军"①。在帝国主义和封建买办官僚的压榨之下,饱受欺凌。1917 年,公司中最高工资与最低工资相差 83 倍。西方报刊称,底层工人低廉的工资"欧美亘古所未闻也"②。汉厂、冶矿和萍矿的工人为争取生存权利进行了自发的斗争,1906 年安源工人参加同盟会发动的萍浏醴起义,首开中国工人阶级大规模武装反抗的先河。中国共产党成立后,工人运动翻开了崭新的一页。1922 年成立的由刘少奇任委员长、向忠发任副委员长的汉冶萍总工会,是全国最大的产业工会,"开中国劳动运动未有之创局,足以使资本阶级惊心丧胆"。安源建立了全国人数最多、组织最严密的革命工会——安源路矿工人俱乐部。1922 年爆发的安源路矿工人大罢工,取得了全国工人运动中"绝无而仅有"的完全胜利,代表了中国工人运动的正确方向。

2. 档案史料当代价值研究

古人有云:"鉴于往事,有资于治道。"例如:研究中国共产党领导第一次工人运动的伟大实践和无数先烈的英雄事迹,作为传承红色基因的生动教材,发挥资政、育人的作用;研究汉冶萍公司失败的原因、举借外债的历史,总结经验教训,为当前企业的生存发展乃至于为国家经济建设提供借鉴;研究汉冶萍公司对区域社会经济发生的影响,诸如汉厂对武汉地区城市化起到的推动作用、冶矿推动近代黄石城镇化建设的步伐、萍矿助推萍乡地区融入长江中下游经济带,为当前长江经济带建设提供佐证。简而言之,将研究成果充分运用到新时代经济、社会、文化等领域的发展实践中,让档案这一宝贵的文化遗产焕发出新的生机和活力,是我们的共同任务。我们期盼着专家学者奉献聪明才智,多出经世致用的大作。

---

① 湖北省冶金志编纂委员会:《汉冶萍公司志》,华中理工大学出版社,1990 年。
② 《汉冶萍煤铁厂矿记略》,《东方杂志》第 7 期,1910 年 12 月。

3. 公司用人制度及人物研究

汉冶萍公司腐朽的用人制度、猖獗的裙带关系，历来为人所诟病。学界普遍认为，这是导致公司衰亡的重要原因之一，这个结论可在档案中得到印证。但我们不能简单地用今世的标准去衡量彼时的是非曲直。试想，如果公司用人制度一无是处，如何能够"揽尽天下英才而用之"？若非人才济济，公司能在混沌初开、光怪陆离的社会中维系半个多世纪这一事实，就无法得到合理的诠释。

汉冶萍公司的决策层熟谙"凡事得人而理"的道理，由公司资遣出洋留学的吴健就曾说过："徒有物资机器，不足以言工业之发达。"公司厉行的用人制度，并非毫无可取之处，其中有许多科学的理念、先进的方法，还有待于进一步挖掘，以资借鉴。对于本国技术人员的管理，档案记载十分详尽。据统计，1927 年全国"受矿业特别训练之人数在一二千之间，就中在矿业上立足者亦数百"①，他们当中的大多数都曾在公司效力，经过锻炼，大都成为冶金行业的精英。有关报道记载，抗战期间，主持大后方各大小炼钢厂的技术人员，多半是汉冶萍公司的老职员。② 公司对出洋留学获"洋文凭"者并未疏于管理，一味迁就。公司董事会在研究相关问题时，曾一针见血地指出："用好洋员自不如用中国之好出洋毕业生，但真好者不多见。其普通之病，凡一经专门毕业，遂自视不凡，非丰礼厚聘不来。"

对公司大量雇请、重用"洋匠"以至于"喧宾夺主"，历来有很大争议。1946 年出版的《三十年来中国之工程》一书说："外国技术员工之借重亦应宾主分明……决不可再蹈汉冶萍公司之覆辙。"③事实并非如此，例如 1896 年汉厂总管德培草拟的《办事条规》，对如何聘请、管理和使用"洋匠"做了明确规定。至于雇用的"洋匠"是否同其他企业的洋员一样是"技艺不精"，"为该国不用之人而中国用之"④，尚有待深入研究。

---

① 《交通部整理汉冶萍公司委员会着手办法》，《矿冶》第 1 卷第 1 期，1928 年 2 月。
② 《目前炼钢业的困难》，1943 年 10 月 28 日《新华日报》。
③ 胡庶华：《三十年来之中国工程》序六，中国工程师学会，1946 年。
④ 徐凤辰、赵元矢：《中国近代史》，辽宁人民出版社，1983 年。

　　盛宣怀是公司人物研究绕不开的话题。学者认为,"研究中国资本主义的历史不研究盛宣怀是不可思议的"①。盛宣怀一生摘冠折桂、产业无数,然而倾其毕生心血的唯有汉冶萍公司。盛宣怀曾与人言:"汉冶萍为东方杰出之一事,震动欧亚,鄙人将老于此矣。"从 1902 年起,由于一系列卖国商约的签订,盛宣怀便生活在"国人皆曰可杀"的呼声中:"媚外肥己、甘为国贼"②,"贪污犯"③,帝国主义的"宠儿""内奸"④。这些结论性观点的时代色彩毋庸置疑。如何结合时代背景、客观条件,探究深层次的原因,得出符合实际的结论,对历史研究者来说既是责任,也是考验。

　　对于张之洞、盛宣怀、郑观应、李维格、叶景葵,乃至张赞宸、李寿铨等人物的研究,学界倾注了极大努力,成果颇丰。相对而言,对孙宝琦、张謇、夏偕复、盛恩颐等人,则关注较少。至于社会名流如"民国产婆"赵凤昌等,以及科学名人如中国半自动步枪第一人刘庆恩、中国近代矿学之父王汝淮、近代化学工业开拓者徐建寅等,更是鲜有涉及。公司档案是研究这些人物在这一时期活动的不可多得的第一手资料。专家学者对此进行深入研究,不仅能拓宽学术研究领域,亦可提高社会的关注程度。

　　总之,当下是汉冶萍公司档案史料收集整理最好的时期,相关研究之繁荣鼎盛可期可待。让我们共同努力,在档案史料编辑出版和学术研究工作上取得无愧于新时代的卓越成就。

《汉冶萍公司档案汇编》编辑部

执笔　刘文彦

---

①　夏东元:《盛宣怀传》,上海交通大学出版社,2007 年。

②　陈郁:《关于汉冶萍问题之报告》,1928 年 5 月 1 日《大公报》。

③　汪敬虞:《中国近代工业史资料》(第二辑 1895—1914 年)序,科学出版社,1957 年。

④　邵循正:《盛宣怀未刊信稿》说明,中华书局,1960 年。

总目录

官办时期(1889—1896)

官督商办时期(1896—1908)

商办时期（一）（1908—1915）

商办时期（二）（1916—1948）

华钢时期(1945—1954)

附　录

本册目录

官办时期(1889—1896)

官督商办时期(1896—1908)

官办时期

（1889—1896）

一、炼铁厂的早期筹备

（一）订购设备与聘请洋匠

张之洞①致刘瑞芬②电

光绪十五年二月二十二日（1889.3.23）

请代觅铜矿师一名，须精矿学、化学，善测矿苗，兼晓煎熔，曾著成效。确有把握者，即与订合同，饬速来粤。应用探矿钻具及考验矿质各器随同带来。费，电示即汇。又恳代查开铜矿并兼煎熔机器全副价若干，并赐复，此系琼州用。洞。养。

张之洞致洪钧③电

光绪十五年三月初十日（1889.4.9）

粤多铁矿，质美价廉，惟开采煎炼未得法，故销路甚隘。请查开铁矿机器全副需价若干，炼铁厂将生铁炼熟铁，将铁炼钢，兼造钢板、钢条、铁板、铁条及洋铁针，并一切通用钢铁料件，需用机器约价几何。粤拟设炼铁厂，请详询示复。洞。蒸。

---

① 张之洞（1837—1909）：字孝达，号香涛，直隶南皮（今河北南皮）人。时任两广总督。
② 刘瑞芬（1827—1892）：字芝田，安徽贵池（今池州）人。时任驻英、法、意、比等国公使。
③ 洪钧（1839—1893）：字陶士，号文卿，江苏吴县（今苏州）人。时任驻俄、德、奥、荷四国大臣。

张之洞致洪钧电

光绪十五年三月十八日(1889.4.17)

中国岁销洋铁值五百余万金,粤销即不少,漏卮宜杜。购机开采,设厂煎炼,皆所必需,炼铁尤要。款已筹备,请仍照元谏两电查示。再粤东西两省铜、铁、铅、银、锡皆有,开办已久,急需上等良师二人,皆善测矿苗、兼晓煎熔者,优其薪,久其期,想亦肯来。如有大效,酬以重金,许以奏奖,务须学精名著者。盼复。洞。效。

洪钧致张之洞电

光绪十五年四月二十二日(1889.5.21)

开矿机价自十万马①至五六十万不等,须相地而施。炼铁机器亦须知日炼若干,无从悬揣。总以矿师测验为首务。现正物色良师,未敢草率报命。钧。号。

张之洞致刘瑞芬电

光绪十五年五月初一日(1889.5.30)

艳电感悉。矿师一、矿工二,即请照议订定。盘费若干,望酌垫,汇还。催速来。炼铁厂机器价并速示。洞。东。

刘瑞芬致张之洞电

光绪十五年五月初八日(1889.6.6)

东电悉。询明炼铁厂炼熟铁、炼钢、压板、抽条机器、炉具各件,价共需英金二万五千十九镑,运保费在外,十二个月交清。每礼拜出铁二百吨。芬。齐。

---

① 即马克。

张之洞致刘瑞芬电

光绪十五年五月初十日(1889.6.8)

齐电悉。请如议订定合同,价能核减尤妙。厂屋占地丈尺、间数及高广几何,先电示,以便觅地盖厂。总分图速绘寄粤。需用洋匠目几人,亦望订定。洋铁针及一切通用钢铁料件,如各种农具、锚、缆、钉、链、铁线、铁管、各种螺丝,用处行销最多,拟兼造。此次所订机器能否兼造以上各物?如不能,即望添订全备。此等制造铁器厂与熔炼铁料厂合为一所,较省费,便经理,应将制造厂图一并绘寄。至车床、刨床、钻孔、剪刀各机器,是否在内,所订铸铁之模,能否兼制通用各机轮,均望添足。英国最大铁厂机器若干副,日可出铁若干吨,恳详查电复。洞。蒸。

刘瑞芬致张之洞电

光绪十五年五月十五日(1889.6.13)

蒸电悉。此次所订,专为熔炼生熟铁钢,不能兼造各器。车刨床钻刀各机器并不在内。至制造各种器具料物,另是一厂,未便兼办。余俟询明再复。芬。删。

张之洞致刘瑞芬电

光绪十五年五月十七日(1889.6.15)

删电悉。炼铁厂机炉请即订立合同,催开工,依限运粤。厂地丈尺,速示大略,以便度地。粤省地甚难觅。制铁器机价仍望询复,当另设一厂。洞。铣。

张之洞致刘瑞芬电

光绪十五年五月二十六日(1889.6.24)

敬电悉。英厂一炉每礼拜出铁六百吨。前齐电云,每礼拜出二百吨,所差太远。鄙意每礼拜须出六百吨方足用。请商该厂,或添数炉,或改较大：以何为宜，速复，以便速订早造。匠首、匠目即订三年。织布、纺纱厂若连晒厂及各员匠住屋并计约若干丈，祈示。洞。宥。

刘瑞芬致张之洞电

光绪十五年五月二十八日(1889.6.26)

宥电悉。已询该厂，每礼拜出铁六百吨最合宜。炉再添配，惟所出生铁以十成计之，应炼熟铁暨钢各几成，乞先核示，以便添配机器。又铁条方圆大小尺寸，亦乞酌示。织厂占地丈尺俟查明再陈。芬。俭。

张之洞致刘瑞芬电

光绪十五年六月初二日(1889.6.29)

俭电悉。礼拜六百吨，即是每日百吨，以日计为简明。请与订每日百吨以上，炼熟铁及钢各半。铁钢条方员尺寸，即查外洋历年来华多销式样照订，能兼备铁路用者尤佳。再初办出铁尚少，将来必当扩充。如预备日后多炼数百吨，此时应否将机炉加大加多，抑或只可宽厂留地，以备另添机炉。二者孰便？祈询示。洞。沃。

张之洞致洪钧电

光绪十五年六月二十七日(1889.7.24)

矿师正副祈即订定。副者即与匠头先来，正者九月初务催其来华。感谢。洞。沁。

张之洞致刘瑞芬电

光绪十五年七月十八日(1889.8.14)

粤设西艺学堂，考究矿学、电学、化学、公法律学、植物学共五种。请延洋教习五人，或一人能兼两艺者亦可，须学优艺精，有书院凭照者为要，酌订薪资、年限，速令来粤。合同细款到时议定。洞。啸。

张之洞致刘瑞芬电

光绪十五年七月二十七日（1889.8.23）

炼铁炉机，能经行山路运至山西省等处否，或能拆开分运尤好，最大之件，约重若干，祈询示。洞。感。

张之洞致刘瑞芬电

光绪十五年八月初一日（1889.8.26）

前议铁机内兼造铁轨，请询明每日能造铁轨若干尺，若造两车并行、一来一去之双轨，每里用铁须若干吨，祈示复。洞。朔。

张之洞致刘瑞芬电

光绪十五年八月二十日（1889.9.14）

元电悉。此事该厂忽然更议，殊出意外，工料腾涨，亦应约期催定，或请加价。如过期不定，方可罢议。该厂均未知会，忽作罢论，殊不可解，此中必有曲折，请公明察。真电我已允照涨价，酌量增款，自无难再与切商。商贾抬价，图利积习，似不必与之计较。粤东此举，已由司局详议，筹定专款，不动常年正款，即将出奏，其势不能中止，务恳再与驳诘，总以购成为度，切祷。再，此厂即在伦敦否，是何厂名，并示。洞。效。

张之洞致洪钧电

光绪十五年八月二十三日（1889.9.17）

请订熔铁大炉二座，日出生铁一百吨，并炼熟铁、炼钢各炉压板、抽条，兼制铁路各机器，一切配全。能拆开分运，经行山路至内地者尤好。其价若干，几月造成，需用洋匠几人，薪工若干，望详悉查示。款已筹备，此系详筹必办之事，务恳速议见复。洞。漾。

张之洞致刘瑞芬电

光绪十五年九月初二日(1889.9.26)

西学格致,实自强要图。啸电五种相需尤殷。粤有英文学生,收功较易,望公留意速觅,薪资不妨从丰。洞抵鄂后仍当筹款,协助成斯美举。洞。沃。

刘瑞芬致张之洞电

光绪十五年九月初八日(1889.10.2)

连日与该厂研磨,仍照原议,不另加价。现已订合同付定银,厂名谐塞德①公司,距英京尚远。教习当留意选觅。芬。齐。

张之洞致刘瑞芬电

光绪十五年九月十一日(1889.10.5)

齐电悉。铁机已定,感荷。厂图望速寄。五学教习务请速觅,拟于交替前具奏。洞。真。

刘瑞芬致张之洞电

光绪十五年九月十一日(1889.10.5)

炉机笨重,均不能拆开,只宜水运。芬。真。

张之洞致洪钧电

光绪十五年九月十四日(1889.10.8)

晋省煤铁,富甲天下,开采煎炼,必需机器。而山路崎岖,重机难运,拟先辟路,略为铺平,并用活铁路运送,事尚不难。惟笨重之件,终难畅行。闻各种机器、锅炉有专备陆运者,汽机可分拆,炉管可分置,假如此锅炉重

---

① 即谛塞德公司(Tee Side Co.),位于英国米德尔斯伯勒。

万斤,分作五炉,则只二千斤,其力仍可相敌。他件仿此,飞轮则分四块,重件俱加车轮,俾便陆行。总须日炼出生熟铁一百吨者,漾电即指此种。务恳速查见复。洞。愿。

洪钧致张之洞电
光绪十五年九月十六日(1889.10.10)

炼钢二法,曰别色麻,曰托麦旅,视铁质内磷之多寡,炉亦异制,祈迅饬取晋铁试验。炼熟铁炉,如专为铁路,竟可无需生铁炉。创办之始,宜用小炉分锻,五十吨为一炉。分运却不难,牲口可负。惟夹铁条、毂轳最笨重,然可分节,每节二十名夫可运活铁路,非必需各件约半载成,洋匠三人敷用。力拂厂索价三百万马,访之代雇矿师之尔雷,则云约计六七十万马,相去悬绝。尚有两厂未复,俟准欲订购,再行确核。炉需火砖,中国必须学造,乃可备换。据云中国烧瓷之土,便合用。此造火砖匠,须添者也。炼铁需用枯煤,俾免油滓害铁,此炼枯煤炉,须添者也。真、咸两电,购炮是否皆连车,统候裁示。钧。谏。

张之洞致洪钧电
光绪十五年九月十八日(1889.10.12)

谏电感悉。炼铁各件必需速购。炉须兼能炼有磷者,请确询定价早复。烧砖匠、炼枯煤炉,应添订。设炉固为铁轨,然必须兼铸铁板、铁条及民用锅壶、农器各件,方可畅销,为民兴利,不仅供造路之用。熟铁炉亦望改小,分运尤妥。再开采铁矿机器,式样虽多,想不过数种。祈分询大略价值,须可运入山者,速复。晋铁取送太迟,千万勿候。炮两等均连车,八生者,马拖用鞍;七生半者,人挽不用鞍。祈速订,须具奏。感盼。洞。洽。

刘瑞芬致张之洞电
光绪十五年九月二十四日(1889.10.18)

公启节赴鄂后,此间需付铁炉布机各价,应电请粤省何衙门汇拨,乞示遵。

张之洞致刘瑞芬电

光绪十五年九月二十五日(1889.10.19)

敬电悉。布机、铁炉，均已奏明有案，筹有专款，将来即电粤督署汇拨。洞。有。

张之洞致刘瑞芬电

光绪十五年九月二十五日(1889.10.19)

化学、矿学、电学、洋律学、植物学五种教习，想已觅得，务请将五人全数延定，速订合同电复。如上等难觅，中等亦可。鄙人交替在即，必须出奏。此事关系中国制造军火，开辟利源、交涉邻邦诸要政，实为自强本源，急须设学储材，故欲在粤倡之。如尊意或虑经费不济，洋教习不能久留，鄙人到鄂后当延往将来，断不致为难。切恳盼复。洞。有。

张之洞致刘瑞芬电

光绪十五年九月二十九日(1889.10.23)

湖北大冶县产煤铁，海署①嘱亟筹开采。请速觅著名矿师一人，代订薪工，即立合同，令赴汉口领事处报到，需款电到即汇。又六月蒸电，请募练船教习三员，水师学生停课以待，恳速觅，饬即来粤。洞。艳。

张之洞致洪钧电

光绪十五年十二月二十五日(1890.1.15)

读函及铁路两议，精核详博，佩甚。干路钢条每码只四十五磅，似太单，似须六七十磅者方好。请详询价值、运保速示。开煤铁矿机器未蒙筹及，并望速查示。感盼。洞。敬。

---

① 即总理海军事务衙门，为清政府管理全国海军的机构。

（二）筹设铁厂与迁往湖北

电传邸钞

光绪十五年七月十二日（1889.8.8）

本日奉上谕：张之洞著调补湖广总督。钦此。

张之洞致李鸿章①电

光绪十五年七月二十日（1889.8.16）

电局邸报十二日旨：洞调两湖，自为创办铁路。昨自津来人面述尊教，知此举由公推毂，惶愧无似。令兄南来，粤事有讬，欣慰尤深。此举一切章程，谅早经公筹定，拟分几段，期限几年，借款若干，如何分年归还，此外指拨何款若干，拟筹何款若干，直隶究竟是否同时并举，鄂省是否由洞设局分办，祈速详晰电示，俾得筹划。盼甚。洞。号。

李鸿章致张之洞电

光绪十五年七月二十一日（1889.8.17）

调楚想为创办铁路，闻由邸②主持，非鄙意也。凡铁道，须由近水处生根，木、铁、机器均易转运。办一节有一节利益。鸿初拟由汉口而北，邸谓须两头分办，由渐前进合拢，事在必行，似难限期；借款尚未议章，筹款更无指拨；鄂省应另设局招集公司，祈豫筹。侯开办时再商。鸿。马。

---

① 李鸿章（1823—1901）：字渐甫，号少荃，安徽合肥人。时任直隶总督兼北洋通商大臣。
② 即醇亲王奕譞。

张之洞致李鸿章电

光绪十五年七月二十五日(1889.8.21)

马电悉，两头分办极是。此等大事，既一发端，即当期于必成。朝廷既令洞办此事，洞尤须作必可办成之想。细章虽未奏定，公意中必已拟有大概，海署亦必拟有规模。洞系在事之人，似可及早与闻，敬当悉心筹度，稍效一得之愚，且尚须储备人材，考校办法。粤近香港，在粤规划较便，抵鄂再筹晚矣。若茫无成算，到彼后临时应付，枝枝节节而为之，成否听之时会，恐于公事无益也。此举筹款最要，务望速将所拟借款办工日期、办法迟速明晰电示，以便筹酌奉商。有两月工夫，可得大略，到鄂庶易措手。至感。再，此事若见明文，宜云开办陆路运道，以漕弊河患劳费无底为辞，则题目平正易晓，是中法非西法。万不可云创办铁路，此似是最要之义。洞。有。

李鸿章致张之洞电

光绪十五年八月初五日(1889.8.30)

初二寄谕，朕钦奉皇太后懿旨：总理海军衙门奏遵议通筹铁路全局一折，据称，张之洞条陈由芦沟桥直达汉口，现在先从两头试办，南由汉口至信阳，北由芦沟桥至正定府，其余再次第接办，并胪陈筹款购地各节，所奏颇为赅备，业据一再筹议，规划周详，即可定计兴办。著派李鸿章、张之洞会同海军衙门，将一切应行事宜，妥筹开办。并派直隶按察使周馥、清河道潘骏德，随同办理，以资熟手。此事造端宏远，实为自强要图。惟创始之际，难免群疑，著直隶、湖北、河南各督抚，剀切出示，晓谕绅民，毋得阻挠滋事。总期内外一心，官商合力，以藏全功，而俾至计。余均照所请。行将此各谕令知之云云。歌。

张之洞奏折

光绪十五年八月二十六日(1889.9.20)

奏为粤省筹购机器，创设炼铁厂，以济民食，而设利权，恭折奏陈，仰祈圣鉴事。

窃以今日自强之端,首在开辟利源,杜绝外耗。举凡武备所资,枪炮、军械、轮船、炮台、火车、电线等项,以及民间日用、农家工作之所需,无一不取资于铁。两广地方产铁素多,而广东铁质尤良。前因洋铁充斥,有碍土铁;经臣叠次奏请,开除铁禁,暂免税厘,复奏免炉饷,请准任便煽铸,以轻成本而敌侵销;多方以图,无非欲收已失之利,还之于民。查洋铁畅销之故,因其向用机器,锻炼精良,工省价廉。察华民习用之物,按其长短、大小、厚薄,预制各种料件,如铁板、铁条、铁片、铁针等类,凡有所需,各适其用。若土铁则工本既重,熔铸欠精,生铁价值虽轻,一经炼为熟铁,反形昂贵。是以民间竞用洋铁,而土铁遂至滞销。以本省铁货出入计之:每年洋铁入廉州者约四五十万斤,入琼州者百万斤有奇,入省城、佛山者约一千余万斤,入汕头者约二百余万斤。内地铁货出洋,以锅为大宗。其往新加坡、新旧金山等处,由佛山贩去者约五十余万口,由汕头贩去者约三十余万口,由廉州运往越南者约四万余口。此外铁锤运往澳门等处者每年约五、六万斤,铁线运往越南者先年约十万余斤。近因越税太苛,业经停贩。然此皆粗贱之物,凡稍精稍贵之铁板、钢条,则不惟不能外行,且皆取自洋产。以各省各口铁货出入计之:查光绪十二年贸易总册所载,各省进口铁条、铁板、铁片、铁丝、生铁、熟铁、钢料等类,共一百一十余万担,铁针一百八十余万密力,每一密力为一千针,合共铁价、针价约值银二百四十余万两;而中国各省之出口者,铜、铁、锡并计,只一万四千六百数十担,约值银一十一万八千余两,不及进口二十分之一。至十三年贸易总册,洋铁、洋针进口值银二百一十三万余两,十四年贸易总册,洋铁、洋针进口值银至二百八十余万两。而此两年内,竟无出口之铁,则是土铁之行销日少;再过数年,其情形岂可复问。

臣督同海防善后局司道局员暨熟识洋务之员,详加筹度,必须自行设厂,购置机器,用洋法精炼,足杜外铁之来。惟是广东近年饷繁费绌,安有余力更为斯举。然失此不图,惟事以银易铁,日引月长,其弊何所底止!计惟有先筹官款,垫支开办,俟其效成利见,商民必然歆羡,然后招集商股,归还官本,付之商人经理,则事可速举,贽必易集。大率中国创办大事,必须官倡民办,始克有成。经臣于本年三月间电致出使英国刘瑞芬,往返筹商,数月之久。兹准刘瑞芬电复:现与英国谐塞德公司铁厂订定熔铁大炉二座,日出生铁一百吨,并炼熟铁、炼钢各炉,压板、抽条、兼制铁路各机器,共价英金八万三千五百镑,先汇定银二万七千八百三十三镑,运保费在外;机器分五次运粤,十四个月交清等语。当经饬局将定银镑价折合银十三万一千六百七十两零,如数先行筹汇,订立合同。至于建厂地方,择定于省城外珠江南岸之凤凰冈地方,水运便利,地势平广,甚为相宜。俟绘就厂图寄粤,即当赶紧建造。此购办机器、自设铁厂之拟办情形也。

窃为通商以来,凡华民需用之物,外洋莫不仿造,穷极精巧,充塞土货。彼所需于中国者,向只丝、茶两种;近来外洋皆讲求种茶、养蚕之法,出洋丝、茶渐减,愈不足以相敌。土货日少,漏溢日多,贫弱之患,何所底止!近来各省虽间有制造等局,然所造皆系军火,于民间日用之物,尚属阙如。臣愚以为华民所需外洋之物,必应悉行仿造,虽不尽断来源,亦可渐开风气。洋布、洋米而外,洋铁最为大宗。在我多出一分之货,即少漏一分之财,积之日久,强弱之势必有转移于无形者;是以虽当竭蹶之时,亦不得不勉力筹办。至于开采铁矿,尤须机器西法,始能钩深致远,取精出旺。臣现已分向英、德两国聘募矿师,来粤勘验,以便购机精采。倘物力稍纾,尚拟将民间需用各铁器,及煤油、火柴等物,悉行自造。将来铸造渐多,岂惟粤民是赖,尚可分销各省。一俟机器运到,开炼以后,办理情形,再当随时详晰具奏。

所有购办机器拟设炼铁厂缘由,理合恭折具陈。再,广东巡抚系臣兼署,毋庸会衔。合并陈明,伏祈皇上圣鉴。

谨奏

奉朱批:户部议奏。钦此。

张之洞奏折

光绪十五年九月初十日(1889.10.4)

奏为遵旨筹办铁路,谨陈管见大略,恭折覆奏,仰祈圣鉴事。

窃臣承准军机大臣字寄:光绪十五年八月初二日奉上谕:朕钦奉慈禧端佑康颐昭豫庄诚寿恭钦献皇太后懿旨,总管海军事务衙门奏遵议通筹铁路全局一折,据称拟照张之洞条陈,由芦沟桥直达汉口。现在先从两头试办,南由汉口至信阳州,北由芦沟桥至正定府,其余再行次第接办,并胪陈筹款、购地各节,所奏甚为赅备。业据一再筹议,规划周详,即可定计兴办,著派李鸿章、张之洞会同海军衙门,将一切应行事宜,妥筹开办,并派直隶按察使周馥、清河道潘骏德随同办理,以资熟手。此事造端闳远。实为自强要图。惟创始之际,难免群疑,著直隶、湖北、河南各督抚剀切出示,晓谕绅民。毋得阻挠滋事。总期内外一心、官商合力,以蒇全功而裨至计,余均照所请。行将此各谕令知云。钦此。兹于九月初七日,承准总理海军事务衙门抄录原奏,咨行到粤。

窃维此举,造端宏大,乃国家自强之远谟,圣上不以臣病躯庸材为不肖,命与李鸿章同肩此举,艰巨重任,岂敢辞诿。惟是开非常之源,必当出万全之计。《大学》云物有本末。又云知所先后,古今常变,理无不赅。就今日铁路一事论之,则不外耗为本、计利便为末,储材为先、兴工为后;就外洋富强之术统言之,则百工之化学、机器、开采、制造为本,商贾行销为末;销土货敌外货为先,征税裕饷为后。现经庙堂定议,开办顺、直、豫、鄂一道,按海军衙门原奏,计程三千余里,计费三千余万,需款、需铁均属极巨。若取之洋债、洋铁,则外耗太多,且外洋金镑之价日贵,前三五年止银三两七钱,今年涨至四两五六七钱不等。借款巨则年限远,十年以后,更不知涨至几何矣。至洋铁现亦骤涨,若购之他国,法人必将执乙酉新约强思独揽,多滋唇舌。设竟专滋一国,彼垄断居奇,更不可问。是洋款、洋铁两端,皆必致坐受盘剥,息外有息,耗中有耗;臣前奏铁路之益,专为销土货、开利源、塞漏卮起见,若因铁路而先漏巨款,似与此举本意未免相戾。臣前奏原拟各省招股,准该公司暂借商款垫办,以资周转。因欲责成该公司承办,不得不略予通融,俾其作速兴工,以免借口津通赔累,坚执推诿,且垫办不过初年,所借亦属有限,自尚无妨。今既经海署确核,路长费巨,此断非该公司所能独任,其迟速盈亏,自宜从长另计。

　　臣窃审此事推行之序,似宜以积款、采铁、炼铁、教工四事为先,而勘路开工次之。试就海署原奏需款三千万,限期十年之数计之,若将郑工新改海防捐例再酌减一二成,每年可收一百万至二、三百万,洋药税厘除户部捐拨外,尚有赢余,每年亦可指拨一百万。此两款每年将及三百万,由户部提存,专储为铁路之用。若仍不敷竣工,稍展一、二年,似亦无妨。款既有著,即一面急求炼铁采铁之方。查晋铁并非不善,特由煎炼未精。若多购略小机炉,分拆转运,到地装合,足可运入晋境,尚无须遽造铁路,此节已向外洋询明。平盂铁出自小范,即可由清河运。泽潞铁出至卫辉,即可由卫河运。粤亦产铁,近由臣购定机器,设厂熔炼,业经奏明在案。由粤至鄂,水运可通开。湖北大冶县,向来产铁,该县近省滨江,俟到鄂后当详晰勘明,妥筹采炼之法。有此三省之铁,即可供此铁路之用。

　　目前宜急拣派曾经出洋学生一、二十人,分赴铁路各国专习此艺,俟两年回华,指授工匠,展转传习,则工作并可无需洋匠多人。此时专讲采铁、炼铁,俟新铁之采日旺,旧铁之炼日精,彼时积款已足,路工已娴,再为定期开二修路。两端并举,一气做成,合计亦不过十年内外。查美国每年添造铁路,或一二千里,或六七千里,足见工料应手,并不甚迟。至分段办理一节,海署所奏南北并举之法,极为扼要。臣前奏分为四段办法,不过约略计费之词。似宜分为南北两路,黄河以北至卢沟为北路,直隶督臣任之;黄河以南至汉口为南路,湖广督臣任之,其道里远近约略相等。豫境跨河,两路均宜兼令河南抚臣会同办理。如此则首尾一气,其勘路、运料一切,便于合计通算。缘南路开造,即宜由汉口直造至河南省城,则路成之日,商旅立见辐辏。若信阳,尚非繁盛都会,仅造至此,运载尚少,经费难敷。桥道虽多,惟黄河一桥最为巨费;闻外国铁路遇有大河,则以轮船数艘,上安铁轨,接渡火车,所延不过数刻,所省费多,且可留此天险以备不虞。

　　其出示一节,似可从缓。俟兴工有日,再当剀切晓示。盖民间不知铁路为何事,汉口游民甚多,会匪尤众,况山东水灾甚广,流民四出。此时开办尚早,即不宜骤为宣示,致令莠民地棍造谣煽惑,别滋事端。臣曾电商北洋大臣暨河南抚臣,均以为然。

至铁路利民之端,尤莫如差役一事。直豫两省,最苦差累,胥吏拉派车骡,重价勒索钱粮。正银一两差银摊至加一两倍。若火车畅行,所有官差、兵差、员差,皆由火车,于民间一无所取,从此为北省驿路小民永除巨累。若并将此节剀切晓谕地方,自必欣悦。其经由之路实在里数若干,有无应改应避之处,应俟到鄂后详加考究,派委妥员,密为相度,详慎办理。如有失业之人,亦须豫筹安插,总以不致疑累扰民为主。

又集股一节,窃拟干路专归官办,以一事权。枝路留待商股,以便招徕。路成见利,商股自然争趋。枝路较短,集股较易。总之,此事储铁宜急,勘路宜缓,开工宜迟,竣工宜速,盖此举必待全功既竟,大利乃彰。若款尚未筹,铁尚未备,急遽从事,枝枝节节而为之,此数年中,人但见日日偿债,处处鸠工;未见其利,但见其扰;设数年中,偶有水旱灾祲,军国要用,必致谣谤繁兴,中作而辍;徒糜巨款,致弃前功,此尤不可不虑者也。诚能量力而举,相时而动,此时惟汲汲以开矿炼铁为先务,并令各省将中国所需格致、算学、化学、矿学,诸事加意讲求,则无论铁路之费多费少,效速效迟,事事注在养民,滴滴归于中土。利源日开,漏卮日塞,明有强国之效,暗有富民之益,此则圣天子创物利用之宏规,断然有利而无弊者也。

以上各节,谨就臣管见所及,陈其大略。其山西平、盂、泽、潞各铁矿及道路情形,臣当一面委员分投详勘。所有一应事宜,臣当随时筹酌,会商办理。除先经山东登莱青道盛宣怀,由海军衙门饬令询商,当经电复转达海署叠次与北洋大臣电商外,理合恭折覆奏,伏祈皇上圣鉴。

谨奏

奉朱批:该衙门知道。钦此。

张之洞致海军衙门电

光绪十五年十月初八日(1889.10.31)

八月二十七日钧函谨悉。事期必成,不求速效二语,要义已尽,曷胜钦服,昨接北洋转传钧电廷臣又有停路之请,亟望定局,以止纷呶等语。此举储铁宜急,勘路宜缓,开工宜迟,竣工宜速。前六七年,积款积铁,后三四年兴工修造,两端并举,一气作成,合计仍是十年;迟开工以免脱节,速竣工以防中变,脱节则有费无利,中变则不能再举。现经朝廷定计,钧署主持,北洋与洞奉命分任,即是定局。一面勘矿购机,分投采运,即是发端。度支虽绌,断无合天下全力不能岁筹二百余万之理;中国铁虽不精,断无各省之铁无一处可炼之理。晋铁如万不能炼,即用粤铁,粤铁如亦不精不旺,用闽铁、黔铁、楚铁、陕铁,皆通水运,岂有地球之上独中华之铁皆是弃物!筹款如能至三百万,即期以十年;如款少,即十二、三年;如再少,即十五、六年至二十年,断无不敷矣。愚公移山,有志竟成,此无可游移者也。炼机造厂,每分不过数十万,多置数处,必有一获。粤新购定,黔早运到,均有确价,并不为多。小炉拆机,山路可行,已确询外洋,并不为难。各省铁利大兴,无论修路与否,无论利国利民,涓滴皆非縻费,此不必惜费者也。廷臣阻止,果能指陈流弊,正可设法预防,防弊愈周,推行愈畅。如系隔膜置之,不论不议,举行既无窒碍,众论自必翕然,此不足为虑者也。民情惊疑,此为最要。地方官务择良吏以靖其本,慎选工员,以防其扰;厚施恩惠,宣示利益,以结其心。勘路从缓,民情既顺,再为举办,以杜煽惑。失业之人或酌留粗货运载,或权宜募用,以消梗阻,此不至无策者也。洞前奉寄谕后,曾具一折覆奏,并钞稿咨呈,大意即如前项所言及前托盛道转达之电,窃幸与钧函大意一一符合。因系初次覆奏,故未敢请钧署会奏,以后当随时抒其管见,仰候钧核酌办。现闻鄂省水灾甚重,饥民甚多。洞拟俟新任交替后即日乘轮启行,遵旨即行赴鄂,筹办灾赈。且彼处闻铁路之举,不免浮言惶惑,急须抚恤灾黎,解释群疑。此时能抚慰人心,以后方有可措手。合并附陈。之洞肃。阳。

张之洞致海军衙门电[①]

光绪十五年十月十六日(1889.11.8)

北洋摘示黄通政停路疏已悉。查洞三月内遵懿旨议奏一折本谓开路

---

① 此电同时致李鸿章。

之利，首在利民。利民以出土货、销土货为大端；利国以通漕、调兵为大端，非如商贾之开铁路公司。但计岁有运脚余息几厘，原疏可复按也。黄奏用心极精细，惟所称宜查出产税厘、运费采本，以铁路所入扣抵他处所短及养路之费，再有盈余，方为实利。今分数未明而逆臆其必得大利，未敢谓然。等语。乍观之，似甚切实，其实不然。天下之物，自其有定者而观之，则此盈彼绌，此消彼长，理所固然，而未可以概诸地利与人力也。地利不开辟，则千古犹是荒废；人力不善用，则百世莫能振兴。美洲居大地三分之一，当未开辟以前，其土人穴居野处，榛狉荒陋；百余年来，西人以格致之术经营于其间，遂成天下至富之国。同此地利，同此人力，而今昔悬殊者，实人事有以胜之也。就中国而论，则财力有限，合中外而通筹之，则财力无限。通商以来，各国挟其制造物产以图中国之利，断无禁阻之法。我而不自振作，以图抵制，将财源日涸，民生日蹙，既不能富，其何以强？

铁路者，富民之一大端也。其利用之处，非沾沾于目前之土产税厘所得而综核也。英国某铁路开辟之初，通盘细核，一年约估得利一万镑，及年终综算，获利竟至十万一千八百二十九镑。西人算无遗策，犹有此等悬殊，自谓始愿所不及。中国现未开办，从何按计？查西书备载铁路之利，详列有表，姑举一二，以概其余。美国某省产煤最富。五十年前，仅有铁路数百里，年中出煤不过六万余吨。迨后铁路增长，煤亦增多。五十年中共出煤七万〈万〉三千零七十五万九百二十五吨，以每吨值洋四元计之，合银二十九万〈万〉二千三百零三兆七千零二十四元。又某省产棉最富。四十年前，仅有铁路数百里，迨后铁路递增，出棉亦渐多。其初每年出棉不过百余万包。今铁路共长一万五千余里，每年出棉五百余万包。四十年中，此省筑路之费共银七百八十六兆；四十年中，共出棉花一百四十九兆余包，每包价五十元计之，共值七千四百七十三兆有奇，较之筑路之费，多至十倍。使无铁路，则运载艰难，价值昂贵，销流不广，焉得有此厚利？其余米麦牛羊、日用饮食之属，无不因铁路而出产加多，贩之外国，可以获利。此成效之历历可考者也。

铁路意在销土货，尤在多出土货，使中国能精究格致之学，开煤铁，广种植,勤开采,善制造。铁路之利,自不可诬。若徒开一路,其余开采制造概不讲求举办,则铁路诚无用矣。洞第一疏即言炼晋铁,铁即土货也;复言,非讲机器化学不能化无用为有用。第二疏亦言,急筹采铁炼铁,并令各省讲求格致、化学、矿学、开采制造。洞现在粤已购设织布厂、炼铁厂、枪炮厂,并新立电学、化学、矿学等学堂,无非此意。若不思探本开源,但执目前土货大数计之,是自安窘弱之见也。至洋货多销,亦在意中,我果实有利民强国之策,似未便因噎废食。若利民之端,尤有赈灾荒,省差徭两大事最为明显,不仅商务两疏已详。若谓目前工需甚巨,自系实情,且各省水灾蠲赈尤费。此事原可量力可宽期,断无国用一切不顾,专办此一事之理。

总之,修路一端,有铁早办,无铁迟办;开采制造诸务,有款多办,无款少办。古人七年求艾、廿年沼吴,但贵立志坚定。早筹实办,循序量力,卤莽固不可,坐困亦不宜。管见如此,是否切当,伏候钧裁酌示。之洞肃。咸。

张之洞致李鸿章电
光绪十五年十月十六日(1889.11.8)

九月初八复奏抄咨折稿,想已入览。管见已具于此疏及阳电及昨日咸电。惟此举重大,公意究应如何下手,黄第二疏尊意云何,均望明晰示悉。如中有鄙人未能见到之处,亦可改正,以期择善画一。不然,南北两说参差,如何定计? 盖此事若询及办成之有益无益及开办之妥与不妥,疆吏任之;若此事之办与不办,则惟朝廷主之,海署定之。洞望浅言轻,识迂才拙,从来不敢勇于自信,倘坚谓系一人发端,又谓系由一人赞成,洞实不敢任也。即望示复。洞。咸。

李鸿章致张之洞电
光绪十五年十月十七日(1889.11.9)

咸电悉。黄两疏不过设词阻难。尊说"有铁早办,无铁迟办",已扼要。惟炼铁至成钢轨、铁桥、机车,实非易事。日本铁路日增,至今工料皆用土产,惟钢轨等项仍购西洋,非得已也。粤既订购采炼机炉,应运鄂试办。大冶铁质好而无煤,须由当阳运煤乃合用,虽滨江,亦稍费事。此外各省产铁处距水太远,难收实效,且无款无人,从何下手?化学、矿学堂为开采根基,知者少,同志亦少,愿公实力提倡。鄙意并无参差,自愧年老力薄,不获目睹其成耳。九月初八奏稿尚未到。鸿。啸。

张之洞致海军衙门电①
光绪十五年十月二十九日(1889.11.21)

前奉钧署寒电:大冶下手,自是正力。等因。北洋来电亦同。昨接湖北奎抚电:盛道宣怀奉钧署谕,饬派矿师白乃富赴鄂勘铁矿已到。等语。窃思盛道既备悉大冶铁矿,并知鄂省煤厂情形,现经钧署饬办此事,洞此次抵沪,如能与该道晤面询商一切,到彼较为透彻易办。惟该道系隔省实缺人员,无从至沪,谨请钧署裁酌。如事属可行,拟请代为转奏,令该道至沪一晤,俾得询商大冶铁矿并开煤设厂一切事宜,实于公事有益。是否可行,谨候裁夺为祷。之洞肃。艳。

张之洞致盛宣怀②电
光绪十五年十一月初五日(1889.11.27)

顷接海署来电云,所请抵沪晤商盛道宣怀,询商大冶铁矿,并鄂省煤厂情形,海署拟即入告。先此电复,俟得旨后,再行电复等语。洞。歌。

张之洞奏折
光绪十五年十一月二十七日(1889.12.19)

奏为恭报微臣到任日期,叩谢天恩,仰祈圣鉴事。

窃臣前将交卸两广督篆及兼署广东抚篆暨起程赴鄂日期,先后奏报在

---

① 此电同时致李鸿章。
② 盛宣怀(1844—1916):字杏荪,江苏武进(今常州)人。时任山东登莱青兵备道道台兼东海关监督。

案。兹于光绪十五年十一月二十五日行抵湖北省城,二十六日准前任督臣裕禄将湖广总督关防、王命、旗牌、文案卷宗,派委武昌府知府李有棻、督标中军副将蒋泽斌赍送前来,当即恭设香案,望阙叩头谢恩,祗领任事。伏念臣一介庸儒,迂疏寡效,渥承畀命,迭领连圻。昔视学以采风循行江汉,今绥强而问俗远及衡湘,顾兹中原缩毂之区,适当潦水告灾之后,臣惟有敷宣德意,期苏泽野之嗷鸿;整饬戎行,务靖江湖之伏莽。所有地方应办事宜,随时与湖南、湖北抚臣和衷商榷,认真筹办,以冀仰答高厚鸿慈于万一。除将到任日期恭疏题报外,所有微臣感激下忱,理合缮折叩谢天恩,伏祈皇上圣鉴。

谨奏

奉朱批:知道了。钦此。

张之洞致海军衙门电[①]

光绪十五年十一月二十九日(1889.12.21)

盛道宣怀到沪,连日晤谈,详加考究。据白乃富云,大冶铁佳而多,惟当阳煤少,仅敷数年。因与盛道商,令白乃富再往鄂省沿江上下勘访他处煤矿。管见总以煤铁距鄂较近者为宜。二十六日已接鄂篆。闻麻城界上亦有煤铁,颇佳。前在粤募有德矿师二人,英矿师一人,已电召来鄂,拟令分查近鄂各矿,并详访水运可通之黔铁、湘煤运费,再为筹计奉达。先陈大略,详容续电。之洞肃。俭。

张之洞致海军衙门电[②]

光绪十六年正月初七日(1890.1.27)

江电谨悉。军旅之事无一仰给于人,远略宏谟,曷胜敬佩。钧电有云,粤督请移铸械厂于北洋,刻正详商,并云铸械必须得铁,极为笃论。窃拟此时如尚未定议,可否一并移设于鄂,缘近日访知湘煤、湘铁甚多,鄂铁黔铁

---

① 此电同时致李鸿章。
② 此电同时致李鸿章。

亦不少,皆通水运。鄂省为南北适中,若此处就煤铁之便,多铸精械,分济川、陕、豫、皖、江、湘各省,并由轮运沪,转运沿海,处处皆便,工费亦省。洞为取资煤铁起见,是否可行,伏候钧裁。之洞肃。阳。

海军衙门致张之洞电

光绪十六年正月十二日(1890.2.1)

阳电悉。铁为厂根,与其运铁来津,不若移厂就铁,分济各省,事功亦有倍半之别。顷电商李相,意见相同,拟即据以入告。来电煤铁有恃,欣慰难名,此举为强弱转机,旁观疑信由他,当局经营在我,纵使志大成迟,犹愈中道自画,况非无米炊乎? 执事好为之,吾侪第观成耳。开采见效,祈早示知为盼。一切经费,自当由岁二百万划拨,然正题宜先铸轨,铸械次之,当否。醇、庆、泽①复。文。

---

① 海军衙门时由醇亲王奕譞任总理,庆郡王奕劻任会办,兵部右侍郎曾纪泽任帮办。

二、汉阳铁厂的筹建

（一）勘办各地煤铁矿

盛宣怀致张之洞电

光绪十五年十月初一日（1889.10.24）

湖北煤铁，前请英矿师郭师敦（A. W. Crookston）勘得。如果开办，仍请原经手较易。在京原荐主赫德面订保要请时再电英国。兹先派矿务学堂矿师白乃富先往复看，再行禀复。

张之洞札高培兰[①]文

光绪十五年十二月二十日（1890.1.10）

为札饬事。

照得中国矿产之富，甲于天下，晋省而外，湘黔之煤铁最多；特以地脉之浅深，体质之纯杂，层次之厚薄，矿穴之宽狭，揣测而未能尽知，煎炼又不得其法，是以内地之出产日微，外洋之来源日旺。年来制造繁兴，在在皆需煤铁，乃弃其所固有而取资于他人，其何以保利权而塞漏卮？本部堂莅任以来，详加访查，查得湖南宝庆、衡州、辰州等府所属煤铁之矿，随处皆有，体质俱佳，堪以取用。至贵州清溪县毗邻湘境，一水可通，产铁素旺；近日设有机炉，照西法熔炼，尤为合用。合亟委员分投详勘。查有湖北海防分缺先用知县高培兰、湖南试用典史王天爵，勘以派往宝庆所属各处。湖北

---

① 高培兰（生卒年不详）：字杏船，贵州贵筑（今贵阳）人。时任湖北铁政局委员、候补知县。

拔贡试用知县欧阳炳荣、分缺间用典史欧阳琴,堪以派往衡州一带攸县、醴陵及江西萍乡接界等处。补用知县杨湘云、试用巡检庄允元,堪以派往辰州所属辰溪、浦市等处。试用同知杨秀观、分缺间用巡检张福元,堪以派往贵州青溪县地方。务须躬亲履勘,详查各该处所有煤铁矿坐落何山,何年开采,矿深几何,占地几亩,每日各出煤铁若干担,矿夫若干名,炉灶几处,如何煎炼,如何销售,价值几何,距水道若干里,脚费几何,用船载运能否畅行无阻,沿途所经有无应纳厘税,开采之处与附近村庄坟墓有无窒碍,青溪机炉每日用煤若干吨,距煤矿若干里,煤价每吨若干,逐一详查,绘图禀复。并将所查煤矿式样呈缴来辕,以凭饬发考验,是为至要。

张之洞致李鸿章电

光绪十五年十二月三十日(1890.1.20)

上月二十九日肃上一电计早达。本月下旬,洞在粤募来之英矿师巴庚生、德矿师毕盎希、司瓜兹、匠目戈阿士及烟台所募之比国矿师白乃富,先后到鄂,并在粤访有德国久造铁路之工弁时维礼,亦召来鄂。与该洋弁、洋师等晤谈详商,据白云:大冶铁佳,以理论之附近百里内外必有煤,如沿江上游宜昌以下有煤,大冶铁亦可炼。等语。现拟委员伴送矿师等,同赴大冶一带勘煤。大冶毕,即溯江上勘,沿途至宜昌一带。至湖南煤铁,宝庆、衡州、辰州三府均甚多。畅行湖北、江西、安徽、江南等省,至今犹然三府皆通水运,远近率皆千余里下水。已择数种令矿师阅,据称宝产、衡产煤皆佳,铁佳者数种。现委员赴湘分路考究多少、贵贱、运货,并函致护湘抚沈、臬司晋祥,就近筹访。大约湘煤湘铁皆甚佳甚多,足可敷用。约估尚不甚贵,但虑收多抬价,须筹一采买转运之法。如大冶实无煤,或用湘煤炼冶铁,或用湘煤炼湘铁,或参买黔铁。贵州潘抚来函议定,如鄂用黔省机器炼成之钢,总令其价较洋钢稍廉,总之必可济用。至勘路一节,先宜密办,拟以造电线通豫、鄂为名,往勘线工,则线路即将来车路,且此线亦在所必造也。明正拟派员同德弁时维礼及造线员匠,密勘由汉抵汴之路。德弁可遵改中国衣冠,以免惊疑。至徐州利国监煤铁,曾与盛道及白乃富议及,矿均可用,但距鄂远,且冬春运河浅涸,似可稍缓,俟鄂必不能炼再议。洞在粤订购之炼铁机器,移鄂最便。详具另电。之洞肃。艳。

张之洞札札勒哈里①文

光绪十五年十二月三十日(1890.1.20)

为札委事。

照得湖北大冶铁矿,前经山东登莱青道盛道派委比国矿师白乃富前往履勘,查得矿苗甚旺,铁质亦佳。惟限于时日,未及详绘细图,分辨层次。而且有铁无煤,亦难熔炼。亟宜派员再往复勘,兼于大冶左近沿江一带寻觅煤矿,必有可制焦炭之煤,而后铁矿乃能开采。经本部堂电调原派比国矿师白乃富来鄂,会同所募德国矿师毕盎希、英国矿师巴庚生,再往确切详勘,钻取铁砂,分化成数,详求矿苗层次,占地几何,分绘细图,禀缴察阅。并于大冶左近沿江一带,距水道不甚远之处,如武昌属之西山、樊山,兴国州属之沸源口、竹家槽,广济属之阮家山暨蕲水县属各处详查煤矿,并取煤样分化考验,确查所含炭质若干分,煤层厚薄,能否烧作焦炭,足供大冶铁矿之需。如大冶附近无煤,即溯江上驶,直抵宜昌以上至归州巴东一带,川省交界止,绘图贴说,禀候核夺。查有补用知府札勒哈里,候补同知盛春颐、候补通判易象、员外郎衔翻译委员辜汤生,堪以派委带同该矿师等前往大冶、武昌、兴国、广济、蕲水各州县确查煤铁各矿,除札北善后局,饬派轮船以便该员及矿师等乘坐前往,并筹给夫马公费外,合行札委。札到该员,即便遵照,带同各矿师前往履勘,仍将该矿师履勘情形禀报查核。

张之洞致盛宣怀电

光绪十六年正月十五日(1890.2.4)

三电均悉。大冶附近如无煤,兴山、巴东必有,地在上游,较池州便。池煤开采有年,闻多而不佳,似可从缓。湘有枯煤,运价尚不甚贵,勿庸洋

---

①　札勒哈里(生卒年不详):原荆州驻防旗人。曾任湖北商办铁路公司总理。

师往。然购运究不如开采，如鄂有则舍湘矣。白乃富自宜同勘鄂境以竟全局，并无聚讼。闻白意恐同勘则掩已长，已告白，无论何处勘得，总以白为首功。洞。咸。

张之洞致海军衙门电

光绪十六年二月二十六日（1890.3.16）

湖北、湖南两省煤铁样各已取到十余种，须用化学机器煎炼，方能确定等差。洞去夏在粤，即向外洋访募得化学教习英人骆丙生，并购化学机器，骆昨日始到鄂，机器已到沪，专待化机到，即可炼试。大冶铁已据数矿师覆勘，回金称佳而且多，惟附近有煤而不合用。南北两省，煤确有数种可用，已分遣矿师、委员覆勘，俟两省委查者俱回，筹计运费，即可定用何处，总可令价较洋铁为廉。现拟定计炼楚铁，前盛道在沪，拟有开徐州利国矿一禀，管见拟从缓议。缘原议系借官本、招商股，事多周折，与洞办法不同，且与现在情形亦不合。至所拟有另奏派督办炼铁大员一层，尤可不必。日内李相到京，必当一议及此事，故并电陈。之洞肃。宥。

张之洞致海军衙门电

光绪十六年二月二十六日（1890.3.16）

湖南煤既佳且多，若用机器开采，则价必省，惟湘省民情，洋人断不能往。惟有遣中国通矿学者往勘，审度宜用何项机器，方可照购运往，用通晓机器华工，指授安置开采。宝庆、衡州两路皆有，需用两人。查江苏候补知府徐建寅、同知徐华封，皆长于矿学，中国似此者不多，请电致南洋大臣，速饬该两员来鄂，以便分发赴湘勘矿。之洞肃。沁。

张之洞致李鸿章电

光绪十六年二月二十六日（1890.3.16）

养电悉。盛道前在沪具一禀，所拟办法与鄙见不甚同。商股恐不可恃，且多纠葛，与现在情形亦不合。数矿师复勘大冶，铁确佳而多。煤已分查,尚未回。大约湖北当阳、湖南宝庆、衡州皆可用,且下水。惟须合计运费,孰省即用何处。现决计以楚煤炼楚铁,取材总不出两湖。利国矿只可缓议,所拟奏派督办大员一层,尤可不必。日内到京,想必与海署议及此事。特电陈。洞。宥。

张之洞札陈占鳌文

光绪十六年二月二十七日(1890.3.17)

为札委兼勘煤矿事。

照得本部堂前经札委奏调湖北,差委山西补用道陈道占鳌,前赴山西泽州、潞安两府,查勘铁价及运道情形,旋复饬委顺赴平定、盂县等处,会同山西冀宁道俞道查勘各在案。叠据陈道禀称:查得泽属之凤台、高平、陵川、阳城四县,潞属长治一县,铁价均廉,运脚亦省等情。查晋铁产旺质良,本甲于各直省,惟采炼未精,运道艰难,成本过贵,近年为洋铁充斥,业此大率减价赔折,纷纷歇业,坐弃美利,实为可惜。必须新式机器大炉开采熔炼,或炼成铁,或炼成钢,取多制精,本轻价廉,始足畅销,而杜外耗。前经奏明,拟购置陆运机炉,为晋省开浚利源。惟机炉炼铁炼钢,专以煤为紧要关键,其需煤之数甚多,大约一大炉每日用煤十三四万斤。若各属产铁之区,产煤不佳,或佳而不多,亦不足亦济用;或煤洞距铁矿太远,脚价较贵,亦多窒碍。大率煤斤成块,质性坚结,烧之无油烟,上有白光者,名曰白煤,亦名石煤,方能炼铁。其质坚有油者,晋省名曰肥煤,必须炼作枯煤,便无油烟,晋省谓之蓝炭,炼铁亦佳。若性松质碎,及有油烟者,皆不可用。山内产煤,横看皆分为数层,必须煤质结聚深厚连成大片,每层厚者一二丈,薄者亦有二三尺,方可供机器开采,取用不穷。若每层止厚尺许,或动有石质隔断,即不足供机器之开采。至机器开采之法,仍需用人力入内掘取,机器不过抽水、起重两事。一可免于洞中出水所阻,一可由洞底提出洞口,举重若轻,较省人力。若煤铁能开,大可畅行奉直豫东各省,实可为晋省力作贫民增数十万人之生计,为晋省每年开数百万金之财源。所有泽、潞两府,平定州盂县等处,其煤洞距铁矿之远近,煤质之佳否,洞内煤层之厚薄,出煤之多少,煤价运脚之贵贱,及土人炼铁向用何煤,泽潞之煤有无运至河南清化镇、杨树湾等处售卖,平定之煤有无运至直隶获鹿县售卖,刻下本处价若干,运至清化、获鹿脚价若干,可售价若干;其平定一路,近年叠经缮治渐臻平坦,若三四套之大车能否通行;骆驼每只可驮若干斤;其娘子关一路,道路是否稍为宽平,夏令能否用小船运出;由获鹿陆运至小范河口上船,或车或骡,每百斤约需价几何;由小范水运至保定,每船能载若干斤,船价约几何,均应确查,以便酌核。泽州即委周守天麟、潞安即委刘守鼎新详切查勘,分晰禀复,并将各种煤样、铁样、未炼之铁矿砂样专差送鄂,以凭考验。其平定、盂县等处,即委陈道、俞道会同详查。陈道如已回鄂,即专委俞道派员会同平定州确切查勘,分晰禀复,并将各种煤样及生熟铁样、未炼之铁矿砂样专差送鄂考验。此系本部堂设法开浚晋省民间生计之意,各该员等务宜用心考究,以副厚望。除分行外,合亟札委,札到该道,即便遵照札行事理,迅速详查禀复,毋稍疏略延缓,并将煤样、铁样分别专差送鄂,以凭考验。是为至要。

海军衙门致张之洞电
光绪十六年闰二月初一日(1890.3.21)

宥沁三电均悉。枪炮厂已择地营造,惟此项常款,务与铁路经费判然划清,不可挹注,致铁路之举迟滞,谅同此意。此折二十九日出奏。复勘冶铁、湘煤,既佳且多,应照所拟举办。盛道管见应毋庸议。徐建寅、徐华封已电南洋大臣,饬其赴鄂矣。醇、庆、泽。东。

张之洞札梅冠林文
光绪十六年三月初十日(1890.4.28)

为饬勘锰铁事。

照得湖北兴国州城北门外地方,离城约十六七里之遥,向有铁矿,所产之铁名曰锰铁。光绪三年,英国矿师郭师敦勘报本部堂衙门有案。据称:此等锰铁甲于欧美各国所产之铁,洵为世所罕觏,不惟矿形极大,取之无尽。抑且甚合市销。若与大冶铁矿两质合熔生铁,再炼熟铁及钢,足供中国各厂一切需铁之用。该处锰铁已由前人开采多年,尚有无数铁渣在矿左近。等语。亟应派员带同矿师前赴兴国州会同地方官按照郭师敦所称各节,查明锰铁矿形何似,周围若干里,所产是否丰旺,现在本地人有无在彼处开采,详细勘明。查有襄阳县知县梅冠林、候补知县张飞鹏堪以带同矿师毕盎希、柯克斯前往查勘。除分行外,合亟札饬。札到该员,即便遵照,带同矿师毕盎希、柯克斯迅往兴国州,会同地方官查照。粘抄查明锰铁矿产情形,绘图贴说,禀候核办,并将锰铁矿质采取数十斤带省考验。是为至要。

抄发郭师敦勘矿原禀

兴国州铁矿在北门外五英里,所产之铁,名曰上等锰铁,化质如左:

铁养[氧]二十八分

铁淡[氮]五十八分六六

水质一分一六

废质五分五十

杂质如明矾灰石吸铁石之类六分六八

硫磺磷酸各质无

铁养[氧]化,净得铁质十九分六十;铁淡[氮]化净得锰铁三十七分零八二。质相较,惟锰最多,其质之佳,甲于欧美各国所产之铁。此等锰铁洵为世所罕觏,不惟矿形极大,取之无尽,抑且甚合市销,价值亦昂。若与养[氧]酸氯炭等气合化,研为细粉,即可浇作玻璃,及作漂白粉等用。近来裴生满及徐梅史等所作熔钢新法,亦必用以熔炼,足见此质用处甚广,苟与白雉山所产之矿两质合熔生铁,再炼熟铁及钢,足供中国各厂一切需铁之用。所冀久挖不完,即所得之矿,悉是佳钢佳铁矣。窃又约计熔费亦不甚多,凡此二矿,本非易得,今幸于湖北一省得之,又有石灰大矿,佳而且厚,颇合熔炉之用。此外所需,惟有熔铁白煤一项,须得包定若干不致缺乏,方能济事。查该处锰铁,已由前人开采多年,尚有无数铁渣在该矿左近处处堆积。兹将化见铁渣内所有养[氧]淡[氮]二质,分别合数开列于后:

铁养[氧]三十七分二十,合净铁质二十六分零四,淡[氮]铁十五分八一,合净锰质十一分二九。

张之洞致盛宣怀电
光绪十六年四月初九日(1890.5.27)

荆煤太薄,不能大举,岁产有限,现逐加化炼。湖北之荆门、兴山、归州,湘南之邵阳、耒阳、常宁、浏阳、永州,四川之奉节、巫山皆出白煤,合计灰少合用者二三十处。目前收买为便,明示招徕,必可争开争贩,当不至大贵,湘煤自宜机开,但须从容谕导。购机造窿即可,开亦在一年半后矣。洞。庚二。

张之洞札蔡锡勇[①]文
光绪十六年四月十六日(1890.6.3)

为饬遵事。

前经承准总理海军事务衙门咨开:光绪十六年二月二十九日会同户部具奏请将炼铁厂量为移置一折,奉旨:依议,钦此。并抄原奏内开,湘鄂煤铁即经访知可恃,自应准将此项机器改运鄂省,择地安设等因。当经恭录咨行,钦遵办理在案。查此事先于本年正月承准海军衙门江电,内开:铁为盛举之根,今日之轨,他日之械,皆本乎此。部款岁二百万,已奏准的项。铁机既可移鄂,本署即据入奏。等因。遵即于正月在鄂省内水陆街旧营务处公所设局,饬令矿师白乃富,及前由粤订之矿师毕盎希、巴庚生,化学教习骆丙生,工师时维礼及洋匠等,赴局筹办,考求一切;遴派湖北候补道蔡道锡勇督率筹办,并派委员分投采取各种煤样,送局考验;及大冶、兴国一带确查铁矿、锰矿、灰石、煤窿、运道情形各在案。

现查荆门、归州、兴山等处之煤及湘省、川省白煤、石煤、烟煤,各种合用之煤甚多,足供煎炼冶铁之用。近复承准海署电示,截留京饷抵用,事关

---

① 蔡锡勇(1847—1897):字毅若,福建龙溪(今龙海市)人。时任湖北铁政局总办。

紧要,端绪繁重,亟应赶速办理。原设之局过小,查有城内宝武局公所一区,较为宽广,应即于此设立铁政局,派委北布按二司、粮盐二道、候补蔡道锡爵总办局务。蔡道作为驻局总办,会同筹办一切,以专责成。其余提调暨文案各员,均候随时遴员派充。炼铁厂应即于省城武胜门外塘角地方,近江处所,择地建造,便于转运。自五月起,务须于一年之内造成铁厂,以便安炉炼铁,赶造钢轨。目前要务,如勘定地基,召匠估工,修堤运石,开窑烧砖,订购厂屋铁木灰石等料,均属刻不容缓。余如采运煤斤,设局屯储,购买小铁路、小轮船暨敲铁、钻地、起重、抽水各项机器,局内各种应用器具,兴修大冶铁山运道,均须于一年之内赶办齐全,由蔡道将紧要事宜开单呈核,派员分投赶办,并饬北善后局刊刻木质关防一颗,其文曰湖北铁政局之关防,呈候札发开用。除分行外,合亟札饬,札到该司道等,即便会同遵照札行事理,悉心筹办,务于一年之内造成铁厂,开炉炼铁造轨,以应要需。是为至要。

张之洞札徐建寅[①]文

光绪十六年八月二十四日(1890.10.7)

照得湖北现设炼铁厂,日需白煤三四百吨,筹办煤炭最为要务。前因湖南宝庆、衡州各府属暨界连江西萍乡县地方多产佳煤,先经札委湖北候补知县高培兰等分往各属,会同地方官查勘,旋据绘图列折禀复,并缴呈煤样多种,均经饬发矿师分化考验。其中白煤可供炼铁之用者甚多。大约质佳而灰少者以宝庆为最,转运利便者以衡州及萍乡为易,均有可采。惟是各窿口情形不一,或须用机器开采,使出数增多,或应设厂屯收,使济用不竭。大抵挖煤机器不外抽水、起重两种,皆是协助人力之事。能用机器则出煤愈多,用人愈众。挑挖民夫、转运船户从前用百人者,今必加增至四五百人;从前用船千余号者,今必增加至四五千号。国家以此兴利,小民即以此养生,理所必然,毫无疑义。特以内地之人未经习见机器,不谙用法,莫

---

① 徐建寅(1845—1901):字仲虎,江苏无锡人。时任候选道、湖北省营务总办。

能趋易而避难。肩挑背负，手胼足胝，终岁仆仆所得，且不足以糊口，劳而无功，情殊可悯。故必有熟悉矿务之员，亲诣产煤之区，详加履勘，妥为筹计。何处可用旧窿，何处宜开新井，购买抽水机、起重机及各种机器之价若干，各就地势、运道情形，逐一详估。窿户之有力者，劝令自购抽水机器试办；无力者，由官置买抽水机租与开采；如不自置机又不愿租用，则官租买山场，自行开采。要在切实劝导，使民间晓然于机器之妙用，实能兴利，决不至或夺其利，则官采民采，其利同归于一致。

查有候选道徐道建寅、湖北试用知县欧阳炳荣、补用典史欧阳梥堪以派往衡州府清泉、耒阳、常宁三属复勘煤矿；矿务委员守备池贞铨、湖北候补知县高培兰、湖南试用典史王天爵堪以派往宝庆府邵阳、新化两属复勘煤矿。该员等应即和衷商定，由何处先勘。大要以灰少之白煤为主，须于距水较近之处，煤苗宽厚之区，审定一二佳矿，堪以施用机器，大举开采，使出煤多而转运易，方能济用不竭，有裨要需。除札铁政局照章支给薪水、夫马并分行湖南衡宝各属妥为照料；其余长衡辰永各属产煤州县及江西萍乡地方，应俟出示晓谕，劝令自行设法广为开采，毋庸派员前往外，合就札行。为此札仰该道即便遵照会同各员迅速束装就道，按照现札分派地段指饬事理查勘详确，妥为筹议禀复，毋稍率忽。尤须迅速回鄂销差，不得藉端稽延，多旷时日，致误要工。切切。

张之洞晓谕
光绪十六年十月初七日（1890.11.18）

照得本部堂恭承简命，总制两湖，首以为全楚兴地利、富民生为务。现奉旨开办炼铁事宜，业经择地于汉阳大别山下设厂兴工。此举为中国开辟利源之要政，从此大冶、兴国一带铁利大开，定可日臻蕃盛。至铁厂需用煤斤甚多，一概不用洋煤，尽量购诸内地，以期增广民间生计。前经派员分赴产煤地方，认真履勘。内如湖北之荆门、当阳、归州、兴山等州县，湖南之衡州、宝庆、永州三府，暨邻境四川之奉节、巫山，江西之萍乡等处，各有白煤、烟煤，业经采取煤样，详加考验，其中均有佳者，堪供炼铁及轮船之用。是湖北、湖南两省地方,既产佳铁,又产佳煤,实为楚省独擅之地利,贫民无穷之生业。就目下官中需用数目核实估计,即炼铁一厂已日需白煤六七十万斤;此外尚有织布局及枪炮厂,用煤数目大致相仿。至本省官轮船及招商局轮船所需者,尚不在内。若仅照目下零星开挖,所出之数,不敷甚巨。查民闾从前不愿多开者,自因销路不畅之故。现在炼铁各厂均系百年经久之事,每日必需之物,但患出之不多,不患售之不尽。果系上好白煤、烟煤,无论每窑每日能开出数百万斤,本部堂总能为尔等力筹销路。为此示仰该商民等一体知照,各就向产好煤处所,选择上等煤苗,或仍旧窑,或开新山,或合资伙办,或独力采取。向来煤窑开至深处,甫见好煤,即为水阻,以致此窑即成废弃,深为可惜。若能购用抽水机器,则出煤愈多愈速,获利愈厚,即开挖挑负之人夫,装载转运之船户,亦必增多数倍。此项机器每一分不过数千金,且不须雇用洋人,亦能运用,均听该处煤户自行酌办。总须设法广开多备合用之煤,约于明年三四月间源源运致,临时由鄂省铁政局验明煤样。如果合用,即行收买,或按照时价,或议定价值,认定每月交煤若干担,陆续运送,以便分应各局之用,断无克扣刁难之弊。四川夔、巫,江西萍乡,与鄂省一水可通,若该处之煤运至汉口,亦即一体收买。务期各处煤斤源源而来,庶免再购洋煤,以致利为所分。此举专为两湖贫民多增恒产,各该州县煤户乡民各宜早筹资本,踊跃开采,以浚利源,毋得畏难自误。

张之洞札盛春颐[①]文

光绪十六年十月初十日(1890.11.21)

为檄委办理荆当煤务事。

　　照得湖北荆门、当阳等州县,向产白煤,质坚灰少,堪以炼铁。前经派委知府札勒哈哩、候补同知盛春颐等,带同矿师,前往沿江一带荆、当、归、兴等州县,查勘考验在案。兹查盛丞业经委署当阳县,专务荆、当一带煤矿,其转运出山之口,皆系当阳地方,所有开采事宜,即应责成该署县一手

---

　　① 盛春颐(生卒年不详):字我彭,盛宣怀之侄。时任湖北当阳县知县。

办理,事权归一,呼应较灵。所有前勘定素产白煤之荆、当交界之窝子沟、当阳属之大林堡等处煤窿,应如何督劝商民,集赀采运,开挖新窿,疏通运道,招徕船夫。俾出煤日多,销路畅旺,每吨白煤运至汉阳大别山下炼铁厂交卸,共需价值运脚若干,每月能运至铁厂交卸若干吨,按月运到无误,应由该署县详切筹办分晰,禀候核夺。开采煤窿,浚利源而阜民用,本地方官应办之事。该署县讲求有素,饬委当阳,应以此事为当务之急。除金米观一处煤斤灰质稍多,须开挖深处煤层取验外,余如窝子沟、大林堡、宁家湾、双河口等四处皆质坚灰少,炼铁最为合用。该署县丞应妥筹办法,以副委任。除分行外,合亟札委。札到该署县,即便遵照,将开采白煤应办各事,悉心筹画,务使运载到厂。价值运费均极合宜,商贩争趋,效成利见。是为至要。

张之洞札王树藩等文

光绪十六年十月十九日(1890.11.30)

为勘办煤铁事。

照得大冶县属王三石地方产有石煤,前经派委候补知县张飞鹏开采煤样,带省考验,炭灰在十分以内,尚堪炼铁,煤层亦厚,惟煤质尚欠坚结,再行挖深,尚有坚结之煤。明家湾烟煤极佳,惟煤层稍薄,须用钻地机器探试。又金山店、胜山寺地方亦有煤矿,亟应遴员前往,分投勘办。查王三石煤窿经张令飞鹏开办,渐著成效。现在派委兼办大冶铁山运道事宜,应即添派候选州判王树藩、矿务学生游学诗前往,会同张令办理。其金山店、胜山寺煤矿应即派委候补知县黄建藩、候选县丞敖开郁前往勘办,并饬派矿师毕盎希、柯克斯先往王三石勘验确实,再往胜山寺开挖煤窿,验明煤层厚薄,煤质坚松。如果层厚质坚,即带煤样回省化验。其明家湾烟煤,应俟钻地机器运到,再行派员前往办理。除分行外,合亟札委该员,即便遵照,带同矿师前往大冶县金山店、胜山寺、王三石地方,会同张令,将煤层煤质详切考验,及煤井如何开挖、应用何种机器及运道如何修理,能否接续铁山运道之处,商同矿师并勘修铁山运道之洋员时维礼,会议妥协,绘图贴说,禀候核办。

张之洞晓谕

光绪十六年十月二十日(1890.12.1)

照得本部堂钦奉谕旨开办炼铁事宜,现已建厂兴工,需用煤斤甚多。前经派员分赴湘鄂两省暨邻境四川之奉节、巫山、江西之萍乡产煤各处,认真履勘,采取煤样,详加考验,其中均有佳者,堪供炼铁之用。现经刷印告示,晓谕商民,按照所开向产好煤处所,选择上等煤苗,设法广为开采,源源运来鄂省,由铁政局验明收买应用,以浚利源。除分别札发,札到该州县,即将发去告示迅速张贴晓谕,一面劝谕商民,早筹资本,踊跃开采,是为至要。并将贴示处所报查。

张之洞札张飞鹏文

光绪十七年三月初五日(1891.4.13)

照得鄂省奉旨开办炼铁厂炼铁需煤。前因勘得大冶县地方产白煤、油煤,堪供炼铁之用,叠经本部堂派员带同矿师采取煤样考验各在案。兹查大冶县属王三石、钩儿山、道士㳇、明家湾、×哥山、八角井及他处出产白煤、油煤之处甚多,现已购定机器三副,亟应派员勘定煤矿三处,以凭开办。

查有原勘委员候补知县张飞鹏、矿学生候选知县游学诗,堪以派委专办开挖煤矿事宜。该令等应即带同矿师驰往大冶查勘各煤矿,用机钻试,择其煤层最厚、水运最便而又离铁山较近者,勘定三处。应如何开凿煤井、安设机器、雇夫开办,及设立分局,起造炼焦炭炉座暨水陆转运之处,督同矿师悉心筹议,绘图贴说,禀候核办。其勘定之煤矿是否官山抑系民产,应如何分别购买,并由该令等会同大冶县陆署令祐勤妥商办理。除分札饬遵外,合亟札委,札到该员,即便遵照会同迅速前往大冶,按照札行事理,督同矿师随时悉心筹议,绘图贴说,禀候核办。其勘定煤矿应否购买,并与陆署令妥商禀办。

张之洞札高培兰文

光绪十七年五月二十九日(1891.7.5)

照得江夏县属南乡马鞍山、龙王庙等处产有油煤,前经委派员绅采取煤样考验,堪供炼铁之用,当饬谕武昌府江夏县传集该处绅耆妥为筹议。旋据该绅等联名具禀开办,复饬据该府县剀切批示晓谕各在案。查江夏南乡煤矿产旺质良,水运甚便,又距汉阳铁厂较近。既经传集绅耆晓谕明白,亟应派员前往开采,以裨要需。查有铁政局委员湖北候补知县高培兰堪以派往,该令应即偕同矿学生守备池贞铨驰往江夏南乡马鞍山、龙王庙等处,勘明煤层厚薄,煤度深浅,择定一处挖煤井。查明该处是否官山民产,分别购办。

张之洞札张飞鹏文

光绪十八年十一月三十日(1893.1.17)

据铁政局转呈张令飞鹏等王三石局用每月常支各款及应买杂用各物清折一扣。本部堂详加披阅,滥支糜费,任意浮开,实堪骇异,当饬铁政局逐条签驳。兹据签出各条,滥用司事,多立名目,浮支薪资,局丁、巡丁、县差重复开支,离奇已极。各局雇用匠役及机器各匠,从无另给火食及雇用厨役之例。该令等独创此格,声明解说亦欠情理。各房点灯洋油月用十箱,窿工食盐月一千斤,日食三十三斤有余,尤骇听闻。机器木料岂能时刻扛抬,乃日用长夫六十名;散夫随时添雇,多寡岂能一定,乃每月约数钱三百串之多;挑钱、挑杂物脚力月需钱七十串,添补锅碗月二十四串,均作长支之款;机器打钻等匠,铁政局已派去六名,该局复添雇二十三名之多,内中分列画图、开车、修整、起重各色具备,复设立学习、下手名目。种种荒谬离奇,不可殚述。当此经费支绌,迭经本部堂严谕各局加意撙节,该令等宜如何激发天良,认真节省,核实开报,乃浮滥至此,实出意料之外。煤务为铁厂之根本,现在尚未大举,滥支浮开已属如此,将来何所底止?应速由铁政局逐条再加详核,大加裁涉。凡妄用浮开者,断不准销。以前滥支者,均一律驳斥。应先将该令等严加申饬。除将清折发交铁政局再加详核,大加裁涉外,合亟严札申饬。札到该员等,即便遵照,迅将铁政局发还清折查照签驳裁涉各条,遵即照裁照涉,另行核实缮册呈核。倘再有浮开,一经核出,定干未便。懔之。此札。

张之洞札欧阳炳荣等文

光绪十九年六月初六日(1893.7.18)

照得汉阳炼铁厂现经次第工竣,亟需开炉试炼。惟马鞍山、王三石两处煤井工程均奉赶办。马鞍山虽渐已出煤,第焦炭炉座甫经安设,且目前一处出煤不敷试炼之用,亟应查照奏明原议暂行采办湘煤,藉资接济。湘煤产旺质佳,惟各处煤色不一,必须择定一两处,派员前往采买,筹定辘轳转运之法,庶不致稍有缺乏。兹查长沙、醴陵交界之江西萍乡县,向产油煤,所炼焦炭亦胜他处。此外湘潭县系耒阳、常宁两县煤斤屯聚之处,该两县产煤亦佳,运道均便。应即派员前往萍乡采买油煤三百吨,务于本年八月中旬以前,由该处运到铁厂交收。价银运费至多不过三两,方能合算。每月能运几次,共运若干吨,应如何雇备船只,源源转运不穷之处,即由委员体察情形,妥议办法,分晰禀办。其土炼焦炭,向多粗疏,不甚合用,应如何设法精炼,并由委员选带铁政局化学生前往,与该处工匠讲求炼法。先炼焦炭一百吨运鄂试用。查有湖北候补知县欧阳炳荣、湖南试用典史王天爵堪以派往,应先行带银若干前往,即由铁政局核定发给。除分饬遵照外,合亟札委,札到该员,即便遵照札行事理,迅速束装会同带银前往萍乡妥为办理,并顺道至湘潭查看。如有耒阳、常宁运出佳煤,一并订购。先行采买一二百吨运鄂试用,并将起程日期报查。

张之洞札史赜云文

光绪十九年八月初二日(1893.9.11)

照得鄂省铁厂不日开炉试炼,亟须先行购买湘煤以济急需,业经饬谕铁政局派委黄守国瑸督同曹倅受诏在汉口设法收买。查炼铁所需油煤必需质佳且净,方可备制焦炭之用。商船所运之煤,其中难免搀杂乌板碎块及沙砾泥土水湿等件,必须认真挑选,核实议价,按斤兑收,事体极为繁重。且湘煤以衡州之耒阳、常宁为一路,永州为一路,宝庆之邵阳为一路,长沙之安化为一路。务宜分投招致,以备选择。应即添派候补知县史赓云随同黄守会同曹倅,认真核实迅速办理。除分行外,合亟札委,札到该令,即便遵照迅速前往铁政局禀商总办蔡道,随同黄守会同曹倅多方考究收买,认真挑选,核实议价,按斤兑收,不可稍有疏忽延缓。毋负委任,是为至要。

张之洞札袁敏功文

光绪十九年八月十四日(1893.9.23)

照得前据铁政局呈报大冶王三石煤矿工程紧要,檄委候补通判袁敏功前往帮同张令延鸿照料在案。查王三石煤务,南新井钻工,东巨井抽水,均系目前急务,应即责成该倅督饬工迅将东巨井机器气钢接就,轮班抽水,昼夜不得稍有间断。该倅应即驻工监视数昼夜,察看井内之水能否抽干,并会同张令妥商洋匠,赶将南新井钻机安就,即日开钻,祗候本部堂亲莅查勘一切。应由铁政局核给薪水银两,以资办公。除分行外,合就札委,札到该倅,即便遵照迅赴差次,帮同张令认真督工,以副委任。

(二) 大冶铁矿的勘探与开采

张之洞致奎斌①电

光绪十五年八月二十六日(1889.9.20)

大冶向来出铁,近来民间有无开采,出产多少,请详询曾任大冶、兴国一带州县,或遣人密查,万勿宣播。切祷。

---

① 奎斌(?—1893):字乐山,蒙古镶白旗人。时任湖北巡抚。

奎斌致张之洞电

光绪十五年九月二十二日(1889.10.16)

顷接盛道宣怀电:在京奉醇邸面谕查勘大冶铁矿。现派比国头等矿师白乃富(E. Braive)赴汉,已抵镇江,到日请派员送往。已派定前署大冶陈令瑞兰以待。

张之洞致奎斌电

光绪十五年十月初四日(1889.10.27)

大冶矿姑令盛处矿师一看,有益无损。湘黔铁能炼更佳。总之,铁路事关久大,不能欲速,先须筹款,次须炼铁,必从容规划完备,方能开办。洞到鄂自当详筹熟察。务令于民不扰,断不至卤莽从事。请告司道府县,俾释群疑,勿听浮言惶忧。至要。洞。支。

张之洞致薛福成①电

光绪十六年九月二十日(1890.11.2)

六月望日、八月初五函件感悉。布机细件,明年四月起运五之二,七月再运五之三,未迟。粗件不拘时,寄沪转鄂,甚便。砖坯已由德金生寄英,应系粘坯。其机器能兼造火砖尤妙。大冶矿细分如下:详细测化,得铁六十四分,磷八毫,硫三毫,铜二厘七毫。矿师皆云宜用贝色麻法。洞。号。

张之洞札张飞鹏等文

光绪十六年十月二十一日(1890.12.2)

为开采铁山勘修运道事。

照得湖北大冶县铁山矿砂产旺质良,唐宋以来屡经开采鼓铸。本年二月二十九日经总理海军事务衙门奏请开采,将粤省炼铁机炉移设鄂省,奉

---

① 薛福成(1838—1894):字叔耘,江苏无锡人。时任出使英、法、意、比四国大臣。

旨：依议，钦此。咨行到鄂。当经恭录咨行钦遵办理，并遴派委员，带同洋匠工师，前往铁山查勘运道各在案。

兹查炼铁厂基已勘定汉阳大别山下兴工造厂。所有大冶铁山开采事宜，应即次第举办。该山多系官山官地，如有民间田庐致碍开采者，应查明契据，照价购买。其铁山至黄石港江岸应修运矿宽平大路一条，约宽五丈为度，以便车马驰骤往来无碍。查候补知县张飞鹏熟悉大冶情形，应即派委兼办铁山运道事宜，会同地方官妥为开办。并饬派候补同知施启华、候选州同沈鉴、候补府经历倪涛，带同洋员时维礼，前往会同张令勘办。应自铁山何处修起，沿途山溪增修桥道，田塍培垫高广，民间田亩公平价买；遇有坟墓村落，设法绕避，沟渠设法变通；修至黄石港江岸，应否添修码头；其运煤及灰石之路应如何接续修理，应于何处扼要设局一所，为委员管理采铁运矿人夫之处，由该员等带同时维礼详切履勘筹议，绘图贴说，会同地方官禀候核办。并责成该县会同委员，将民间应购田庐，一面妥速购买，以便刻日兴工。其开采铁砂及灰石等矿暨修运道工程，应如何雇募人夫暨稽察约束章程，一并妥议禀办。除分行外，合亟札委该员，即便遵照前往，会同陆署令及委员等，将应修地名道里勘查明确，开办章程会议妥协，绘图贴说，禀候核饬开办。

张之洞批孙克勤文
光绪十六年十一月十六日（1890.12.27）

据禀，深堪诧异。查铁山运道，自黄石港至张家䂪，前据钟倅天纬等带同洋匠查勘山路，并无险峻之处。惟地势稍低，须筑高堤，取土稍难。若就山路兴修，去高填低，施工较易。并据该县前令孙克勤禀称，民情均属相安，初无异议，等情在案。只以该署令素称能事，调署斯篆兼委帮办，提调铁政局务，以专责成。一切事宜檄饬，随时禀商总办蔡道，悉心筹办此路，饬令测量，并未刻日兴工。如果工巨费繁，别查有省便之路，尽可会商委员，具禀蔡道，从长计议，斟酌请示。乃该署令既不讨论事理，又未测量道路，忽称鸟道羊肠，较黔、蜀山程更为险窄，炸药攻山惊骇物情等语，危词耸听。遽行具禀,阻扰大局,摇惑众听,诚不解是何居心。且山路既云崎岖,人烟何得稠密。炸药最多用至数两,仅止炸去碍路顽石数块,并非将青山全行炸裂,何至惊骇物情。点放系用电线远引,何至稍有伤残。即如该署令所禀,沛源口水道亦可通行,而每日能运矿若干,冬春能否通行,沛源闸口能否无阻,若须盘坝,劳费无算,如何可行。此等处全未计及,疏略已极。查铁厂每日需矿砂、灰石、煤斤共六百余吨,内港及南湖开浚淤浅,必须四时能通千石内外之船出江,便于轮拖,方可济用。总之,铁山运道无论由陆、由水,均须详切测量,妥议办法,方可定局。该署令心粗气浮,一味自是,全不讲求。据洋匠毕盎希禀称,时维礼欲测量,该署令辄以恐致偾事,不任责成等语恐吓,不令测量,尤为可恨。应先行严加申饬,仍责成会同张令飞鹏、黄令建藩等带领洋匠将黄石港运道详细测量,绘具图说,再行会同委员带领洋匠前往铁山铺,将南湖至沛源口一带水道测量,并将李湾桥、沛源口沿河一带,是否能修造铁路运道,一并测量绘图贴说,会同委员来省,面陈一切。倘或滋生事端,即系该令扇播谬说,明知姑纵,借以回护前说,阻挠大局,定即撤参不贷。懔之。

张之洞札林佐[①]文

光绪十七年三月初五日(1891.4.23)

照得鄂省奉旨开设炼铁厂,开采大冶煤铁,兴修铁山运道各事宜,业经本部堂先后委员带同洋匠矿师,会同地方官详晰勘估禀复奏明各在案。兹查铁山运道已勘定由铁山之麓开至石灰窑,沿途经过地方及江岸应修马头,均经德弁时维礼详细测量,绘呈图说。并将应购运矿火车、铁轨一切等件照购,本年秋天即可到齐。所有运道码头等工程,饬据该弁时维礼估定今年十二月底告成,极应遴员前往监修,以专责成。

查有补用知县林佐,曾住大冶,熟悉地方情形,堪以派委专办大冶铁山运道事宜。该令应即带同时维礼及洋匠等,迅即驰往大冶,会同大冶陆署

---

①　林佐(生卒年不详):顺天(今北京)大兴人。时任湖北候补知县、大冶矿务局总办。

令佑勤,将铁山起至石灰窑江岸止,除官山官地外,所有道内应购民房、民地,迅速拣派公正绅耆,查明原有契据,妥为照价购买,限期迁徙。其应如何雇集夫役分段兴修,及应在任何处设立分局暨支放银钱、运购米谷等事宜,悉心拟议章程,分别禀办。其运道应如何填筑,桥梁沟渠应如何开设,铁轨应如何开设,码头如何开办,应由时维礼暨洋匠等督率工役照料兴修。所有鸠集工役、购运木石本料、派员督工以及弹压地方、稽查工匠勤惰、建造分局各事,均责成该令随时会同陆署令妥商办理。其收发银钱,宜应即派委候补知县李绍闵、候选直隶州州判王树藩专管。限期今年腊月底竣工,不准稍有迟逾。应用监工、佐杂、委员、司事人等由铁政局派委,需用地方绅耆,由该令等会同陆署令选派。该令等及各委员司事人等薪水、夫马,分别由铁政局核给具报。除分行外,合亟札委该令即便遵照,带同洋匠等驰往大冶,会同陆署令迅速会议章程,分别具禀,妥速办理,如期竣工,以副委任。是为至要。

张之洞札存厚^①文

光绪十八年五月二十四日(1892.6.18)

照得湖北大冶县铁山路工及石灰窑码头,专为利运铁矿煤斤而设,绵亘五十余里,加以接通王三石煤井,又须添设十余里,工程浩大。前经檄委候补知县林佐,会同大冶县督率洋匠人等勘估兴修在案。查该处路工及码头工程与汉阳炼铁厂工相为表里,均关紧要,应即派委大员前往督催,务期早日竣工,以济要需而免贻误。查有本任宜昌府知府存厚堪以委派,应需薪水由铁政局核议支给,以资办公。除分行外,合亟札委,札到该守即便遵照,将大冶县铁山路工及石灰窑码头工程,督催林令等严饬员绅司事工头人等妥速赶办,务期早日告竣,不得稍有旷误稽延。

---

① 存厚(? —1911):字宽甫,满洲正白旗人。时任宜昌知府。

张之洞批林佐文

光绪十八年八月二十六日(1892.10.16)

据禀已悉。查铁山运道、桥沟、堤路、安轨、铺板各工虽已告竣,而建设车站、平厂、报房、局屋,及开筑起运矿石码头、出置开矿机器,一切工程,紧要繁重,均未就绪。该令身当重任,经手巨款,自应始终其事,一律告成,方为不负委任。岂得遽请验收,即行交代回省?着铁政局迅饬该令,务将关系运道各工认真督饬兴修,如法完备,毋稍草率疏漏。是为至要。

张之洞札李增荣文

光绪十九年七月二十八日(1893.9.8)

照得大冶铁山开凿铁矿机器,久经照设停妥,前经檄委铁山运道委员、候补知县李增荣兼办开矿事宜在案。查铁矿每日断须开采二百吨,方足供炼铁之用。前据洋匠世瓦而兹审定,开通铁山横路二道,采矿始能便捷。现在本部堂风闻铁矿横路开至深处,工匠多名不肯深入,工程甚为延缓。该令所司何职,何以漫不经心,毫无觉察。铁厂业经告成,不日即须试炼。若横路不能开通,将来铁矿何以能每日开足二百吨之数?亟应责成该令,实力督催,稽查工匠,不得偷懒不入深处。其横路工程,现已开深开宽多少公尺,铁砂每日究能采取若干吨,工匠共用若干名,每日工价若干,该令应即督饬巡检朱沛确切查明,分晰禀复。倘将来开炼生铁,运到铁矿每日不足二百吨,定惟该令是问。合亟札饬,札到该令,即便懔遵办理,迅即禀复察核毋延。

[附录]　大冶县铁矿及运道①

光绪十六年……张之洞为湖广总督,欲于中国设一制铁厂,遣人调查原料品之产地。而湖北大冶县县名字义,适与制铁意吻合,且古语有"大冶

---

①　此文选自光绪三十三年之《政艺通报》。

之剑",或为古时制铁所之遗迹。遂聘德国技师往大冶调查,因发见一大铁山,为铁渣所成,约七八百万吨,俨如一大山脉(今在大冶铁道之末端铁门矿之近旁)。因在其近旁发见一铁矿,即今之纱帽翅山铁矿也。而是时狡焉思逞之日耳曼人族秘不以报,直电达德国政府,转电中国政府求割让大冶铁山采掘权及铁道敷设权。中国政府商之张之洞,张提议拒之。卒不获全胜,遂与德国订约:凡以后铁矿采掘及铁道敷设一切器具,皆须购自德国,技师则独聘德国人。于是聘用德人帕德波古、帕司儿、来侬、玛克司四人为矿山技师(帕德波古今在长江设亨利达银行,营石灰业。来侬为盛宣怀技长,监督萍乡炭矿)。光绪十六年至十八年三个年间,设大冶铁道。凡枕木、机关车、客车、货车等,皆购自德国。同时并设大冶矿务局,以林佐、李增荣为总办。

(三) 铁厂经费的筹集

海军衙门致张之洞电

光绪十五年十二月二十七日(1890.1.17)

顷阅军机交钞粤督李奏,设厂炼铁订购机器已付定银十三万有奇。大炉倾销铁砂甚巨,矿务稍延,即难源源供用。营建厂屋,非数十万金不能。厂成后厂用相需甚殷,粤省何能常为垫之。现在直隶、湖北创办铁路,如将炼铁厂量为移置,事半功倍。请拟此项机器应设何处,如何指款动用等语。炼铁厂可否移置鄂省俾省开矿重购之费,应需各款所指何款,并希酌筹电复。醇、庆会具。宥。

张之洞致李瀚章[①]电

光绪十五年十二月二十八日(1890.1.18)

顷接海署电询粤订炼铁机器可否移置鄂省、应需各款所指何款等语。

---

① 李瀚章(1821—1899):字筱泉,安徽合肥人。时任两广总督。

查此机粤既不用,自宜移鄂。鄙人订购之时,本意系指明年冬更换闸姓商人预缴饷款一百四十万元一项内支用,充然有余,且办成后,招商承领,愿者必多,是以敢于挪垫。今归鄂用,自应请海署于部筹铁路经费项下发款。惟已垫之十三万余两,似可由粤归还,仍动明年预缴闸饷,以后鄂另请款。部中少筹十数万,中外当同佩公忠也。特奉商即候示复。洞。俭。

李瀚章致张之洞电

光绪十五年十二月二十八日(1890.1.18)

俭电悉。炼铁机器既移鄂省,余款于海部所筹铁路项下另支,自系正办。至已垫之十三万余两,来示嘱于粤省明冬闸饷内弥补,谨即遵命。瀚。俭。

张之洞致海军衙门电①

光绪十五年十二月三十日(1890.1.20)

宥电敬悉。洞在粤订购炼铁机器,原为粤民开利源、塞漏卮,然库款无可动拨,故暂向汇丰借银购办。待机全到价全清时,须明年十一、二月,彼时粤有巨款一宗,系闸姓商人六年届满更换,照章须于冬春间预缴饷银一百四十万元,合银九十八万两,上届奏明有案,以之支付铁机及造厂,约五六十万两,充然有余。俟厂成利见,粤商必然争先缴价承领,此数十万之款仍可收回。不过官任其劳,民享其利而已。彼时或推与商办或官自办,可临时斟酌。洞在粤数年,深知粤商性情。提督方耀,熟悉商情,久驻惠州产铁之区,屡与洞详谈,深以粤省自炼钢铁为有利,故敢决计为之。今两广李督既不欲在粤置机采炼,且此机内本兼订有造铁轨机器,自以移鄂为宜。正拟上陈,适奉钧电,谨当即电使英刘大臣将此机运鄂。将来大冶煤便即置大冶;若大冶煤艰,湘煤湘铁尚合算,即设武昌省城外江边。要之在鄂,总有大用。至已经借垫之银十三万余两,已商李督,顷接复电,允许即由粤

---

① 此电同时致李鸿章。

归还,于明年豫缴闱饷项下动支。以后续付价值及造厂各经费,拟请钧署于部筹铁路经费项下拨付。盖此项预缴闱饷皆有待用待还要需,并非闲款。洞若在粤,于通省终年度支计之,已熟此机全价,皆能临时筹挪。今已去粤,粤中用款缓急无从遥度,自未便责令粤省全付。李督慨认已付之十三万余,已属公忠难得。机为粤一省用则应粤筹,铁路为全局事,自应请动部款。至洞到鄂后筹办铁务各节,另电详陈。之洞肃。艳。

海军衙门致张之洞电
光绪十六年正月初三日(1890.1.23)

艳电备悉。另电亦到。铁为盛举之根,今日之轨,他日之械,皆本乎此,宏论硕画,自底于成。部款岁二百万已奏准的项矣。粤订炼铁机器既可移鄂,本署既据入奏。继此矿师等踏勘情形,望随时电知为慰。粤督请移铸械厂于北洋,刻正详商。然必须得铁后次第及之,总以将来军旅之事,无一仰给于人为断,虽不必即有其效,万不可竟无其志。谅同情耳。醇、庆、泽复。江。

李鸿章致李瀚章电
光绪十六年正月初四日(1890.1.24)

初十函到。江支电均悉。香复海署,抑扬铺张,欲结邸欢。即准拨部款,恐难交卷,终要泻底。枢廷皆知其大言无实也。

张之洞致李瀚章电
光绪十六年正月初七日(1890.1.27)

艳电悉。洞在粤与公面商榷,谓此商捐八十万元,欲带鄂为造厂常年经费。此系另筹专款,禀详批准有案。彼时公初到,或是端绪未清,听之未晰耳。公在粤言粤,如此巨款,不愿移作别用,亦是人情。惟此款系援前年捐铸钱机器成案,鄙人费尽心力,始肯认捐,并非闱姓正饷常例所有,似尚非常年用度所必需。窃拟只借十六万两,作造厂费,利息六厘,十年归还。

零数布机用,整数四十万留粤用,其余鄂自筹,于粤并不吃亏,似较存汇丰为优,而鄂受惠多矣。如公允借,其款虽远,指此便可以他款挪垫,尊意以为可否?即望酌示。大咨已到。洞。阳。

张之洞致李瀚章电

光绪十六年正月初八日(1890.1.28)

阳电言布机事,想达。昨电复海署,询铁机指款事,曾声明此事,当日虽指预缴闽饷一款,然粤省待用待还,要需甚多,并非闲款。粤督李肯认十三万,已为公忠难得,其余应由部筹。盖恐海署于已付十三万委之于粤外,并指提预缴闽饷,则粤事难办矣。区区鄙忱,处处皆为粤计,谅蒙鉴察。盖铁机非洞所自请带者,公既嘱令移鄂,即不肯以铁款累粤,布机乃洞所愿带者,公于所筹本款,似宜有以济鄂也。至利息、还期,统听公斟酌,较之存汇丰等〈优〉耳,决不敢食言也。特再达候示。俭电悉。感谢。洞。庚。

李瀚章致张之洞电

光绪十六年正月初九日(1890.1.29)

阳庚两电悉。铁机承关爱,感甚。粤商指款,善后局于十月初甫经详定,其商禀语甚游移,此款有无,不能预决。鄙意粤正应还晋款二十万,公或暂挪应用,至商捐八十万,如果有着,粤省无论如何为难,总当遵照雅嘱,竭力相助。至利息、还期,悉听尊裁可也。瀚。佳。

海军衙门致张之洞电

光绪十六年二月初三日(1890.2.21)

三电接到。线务希饬盛道遵办,并咨译署存案。鄂省新收海防捐留垫勘矿一切杂费,希分咨户部、本署、北洋,免致与各省捐款偕提。北洋应用枪炮厂,应需十五万两,本署当照电分询,独遗粤、鄂。惟现定议,户部捐项归本署,各省捐项归北洋,代还铁路公司前借洋债之七十余万两,俟归清方能统归本署,此节希与北洋电商复知,庶本署不为食言。又上月总署条陈关东时局，两次遵议，佥谓铁路宜移缓就急，先办营口至珲春，续办芦汉。又有谓鄂省后湖之堤，工艰费巨，自孝感至河南信阳，四百余里山路，培垫尤难，非数年内能了。此时，先将今年二百万归鄂经理矿炉等事，来年改归东路，云云。惟芦汉之路，可徐办，而炉座炼铁，不容中辍，若二百万鄂、东分用，固两不济事；设专归东，鄂之采炼无款，将若之何？本署左支右吾，智力实困，特商其略，希酌复，详求非所厌也。醇、庆具。江。

张之洞致海军衙门电
光绪十六年闰二月二十七日（1890.4.16）

炼铁机器价值各费。前奉正月江电，部款岁二百万，已奏准的项等因，除头批五万余两已由鄂省于认筹经费项下支付外，至以后各批炼铁机器价值，拟请查明各省认筹铁路经费，已复到者若干；俟各批应付价时，当随时电达钧署，即请酌量指拨电汇来鄂，无须以部已筹定一百二十万之款垫付，庶不致遽耗部中现款。谨分电上陈。以清眉目。之洞肃。沁二。

张之洞致李鸿章电
光绪十六年三月初四日（1890.4.22）

顷海署电，铁路移缓就急，先办营口珲春，续办芦汉，将今年二百万归鄂经理矿炉等事，来年改归东路。惟炼铁不容中辍，设专归东，鄂采炼无款，将若之何，特商酌覆等因。尊处所办营珲路拟用何铁，是否即用鄂铁，抑兼用他铁或另开铁矿，望速详示，以便筹酌。洞。支一。

李鸿章致张之洞电
光绪十六年三月初五日（1890.4.23）

支电悉。前在京因总署奏俄韩近事，奉懿旨令会邸枢译议复两次，佥谓铁路宜移缓就急，先办营口至珲春。惟荒瘠难招股，拟即勘路购地，明年兴工。每年尽部款二百万造成二百里路，逐节前进。今年二百万汇归尊处，专办铁矿，庶两无贻误。若鄂、东合用，必均无成等语。上深然之。慈圣犹以落后著为忧。鄙意就现购炉机核计,采炼用款二百万略可敷衍,撙节妥办,当无中辍。东路须急办,应购西洋钢轨。将来鄂钢炼成,自可拨用,然须随拨随付价,界限乃清。东路事未通行。乞秘之。鸿。歌一。

张之洞致海军衙门电[①]
光绪十六年三月初十日(1890.4.28)

江电谨悉。关东路工紧要,廷议移缓就急,芦汉之路可徐办等因,谨当遵办。湖北即专意筹办煤铁,炼钢造轨,以供东工之用,想已奏准;伏望将奉旨各节行知,俾有遵循。北洋歌电云东路拨用鄂轨,随拨随付价,界限乃清等语,所筹极当。惟开办炼铁事宜,造厂、安炉、购机、采煤、修运矿之小铁路、购运煤之小轮,疏铁厂通江之小河,以及开办之初,尤须多屯煤斤,方无停火糜工及居奇涨价之虞。事端甚繁,所费甚巨,二百万断不敷用,上年钧署原奏甚详。目前鄂省所筹,尚有出于钧署原奏之外者。然部款难筹,洞所深悉;时局多艰,岂容再缓。谨当仰体苦衷,力任其难。即请先将二百万拨归鄂省,此外即不再请部款;其余不足之款,洞当竭力筹划,随时请示。总之,殚此血诚,绵力为之。务期将中国开辟煤铁利源风气一事,必使办成为度。总使民足以兴利,官足以济用。然必须仰恳钧署主持,始有策可措。至此二百万必须足数实银,不再扣减,方可勉强腾挪应付。此时正在择地购料建厂以待机器,急需支用,敢请酌拨数十万来鄂,以济要需。如蒙允行,可否由部酌核,将鄂省应解京之的款,设法划抵,以省解汇之费。洞必当核实妥办。谨候裁示。之洞肃。蒸一。

张之洞致李鸿章电
光绪十六年三月初十日(1890.4.28)

歌两电悉。今日有复海署三电,并奉达来示,移缓就急,营珲兴工,敝处专办铁矿,今年二百万归鄂,以后归尊处;鄂钢造轨,东路拨用,随拨随付

---

① 此电同时致李鸿章。

价各节,一切均遵命办理。惟二百万断不敷开办,公所深悉。去年海署原奏甚明。然时势虽窘如此,无可如何。洞当勉力另筹,断不敢多用部款也。东事虽密,此件奏准各节似应行知敝处,方有依据。已行知否,祈示。洞。蒸一。

李鸿章致张之洞电
光绪十六年三月十五日(1890.5.3)

蒸两电并海署电均悉。铁矿运远煤费用更巨。或谓西洋多以铁石就煤,无运煤就铁者。炉厂似宜择煤矿近处安设。二百万既不敷用,另筹亦非易事。本年部款已借拨山东河工四十万。署当陆续拨给造枪炮厂十五万。尊意请于京捐借拨,未知部收若干,俟邸商及再复。东路奏准摺,总署秘未咨行,公电请行知,自应缄达。昨已派员匠赴东勘路,由营至吉尚多平坦,吉至珲山岭险阻,共约二千数百里,必需巨款,正在筹商。固陵船已交商局驶用,改拨甚易。鸿。咸。

海军衙门致张之洞电
光绪十六年三月十六日(1890.5.4)

蒸三电均悉。诸费经营,钦佩无既。炼铁需款,酌拨数十万,势所当然。其划抵鄂解京饷之议,已咨商户部,京捐一项,本署待用孔亟,殊难挪转。枪炮厂需十五万,并咨部筹,统俟复到,即电达。固陵轮船,闻已拨归招商局,已咨商总署核复。本年二百万归鄂,王大臣公商如此,并未出奏,缘东轨章程尚未统定耳。至关东造路,乃总署密陈,向不分行本署,亦未到谕旨。醇、庆具。望。

张之洞致海军衙门电
光绪十六年三月二十二日(1890.5.10)

望电谨悉。叠接薛使来电,二批铁机月杪起运,应付英金一万一千一百三十三镑,另全分运保费万镑,头二批运保约四千镑,约共合银六万数千两,催令速汇。请商户部即将此款迅拨七万两电汇来鄂,以应要需。现计开办炼铁事宜,购地设厂,修路筑闸,浚河买船,及订购敲铁机器,钻地、探矿、起重机器,厂屋应用各件等项,已需银九十余万两。事体繁重,工程细密,急须赶速经营。须于本年夏秋间拨齐一百万,始能应手。伏恳商明户部,先行如数拨给。余款一百万并祈预定准期源源拨付,俾不致有停工待款之虑,且可筹计全局,尤为感祷。之洞肃。养。

张之洞致海军衙门电
光绪十六年三月三十日(1890.5.18)

前接北洋三月歌电,东路须急办,应购西洋钢轨等语。查北洋电称每年造二百里,路轨系每码重六十磅。约计二千余里,计双轨并他料,需钢十余万。洋钢轨价连运保,大率每吨需银四十两上下。鄂省炼钢自造之轨约计运至营口,价值必较洋轨为廉。大冶铁厂若此时即速开办,一年后即可制出钢轨。计机炉之力,每年断不止出二百里钢轨之数。源源供用,有盈无绌。合计全路较洋轨可省银数十万。似可不必多定洋轨,反致中国自造之轨置之无用,庶与中国炼铁开源塞漏之本意相符。鄂省铁厂此时无论经费多少,将来不惟可仍提回,并于公家有利益,不致虚费。管见如此,谨致钧裁。之洞肃。艳一。

张之洞致盛宣怀电
光绪十六年三月三十日(1890.5.18)

荆门白煤佳而嫌薄,归、兴及湘省白煤甚多,只可合并收买,自可足用而价不涨。大冶铁已勘明化炼,确系佳矿。此矿前经阁下远募良师访得,实为首功,拟每年酌提余利若干,以为酬劳,尊意拟如何办理?望密示。以便筹酌。洞。艳。

盛宣怀致张之洞电
光绪十六年四月初七日(1890.5.25)

冶铁英矿师估值六千万,荆当运虽费而白煤不用化,煤层虽薄而湘煤可期凑用,是天以资大人开非常之功,宣怀不获随侍供驱策,徒抱苦心十五年,空赔公款十五万,受大人深恩,何敢下情径达。乃蒙追微劳,欲每年酌提余利若干,并饬密复,以便筹办,如此恩谊,恨不沥肝以报。查鄂矿原发部饷廿万千,鄂款十万千,除不能报檔之款自办外,实用官款十五万八千千,均有月报可凭。传相以炼铁难筹巨款,半途中止,致难奏销;不得已将未用钱十四万二千千发典生息,分作十年归还卅万千。讵料光绪十年典商胡雪岩、刘翌宸倒账,此项本钱倒去十万余千。本已失,利尽赔,户部复饬缴制钱,钱价比光绪初年每银一两少换四百余文,遂致赔上加赔,宣怀以此败家;若非得官,必不能了,询之恽道、瞿道,略知其详。招劝华商出资接办,拟每吨煤铁酌提若干,弥补此项。弥补毕,仍提捐助赈。嗣奉电谕改归官办,只得议开利国以图补救,华商仅能凑本八十万,又未敢轻动。且虑两矿自相倾轧,不能彼此联络,踌躇未决。伏蒙下询,如可于荆煤按吨提银一钱,冶铁按吨提银三钱,代为弥补垫赔官本;俟弥补完毕,存鄂以济各省灾赈;宣怀得此则积累一清,子孙感德;不得,亦自作之孽,毫无怨尤。但使后人闻风兴起,不致寒心,援宣怀以为戒;是在大人为国家持远大之见耳。所有实赔细数及已缴未缴实数,可否饬准开单呈核,乞钧示。

张之洞致盛宣怀电

光绪十六年四月初九日(1890.5.27)

虞一电悉。冶铁可开三百年,访矿首功,岂可转令受累。荆煤虽不能开,要以冶铁为主。原订两炉日出百吨,拟再添两炉,通年可出六万吨。愈多则愈有利益。鄙意拟按每年炼成总数,或钢或铁每吨提银二钱,以为弥补奖励创办矿务官商经费。就六万吨计,岁一万二千金。若每年所炼在五万吨以下,即以岁提万金为断,临时匀摊,立案永远照办,不拘年限,即由尊处立案,年年具领,勿庸存鄂拨作他用。揆之西法,凡创办商务工作,必皆系如此办法,始可鼓舞振兴,此乃至公,并非私谊,将来由尊处具禀,将赔累详情细数叙明,声请提补若干。敝处批定数目,统归各项经费内汇咨海署存案。荆煤岁产不过数千吨,提亦无多,且收买多少不定,不如统归铁价,便于核计也。洞。庚一。

张之洞致潘霨①电

光绪十六年八月二十一日(1890.9.13)

闻青溪铁厂炉塞停工,贵本家以尊电见示,云将推归鄂省,此事他人似难接办。尊意详悉望电示。公款实欠若干,洋款系河洋行,有无反复,并示。洞。马。

张之洞咨呈将新海防捐留支煤铁费用折

光绪十六年十一月初六日(1890.12.17)

案照光绪十六年闰二月二十七日,本部堂电呈贵衙门,以鄂省筹办煤铁,所有外洋工师、委员、学生薪水盘费,购置化学器药炉座,并省城局中杂费,数月皆系垫发,拟于鄂省新海防捐项下拨支。旋于三月初三日承准贵衙门复电开,鄂省新收海防捐留垫勘矿一切杂费,希分咨户部、本署、北洋,免致与各省捐款偕提等因。当经遵照分咨,并饬司局遵办各在案。

查鄂省炼铁厂开办工程,前承准贵衙门拨定经费银二百万两。现在约估购机、设厂,采铁、开煤等事,共需银二百四十六万余两,工用纷繁,尚恐难保不溢出初估之数。此项新海防捐既准留支,除以前所收二万八千五百五十一两四钱俱已随时拨用,本年八、九、十三个月准咨拨解顺直赈务外,以后仍拟留支添补杂费,务请勿在续拨之一百万两内扣除。此项捐输已成弩末,虽经展限一年,收数断不能甚多。以本年所收比较,恐不能过一二万两之外。第工费繁巨,此项或可稍资补苴。其收捐银数,请奖发照,仍照向章咨明户部办理。

张之洞呈海军衙门折

光绪十六年十一月初九日(1890.12.20)

为约估开设炼铁厂及筹办煤铁用款大数报明立案事。

---

① 潘霨(1826—1894):字伟如,江苏吴县(今苏州)人。时任贵州巡抚。

闰二月十八日承准贵衙门咨开：本衙门会同户部具奏请将广东炼铁厂量为移置一折，奉旨，依议，钦此，粘抄。原奏内称，湘鄂煤铁既经访知可恃，自应准其将此项机器改运鄂省，择地安设，较为直截简便。第炼铁为造轨之基，其后半价值及营建厂屋之需，自当由部拨每年二百万两内划拨，究用若干，应令先行估定报明立案等因，到本堂部。承准此，当经恭录咨行，遵照办理在案。

查开设炼铁厂为中国创办之举，厂大工精，事繁用巨。原议在广东开设，所有洋匠矿师及化学教习等，均系在粤电致外洋延订。自上年冬间本部堂由粤赴湖广调任，到鄂后，因查勘煤铁，则分别电致粤省及外洋出使英德各国大臣，请饬矿师等改道来鄂，派员带同分勘大冶县铁山、兴国州锰铁，及荆门、当阳、归州、兴山、巴东、京山等州县煤矿，郧阳、麻城等处铁矿，复拣调委员暨闽厂学生分赴衡州、宝庆、辰州、永州等府，暨毗连鄂境之四川夔州、陕西之兴安、汉中等府，毗连湘境之江西萍乡、贵州青溪等县，查勘煤铁，并委赴素产煤铁之山西省泽、潞、平、盂等处采取煤铁各式样，以资比较考证。本年承准贵衙门来咨，奏准前因，当即在武昌省城开设铁政局，遴委奏调差委湖北补用道蔡道锡勇，会同在省司道等悉心筹办。勘定炼铁厂基于汉阳县大别山下，博访外洋各铁厂规模，督饬矿师洋匠各具图说，博观约取。统核一切用款，大率以购机、设厂、采铁、开煤为四大端。而购机则有运脚、保险、起剥等费，设厂则有购地、修堤、筑基及增设矿学、化学学堂、修理机器厂等费，采铁则有修运道，购火车、钢轨、轮船，及兼取锰铁、灰石等费，开煤则有另购机器及修车路、设屯栈等费，事事经始，皆系平地为山，毫无凭藉。非同外洋铁煤各事，机器各厂，本系习办之事，工料齐备，连类推广，自易为功。此系创立规模，施工难易，不可同年而语。兼以人才难得，不独外洋工师薪粮素厚，即访求选调委员学生通达机器矿学等事者，亦非优给薪资，不能罗致。总核用款，除粤省订购炼铁机器定银十三万一千两不计外，所有设厂、安机、采铁、开煤等费，共需银二百四十六万八千余两。事皆创办，约略估计，疏漏尚恐不免。此外续添料件，续增用费，或尚有溢于原估之外者。查前任两江沈督部堂开办闽省船厂时，营建铸铁、拉铁各厂,工料原估用款银四十万两,续估多至一百余万两,有案可稽;足证创始之事,实难豫定。鄂省设厂炼铁,及开采煤铁各项事宜,均系选饬通晓机器洋务委员,督同外洋矿师、工师,及出使大臣募来之铁厂洋匠头目,详细考求;复电询英德各国开办各铁厂情形,与中国工料反复考证,通盘筹划估计,断不至如闽厂之前后悬殊,然实不能限定初估之毫无溢出。本部堂惟有随时随事亲加综核,有可节省者必当极力撙节,不使稍涉虚糜。一切款目细数,应俟厂工告竣,钢轨造成,督饬该局据实造报核销。据铁政局司道详请核咨前来。除将勘定厂基及筹办煤铁情形,遵照贵衙门来电具奏暨咨明户部外,相应将约估用款大数,开具清单,咨呈贵衙门,谨请察照施行。

计开约估炼铁需用经费银数:

一、炼钢铁机器项下:

定购英国谛塞厂炼铁机器全副,共价英金八万五千六百三十九镑,合银约四十万两;除由粤省汇过定银十三万一千两外,计应找付银二十六万九千两。

一、炼钢铁机器运保费项下:

计分五批,每批约费三万两,共约银十五万两。

一、机器到鄂到沪转运起卸各费项下:

机器五批起卸,雇用人夫约银八千两。

雇用剥船约银七千两。

铺垫木料约银一千两。

轮船拖运煤火各费约银三千两。

搭盖蓬厂收储机器约银五百两。

储机器所四围木栅约银一千两。

起重木架约银二百两。

绳索铁链零件约银四千两。

油饰机器工料约银八百两。

起卸大铁墩、火车头,补贴自沪运费约银五千两。

共约银三万零五百两。

一、汉阳大别山下购买地基码头项下：

购买地基共约银二万八千两。

购买堤上堤下民房，并补给迁费，约银一万五千两。

共约银四万三千两。

一、汉阳堤工项下：

修筑襄河一带堤工约银一万三千两。

修筑铁厂内堤横堤约银二万五千两。

共约银三万八千两。

一、经营厂地项下：

开总水渠、造拦水闸约银三千两。

修路约银二千两。

暂设运物料铁路木垫砂石人工约银五千两。

试地压地测量绘图各费约银五百两。

控地开线立表位置各工费约银二千两。

开井约银五百两。

造平水池约银三千两。

造高水池约银四千两。

流水明沟暗渠等项约银五千两。

打桩工费约银六千两。

抽水工费约银一千两。

共约银三万二千两。

一、填厂地、设码头、置抽水机、铺铁轨项下：

培填厂屋地基土工约银五万两。

通江码头修造高堤土工约银五千两。

厂内及码头土堤铺轨，需用木垫碎石工料约银七千两。

安设抽水机器筑墩各工费约银五百两。

滨江筑洋木码头一大座约银一万五千两。

襄河码头及挑水石矶二处约银二万两。

共约银九万七千五百两。

一、添购外洋机器物料项下：

修理锅炉等件，兼制铁货机器厂一座约银七万两。

钢铁器具零件约银四千两。

打铁炉风箱机约银二千两。

铁喉管汽管水管煤气管约银六千两。

添购厂内及通江码头应用钢轨约银二万两。

本厂临江码头起重机器一座约银六千两。

黄石港运矿码头起重机器一座约银六千两。

抽水全副机器约银七千两。

运土钢手车五百五十辆，连运保费约银七千两。

预添炼钢煽风机二副约银五千两。

预添别色麻炉及造轨机零件约银八千两。

预添汽鼓转轴各件约银五千两。

碾碎石机器一具约银一千两。

和灰砂机器一具约银一千两。

配用锅炉机器约银二千两。

采煤钻地机器约银五千两。

化矿器具药料约银七千两。

洋匠购用勘矿测绘各器具约银五千两。

打桩火机器约银三千两。

造砖瓦机器约银五千两。

共约银十七万五千两。

一、起造铁厂基墩炉座工料项下：

毛红砂石约银二万两。

錾红砂石约银三万两。

大麻石料约银四万两。

青砖约银五万两。

开平火砖约银三万两。

石灰约银六千两。

外洋水泥约银二万两。

外洋火泥约银六千两。

粗砂约银二千两。

木料约银二万五千两。

起造应用木架、千斤架、零件约银五千两。

起造厂屋机墩炉座工价约银五万四千两。

安设机器搬运配合人工各费约银一万二千两。

机器应用油料铅粉树胶砂石零件约银五千两。

绘图纸张器具约银二千两。

共约银三十万七千两。

一、起造局屋工料项下：

炼铁、造轨、炼钢、制料四大厂外洋购定铁柱、铁梁、瓦、铁间壁,连运保费约银二十万两。

局屋正间全所约银二万两。

全厂围墙约银二万两。

各项栈房煤厂约银一万五千两。

委员办公房约银八千两。

洋匠住房约银八千两。

修造大厂门面约银五千两。

修理省城铁政局房屋约银二千两。

共约银二十七万八千两。

一、委员、矿师、学生分赴本省及邻近各省等处查勘煤铁、开采煤样,薪水夫马人工物料各费项下：

共约银二万两。

一、委员闽厂学生翻译司事书吏杂项匠役薪伙项下：

计两年共约银四万两。

一、洋匠薪水杂费项下：

驻德洪大臣代雇德国矿师三人，驻英刘大臣代雇英国矿师匠首四人，鄂省雇用德国工师一人，留用登莱青道盛宣怀禀准南北洋大臣雇用比国矿师一人，共九人，计两年，共约银七万二千两。

查大举制炼钢铁，事属创办，中国工匠未经习练，一有差池，贻误匪小，故必多募洋匠，藉资引导。将来华匠习熟之后，即可将洋匠裁汰，以节经费。前准出使英国刘大臣函称，炼钢、炼铁、造轨、制料四大厂，各须用洋匠目至少每厂二人，共八人，应俟各厂将次落成，再行招募来鄂。此项洋匠尚未来华，薪水多寡无从核估。又各厂落成之后，陆续分门试炼，每厂约需熟悉机器制造之华匠百余人，工价比寻常加多数倍，亦一巨款。应俟临时酌量雇用，归入常年经费内另报，不在此次核估之内。合并声明。

一、学堂经费项下：

矿学学堂两年经费约银一万两。

化学学堂两年经费约银一万两。

购买洋书图画仪器约银五千两。

化学馆常用药料器具约银五千两。

共约银三万两。

查开矿炼铁，必须讲求矿学、化学。外洋矿师薪工太厚，势难多雇，必须自设学堂，练习人材，以备将来鄂厂及各省之用。此为必不可少之举，即以现雇矿师兼充教习，为费较省。

一、铁政局公费项下：

两年约共银八千两。

一、开矿项下：

大冶运矿修造铁路至黄石港入江，绕道避坟，约长七十里；每里约费五千两，共约银三十五万两。

查每日约需运矿五千担，长途往返，需人太多，诸形窒碍。必须建设铁路，方能运速而费省。

大冶运矿分局房屋杂费约银五千两。

黄石港修筑木码头一座,约银一万二千两。

兴国运锰铁分局房屋杂费约银五千两。

开矿机器约银一万两。

大冶铁矿、兴国锰矿买山、修路、买地各费约银六万两。

共约银四十万二千两。

一、开煤项下:

开煤机器大小两副,连运保费约银十八万五千两。

买山开窿砌石各工费约银六万两。

煤山房屋杂费约银六千两。

共约银二十五万一千两。

一、拖矿轮船项下:

运矿大剥船六号约银三万两。

拖带剥船轮五号约银七万五千两。

粤省调来广昌轮船一号,改名楚材,约值银十余万两,无须付买价。

两年内养船杂项约银四万两。

两年内轮船需用煤斤约银四万余两。

共银一十八万五千余两。

以上总共约银二百四十六万八千余两。

张之洞致海军衙门电
光绪十六年十二月初六日(1891.1.16)

铁厂兴工请续拨百万一折,已抄稿咨呈请钧署核示,计已入鉴。此项约估之数,实系力从撙节。开平一煤厂费至二三百万始见成效,可以例推。折内声明,款须明春拨齐始能应手。惟部款支绌,恐不能甚速。窃思铁路经费河工借动,似应归还。各省认筹之款,亦尚有余。合之明年部筹及各省认筹,为数尚巨。此系炼铁本款,盖款项备则成工速,不脱节则工用省。鄂轨早成,洋轨少买,则漏卮少。现系开煤、采铁、造厂三事同时并举,势难稍有停待,转滋靡费。伏恳钧署早与户部商定电示。虽款项一时未到,而一切工料办法可以通盘预计,布置伸缩,所省实多。铁务系中国自强大举,本系钧署力筹创办,全赖钧署维持,庶可早见成效。即请裁夺示复。曷胜叩祷。之洞肃。语。

海军衙门、户部奏折
光绪十七年正月二十四日(1891.3.4)

光绪十六年十一月二十八日承准军机处交出湖广总督张之洞奏勘定炼铁厂基现筹赶办厂工暨开采煤铁事宜一折,本日奉朱批:该衙门议奏,钦此,钦尊抄交前来。

查开办铁路,自以炼铁采煤为要务。该督原奏所称①等语。该督现开炼铁厂,办理殊有端倪,筹划亦颇详尽。惟前次会同总理各国事务衙门奏明,铁路先由东三省开办,以期移缓就急。并经臣李鸿章电知该督,仍拟拨用鄂省铁轨,是鄂省炼铁自当赶办。惟臣衙门前所拟拨该省铁路经费二百万两,因东三省甫经勘度地势,尚未开办,是以将户部所筹本年之款,匀拨鄂省炼铁之用。自本年起,东三省造路之事繁兴,涓滴不能他移,应请旨饬下该督但就拨定之二百万两数内开厂炼铸,设法匀筹,撙节办理。俟其钢轨铁料销售见有价本,再行将厂内未尽事宜陆续兴办。

至所称请饬户部将续拨之款一百万两,早为筹定,俾得及时拨给赶办竣工等语,查此款应由臣衙门将收到上年各省所解铁路经费尽数拨往。惟十月间因黑龙江添设防兵,开办需款,移缓就急,已动拨银三十万两。现在实存各省解到银一十七万五千两,合之未解到之二十七万五千两,尚有四十五万两。今该督待款孔亟,拟由臣衙门将各省未经解到之项,先由海防经费项下提款补足四十五万两之数,行令该督派员来京领取。俟外省陆续解齐,再行归款。其已动用之三十万两,拟将湖北省十七年分应解臣衙门海防经费实银二十四万两,并江西省欠解臣衙门海防经费内提拨银六万

---

① 此处略。内容详见本册第 95 页《张之洞奏折[光绪十六年十一月初六日(1890. 12.17)]》。

两,就近抵补应用。

至户部应筹解之二十五万两,户部查此项铁路经费,前经臣部奏明,每年由部库筹银一百二十万两,由各省筹银八十万两。光绪十六年分部库应筹之一百二十万两。已于去岁四月间划拨湖北九十五万两,以为该省炼铁之用。下余银二十五万两,现在复经海军衙门核准,归拨湖北应用。应令该督于派员赴海军衙门领款时,一并赴部支领。再查部库应筹铁路经费,前经奏明由筹边军饷下筹银六十万两,六分平余项下筹银六十万两。去岁划拨湖北银九十五万两,其时六分平余一款并无余存,当在筹边军饷项下提银六十万两,复借动漕折银三十万两,正项待支银五万两,凑足九十五万之数。将来六分平余扣收有款,应即将此项借款归还。至此次应拨之二十五万两,亦应在部库现存六分平余项下动拨,以符奏案而清款目。

张之洞致海军衙门电
光绪十七年二月二十日(1891.3.29)

顷奉大咨,铁厂续拨百万已蒙会同户部奏准,分别拨发,曷胜感佩。惟内中应赴钧署领者四十五万,赴部领者二十五万,道远款巨,运费浩繁,亦多周折。窃思此应领之七十万,皆系实款,可否仍照上年成案,即将湖北本年应解京之款截留划抵,钧署所发之四十五万,即请移解户部。如此一转移间,鄂省既可省领运解费,免致铁款多耗,且得早应急需。而户部即日可收到京饷七十万,较鄂省另行解京迅速半年,似于部库亦尚有益。伏恳商之户部,允如所请,早赐电复。实深感祷。之洞肃。号。

张之洞致海军衙门电
光绪十七年三月初四日(1891.4.12)

养电谨悉。铁款已蒙商允划拨京饷,于鄂事部款均有裨益,感甚。钧署与户部日内当已会奏,何日奏准,并划拨何款,伏望电示。之洞肃。支。

张之洞咨呈海军衙门折

光绪十七年三月十八日(1891.4.26)

为咨呈事。

光绪十七年二月二十四日承准贵衙门咨开:查开办海防新捐所收之款,奏明均归海军衙门应用。所有各直省报收银两,业经另款存储候提。现在本衙门待饷孔殷,亟当照数提回,用济要需,相应咨行湖广总督查照。即将自开办起截至上年七月底止所收海防新捐银两,统限于五月以前,全数委解本衙门,幸勿迟延可也。等因。嗣于三月初五日复经承准贵衙门咨开:准湖广总督张咨称,鄂省新收海防捐曾准留垫勘矿一切杂支,除所收二万八千五百五十一两四钱俱已随时拨用,八、九、十三个月拨解顺直赈务外,以后仍拟留支添补杂费,请勿在续拨之一百万内扣除,咨请核复等因前来。查开办新海防捐输所收之款。系专备本衙门要需,断非各省所当留用。鄂省前收捐款,彼因筹办煤铁勘矿一切杂支皆系该省垫发,是以暂准留垫。所有开厂炼铁,嗣经奏明拨定二百万,一切用项应就此款数内设法匀筹,撙节办理,未便再拨他款。今新海防捐展限一年,该省续收捐款,仍应遵照奏准成案另款存储,听候本衙门提用。该督咨请留支添补杂费之处,碍难照准。相应咨复湖广总督张查照可也等因,先后到本部堂。承准此,当于三月此时应否补还等因,电请核示。兹于三月十二日承准贵衙门复电开:庚电悉。上年七月以前新海防捐银二万八千余两,应准留鄂归入铁厂杂费内开销,毋庸拨还。其十一月以后及本年所收之款,均另存候提等因,到本部堂。承准此,应即遵照办理。除札行铁政局遵照,将上年七月以前所收新海防捐银二万八千五百五十一两四钱核明支销各款汇案造报,及饬湖北布政司将上年八、九、十三个月拨归顺天赈济捐款截清,即将上年十一月以后所收捐项及本年所收捐银另款存储,听候贵衙门提用。

张之洞致唐炯①电

光绪十七年四月十六日(1891.5.23)

微电悉。宝鄂矿质既有二成,尚不虚一番劳苦。鄂力大绌,恐后难为继。滇省公司既可接办,此厂即拨归滇自用,于滇、鄂均便。鄂解经费二万五千如何归还之处,祈示。洞。铣。

户部奏折

光绪十七年六月初八日(1891.7.13)

据湖广总督电称:续拨铁路银七十万两,已商准由湖北本年解京之款截留划抵,刻下不知已指定款目具奏否,户部指定截留何款,电示,俾得分别提用等因前来。臣部查湖北省铁路经费,系于光绪十五年奏准,由部库及各省共筹拨银二百万两。嗣据湖广总督张之洞先后因鄂省筹办煤铁及炼铁需费,两次电请各拨银一百万两。经海军衙门会同臣部议准,除该省自认筹银五万两外,业由该省应解京饷等款及海防经费共划抵银一百二十五万两,实未拨银七十万两,内臣部未拨银二十五万两,海军衙门收存外省未拨银四十五万。兹据该督电请截留本年应解京饷,当经臣部咨商海军衙门,旋据复称:本衙门之四十五万两亦在留抵解部款内,原应归还部库以清款目;惟上年新增经费百万两内,户部借拨山东河工银二十万两,应将此款抵还;下欠二十五万,即由部存海防新捐尽数扣抵各等因。既据海军衙门商准留抵解部各款,自应统由部筹拨。拟仍照数准于湖北应解京饷各项划抵银七十万两,以供该省炼铁之用。惟查铁路现已改道,此项经费本应移解北洋。② 第念该省筹办煤铁,费重事殷,且系十六年奏准未拨之款,是以通融截拨。该督务须尽此七十万两撙节动支。倘再请续筹,臣部实无从应付。今将指定截留该省应解各项款目缮具清单,恭呈御览。如蒙愈允,即由臣部电知湖广总督照数分别提用。

---

① 唐炯(1829—1909):字鄂生,贵州遵义人。时任云南巡抚,督办矿务。

② 即北洋官铁路局。

户部致张之洞电

光绪十七年六月初八日(1891.7.13)

本日奏准鄂省炼铁一款,准留本年地丁京饷三十万,厘金京饷十二万,盐厘京饷十万,加放俸饷十万,厘金边防经费八万应用。

张之洞呈海军衙门折

光绪十八年二月二十四日(1892.3.22)

为咨呈立案事。

窃照炼铁厂添购机炉,续增用款,并请分别借拨经费缘由,业经本部堂专折具奏。折内声明,开具清单,咨呈贵衙门立案。除抄稿咨呈外,所有续增用款清单,相应咨呈贵衙门查照施行。

计开炼铁厂续估添购机炉各件银数:

一、煅矿炉四座,铁桥架一道,连起造工料共银七万九千两。

查大冶铁矿体质坚硬,含铁较多,必先煅炼一次,然后入炉,方能熔化。

一、添购生铁炉火砖一副,估价一万二千两。

查前项生铁炉两座,原配火砖各一副,长途转运,破坏过半,仅敷一炉之用,故须添购一副。

一、添购高白炉,即热风炉火砖一副,估价九千六百两。

查前项高白炉四座,原配火砖各一副,长途转运,破坏甚多,仅敷三炉之用,故须添购一副。

一、添设高白炉二座,铁料火砖,及修造人工,共估银三万六千两。

查原定生铁炉一座,配高白炉二座,一开一闭,用收生铁炉热气以助火力而省煤费,其机关易坏,常须修理,故必多备一座,以备腾挪。计生铁炉两座,应添设高白炉二座。

一、添购制造鱼尾片钩头钉各机器,及厂屋铁料,估银三万两。

查前项鱼片钩钉,外洋系另厂制造,当日订购机器时未经议及。此为设轨必须之物,不便取给于外洋,故须添机自制。

一、派员随带华匠四十名，分四批赴比国郭格里厂习炼钢铁，盘费旅费共银二万两。

查炼钢炼铁门类众多，华匠素不习见，无从雇用。若概用洋匠，为款过巨，故须遣匠赴著名洋厂学习，以一年为期，学成回鄂，足供任使，以节繁费。

一、添设焦炭炉四十座，估价三万八千两。

查湖南白煤运费太贵，难以合算。现在湖北所开三处，皆系油煤，应先炼焦炭，方合生铁炉之用。

一、添购开煤机器，估价十万两。

查原估开煤机器十八万五千两，仅供大冶两处煤窿之用。该处煤层较薄，恐不敷用。近复在上游马鞍山添开一处，约须费十万两。

一、添造铁山铺至王三石煤窿铁路十六里，估银十万两。

查大冶王三石煤苗甚旺，惟相距稍远，脚费繁多，必须接修铁路，与铁山运道之铁路相连，方能合算，此款拟在原估款内设法变通节省匀拨，无须添款。

以上除添接煤窿铁路不计处，共续估银三十二万四千六百两。

张之洞奏折
光绪十八年二月二十七日（1892.3.25）

奏为炼铁厂添购机炉，续增用款，奏明立案，并请分别拨借经费以济要工，恭折具陈，仰祈圣鉴事。

窃臣前于光绪十六年十一月将勘定炼铁厂基、筹办厂工，及开采煤铁事宜分晰奏陈，并将机器厂工一切经费约估大数，共需银二百四十六万八千余两，咨报海军衙门暨户工二部立案；并声明事皆创办，约略估计，不免疏漏，此外续添料件，续增用费，恐尚有溢于原估之数等因各在案。旋承准海军衙门会同户部先后奏拨炼铁经费银二百万两，令就拨定之数开厂炼铸，设法匀筹，撙节办理各等因，咨行到鄂，均经转行遵照办理。

兹据湖北铁政局司道详称：伏查鄂省开设炼铁火炉，日出生铁百吨，并有炼熟铁、炼钢、锻矿各炉,配用抽条、夹板、造轨各项机器,询据外洋工师,金谓在外国亦称大厂,更兼采铁、炼钢、开煤之事而为一,复有修运道、铁路,筑江堤,设化学矿务学堂,添修理机器厂,皆连类而及。必不可少之费,据洋匠约估,若在外洋,非银三百余万两不办。当以中国人工易集,物料较廉,竭力搏节,约估需银二百四十六万八千余两,详请奏咨在案。

开办以来,核实动用,间有可以节省者,亦有溢乎原估之外者,截长补短,其在原估条目之内者,通牵核计,尚足相准。惟此等创办大举,并无成式可循,事理既极精微,情形亦与外洋多异,随时变通补救,续添料件,续增用款,实有意料所不及,思虑所难周。万不能省、必须购办者,即如各种炉砖,长途转运,破坏过半,必须重向外洋购买,方能敷用。铁轨需用之钩头钉、鱼尾片,必须添机自制,方免仰给于外洋。又外洋炼铁,先看矿质,再配机炉;此项机炉原系在粤购定,续经电商海军衙门奏明,移鄂安设,以免另购;大冶铁质过坚,不甚合式,必须添配锻矿炉锻过,方能入炉溶化;热风炉亦须添二座;此皆意料所不及,必须随时添办者也。

原议以湘煤炼冶铁,现经大冶开出煤矿,均系油煤,可炼焦炭,正与炼铁相宜。江夏县属马鞍山又觅得油煤窿一处,较之用湖南省白煤,用度实省,自应舍彼就此,设法开采。惟开平开采煤矿,费至百余万金,始见成效。鄂省部款有限,自难比照。现拟分开小井,以期节省,而添机需费,设焦炭炉需费,煤窿修铁路以接合铁山轨道需费,遣工匠出洋学习炼铁需费,此皆思虑所难周,必须变通办理者也。

至原估化学、矿务各学堂,即系为采铁、炼铁、炼钢、开煤本厂所用而设,以备分司各事,与此次遣工出洋学习炼铁,均俟习成以后,即可少用洋匠,藉可稍节经费,亦免造不如式,动需改作,耗弃工料,并非为日后他处应用之计。修理机器厂,尤本厂时刻相须之事,此万不能省者也。

除煤窿添接之铁路,约可在原估款中匀拨应用外,共需续增款项三十二万四千六百两,合之原估二百四十六万八千余两,共需银二百七十九万二千余两。此虽目前加增工料用款之需,皆实为日后节省常年经费之处,除部拨二百万两外,尚不敷银七十九万二千余两。明知拨款有定,续请殊难,苟有可以撙节之处,敢不设法匀筹。无如工程浩大,端绪纷繁,厂工须一气呵成,机器皆相资为用,阙一即难奏效。必须厂工告成,开出煤铁,制成钢轨等铁料运行销售,始能如部议所云收回价本,此时委实无从周转。

窃思此举原以浚利源而杜外耗,是以海军衙门始终主持,户部极力筹款,万不能以款项不济,中道停止,以致废要政而弃前功。必须铁厂早成,则关东铁路有所取资,可以岁省中国漏卮巨款。而部咨已力言无从应付,势难再请添拨。再四筹维,惟有就本省设法腾挪借拨,以济要工。

兹查上年及本年冬春以来,因沿江一带收成丰稔,厘金、盐课两项收数较旺,核计除支拨京协各饷及本省饷需外,尚可均拨应用。拟请在厘金项下动拨银五万两,盐厘项下动拨银五万两,两项共拨银十万两。又查盐道库存长江水师申平银一项,暨粮道库存各杂款,皆有余存,均系存储暂不需用之款。拟请备拨盐道库存长江水师申平银十万两,粮道库存杂款银十万两,两项共借银二十万两。俟铁广落成后,销售铁料,获有余利,自光绪二十年起,分十年匀摊归还。

惟以上动拨借用银三十万两之外,不敷尚巨。又查制造枪炮,必铁厂成后始有钢铁。第枪炮机器久搁必致锈坏,现已次第修厂设机,惟开造尚需时日。铁厂与枪炮局本为一事,相为表里,难分畛域;权衡缓急,拟即在上年奏定枪炮局常年经费内,自行酌量匀拨应用。似此一转移间,于部款不至再费筹拨,于本省正款毫无妨碍,而铁厂工程即可指日观成。该司道等自当督饬各员匠极力撙节动用,断不至稍有虚糜。似此采铁、炼钢、开煤三事并举,又兼有创修铁路六七十里,较之从前海军衙门原估,但建铁厂两座,已需银二百八十万两之数,实不为多。经此次续估之后,断不至再有请添之款。开具续估数目清单,详请奏咨等情前来。

臣查设厂炼铁,及开采煤铁各事宜,开办以来,皆经臣悉心督察,时时筹计,事事撙节。无如厂大工精,端绪过繁,中国创办此举,一切类非习见习闻之事。至运道、码头、机炉等事,皆须因地制宜,洋匠估计,亦实难周悉无遗。查前两江总督沈葆桢开办福建船政之时,营建铸铁、打铁各厂,原估用款银四十万两,续估多至一百余万两,均经奏明有案,具证创始之事,估计工料确数,实难预定。此案原估用款大数银二百四十六万八千余两,咨部立案,即经声明系约略估计,不免疏漏。此次续增用款银三十二万四千六百两,均系随时补救变通,万不容已,额外增出之款项,并非与原估前后参差。且增出用款,添购机器、炉座居其大半,其工用需费亦属无多,而添购之机器,增开之煤井,以及接修煤窿铁路,资遣出洋学习工匠,皆系为将来开浚利源、节省经费之计,所增止此,所省实多。

方今户部支绌,筹划维坚,臣所稔知。前次部咨,既力言再请续筹,户部实无从应付,自系实在情形,断不敢再请由内拨款。惟二百万断不敷用,臣早经计及。是以光绪十六年三月初十日曾经电达海军衙门,声明部款二百万之外,其余不足之款,当竭力筹划等因在案。现在惟有就本省设法腾挪筹拨,以应急需。兹拟匀拨厘金、盐厘两项银十万两,于部拨京协各饷不致妨碍;其拟借盐道、粮道库存申平杂款银二十万两,由铁厂分年摊还,于款项初无出入;其余均在奏定枪炮厂常年经费项下,移缓就急,匀拨应用,并非格外请添之款,臣自当督饬该局司道等撙节迅速办理。目前关东铁路工程紧要,不能延缓,铁厂早成一日,则中国漏卮早塞一日。将来铁厂成后,臣当设法筹计,所有用过官款,仍可逐渐收回。

张之洞致海军衙门电
光绪十八年三月二十六日(1892.4.22)

铁厂需款孔亟,前函早邀钧鉴。枪炮、路轨各厂,皆以铁厂为根。船版、锅炉及各机器皆须精钢,炮钢尤精。中国向未解炼钢之法,今日炼钢,尤为自强要务,必宜速为讲求,则船、炮及各机器所需钢料皆不外求,庶免受制于人。续请拨借用款,力从撙节,无可再省。且均系外筹,不动内款,所费止此,利赖无穷,专盼钧署主持。如蒙会同户部核准,祈电示至祷。之洞肃。宥。

户部奏折
光绪十八年五月十七日(1892.6.11)

臣等查该省炼铁添购机炉,经费不敷,续增用款,拟请在于厘金、盐厘项下共动拨银十万两,及盐粮各库借拨银二十万两。既据该督奏称就本省设法腾挪,于部拨京协各饷不至妨碍,亦非格外请添之款,自应准如所请办理。仍令该督就拨借之款撙节动用,不得再行添拨,并将应解京协各饷,照常按款依限筹解,以济要需。

张之洞致李鸿章函

光绪十八年十月十五日(1892.12.3)

宫太傅伯中堂阁下:

敬启者,湖北炼铁一事,现在大冶铁山铺直达石灰窑江岸运道铁路(铁矿路五十余里已完,煤路十里亦计日可成)已成;兴国州锰铁运道小铁路,亦将次修成;汉阳炼铁厂大致已备;炉座厂基及码头艰巨之工已完;外洋料件已陆续运齐;各厂详细图式已电催,陆续寄到;从此可计日程功,大约明年二月,各炉及贝色麻钢厂、钢轨厂、西门士钢厂、熟铁厂均可一律竣事。

英、比各国领事,皆言铁山开采,数百年不能尽。大冶属王三石,油煤三层,共厚四丈二尺;江夏属马鞍山,油煤两层,共厚一丈八尺,均试过可炼焦炭。地段、煤脉均极广阔,在十里以外,将来可开井多处。现已用西法开大井三处,明年六月竣工,可共出煤每日六百吨。除铁厂自用外,可销售与华洋商民轮船等用。若再多开数井,其利无穷,百年不尽。约计购机、造厂、铁路、码头、煤井、轮船、剥船等费,共用银三百余万两(部款二百万,已奏准由鄂省自行筹挪八十万,又另筹垫二十余万。又粤订机器价十数万,勘矿杂费数万)。惟明春即须开炼,开炼即不能间断停工,亟须筹定常年成本,计每年约需银一百万两。所出各种贝色麻钢、西门士钢、熟铁及供厂用外,销售之煤,可值价银一百三四十万两。比如农夫良田已垦,仍有人工牛种之需,又如盐务场灶已成,必有煎炼运售之费。是为常年运造出货之本,与造厂之本两不相涉,此非专筹巨款不可。

缘铁厂端绪繁重,一经开办,煤铁局厂十余处,日役洋匠数十人,华工、民夫数千人。事属创办,修改未合之工作,添换损失之机器,制造求精,物料必有耗折。而钢铁初出之一二年,各省尚未周知,销路不能甚速,断须百万成本,始足资周转。惟此时向户部请款,必仍以统归北洋铁路经费为辞。若无开办巨款,惟有厂成以后,奏请停工。

以奉旨饬办之件,既已用款数百万,经营三四年,若付之停废,不惟失策,亦非政体。将大为海外各国所怪所笑。窃思此事,自应先与中堂筹商,以期周详妥善,成此大举。现拟有一办法:尊处铁路经费,未经动用者尚多,拟于此项铁路经费内,由部预支轨本五十万,约计关东每年造路二百里,加以歧轨增多里数,需轨一万余吨,合鱼尾钩钉等件,每吨银三十两有奇,共约三十余万两。加以桥梁、熟铁、生铁各料极多,约需银将及二十万两。是每年即需价银约五十万两。即或路轨所用不及五十万,而天津各机器局需用精钢、熟铁,亦必不少,足可用至此数。外洋定货亦须先付半价,此系官厂,自应先领货本,以便制造。京外官设局厂,皆系如此,从无垫办之法,不比买诸民间商贩,见货然后付银。满一年后核计,尊处用料若干,仍照用过货价拨付现银,以后每年如此。俟关东路工告成之年,总计盈绌。或鄂找津,或津补鄂,照数清结。至此外,并拟向尊处经费内暂借五十万,俟光绪二十五年各省应解铁路经费已毕,鄂省仍每年接续认解五万,共解十年,即将五十万还清。此不过先后一转移间,于尊处经费,毫无所损,而中国铁利从此大兴矣。

至钢轨各料件,如有不精不能合用者,惟鄂省是问。查鄂省奉旨开设铁厂,本意专为造轨而设。光绪十六年三月,醇贤亲王来电,曾有铸轨为先之示。是以恪遵赶办,竭力筹维,部款不足,又外筹以益之。是北洋修路,湖北造轨,本是一事,似无再买洋轨之理。公前年来电,并闻与人言及,亦俱主此议。但洋轨价值,传闻较前又减。前年询考外洋轨价,需三十余两,尊电所议,亦二十九两。此时闻又略减,工本运费,断然不敷。此或是外洋铁价偶然轻减,不可为常;或是恐中国铁厂造成,利不外耗,故意减价求售。亦如太古、怡和减价,与商局轮船相争故智,数年之后,仍然增长矣。况此厂兼可制炼各种精钢、精铁,各省局枪炮、船械、机器所需钢铁,皆可奏明取给于此,似为中国自强要图。万一海防有事,永不受外洋挟制,即较洋轨稍贵,亦宜自用中国之铁。公前年来电所云,诚深识伟论也。

　　此厂俟成本筹定以后,即须一面奏明开炼,试造轨件及各种钢铁料。至经久之计,终以招商承领,官督商办为主。非此不能持久,非此不能节省、迅速旺出畅销。前年曾致书台端详言之。缘近日疆吏,识解嗜好不同,未心人人皆能笃好力行。若稍有意见,必多沮格,或出货不多不精,或縻费过巨。中国盛举,设令渐归停废,实可痛惜。拟于开炼后,即一面招商承办。窃思方今有才思、有魄力、深通西法商务者,惟津海关盛道为最。前三年,初议建设铁厂时,盛道曾条上一禀,有慨然自任之意。近日来电,亦仍持官督商办之说。若盛道能招集商股,只须集资数十万,酌缴鄂省挪垫官本,以为归还鄂省暂挪枪炮厂等项之用,即可付之承领。自承办第二年起,或每年认缴官息若干,永远纳息,或每年认抽还厂本若干万,分几年还清,均可临时商酌办理。然必须官先筹常年造办成本,开炼一年半载,俾出货之精粗迟速,行销之利钝,具有规模,商股自然易集。以后或纳息,或抽本,公家未尝无利。泰西商务皆是公家极力护持,凡有大商银行势将不支,则出巨帑以济之。况中国创开之举,尤须扶持,不能不官任其难,俾商享其利也。

　　今日铁务,非公大钧宏远一力维持,恐无他妥善之策。若能照议举行,从此风气大开,兵、农、工、商各事取用不竭,有裨富强大计,则中国铁务虽鄂省经理之,实台端主持创成之耳。

　　盛道若能照所拟各节招商督办,俟定议时,当会同台端具奏。商局、电局,事皆关涉各省,由盛道一手遥领督办,日起有功。是铁厂一事,在津遥领,自无不可。奏准后,当属盛道酌派亲信可靠一二人来鄂,酌拟商局章程,会同蔡道商办。至盛道承办以后,若晚在此,厂事当一切皆与公会奏商办,经始之事,不敢稍涉推诿,以致初基不固。即晚去鄂后,亦如招商、电报诸局例,统归尊处主持,断不虑其停废矣。

　　铁煤各厂工程物料清单一件,附呈察览,全局自可了然。此事成否兴废,惟在钧怀一措注间。尊意若何,即望筹酌,早赐示复,曷胜翘盼。专肃布达,敬颂

勋绥

统惟朗鉴不备。

晚生张之洞顿首

［附件］ 湖北铁政局所置机器、厂屋计各项工程清单

计开：

炼生铁厂

一、熔炼铁矿为生铁大炉两座(一切全备。炉高计五十五英尺,炉径三十英尺,每日二十四点钟能熔化生铁一百吨)。

一、高白氏热气炉(带熟铁罩)六座(炉高计五十五英尺,炉径计二十英尺,一切闸门、冷、热风管,附件全备)。

一、扇风大机器三座。

一、储水大铁池一座。

一、红石墙厂屋一间。

一、西门士马丁钢(高尔尼斯式)锅炉八座(每座长计三十五英尺,对径计五英尺半,可用六十磅蒸气压力,并有煤气制一应俱全)。

一、大砖大烟囱一座。

一、凝生铁池全座。

一、添锅炉水之抽水机二具。

一、两炉中间之平台全副。

一、化铁炉所用升降笼全副。

一、煅矿大铁炉四座。

一、升降笼机器全副。

一、倒铁矿之小车十六辆。

一、拉铁渣之短车十二辆。

一、称二十吨重之机秤一座。

一、卸煤卸矿铁桥架全座。

一、称二吨重之机秤一座。

炼贝色麻钢厂（可制钢轨、钢板、钢条）

一、炼贝色麻钢，每次盛五吨之变化炉两副。

一、炉房一所。

一、抽水机器两对（连储水池，一应俱全）。

一、抽水机器厂一所。

一、扇风机器三对。

一、扇风机器房一所。

一、提钢水力机全架。

一、大锅炉十一个。

一、锅炉添水抽水机一具。

一、大烟囱一座（高二十一丈五尺）。

一、八吨灌铁起重机一架。

一、四吨水力起钢模机一架。

一、熟铁气池一具（气管俱全）。

一、熔生铁炉二具。

一、熔炭铁炉二具。

一、熔铁炉用吹风机一具。

一、熔铁炉之平台一座。

一、站台一座。

一、五吨熔钢勺二个。

一、炭铁勺连短车二具。

一、铸钢之模二十吨。

一、熔铁炉器二副。

一、起变化炉底之短车一辆。

一、二十吨重悬行起重机全副。

一、悬行水力起重机二副。

一、回火炉四座。

钢轨厂

一、新式平放轧钢条、铁条之汽机一对。

一、三十寸粗轧机连轮轴机器一副。

一、二十八寸粗轧、细轧机连轮轴机器一副。

一、割熟钢块剪机一副。

一、移动熟钢块起重机一架。

一、由粗轧机拉钢块至细轧机用之机器一具。

一、熟钢锯机器一具。

一、钢轨凿眼机器一具。

一、钢轨剪机一具。

一、钢轨钻眼机器六具。

以上贝色麻厂、钢轨厂合为大厂一所，其间架梁柱、瓦面、门壁皆用铁料造成。

炼西门士马丁精钢厂（可制枪炮利器及一切钢板、钢条）

一、炼西门士马丁钢（每次十吨之炉）全座。

一、水柜汽机车头两具。

一、生铁轧轴一百吨。

一、新式平放轧机一对。

一、兰克舍尔式钢锅炉两座。

一、轧板机上面用拉板片机全副。

一、粗细轧长条之轧机（连轴三层）全副。

一、回火炉四座。

一、割片之剪机全架。

一、割长条之剪机及汽锯全副。

一、车轧轴之车床（连汽机）全副。

一、生铁轧轴（额外预备）八十吨。

一、汽管、水管一应俱全。

炼熟铁厂

一、搅铁炉二十座。

一、熟铁烟囱竖立之锅炉二十座。

一、添锅炉水之抽水机二具。

一、生铁轧轴二十吨。

一、六十亨德威汽锤两个。

一、十八寸打铁轧机全具。

一、剪炼成铁条之剪机全副。

一、打铁轧用竖立汽机全副。

一、汽管、水管一应俱全。

以上西门士钢厂、熟铁厂合为一大所,其间架梁柱、瓦面、门壁皆用铁料造成。

制造厂

一、铸铁房(各种机器全备)。

一、样子房(各种机器全备)。

一、装配房(各种机器全备)。

一、打铁房(各种机器、家具全备)。

一、汽机房(各种机器全备)。

一、锅炉房(大锅炉)一座。

以上厂屋皆用铁柱、铁瓦、弯纹铁壁、铁门。

造砖瓦厂

一、机器全副。

一、锅炉二个。

一、和泥机器两座。

一、造砖坯机器两座。

一、造瓦机器四副。

一、砖瓦窑七座。

一、运泥小铁路一道。

一、泥厂一所。

一、厂屋器具一应俱全。

造鱼片钩钉厂

一、制鱼尾片机器全副。

一、制钩头钉机器全副。

一、制各式公母螺钉机器全副。

一、锅炉二个。

一、厂屋全所。

制焦炭厂

一、焦炭炉五十座。

一、夹煤机全副。

一、研煤机全副。

一、洗煤机全副。

一、厂屋全所。

一、厂内及通江铁路共长五里。

一、火车头二辆。

一、运矿运煤铁车共二十辆。

一、运物料平车十二辆。

一、起重机器车二辆。

一、运物料小铁路一道。

一、运土钢手车五百五十辆。

一、抽水大机器三副。

一、江岸斜面起运煤铁码头一座。

一、马头拉车上下机器全副。

一、马头机器房一所。

一、马头大起重车全副。

一、洋匠住房六所。

一、局屋七所数十间。

一、堆货栈房蓬厂数十间。

铁山运道(在大冶县属)

一、自铁山起至石灰窑码头止,长堤一道、铁路五十里。

一、铁路需用器具全备。

一、沿铁路桥二十七座。

一、石灰窑局屋一所。

一、谢家畈局屋一所。

一、铁山局屋一所。

一、下陆洋匠住房一所。

一、铁山洋匠住房一所。

一、车厂一处。

一、车站三处。

一、火车三辆。

一、运矿车三十六辆。

一、无上盖停慢机大车二辆。

一、装运物料停慢机大车二辆。

一、二等客车停慢机一辆。

一、修理火车机器厂一所。

一、修理车辆各项器具全备。

大冶铁山一座

白灰石山一座

一、夹矿石机器全副。

一、凿矿机器四架。

一、开矿各项器具全备。

一、运矿石小铁路四里。

一、炸药窑一所。

一、装矿码头一所。

一、打铁厂一所。

一、石灰窑运矿码头一座。

一、码头趸船一号。

一、铁路电线五十里(各项机器物料全)。

一、电报房公所三所。

一、铁路巡丁卡房二十五间。

大冶王三石煤矿(油煤三片,一厚二十四尺,一厚十四尺,一厚四尺)

一、大煤井二处。

一、小煤井二处。

一、开煤机器全备。

一、凿石压气机全副。

一、金刚石钻地机器二副。

一、抽水大机器二副。

一、抽水小机器五副。

一、起煤机器二副。

一、局屋一所。

一、洋匠房一所。

一、打铁房一所。

一、木工厂一所。

一、储煤堆栈三所。

一、运煤铁路十里(由煤矿接至铁山,运道路基已购,尚未设轨)。

一、运煤铁车三十辆。

一、运煤码头一所。

一、石灰窑卸煤码头一所。

一、卸煤趸船一所。

大冶明家湾道士洑煤矿(煤二片,一厚四尺,一厚尺许)

一、煤井二处。

一、金刚石钻地机器全副。

一、开煤小机器四副。

一、局屋四所。

一、栈房二所。

一、打铁房一所。

一、木工厂一所。

江夏县马鞍山煤矿（油煤四片，一厚十二尺，余三片厚各三尺）

一、开煤机器全副。

一、铁板里大井一处。

一、凿石开井压气机器全副。

一、洗煤机器全副。

一、焦炭炉七十座。

一、夹煤、研煤机器各一副。

一、局屋一所。

一、洋匠房一所。

一、储炭堆栈一所。

一、打铁房一所。

一、木工厂一所。

兴国州锰铁山一座

一、开矿机器全副。

一、运矿小铁路七里。

一、运矿铁车五十辆。

一、倾卸机器车二辆。

一、局屋一所。

运矿船只

一、拖矿大轮船二艘。

一、运矿大剥船五号。

各处添购机器物件尚多，以上仅举其大略，未能一一备载。查铁厂炼粗钢、精钢、生铁、熟铁，一切机器俱全，每年可出生铁三万数千吨，以之炼钢，可得三万吨。钢之价不一，精者每吨值银二三百金，粗者亦数十金。从少牵算，每吨作价四十两，每年炼成之钢，值价约一百二十万两。

煤矿三处，用西法开采，每日至少可出煤六百吨，以三百吨供各厂之用，余三百吨出售，每吨作价三两，每日得价九百两，每年作三百五十日计算,可得煤价三十一万五千两。

李鸿章致张之洞函

光绪十八年十一月初四日(1892.12.22)

香涛仁兄年姻大人阁下:

盛丞春颐来津,赍奉十月初五日惠书。以汉阳铁厂工料大致已备,大冶、兴国运路将次修成,大冶、江夏煤井明年六月竣工,即可克期开炼,须筹定常年成本百万两,想见高掌远蹠,缔造艰难,曷胜倾佩。惟拟预支轨本五十万,并由敝处经费内暂借五十万,责望太奢。似此间情形,执事尚未深悉,当将尊函发交铁轨官路局妥细筹议,兹局员禀复各节,大致均甚详确,录呈台鉴。

前奉饬办关东铁路,原奏谕旨并未言及湖北铁政统归北洋铁路经费之内。虽有岁拨铁路二百万明文,但部帑实甚支绌。当日迫于醇贤亲王商催,故以由部岁拨百二十万塞责。鄙所深知,若率以为常,必难应手。各省协款八十万,亦有不能全数速拨之处。是以关东铁路兴工时,即经奏明先催外款,后领部拨,而第一年部库应拨经费,迟至次年夏秋,始分起领到。堂司之诿延,书吏之压搁,种种留难,现计开办工程将及两年,山海关以内,三百里路工、桥工,尚未一律告竣。因缘工须费时,赤由款难应急,随到随用,实无余存。倘再于额款内分拨解鄂,断断无此力量,必致厂、路两事皆归遗误,更为各国所笑矣。

来函拟关东铁路岁用轨铁、吨数,与现在已办已购数目悬殊,阅局员禀报自悉。至天津各机器局所需钢铁,因经费竭蹶,随用随购,并无疋款可储以待用,即无巨款可提以预支。昨贵州矿局委员送来仿西法制生熟铁样,据东局化验,生铁不合用,熟铁较好,仅订购五十吨,每担三两,与洋价略等,力难多购。南局禀复,该局岁需铁料不过二十余吨,只能随时零星择购,以求搏节,势难多为购储各等语。此可见机局之窄狭,况东局因各台克鹿卜长炮甚多,亟需仿铸钢弹,已筹添炼钢机厂。沪局仿造阿摩士庄大炮,亦创设炼钢机厂,是以后钢料无俟外求。至来函论外洋订货须先付半价,官厂尤应先领货本。查此间定购轨桥铁料，全以合同为准，实不先付半价，并未先付定银，必待运至津沽，验货给价，此等须循买卖常规，似未便以官势勒逼。外洋轨价，每吨仅银三十两，又必见货付银。若中国铁价稍昂，犹可通融议办，乃工本运费每吨至四十两之多，相悬太甚。徒慕利不外耗之名，而受暗亏帑项之实，似智者所不为。西洋各国铁厂过多争揽生意，原非闻我铁厂将成，故意减价求售。前请俟试验鄂轨后再议付银，自是一定不移办法，务乞鉴原。

至尊论经久之计，以招商承领、官督商办为主，极是深谋远虑。第恐成本太重，销路受挤，股分难集。盛道督办轮船、电线两事，已属竭蹶不遑，倘能兼任铁政，固所欣愿，似不便在津遥领，致有废弛。弟衰病侵寻，关东铁路之役，实惧不克蒇工，奚敢再揽他事。过蒙期许，自揣精力罢惫，万不能效一臂之助，庄生所云"年齿长矣，聪明衰矣，而不得休归"者。愿公设法以善其后，勿以不才为念。专肃布复，敬颂

勋祺

统惟霁照不宣。

年姻愚弟李鸿章顿首

[附件] 北洋铁轨官路总局呈李鸿章禀

北洋铁轨官路总局为禀请核咨事。

窃职等奉宪台面谕：接奉湖广张督部堂来函，湖北铁政厂明春即须开炼铁轨、铁料，关东铁路局每年能造铁路若干里，需购钢轨若干吨，铁料若干件，轨料之时价，货物之等差，每年约计支付轨本、铁本银若干两，估算禀报，以凭核复。蒙此，遵即遍告在局华洋各员司公同拟议。

伏查铁路工程断不能按里计时，有路长而程功速者，即有路短而程功迟者，既不能按年定造路之里数，即不能按年定购轨之吨数。且就已办之官路言之，开办关东铁路，第一年买洋轨、钉片共用银八万四千两，第二年买洋轨、钉片共用银十九万四千八百四十八两四钱。以后铁路工程出关至奉天、吉林，每年购轨银数虽难预计，大约不外乎此，按每里用钢轨约三十

余吨,合鱼尾钉等件,每吨仅值银三十两。外洋定购轨桥钢铁料,不须先付半价,并不先付定银,此间皆系见货付价。若轨价增至四分之一,又须先付货本,虽云银不漏洋,似觉失算太多,而款项亦实不济用。至于验轨片钉之法,与验铁桥料之法迥不相同,验轨片钉之法,已于上年八月详请咨送湖北铁政厂,至今未蒙示复。西洋各国通例,未有不先验合法与否而即订货者。至造桥钢铁料,各件式样尤多,湖北铁政厂能否制造如式,能否照章试验,尚未议及。缘洋工程师专以保重做工程声名为紧要,若不能依法试验铁料,即不能保重声名,故该工程师于此兢兢也。至筹支轨本铁本银数,同在部拨关东铁路经费每年二百万两之内。

　　查造路经费,凡购地价银,筑路基银,垫木银,石渣银,员司人夫薪水工银,色色在先,种种繁费,而轨本尚居其末。必先将铁路地基、垫木、石渣铺齐,然后始用铁轨,是以铁路工程已及山海关,而购买铁轨价银,本年八月始行支付。当兴工之始,即须储费以待,决难待费而成,若每年预支轨本数十万,而部拨铁路经费止有此数,窃恐路工愈迟,需轨愈缓,且部款及各省协款,皆系陆续拨解,工程亦陆续用。出,随到随用,从无多余存项,往往因用项将匮而急催拨款,倘骤分巨款,必至停工以待,终归两误。非敢稍分畛域,实事理之必然耳。至于职局每年筹付湖北铁政局轨本银若干,应请俟试验鄂轨后,再定付银数目。所有遵奉宪谕禀候核咨缘由,复请钧鉴。

张之洞奏折
光绪十九年二月二十五日(1893.4.11)

奏为铁厂工程计日告竣,开炼成本亟须早筹,谨筹拟搏节腾挪办法,以免再请部款,恭折仰祈圣鉴事。

　　窃臣奉旨筹办炼铁事宜,所有历年钦遵筹办情形,均经奏陈暨电达总理海军事务衙门各在案。三年以来,臣督饬各局厂委员、外洋工师,分投赶办。自光绪十七年八月奏明开工,刻下生铁大炉两座,暨热风大炉六座,锻矿大炉四座,统为炼生铁厂,已于二月内完工。其炼贝色麻钢厂、造钢轨厂、造铁货厂,均定于四月内完工;炼西门士钢厂、炼熟铁厂,均定于五月内完工。总计六大厂，五月内一律完竣。其机器厂、铸铁厂、打铁厂三所，已于上年秋冬间完工。其大冶县运矿铁路五十余里，暨大冶石灰窑、铁山铺、汉阳铁厂水陆各码头，亦于上年秋冬间先后完工。此项工程极为繁重，事理极为精微，臣于开工原奏内曾经声明，据洋匠称，此工若在外洋，三年乃成。臣极力赶办，本拟两年造成，因外洋机器物料运到补齐，诸多迟滞，无从赶办，计开工至竣工，共两年零十个月，尚在三年以内。

至煤为炼铁第一要务，原议本拟以湖南之煤炼湖北之铁，惟运费较贵，终非经久之计，且炼铁之煤必须精选，灰须极轻、磺须极少，土窿所采精粗相杂，不能一律，所出又多少无定，恐难供用不缺。幸于江夏、大冶两县访得炼铁煤苗两处，分用西法开采，计七月内江夏马鞍山一处大井可以先成。铁厂造成以后，拟一面督催两处煤井工程，一面采运兴国州锰铁，一面先与洋匠筹商，演试各种机器、较准火候、教练匠徒之法，并先用湘煤试炼，俟本省出煤渐多，可供厂用，即行接续制炼。

其从前所需经费，前经奏准，除部拨之款及借拨本省之款外，其余即在枪炮厂经费内匀拨应用，系指造厂经费而言。至开炼经费，亟须另行预筹，此乃出货成本，与造厂经费两不相涉。前年开工，原奏曾将常年经费只须第一年先行筹垫若干声明在案。譬诸农田，既有买田、开垦之费，又须有常年牛种人工之本，始能收获；譬诸盐务，既有筑场作灶之费，又须有常年煎炼运售之本，始能行销。只须筹此一次，以后即可周转，并非年年需款。鄂厂铁质甚佳，系用西法制炼，除钢轨外，其余钢铁各料，并可向省行销。惟此时度支极绌，臣所深知，断不敢请拨部款，上烦宸虑。然此乃中国自强要政，臣既奉旨饬办，亦断不敢因经费困绌致沮成功。反复筹思，谨就湖北物力之所能办到者，筹一节省腾挪之法。查两炉并开，成本约须百万，又须筹还鄂省借垫之款。现拟先开一炉，从容扩充，以节经费，然亦必须五六十万。缘炼生铁之法，一炉能炼铁若干，需煤若干，均需装满配足，昼夜不可间断，既不能少炼以省料，亦不能停炼亦省工。其工作极精细亦极危险，稍有舛误，则铁汁壅塞，炉座受伤，或致轰炸。故开办之初，必须多用洋匠。而一切运铁之轮剥各船，铁山运道，煤井各事，虽止一炉，所费亦不能甚少。

迨至日久工熟,成货日精,出煤日旺,洋匠日少,则成本日轻。

查湖北炼铁厂原议专为制造铁路钢轨而设,本为力杜外耗起见。光绪十六年二月,海军衙门、户部原奏内曾经声明:设厂炼铁乃开办铁路、铸造枪炮第一要议。又云炼铁为造轨等语。海署叠次来电,大意相同。十六年正月文电云:正题宜先铸轨,铸械次之等语。尤为深切著明。是现在关东修路,湖北造轨,本是相因而起。十六年三月内,筹办设厂之初,即经商明直隶总督李鸿章,接其电复云:将来鄂钢炼成,自可拨用等语。是以特购制造钢轨、鱼片、钩钉各机器,分建各厂。中国既能制造轨,断无再购洋轨之理。查关东议定每年修路二百里,曾向李鸿章询明,每年约需轨价十九万余两,其桥梁各种铁料尚不在内。鄂厂造轨乃系官物,必须先发官本,不比商贾图利可以垫办。以常理论之,似应由北洋每年将此二十万先行支付,以为工本。惟北洋造路工费浩繁,未便全行预支。窃拟将湖北、湖南两省每年应解北洋铁路经费各五万两,两省共十万两,截留划拨充用,作为预支轨价。此乃鄂厂应得销轨价值,并非无故分用。并拟再由湖北粮道无碍京饷之杂款内借拨十万两,作为代北洋筹垫轨本之用,两项共计二十万两。造轨之外,兼制各种钢料、铁料以供各省行销。其划扣北洋经费之十万两,俟轨成运津后,核计实用若干,尚短价值若干,由津补足。在北洋不过预支半价后付半价,似亦酌中平允,先后一转移间为日无多,以后每年即照此办理。即使日后北洋需用钢铁较多,价至数十万,亦只先划留此数。北洋所购外洋钢轨,每吨价银三十两。鄂轨初经开造,工费较多,然亦只愿比照洋轨价值,无须加多。各料是否合用,尽可听北洋依法试验。或谓中国钢轨不能经受压力,不知大冶铁矿历寄外洋考验,皆谓极佳。且造轨所用尚非极精之钢,鄂省制炼皆依西法,与洋厂所造无异,确无不受压力之虑。其粮库借款俟两年后铁务日畅,自光绪二十二年起,由铁厂分为十年归还。此外,不敷之数,仍由枪炮经费项下匀拨应用。缘铁厂为枪炮厂之根,必先炼有精钢,方能制造,以彼助此,尤为允协。且此时枪炮厂尚未造成,安配机器亦需时日,计精钢炼出之日始届开机制械之时。臣自当设法兼顾,并无窒碍偏废之处。如再有不敷,臣所设织布局现已告成。陆续加工开织机,势似甚顺利,明年当有赢余,亦可酌量拨补铁厂之费。以后体察情形,如铁务日渐畅旺,再当全开两炉。

总之,以湖北所设铁厂、枪炮厂、织布局自相挹注,此三厂联为一气,通盘筹划,随时斟酌,互相协助,必能三事并举,各睹成功,以后断不致再请部款。此项开炼成本,概系由外省自筹,较之南北洋制造各局岁需支拨库款七八十万,福建船政亦岁拨数十万者,办法迥不相同,甘苦难易,判若霄壤。合无仰恳天恩,俯如所请铁务,幸甚,幸甚。

惟是此举之关系大局及创造之种种艰难,有不敢不详陈于圣主之前者。窃惟采铁炼钢一事,实为今日要务,海外各国,无不注意此事。而地球东半面,凡属亚洲界内,中国之外,自日本以及南洋各国各岛暨五印度皆无铁厂,或以铁矿不佳,煤不合用;或以天时太热,不能举办。中国创成此举,便可收回利权。各省局厂商民所需即已甚广,且闻日本确已筹备巨款,广造铁路,原拟购之西洋,若中国能制钢轨,彼未必舍近图远,是此钢铁炼成不患行销不旺。不特此也,各省制造军械、轮船等局所需机器及钢铁各料,历年皆系购之外洋。上海虽亦设炼钢小炉,仍是买外洋生铁以炼精钢,并非华产。若再不自炼内地钢铁,此等关系海防、边防之利器,事事仰给于人,远虑深思,尤为非计。溯查光绪十六年正月,海军衙门来电,总以无一仰给于人为断一语,坚定、恳切,洵为不刊之论。若仅云杜塞漏卮,犹其浅焉者矣。此事系中国创举,原非习见习闻之事。或虑年年需款沿以为常,或谓即炼成钢铁亦无大用,此乃未悉中外情形之言。庙谟深远,自能鉴烛无遗。

至此项工程之艰巨,实为罕有。机器之笨重,名目之繁多,随地异而宜,随时增补,洋匠亦不能预计。而起卸之艰难,筑基之劳费,炉座之高大,布置联贯,各械之精密,凿矿、修路、开煤、炼钢之纷歧,尤非他项机器局可比。而最难者,为图、砖两端,各厂总图、分图极为精密,多至数百纸,皆寄自洋厂,到鄂厂又须分画各段细图。大炉、焦炭炉各砖皆系洋制,方、圆、斜、正,式样数十种,每一大炉需砖数十万块,皆有编号数,依次修砌,一块不能错乱。其炉皆内砖外铁,洋厂制造此砖又甚迟缓,数万里换船转运,破损尤多,动须补购,即不能停工以待。三年以来,与出使大臣函电交驰,派员加费百计催促,近始太略寄全。每一批机器物料运到,多至数万件,或十余万件,必须数十日方能点清。每一种机器必须四五个月方能安配完好。至于其余一切物料,若厂屋之铁梁、铁柱、厂基炉座、路工之水泥、火泥等类,无非来自外洋,其最近者中等火砖则取之开平,极大石料则取之湖南,配补残缺机器零件则取之上海、香港,无一省便之事。臣日日督催不遗余力,此时汉阳铁厂及大冶铁路、汉口及上海领事洋人来观者络绎不绝,皆谓此为应办急务。并据洋人皆云:比外洋迅速已多。至于筹款,既如此艰难,臣身任其事,若经费不继,即是自困之道。故臣极力综核,务求节省。每定一机器,开一工程,必与洋匠多方考究,令其务从撙节办法。大冶铁路五十余里,铲山填湖、买地绥民亦极费手。

至开煤一事尤极艰辛,访寻两年有余,试开窿口数十处,始得此两处堪以炼铁之煤,须用西法凿坚石数十丈以下,乃得佳煤。既开直井又开横窿,又须开通气之井及开煤之巷,出煤乃多,又须购制钻地、压气、抽水、起重、洗煤、挂线、运煤各机,又须造炼焦炭炉数十座,然将来所费断不致如直隶开平煤矿之多。

臣力小任重,时切悚惶,加以督工筹款,事事艰难,夙夜焦急,不可名状。惟以此事为自强大计所关,既奉谕旨饬办,不敢不身任其难。惟有竭其愚诚、殚其绵力,专就湖北铁、布、枪炮三厂通筹互济,相机赶办,期于必成,以仰副圣主开物成务力图自强之至意,断不敢因工巨款绌,中途停废,以致创举无效,贻讥外国。惟大炉开炼之始,先须将配合煤矿分数逐渐考校精详,一一合式,且必须开火一月大炉方能烧热。开炉以后,即须昼夜熔炼,不能停火。停则与炉有碍,且多耗费。故一切事宜必须早为筹定。惟有吁恳圣恩,敕下海军衙门、户部早日定议行知,俾得赶早布置,将各项工程物料、洋匠、华工及早核计,俾免延缓虚糜。臣无任惶悚屏营之至。所有铁厂计日告成,豫筹开炼成本,酌拟节省腾挪办法各缘由,据铁政局司道筹议详请,具奏前来,理合恭折具陈。伏祈皇上圣鉴,敕下海军衙门、户部迅速核复施行。

谨奏

奉朱批：该衙门速议具奏。钦此。

海军衙门、户部奏折

光绪十九年三月二十九日（1893.5.14）

查鄂省开厂炼铁，原为修办铁路造轨之用。今该督详陈，所建各厂均已次第完工，克日开炼，所需经费应预为筹画。惟臣奕譞与臣李鸿章往返电商，臣李鸿章以为部拨铁路经费每年仅有此数，现修关东铁路，事体正繁，需款正多，时有不敷之势；若将湖北、湖南应解之款一旦扣留，办理必顿形棘手；所请腾挪，碍难照准。然鄂省铁厂开炼，亦属要需，应请由户部设法代筹，以观厥成而免作辍。至由湖北粮道无碍京饷之杂款内借拨十万两，作为代北洋筹垫轨本之用，户部查该督曾拟由湖北粮道借拨银十万两，即据原奏声明借动杂款，无碍京饷，俟两年后由铁厂分为十年归还，应如所请办理。所有该省应行解部协拨之款，不得分毫挪用，以重要需。其借拨粮道银究系何项杂款，将来按期归还，均须随时声明报部，以凭查核。至李鸿章电称铁路经费碍难挪用，请由户部代筹铁路要需一节，查帑项支绌，各省皆然，张之洞原奏亦称此时度支极绌，断不敢请部拨款，是户部指拨为难，为该督所深悉。所有户部设法代筹之处，碍难办理，应请毋庸置议。此次鄂省铁厂开炼，既筹有成本，若诚如该督所陈，大冶铁矿依法制炼，与洋厂所造无异，将来行销不难畅旺。不惟关东铁路可以择用，亦未始非经费开源之一端。相应请旨示下该督于开办后，详定行销各省章程，并将月出钢铁数目分季造报总理海军事务衙门、户部，以凭查核。

张之洞奏折

光绪十九年五月十四日（1893.6.27）

奏为铁厂开炼成本，部议未能如数筹拨，实属不敷，谨仍照原奏另筹借拨，以应急需，恭折仰祈圣鉴事。

窃臣承准总理海军事务衙门咨开：光绪十九年三月二十九日会同户部

具奏,速议鄂省铁厂预筹开炼成本一折,本日奉旨:依议。钦此。粘抄原奏。咨行到臣。查抄奏内称:户部查该督拟由湖北粮道借拨银十万两,应如所请办理。至李鸿章电称铁路经费碍难挪用,请由户部代筹一节,查帑项支绌,户部指拨为难,为该督所深悉,所有户部设法代筹之处,碍难办理。等因。

窃惟铁厂先行开炼一炉,前奏岁需经费五六十万两,实与洋匠多方考究,撙节估计,无可再省。现在钢铁各厂将次告成,但开办煤井,建造焦炭炉各项工程,正在吃紧之际,盖开煤井,炼焦炭,实为炼铁之根,必须赶办,而修理演试各种机器,添雇洋匠,教练艺徒,修守铁路,填筑厂内余地各事,端绪甚紧,需用甚急,均须迅速督催,布置周妥,始能开炼。即使前奏所请借拨之二十万两如数拨到,而其余尚须专指枪炮厂经费凑足。究竟枪炮厂经费能收若干,能挪用若干,尚未可知,已恐不敷,今铁路经费十万两既不允截留,短此十万两巨款,实属无从措手。北洋大臣李鸿章亦深知开炼需要,势有难缓,故有请户部代筹,以观厥成而免作辍之议。今此项经费户部既不能代筹,只可仍就湖北省自行设法腾挪借拨,以免功亏一篑。再四筹维:惟有仍由湖北粮道库无碍京饷之杂款,再借拨五万两。又查湖北盐道库:尚存有长江水师申平银五万两,一并借拨应用,以符原奏之数,仍照原议:统自光绪二十二年起,分作十年归还。此两项于京协各饷均无妨碍。至户部原奏称:借拨粮道银两,究系何项杂款,将来按期归还,均须随时声明报部,等语。查前奏所借,系兑费、水脚、帮津三款,此各款向系留备本省奏拨饷需之用,此次拟借五万,仍就此三款内拨用,将来归还时,自应与申平一款一并随时报部,合并陈明。合无仰恳天恩,敕下海军衙门、户部迅速核复,俾得开办试炼一切事宜,以免作辍延误。所有铁厂开炼成本不敷,另筹借拨以应急需缘由,理合恭折具陈。伏祈皇上圣鉴。

谨奏

奉朱批:该衙门议奏。钦此。

张之洞致盛宣怀电

光绪十九年九月十二日(1893.10.21)

尊函已悉。每吨提银二钱之说,前两年虽有此议,其时诸事尚未定局。今铁厂成本太重,奏明挪用鄂省公款太多,皆须归还。户部又不发开炼经费,一时恐难即有余利,无从提出此款。若尊处肯代借银数十万,分年认息归还,则阁下有维持铁厂之功,敝处提二钱亦易于措词矣。幸惟鉴原,并望电复。洞。文。

(四)汉阳铁厂的兴建

张之洞致李鸿章电

光绪十六年三月十七日(1890.5.5)

东轨所用,或轻轨或重轨,每码若干磅,若买洋轨每吨价若干,已议有大略否,均祈示知。详询矿师,外洋有移煤就铁者,但视所便,不拘一格。此间铁聚而煤散,铁近而煤远,铁逆水而煤顺水,且煤在鄂省上游及湘省内河,若运铁石往炼,炼好又须运下武汉,是煤一次而铁两次矣。故鄂事以远煤就铁为宜。从前博师敦勘议,亦拟运荆煤就冶铁也。且距省城近,经理较便。固陵轮船承允拨用,感谢。大约暂用三数年耳。

张之洞致李鸿章电

光绪十六年三月二十九日(1890.5.17)

大冶铁矿据矿师及化学洋教习报称,铁质可得六十四分有奇,实为中西最上之矿。其铁矿露出山面者约二千七百万吨,在地中者尚不计。即再添数炉,百年开采亦不能尽。且附近之兴国州兼出极好锰铁,甲于各州,尤为两美。至湘、鄂两省多产白煤,现经详细化炼,可用者十余处,尤为他省所罕。烟煤亦在所需,亦经化炼,更属不乏。虽远近不等,多系近水。现拟运煤就铁,系照十年前矿师博师郭筹拟鄂省开采煤铁办法。其所估计煤价与现价约略相等,据博师敦云必有利益。核计炼成钢轨及各种钢铁板、钢铁条,约略合计成本杂费,较外洋钢轨及钢铁各件价值颇廉。虽所省细数,开办之前未能详细估定,总之确能省于洋钢、洋铁,必然无疑。况目前洋铁日昂。昨见洋文西报,因英国煤渐少,现议在印度开煤炼铁,而煤铁相离甚远等语,以后必更日贵,此乃中国大利。煤铁两端均可供官民之用,保外耗之财;煤并可资各口洋轮之用。此时虽需经费,将来利于民并利于国。经费仍可按年提回,滴滴归源,毫无虚糜。且厂成出铁以后,经费便可辘轳周转,并非年年需费。惟事体繁重,开办宜速,早一年有一年之利,早一月有一月之益。机器不久即到,不能露置以致锈坏,造厂断难再缓。户部岁筹二百万,河工借拨外余存当尚不少,伏望钧署深维全局,筹度主持,俾得及早举办,实于大局有裨。之洞肃。艳二。

盛宣怀致张之洞电

光绪十六年四月初七日(1890.5.25)

白乃富云,武昌设厂,是铁石、灰石皆须逆运,恐运费太巨,郭师敦原勘在黄石港近灰石山处觅定高基,安置炉机,荆煤下运黄石港,与武昌运费必不相上下。此系二百年远计,似宜从郭不从白。宣凡有所见,必直陈宪台,事后必知宣心无他,宣言皆实。

张之洞致盛宣怀电

光绪十六年四月初九日(1890.5.27)

铁厂宜设武昌省城外。黄石港地平者洼、高者窄,不能设厂,一也。荆襄煤皆在上游,若运大冶,虽止多三百余里,回头无生意,价必贵,不比省城。钢铁炼成,亦须上运至汉口发售,并运至省城炼枪炮,多运一次,不如煤下行铁矿上行,皆就省城,无重运之费,二也。大冶距省远,运煤至彼,运员收员短数换假,厂中所用以少报多、以劣充优,繁琐难稽,三也。厂内员司离工游荡,匠役虚冒懒惰,百人得八十人之用,一日作半日之工,出铁既少,成本即赔,四也。无人料理,即使无弊,制作亦必粗率,不如法炼成制成料物,稍不合用,何从销售? 五也。铁厂、炮厂、布局三厂并设,矿物、化学各学堂并附其中,安得许多得力在行大小委员分投经理,即匠头、翻译、绘算各生,亦不敷用。三厂若设一处,洋师华匠皆可通融协济,煤厂亦可公用,六也。官本二三百万,常年经费、货价出入亦二百余万,厂在省外,实缺大员无一能到厂者,岁糜巨款,谁其信之。若设在省,则督抚司道皆可常往阅视,局务皆可与闻,既可信心,亦易报销,七也。此则中法,非西法。中法者,中国向有此类积习弊端,不能不防也。即使运费多二三万金,而工作物料虚实优劣所差不止数十万金矣。白①议为是。现择得省东南二十里,汤生湖边之金鸡垸,由大江入鲇鱼套,一水可通,常年行船,略浚浅处一段,建闸一所,即可冬间行轮矣。其地高燥宽广,永不被淹,用之不尽,将来任意扩充;且设炮广于此,尤可免浅露之病,可谓善地矣。洞。庚二。

蔡锡勇致张之洞电

光绪十六年五月二十七日(1890.7.13)

今早职道会同瞿道等乘轮直抵金鸡垸勘地,一切安静。铁机已起,约五百吨,朱令请先发厂地价五千串,已商允瞿道照发;仍函嘱朱令暂缓交价。新到匠头贺伯生意以汉阳地段虽可填筑,究不如实地之佳,请自省至黄石港中间一段另觅高地,相距虽远,轮船一日可达,照料尚无不到,不必拘定省城。如他处实无,即用汉阳,亦须填筑一丈一尺,方保永无水患等语。查厂地难觅,久在鉴中。顾该匠所见如此,不敢壅于上闻。此项厂地似应照该匠所议填筑。除地价外,约需筑费十二万金。惟应否派员伴送该匠再往下游一寻,伏候钧裁。

张之洞致蔡锡勇电

光绪十六年五月三十日(1890.7.16)

铁厂除汉阳外必无善地,可饬朱令速付价购定,不心迟疑延误。即使

---

① 即比利时矿师白乃富(E. Braive)。

不设厂,此地亦有大用处,断不赔本。防水之堤,朱令务既赶筑要紧。洋匠头既有此议,可酌派一轮,并妥员伴送,速往沿江一看,以释群疑。

张之洞致海军衙门电

光绪十六年七月二十二日(1890.9.6)

铁厂地沿江上下数百里遍难觅得。大冶黄石港早年盛道暨郭师敦寻无善地,禀鄂有案。兹复叠派洋工师多人暨徐道等各员生,详往测绘,滨江皆被淹。一高阜仅三十余丈,有坟七座。省东南二十里有金鸡垸,地势高广,但须作闸疏河,劳费太巨。冬令内湖结冰,亦不便。今择得汉阳大别山下有地一区,长六百丈,广百丈,宽绰有余。南枕山,北滨汉,面临大江,运载极便。气局宏阔,亦无庐墓。与省城对岸,可以时常亲往督察。又近汉口,将来运销钢铁货亦便。惟须填筑地基九尺,则盛涨不淹,沿汉亦须增堤数尺耳。筑地虽费,较之他处筑闸开河所省尚多。外洋各工师,金以为宜。洞亦亲阅可用。再,中国与外洋不同。此厂若不设在附省,将来工料员役,百弊丛生,必致货不精而价不廉。一岁出入以数十万计,过于运费多矣。现已与北洋商定,即于此地建厂。枪炮厂亦并设此处。购地修堤、筑基造路、订购砖石等事陆续筹办。惟洋师云,此工在外洋总须三年。今竭力赶办,兴工至开炉至速须两年余。现仍设法赶办。特此奉达,祗请核示。之洞肃。养。

海军衙门致张之洞电

光绪十六年七月二十八日(1890.9.12)

养电悉。所择汉阳大别山下既于建厂为宜,应即举办。希由贵督自行奏明是要。元电请自道库借拨十五万,已咨农商部,容俟另复。醇、庆具。俭。

李鸿章致张之洞电

光绪十六年十月十六日(1890.11.27)

盛道电,大冶江边煤铁锰矿与白石均在一处,天生美利,如在江边设厂,百世之功。惜在大别山下,转运费力,屡谏不从。将来迁徙不易云。大别设厂已动工否,能否及早筹之?

张之洞致李鸿章电

光绪十六年十月二十日(1890.12.1)

谏电悉。大冶乃碎煤,不能炼钢,只可供铁厂机炉及布厂、炮厂之用。此外大冶地方或尚有佳煤,但不能停厂工以待不可必之煤耳。总之,大冶江边实无建厂之地,非被水淹,即有坟墓。春间委员查明大别山厂工,现已修堤筑基。若厂设大冶,其不便有七,前于七月元电已详陈,请查阅可悉。即使大冶就煤造厂,运费或省四五万,一切糜耗不止一二十万矣。幸惟明察。盛道不知此间煤质,又未将布厂、炮厂等事利害通筹耳。洞。号。

张之洞奏折

光绪十六年十一月初六日(1890.12.17)

奏为勘定炼铁厂基,现筹赶办厂工暨开采煤铁事宜,恭折具陈,仰祈圣鉴事。

光绪十六年闰二月十八日承准总理海军事务衙门咨:光绪十六年二月二十九日会同户部具奏,遵议粤督李瀚章奏请将广东炼铁厂量为移置一折粘抄。原奏内称,查湘、鄂煤铁既经张之洞访知可恃,自应准其将此项机器改运鄂省,择地安设,较为直截简便。第炼铁为造轨之基,其后半价值及营建厂屋之需,自当由部拨每年二百万两内划拨,究用若干,应令先行估定,报明立案。等因,本日奉旨:依议。钦此。咨行到鄂,钦遵办理。即于湖北省城设立铁政局,遴派奏调差委指分湖北补用道蔡锡勇会同在省司道总办局务,陆续访求外省通晓矿学之委员学生,咨调应用。自臣到鄂后,随时将筹办煤铁情形,电请海军衙门核示遵照,叠次复电办理。嗣于七月内承准海署七月二十八日电开,厂地既经勘定,令即举行,由臣自行奏明等因。

伏查设厂炼铁,浚利源而杜外耗,为中国创办之举。工程浩大,端绪纷繁,约以开铁、采煤、造厂为三大端。自上年冬间,叠次承准海军衙门咨电后,即将臣前在粤省访募英、德各国矿师、洋匠、化学教习人等咨调来鄂,于上年冬腊间陆续到鄂,即经臣派员带同外洋工师赴大冶、兴国等州县,及沿江上下游一带查勘煤铁;并委员分赴湖南及四川边界查访煤窿,于本年春间先后查勘回省。查明大冶县铁山实系产旺质良,取用不竭,距江边黄石港仅五十余里。兴国州产有锰铁,尤为炼钢所必需,适与大冶接界。至炼钢、炼铁,以白煤、石煤为最善,或用油煤炼成焦炭亦可。湖北之荆门、当阳产有白煤,兴山、归州、巴东亦产白煤,为数较少。湖南之宝庆、衡州、永州三府所属各县地方,及接界四川奉节、巫山,江西萍乡所产白煤、石煤、油煤、焦炭,尤为旺盛,均属一水可通。带回煤铁质样,当发交洋匠用化学药料详细化炼,分别等差。大率铁矿每百分以铁质多至五六十分,内含硫质在二厘以内、磷质在一厘以内者为合用。煤以灰在十分以内、炭质在八十五分及九十分以外者为合用。大冶之铁矿,铁质六十分有奇,湘、鄂各煤合式可用者共有二十余处。

至建厂一节,查大冶开采铁矿,炼铁厂自以附近产铁地方为最善。惟该厂基及储铁、屯煤处所,长三百余丈,宽七十六丈,地宜平原高阜,兼通水运。大冶通江之黄石港地方,现任山东登莱青道盛宣怀曾于光绪三年带同洋矿师郭师敦查勘煤铁,据禀,周历大冶县属,上自黄石港,下至石灰窑。寻觅安炉基地,或狭小,或卑湿,再三相度,仅有黄石港东吴王庙旁尚敷安置。惟地势不高,难免水患,旁有高地一区,又形狭隘,道光二十九年曾被水淹。复赴樊口,履勘武昌、黄冈县属南北两岸上下百余里,据矿师云,南岸多山陇,少平原,北岸多沙洲、少坚土,合观大概,即求如前勘黄石港东基地亦不可得等语,禀鄂有案。查该道所称安炉基地,系拟设出铁四十吨之机炉,已难得地;今所购机炉,每日出铁一百吨,兼有炼钢、造轨及炼熟铁、铸铁货机器,厂地宽广宜加数倍。臣叠派矿师洋匠暨道员徐建寅督率测绘员生前往查勘,该港沿岸平处,皆属被水之区,其高阜仅宽数十丈,断不能设此大厂。据徐建寅禀称,须将山头开低数丈,仍留山根,高于平地三丈,再将平地填高,始可适用,劳费无算,山麓兼有坟数十冢,碍难施工。复饬于省城各门外及沿江沌口、金口、青山、金沙洲、沙口一带上下数百里寻觅测量，非属低洼，即多坟墓，否则距水较远，滨江无一广平高燥之处。兹勘得汉阳县大别山下有地一区，原系民田，略有民房，长六百丈，广百余丈，宽绰有余。南枕大别山，东临大江，北滨汉水，东与省城相对，北与汉口相对，气局宏阔，运铁合宜。当经督饬局员及学生、洋匠详加考核，佥以为此地恰宜建厂。大率其利便共有数端：荆湘等煤，皆在上游，若下运大冶，虽止多三百余里，上水回船，既无生意，运脚必贵。今设汉阳，懋迁繁盛，商贩争趋，货多值贱，其便一也。钢铁炼成，亦须上运汉口销售，并须运至枪炮厂制造；今炼成发售，如取如携，省重运之费，其便二也。人才难得，通达洋务、谙习机器者尤不易觏，鄂省铁、布、枪炮三厂并开，断无如许之多精通得力委员，分投经理。至西洋工师、绘算各生，尤不敷用。今铁厂、枪炮厂并设一处，矿学、化学各学堂俱附其中，布厂亦在对江，皆可通融任使，其便三也。员司虚浮，匠役懒惰，为中国向有之积习，不可不防。厂距省远，料物短数，煤斤搀杂，百人仅得八十人之用，一日仅作半日之工，出铁不多不精，成本即赔；今设在对江，督察甚易，其便四也。官本二百余万两，常年经费、货价出入亦百余万两，厂在省外，实缺大员无一能到厂者，岁糜巨款，易动浮言，今则督抚司道等皆可亲往察看，百闻不如一见，其便五也。矿渣、煤渣，每年约出三万余吨，除填筑本厂地基外，兼可运往汉口后湖，填筑湖身，汉口城垣可免盛涨冲灌，沿湖民居可免淹浸，其便六也。惟厂外缘汉水之旧堤低薄，须一律加高培厚，以防盛涨。全厂地基关系最重，其生铁炉座，基址须填筑丈余，余须酌量垫高坚筑，并须于沿江沿汉分筑码头，于江岸到厂之路安设铁轨，以便运矿火车。据洋匠估计，此工若在外洋，三年乃成。中国人工易集，自八月初勘定厂基之日起，两年为期，约可开炉造轨。现仍设法竭力赶办，务期早成一日，有一日之益。约计成本运费，将来造成钢轨，总较洋轨为廉。

现拟一面出示晓谕鄂、湘两省，及邻近出产佳煤地方，令民间广为开采，酌定价值，随时收买济用。采运既多，自可不至居奇。一面派委员暨矿学学生前往湘省复勘，察其窿口形势，运道难易，能否用机器开采，相机酌办。近复于大冶之王三石、明家湾两处地方，探得石煤、油煤，业经试用土法开采。惟深入数层,有无改变,目前购办钻地机器未经运到,尚无把握。如果煤质一色,出产亦旺,堪以熔炼钢铁,即当速购机器,大举开采,益为合算。盖武备所需,及轮船、机器,民间日用,农家工作,无一不取资于铁,而煤之为用尤广,实力开办,可大可久,自强之图,实基于此。臣惟有殚竭愚忱,悉心经画,督饬各员,赶购物料,赶办厂工。一面兴修大冶运道,开采铁矿,并兴国锰铁,以备炉厂安妥,即可炼造。一面筹办运煤、采煤事宜,实事求是,务底于成。一切详细事宜,自当随时电达,咨呈海军衙门商请核示办理。

查此项工程,需款甚巨。海军衙门上年复奏铁路原折内称,西国中等炼钢铁炉约需银一百四十余万两,正定、清化分设两炉约需银二百八十余万两等语,第就购炉、设厂而言,其修道、运矿、开采煤铁等费,均不在内,原奏言之甚详。今鄂省开设炼钢铁两炉,及抽条、夹板、造轨各机器,询据外洋工师,佥称为上中等机炉,在外国亦称大厂,更兼采铁、炼钢、开煤三事合而为一,复有修运道、筑江堤、设化学矿务学堂、添修理机器厂,皆连类而及,必不可少之费,所需尤多。前海署来电,拟以二百万两拨归湖北,为炼铁之用,深恐不敷,前于三月初十日电达海军衙门在案。现在约估大数,需银二百四十余万两。计户部划拨京饷、暨鄂省本年认筹银五万两,共拨到银一百万两。目前赶办工料,及经始开采煤铁等事,动需巨款,各项经费,均须凑手,始能一气呵成。以后续拨之款,必须源源接济,方免停工待款,转滋糜费。盖此项工程,以厂屋造竣,安就机炉,造成钢轨、铁料为度。用费确有限制,并非永无底止之款。以后常年经费,只须第一年先行筹垫若干,厂内所出之钢轨、铁料,销售得价,收回货本,即是经费。本年三月准北洋大臣李鸿章电称,拨用鄂轨,随拨随付价,界限乃清等语,当以所筹甚当,电达海军衙门在案。俟轨价付到以后,即可藉资周转。以后钢轨、铁料销售愈推愈广,循环不穷,无须另耗常款。臣自当随事随时核实,撙节办理。惟续拨之款,必须明年春间拨到,赶办各工,一切始能应手,已咨呈海军衙门商请核办。合无仰恳天恩,饬下户部,即将续拨之款一百万两早为筹定,俾得及时拨给,赶办竣工,实于要需有裨。除将部拨截留京饷筹款另片奏陈,并将机器厂工一切经费约估大数报明海军衙门、户部立案外,所有勘定炼铁厂基现筹赶办厂工及开采煤铁缘由,理合恭折具奏,伏祈皇上圣鉴训示。

谨奏

奉朱批:该衙门议奏。钦此。

汉阳铁厂动工兴建①

光绪十六年十二月二十一日(1891.1.30)

铁厂的兴建工程刚刚真正开始,运料的铁道约有四分之三哩长。……汉阳大别山下非常热闹;以往几周内数千小工在挑土修堤,堤顶二十尺、堤基五十尺,以防长江、汉水的汛滥。地基已整理干爽,估计所修的堤能够防住洪水。炼铁厂地基已砸好,正在用耐火砖修墙;锅炉片正在由小工们拉运到厂地安装。

汉阳铁厂告示②

光绪十七年六月二十八日(1891.8.2)

为出示晓谕事。

照得鄂省奉旨开设炼铁厂,勘定汉阳大别山下作为厂地,业蒙督宪派委前署汉阳县朱令滋泽购买堤内、堤外各居民房屋基地,以备应用。当经朱令开具估价清折,呈局备查。嗣因各户多有愿将屋料自行拆卸迁盖,即在原估价内,分别酌扣。复经朱令将实发细数,造册详报,并由该令随时榜示在案。现在厂内误将以前原估之数出榜,致与实发数目参差。除照该令册报,由局先行出榜以昭大信外,合再出示晓谕,为此示仰各居民一体知

① 本文选自 1891 年 1 月 30 日《捷报》。

② 原件附有居民清单及实发细数。总数如下:炼铁厂购买堤内、堤外各居民房屋、基地共一百一十三户,共发钱七千五百四十四串文。堤内、堤外搬拆大小棚屋共一百一十二户,每户给钱十五串文,共发钱一千六百八十串文。又搭住棚屋孤寡贫户共三十六户,每户给钱五串,共发钱一百八十串文。以上三项总共发钱九千四百零四串文。

悉。尔等毋得轻信怀疑，妄称原办委绅司事人等稍有侵蚀短发情弊，是为至要。切切毋违。特示。

光绪十七年六月廿八日

张之洞札王廷珍文

光绪十七年八月二十五日(1891.9.27)

照得汉阳炼铁厂工程浩大，事务殷繁。目下炼生铁炉一厂业已布置就绪：其余炼贝色麻钢厂、钢轨厂、熟铁厂、制铁料厂、修理机器厂，各机器图式多已陆续寄到，亟须次第兴工，以期早日落成。各厂需用物料日多，匠夫日众，支应日繁。其作工程式虽有洋匠按图指点，不至错误，而稽查勤惰、会计收支、考核物料以及收管外国机器、调和在厂洋匠，使经费不至虚糜，工料皆归核实，责在委员，事最繁重。该厂开工有日，陆续派委员司分头经理，各有专司，能否皆胜厥任，无怠无荒，亟须添派总监工一员，综理一切，以期得力。查有大挑知县王廷珍堪以派委铁厂总监工，合就札饬。札到该员，即便遵照迅即赴厂任事，务须常川住工，会同副提调朱令滋泽督率稽查。凡委员司事如有怠惰不力，准其随时禀撤，毋稍瞻徇，务期人皆得用，费不虚糜，用副委任，是为至要。

张之洞致薛福成电

光绪十八年五月二十七日(1892.6.21)

贝色麻厂、西门马丁厂、抽条拉片厂各图，久未寄到，停工待图，糜费甚巨。限期又迫，焦急万分，请速催全寄。并于使馆随员中代择一人，托以此事，专司督催寄图并查点起运机器，会同百济办理，由尊处酌给津贴。所有应用之图与该厂议定，限于若干日全数寄来，该厂绘图人可另给酬劳之费。切恳示复。洞。感。

张之洞致薛福成电

光绪十八年六月初七日(1892.6.30)

东电悉。去年各图早到。今年马丁厂图昨亦递到，仅有一纸，系布置总图,非作工细图。前所寄者唯生铁厂总细图皆备,余厂或有总图而无细图,或有细图而无总图。布置不全,虽有图不能动工。间有可动工者,已次第起造,此外缺漏尚多,限期甚迫,无图即不能同时并举,焦灼万分。前后已电催十二次,而谛广总不上紧。现饬洋匠清出所欠各图名色列后,务求设法急催谛厂赶绘,加费不惜,先绘先寄。并派员督催,切祷。至各图须将油布摹本寄来,前所寄者皆晒印蓝纸,久渐模糊,此间重摹旷日,糜费已不少矣。洞。阳。

张之洞札蔡国桢文

光绪十八年六月二十四日(1892.7.17)

照得汉阳炼铁厂工程浩大,事务殷繁。前经派委大挑知县王廷珍充铁厂总监工,综理一切,以期得力在案。查铁厂以生铁炉厂、贝色麻钢厂、钢轨及鱼尾片钩钉厂工为最要,熟铁厂、西门士钢厂、制铁料厂、修理机器厂工次之。除修理机器厂业已竣工外,其生铁炉、贝色麻钢厂布置均有端绪。只以生铁炉砖运自外洋,多有破碎,动需续购更换,兼因各厂图未经到齐,致有延缓。现查各厂图及未到炉砖各机器,七月底可以一律到齐。该厂工程前经奏明本年秋冬之间告成,制成钢轨等因在案。限期紧迫,万难迟逾。各厂同时并举,端绪浩繁,亟应添派总监工之员,会同原派总监工之王令,悉心筹划,设法赶办,务于年内制出钢轨,以竣要工而符奏案。查有湖北候补知县蔡国桢干练有为,堪以派委炼铁厂总监工,会同王令综理铁厂工程一切事宜。该员有舆图局副提调差使,应仍其旧,作为兼办,速赴汉阳炼铁厂总监工程,务须常川驻工,会同王令悉心筹办,设法赶工。洋匠应否增添,华匠如何分派,始有得力,应如何赶办夜工,各厂分投并举,如何包办分认,如何勒限督催之处,随时会同王令禀商总办蔡道分立程限,妥议禀办。凡委员司事如有怠惰偷安及购办物料不能核实者,准其会同王令随时禀撤,毋须瞻徇。总期工归实用,如限观成,以副委任。仍将到工日期具报查考。

（五）添购机器与遣员留学

张之洞致薛福成电

光绪十六年三月二十九日（1890.5.17）

前定炼铁炉机，日出百吨。今欲赶办钢轨，日出二百吨。将已定炉机参合添配，应加炉座、卷轨机各若干，价值连运保共几何，请详查示复。洞。艳。

张之洞致薛福成电

光绪十六年四月二十二日（1890.6.9）

啸电感悉。布铁厂添件共万二百十镑，已饬局即汇万一千镑，兼备运保费，款归鄂认，请饬速运。奉蒸电，钢轨日出二百吨，扩大炉机，须添价二万三千镑。现拟先扩机器马力，后添炉座，分作两起，各价几何，恳速查示。① 洞。养。

张之洞致薛福成电

光绪十六年五月二十二日（1890.7.8）

熔炼钢铁，工程繁重，拟遣精壮工徒五十人到英厂习练，以半年为期，请商谛厂收留教导，给与住处，能供伙食尤妙。每月需贴费若干，切恳速询电示。洞。养。

张之洞致薛福成电

光绪十六年五月二十七日（1890.7.13）

炼铁厂基已勘定兴工，拟赶制钢轨，请饬谛塞厂将贝色麻炼钢炉及辗

---

① 此处言及他事之内容略。

轨机应配各件,先行寄来。冬令水涸,洋轮不能直达汉口,即在上海起卸亦可。洞。沁。

张之洞札湖北铁政局文(节录)

光绪十六年八月二十日(1890.9.14)

谛塞德厂第二批炼铁机器及建造铁厂器具、并喜克哈葛里甫织布三炉、博次代定布厂各件,由葛林分辣司船装运来鄂,……当经札湖北铁政局派委干员雇备坚实驳船及起重人夫,会督洋匠贺伯生等照单妥速起卸验收。

张之洞致薛福成电

光绪十六年九月初八日(1890.10.21)

敬电悉。四厂铁料请核减,照定图先寄来。大冶铁矿极旺,磷仅万分之八,贺伯生等称,加锰铁尽可炼钢。附近兴国州即产锰铁甚旺。造砖机兼可造瓦尤妙。切恳速定寄来。洞。庚。

张之洞致薛福成电

光绪十七年九月十八日(1891.10.20)

请询谛厂添制鱼尾片、钩头钉、大螺钉、锅炉钉、歧轨各机器,配合日出钢轨百吨之用,就鄂厂现有炉机通融挪用,从长计议,应如何添机,购定须价共若干,请详查速复。洞。啸。

张之洞致许景澄①电

光绪十七年十一月初九日(1891.12.9)

鄂铁厂洋监工比国人,请派粗工四十人赴比郭格里尔厂学炼钢铁。闻该厂制炼极精,欧洲著名,然否?尊处有无驻比参赞,能代照料否,望电复。

---

① 许景澄(1845—1900):字竹筼,浙江嘉兴人。时任驻俄、德、奥、荷四国公使。

洞。佳。

许景澄致张之洞电

光绪十七年十一月十一日(1891.12.11)

比归薛兼。无驻员。郭格里尔厂巨可信。澄。真。

张之洞致薛福成电

光绪十八年正月初九日(1892.2.7)

昨派翻译俞忠沅带工匠十名,赴比国郭厂学炼钢铁。如有可为力之处,请费神分照。洞。佳。

张之洞致许景澄电

光绪十九年八月二十日(1893.9.29)

请速托克虏伯厂代觅上等煤矿师一人,须能审查地隔并能总管煤井工程、曾经阅历精深者。切嘱该厂勿以中等矿师充数,迅速遣来华,需用甚急。薪水可从极优。因克厂大,认识好手多,近为北洋觅得一好矿师,故拟托该厂,可不必托威巴文。盼复。洞。号。

(六)产品销路的筹划

张之洞致潘霨电

光绪十五年十月十六日(1889.11.8)

黔购炼铁机器早到,安设何县何村,距大河几里,现已开炼否,铁佳否,能炼钢否,每日出生铁若干,熟铁若干,钢若干,运至鄂价脚共若干。如铁佳而价廉,当为黔广谋销路。速示复。切盼。洞。谏。

李鸿章致张之洞电

光绪十六年四月初三日（1890.5.21）

艳电悉。营珲甫经勘路，迨定图购地后，方可兴工，断无预定洋轨之理。向来订购章程，须令各国铁厂将货价呈送，定期开封，择货精价廉者购办，来便预为限制。鄂省机炉到齐，盖厂安设、运煤、开铸，计尚需时似一年后，未必能造成合用钢轨。英匠言，印度造路甚长，该处所开铁矿轨，尚不合式，仍须远购英轨非得已也。鄙意俟鄂厂成轨，取样比较，如果合用，即价略昂，必当自用自物，况如尊论较洋轨为廉耶。似应届时商办。鸿。江。

张之洞致李鸿章电

光绪十六年四月初十日（1890.5.28）

江电悉。尊意谓印度造路因钢轨不合式仍远购英轨。鄂厂一年后未必能造成合用钢轨，俟鄂省成轨，如合用，即价略昂必当自用自物等语。具见老成精审之至计。惟印度购英轨一节，据洋矿师云，印度无好煤，其煤内之灰太多，每百分中有十四分至二十分不等，不能炼铁。盖炼铁之煤，其灰必须在十分以内者乃可。该处间有用木炭炼钢者，成本太贵，仅系小厂，故不造钢轨，且自销英国铁货尚无不便云云。今荆湘之白煤详加化炼，灰在十分以内可用者二十余处，其灰自三四分至八九分不等。邻界四川之奉节、巫山，江西之萍乡，所产亦多可用。此与印度煤劣不能炼钢之情形不同。至冶铁之佳，久已昭著，附近之兴国州又据勘报产有锰铁，尤佳尤多，已经化炼。向来西法铁中加锰即成最精之钢，郭师敦及近日各矿师均赞为欧美各洲所稀有。附近又适有灰石大矿，正可供熔炉之需。煤佳铁良，一照西人成法，董以西价工，造成似不至不合用也。再查前准洪使函称，钢轨无须极精之品。询据各矿师，均称造轨只须贝色麻法即合用。现购之炉，贝色麻、西门士两法具备，若以最精之法炼之，当无不合。至一年后造成，则以部款能否应手为断。路既改东，炼铁尤急，如部款能定准期拨足，自当督率赶办以赴事机。即稍迟不过再多数月耳。洞学识浅陋，于西法岂能深谙，况此创办大举，尤觉兢兢。冶铁荆煤幸承公指示，遵照寻求已有明效，此后一切机宜当随时秉承荩画，函电往复，商请裁酌，务求周妥，总期于足以齐用而后已。大略公为铁局总裁，洞不过为铁局提调而已，得公主持其事，洞当勉效奔走之力以赞成功。尊意以为何如？洞。蒸。

张之洞致李鸿章电
光绪十七年六月二十四日(1891.7.29)

关东铁路定议，大咨、部咨均奉到。鄂省铁厂明年七月可制成钢轨。前蒙允用鄂轨，感甚。明年需用若干，以后每年用若干，价何时付，祈酌示，以更预筹。洞。敬。

李鸿章致张之洞电
光绪十七年六月二十七日(1891.8.2)

敬电悉。当饬铁路官局查复，林西接至滦河四十余里，已购地兴工。明春即需钢轨，已向外洋订购。鄂厂明年七月如可制成，容将此间钢轨式样咨送照办，必须一律方能合用。再议价值。鸿。沁。

张之洞致李鸿章电
光绪十八年十一月二十九日(1893.1.16)

函悉。轨价既无款可借，即作罢论。至钢轨及鱼尾、钩钉合计，敝处函只以价三十两，故云每二百里约万余吨，需银三十余万两也。散数、整数均甚分明，致盛道函亦同。并无每吨四十两之说，不知官路局因何错误。至轨及桥料各件，自应由尊处照章试验，务求合用，不合者无妨驳换。故函内有如不合用惟鄂是问之语。岂有不论轨件可用与否而强尊处以购用之理。其造桥钢铁料各件似均可制，请发式样来鄂，以便详复。其如何付价，亦可从容再议。总之，鄂轨三十两余，桥料等件具照洋价，一切照章试验，尊处究用鄂轨各件与否？祈明晰示复，以便筹办至感！洞。艳。

张之洞致李鸿章电

光绪十八年十二月初七日（1893.1.24）

江两电悉。试验自须洋匠，悉听尊裁。前寄刻印清单，系估计全厂工料价值本息之数，为招商而设。单内云精钢每吨值银二三百金，粗者亦数十金，从少牵算，每吨作价四十两云云。精钢谓外洋极上等钢及西门士钢、罐头钢之类；粗钢谓贝色麻钢（造轨只须贝色麻）。尚有熟铁，价亦甚贵，语意包括在精钢之内。鄂厂兼有贝色麻厂、西门士厂、熟铁厂，中国虽不能遽炼外洋百金外之钢，然能炼值五十金以外之精钢、熟铁。故将贝色钢、西门钢、熟铁三种牵算，约略作为四十金，上下文意甚明，实无钢轨须价四十两之语。且此系总计全厂本息之语，并非与购者议价之语。假如有人专购西门士钢及熟铁，每吨四十金岂能造出。尊函订购贵州熟铁，每担三两，与洋价略等，是熟铁每吨需五十两零显然可证。窃思精钢、熟铁之等差价值，尊处无不灼知。请复检原单一阅自明。此语原可不必深辩，恐传说者执为口实。且桥料等件必有需熟铁之处，兼之各件工作式样亦不同，官路局于前单既不分别精粗，统谓定价四十两，或致将来又谓不论精钢、粗钢、熟铁及各件，统作价三十两也。总之，无论何种物料，均照洋价最为简明办法，似可不致歧误。特再详陈。洞。阳。

蔡锡勇致汪凤藻[①]电

光绪十八年十二月十五日（1893.2.1）

洋报载：日廷定议筹款二万万元添设铁路，以三分之一购外洋钢轨。确否，如果属实，建路拟分几年，每年购轨备款若干，此鄂省铁厂所关，请详查电示。锡勇。咸。

---

① 汪凤藻（1851—1918）：字云章，江苏元和（今苏州）人。时任驻日钦使。

蔡锡勇致汪凤藻电

光绪十九年正月十四日(1893.3.2)

台函感悉。督宪奏设钢铁厂，苦心经营，已阅三载。秋后开炉，日可出钢铁百吨，钢轨、桥梁皆能制造。惟虑销路不广，致碍大局。兹东瀛有推广铁路之议，会逢其适，望公于接见彼都官绅之便，鼎力吹嘘。如集款事成，在鄂购办钢轨、桥料，货色与洋厂相同。价总可比洋厂约省十分之一。如有眉目，鄂当派员来东就议，以期妥速。遵督宪谕奉托，事如可图，即赐电示。锡勇。盐。

张之洞致汪凤藻电

光绪十九年二月初九日(1893.3.26)

东瀛消用钢轨事，如有可图，切盼电复。洞。庚。

汪凤藻致张之洞电

光绪十九年二月十二日(1893.3.29)

庚电敬悉。售钢事叠商当局，层折尚多，另函奉布。藻。文。

张之洞致汪凤藻电

光绪十九年八月十四日(1893.9.23)

日本购钢轨事，是否可图，能否先期订定，望公加意招徕。现用英轨已订至何年，每吨连运费价若干，先付定银若干，请费神查复。洞。盐。

三、汉阳铁厂的经营管理

（一）铁厂告成与经营情况

张之洞奏折

光绪十九年十月二十二日（1893.11.29）

奏为炼铁全厂告成，现筹开炉试炼办法并赶办煤井工程，恭折奏祈圣鉴事。

窃臣奉旨筹办炼铁事宜，自开办以来，历经随时上陈，并于本年二月内详晰奏陈在案。自三月以后，机器物料陆续运到。臣督饬各员及洋匠，多方激励，极力赶办。所有炼生铁大厂及机器厂、铸铁厂、打铁厂，业经于三月前完工。其炼贝色麻钢厂、炼熟铁厂，此两大厂均于五月完工。其炼西门士钢厂、造钢轨厂、造铁货厂，此三大厂，因补换破碎短数火砖未及齐，机器、铁料运到稍迟，于七八两月先后完工。此外，尚有造轨所需之鱼片钩钉厂，其机器本系后订，于五月内始自外洋续行运到，督催赶办，亦于九月中旬完工。统计全厂地面，东西三里余，南北大半里，各厂基自平地起，至铁柱墩及炉座、机器诸石墩止，均须填土高一丈一二尺不等。大小十厂，均须连为一处，共应填土九万余方，已于九月中旬，将开炼之日即须施工处所一律填齐。至各厂基以外，现仍接续补填。其应加开水沟，加培护堤，厂内联贯交通铁路，厂地铺盖铁板各工，随时酌度情形办理。统计炼生铁、炼熟铁、炼贝色麻钢、炼西门士钢、造钢轨、造铁货六大厂，机器、铸铁、打铁、造鱼片钩钉四小厂，以及烟通、火巷、运矿铁桥、铁路各工，江边石码头、起矿机器房，现已全行完竣，机器一律安配妥协。其大冶运道铁路，前已完工，铁山开矿机器及轧铁矿、轧灰石机炉四座，溜矿石码头，驳岸等工，均已造齐。江夏马鞍山煤井,横窿两道,均已开通,陆续出煤。大冶王三石煤井二处,石质极坚,暗水太多,工程过巨,其横窿开通尚需时日。现在亟须开炉试炼,惟马鞍山井工虽成。煤巷尚少,工徒未熟,出煤尚未能多。该处所设之炼焦炭炉,甫经开工,火砖均自外洋运来,破缺短处甚多,电催补添,尚未运到。洗煤机器及运煤之挂线路机器,屡经电催约须十一月间方能运到,安设造成亦需时日。自应查照从前奏案,先行购运湘煤,与马鞍山所开之煤参用,以应急需。现于汉阳铁厂内另行添设洗煤机、炼焦炭炉,以期早日开工。至新炉试炼,关系甚巨,配合铁矿、灰石、煤斤,必须精详慎重。而洗煤、炼焦炭两事,在中国工匠素未经见,若煤质稍杂,洗炼配合稍不得法,即至积灰壅塞风眼,铁汁不能下注,碍堵炉门,全炉损坏,贵州青溪铁炉覆辙可鉴。必须先用外洋焦炭,试炼两月,察其炉座之风力、火力,铁矿之钢柔,徐用内地之煤,较量配用,方为稳慎万全。至煤为全厂之根,必须自开自炼,方能一律适用,而且多出不竭。目前工费虽多,将来庶可经久,实为节省经费,轻减成本之要策。现仍一面督催各煤井工程,并因全厂锅炉及铁山矿机、运道火车、运矿、运煤、轮船,长年需用烟煤,为数甚巨,分饬于大冶县之保安、李士墩、金盆地、柏湾,长阳县之滋邱等处,多开土窿,以资各项杂用。惟外洋开煤,乃极重要而极繁巨之事,本系专门大举,每开一大井,钻工、井工、路工等项,动需百万内外,与炼铁另为一事。今湖北兼办开煤数处,而又别无经费,办理实为棘手,惟有竭力统筹,相机腾挪,设法赶办。目前正在演试机器,修补各项机炉零件,俟一切布置周妥,十一月内即拟烧热炉座,约须兼旬方能热透;十二月间即可试炼生铁,接续炼钢造轨。兹谨将造成汉阳炼铁全厂及大冶铁山、矿机、运道、水陆码头,暨江夏马鞍山、大冶三三石各煤井工程,仿照西法于九月下旬照印成图,共为五十六幅,并于图上贴说,恭呈御览。除另行印图一份咨呈海军衙门并咨户部、工部外,理合恭折具陈,伏祈皇上圣鉴。

　　谨奏

附　　片

　　再准户部咨,令于铁厂开办后,详定行销各省章程,并将所出钢铁数目分季造报海军衙门、户部等语。

查中国自开铁厂,乃奉旨饬办之件,关系自强要图,凡我军国所需,自宜取资官厂,惟赖户部与各衙门及各省合力维持,方足以畅地产,而保利权。至所出铁货,既系动用官本,均系官物。且开办之初,工本较巨,行销各省及出口运销外洋,自应一律统免税厘,以轻成本。且臣近接出使日本大臣汪凤藻来函:日本现亦拟创设铁厂,拟派员来华观看湖北铁厂等语。是外国皆汲汲于炼铁一事,则中国铁厂尤宜多方护持振兴,以期畅旺。所有北洋铁路局及各省制造机器、轮船等局需用各种钢铁物料,或开明尺寸,或绘寄图样,汉阳铁厂均可照式制造,与外洋物料一律适用。至开办之初,工本猝难预计,其价值惟有暂照各省所购外洋钢铁时价,应于议定需用物料若干、价值若干后,或先付半价,或先付三分之一,或酌付定银,应由湖北随时体察情形,与各该省商办。相应请旨敕下户部、总理海军衙门、总理各国事务衙门,迅速核定章程,通行各省查照办理。至汉阳铁厂所出钢铁数目,一年之内,或有分炼锰铁之日,或有修理机器炉座之日,且钢铁等差种类甚多,或视何项铁货需用较多较急,即行酌量多少,分别制造;若按季报部,端绪过形繁杂,且不免参差,似须满一年后方能统计盈虚,拟请每年奏咨一次,以归简明,而昭核实。谨附片具陈,伏祈圣鉴。

谨奏

奉朱批:该衙门议奏。钦此。

张之洞致李增荣电

光绪二十年正月初三日(1894.2.8)

铁厂择定于正月初十日开炉。该令速商洋匠,将矿石及运车马头备妥,数日内即遣轮船、剥船前往拖运,千万不可稍有延误。仍将遵办情形及现存矿石若干吨即复督院。江。

李增荣致张之洞电

光绪二十年正月初十日(1894.2.15)

每日可运铁百吨,石二十吨。增禀。

张之洞奏折(节录)

光绪二十年二月初四日(1894.3.10)

窃臣于上年十月内业将炼铁厂工告成各情形详悉奏报在案。查汉阳铁厂日用铁矿、灰石及煤炭至百万余斤之多,参和、配合、装运、起卸,处处均须周备,方能兴工冶炼,而工程浩大,端绪纷繁,有可分投并举者,有必层递而进者。两月以来,极力赶办,将厂基以外应行接续填土、联贯轨道等工,次第办竣。一面开沟培堤,一面演试机器,大致均尚顺适。惟机具繁多,皆极高大笨重之件,接连地段又甚广远。初经运动,必有生涩松脱走火漏气之处,西洋各厂均所不免;当即在本厂铸铁厂内修改完好,现已一律完全运动如意。兹诹吉于本年正月初十日将炼铁炉两座升火烧然之后,先将铁矿锻炼,递以备生铁大炉熔炼之用。缘大冶铁矿铁多而质坚,本属上品,惟含有硫磺,铁性略脆,必先入炉锻炼,使磺气腾散,矿质疏松,炼成钢铁方能坚韧有力,实为成铁之始基。即经一面饬大冶铁山委员洋匠迅速开采,一面派定轮剥各船数号,将铁山开出铁矿及灰石辘轳转运汉阳,常见不息,令其供用不致缺乏。一俟有煅成效,添募洋匠到齐,即常接炼各种钢铁。至所开煤井,目前出煤渐多,仍当随时督饬赶办。

张之洞致许景澄电

光绪二十年四月初四日(1894.5.8)

铁厂铁路及枪炮架弹五厂所用水泥,计银二十万外,痛心疾首。大冶有堪造水泥之土,寄外洋评定极佳,远在开平、澳门两处水泥之上。此后岁修用多,故拟自造。洋行开价太贵,务请设法婉商,订造极小机器,以价廉为主。造火砖咨文悉。惟火砖用处以生铁大炉、炼焦碳炉为最,要火力太猛。据人云,寻常火砖尚不合用。祈详考照湖北物料来咨作法,能否作生铁炉、焦炭炉用。感祷。洞。支。

张之洞致刘坤一①电

光绪二十年六月十七日(1894.7.19)

　　铣电悉。现在铁厂已经开炉,日需矿煤数百吨,不能稍有间断停待,一间断则炉必坏。测海须终日辘轳拖运,实难暂离。江南轮素多,目前沪上防务尚缓,如将来设有缓急时再当派往。东事实情若何,东洋煤不来,江南水陆日需煤不少,荩虑想已筹及,作何筹备,祈示。洞。洽。

张之洞奏折

光绪二十年七月二十四日(1894.8.24)

奏为湖北汉阳铁厂开炼钢铁,造成钢轨,及各种钢料、铁料,著有成效,援案恳恩,准将在事出力人员,择尤奏请奖励,恭折仰祈圣鉴事。

　　窃臣奉旨开办炼铁事宜,于本年正月业将开炉煅矿日期奏报,并声明俟续募洋匠到齐,即当接炼钢铁等情在案。伏查炼铁一事,事理精深,端绪繁难,工作极为艰苦,而机势又极为危险。微特炼铁钢之匠首各有专门之学,即审火候,司气门、流灰、出铁、烘钢、拉轨诸人,周旋于洪炉烈火之间,手足稍涉迟钝,即有轰炸损坏之虞。近来贵州青溪设炉炼铁,南北洋设炉炼钢,堵塞损伤,均所不免。鄂省开炼大炉,自不得不多用洋匠,加意慎重。除原有洋教习、矿师、工师各匠不计外,续募各厂洋匠,择其必不可少者招募二十八人,系托欧洲著名之郭格里大铁厂代雇,本年四月始一律到齐;以上年选派出洋学习之华匠二十人副之,分派各厂,领首作工。先将各炉机器逐件细勘,抉其瑕疵,参以新法,酌量修改增补,务求尽善。所增置机具物料,工程甚多,其最费工者为生铁大炉,直至五月初间始行完备,当即开炉烘干,装配焦炭、铁矿、灰石,诹吉于五月二十五日升火开炼,二十七日出铁。其余各炉机,亦皆演试如法,一切均极顺利。臣于六月初一日到厂,逐一详勘。生铁大炉先开一座,日夜出铁八次,共五十余吨,近来间有日出六

---

　　① 刘坤一(1830—1902):字岘庄,湖南新宁人。时任两江总督。

七十吨者。次阅炼熟铁，炼贝色麻钢，辗铁条，制钢轨，以及锤、炼、烘、压各法，一时并举。其西门士钢炉，因炉砖破碎，购补加修，添设炉管，目前即将次完竣，接续开炼，次第考验，大抵藉水、火、风、气之力，以神其用；其机力之宏大，运动之灵巧，火力之猛烈，迥非向来土炉人工所能到，所出之铁虽系初炼，已与外洋相较无甚轩轾。盖外洋各国讲求炼铁炼钢之法已数百年，始能极其精美，中国甫经开办，岂敢谓遽造精微，然就目前工力物料揆之，从此讲求不懈，将来化学日精，工匠日熟，似尚不难与之抗衡。现将炼出生熟铁及钢轨、钢条等件，陆续寄至上海华洋各厂，比较货色，考订价值，仍随时教习华匠，讲求炼法，精益求精。

现在江夏马鞍山煤井，其煤可作焦炭，合炼铁之用，已开横窿煤巷，现拟进凿三层横窿，外洋大洗煤机及运煤之铁挂线路均已陆续竣工，惟洋式焦炭炉数十座，因炉砖破碎，购补耽延，修造未齐，本年十月内定可一律告成，尽敷生铁一炉及各厂炼钢之用。参以湘省白煤、油煤，即可两炉齐开。此开炼钢铁已著成效之实在情形也。

窃惟开煤炼铁一事，泰西英、法、德、俄各大国无不视为自强要图，当务之急，讲求新法，角胜争长。官办则以全力经营，商办则为多方保护，坚持定力，务底于成。由炼铁而制器，由制器而练兵，用能扩充工商诸务，雄长欧洲。鄂省奉旨设厂炼铁，实为中国创办之事。光绪十五年十月，十六年正月，叠经承准海军衙门电开：大冶下手自是正办。今日之轨，他日之械，皆本乎此，总以将来军旅之事，无一仰给于人为断，虽不必即有其效，万不可竟无其志，此举为强弱转机，旁观疑信由他，当局经营在我各等语。开办之初，禀承醇亲王指示机宜，规画宏远，志意坚定，臣不敢不力任其难，激励大小各员，务期以必成为度。惟煤铁兼营，用宏费绌，真知灼见者，实罕其人，于是众论纷纭，吹求疑诅，仰赖圣明在上，为之不疑。俾臣得从容布置厂工，次第告成，开炼有效，所有在事各员，筹思办法，安配机器，督工建厂，采矿寻煤，跋涉山川，绳幽凿险，加以修造铁山运道，煤矿井工，水陆码头各工程，多系创法新奇惊骇物听之事。抚辑群情，绥靖谣诼，家喻户晓，舌敝唇焦，艰险备尝，始终罔懈，经历四年，始竟全功，实属异常出力，而在事各洋匠,监修营造,尽力图维,随时补救,亦无不殚竭心力。查福建船厂告成,在事各员,均蒙恩照异常劳绩,给予优奖,而洋员日意格等,已先于同治年间渥蒙优奖,并给予犒赏巨款。兹查铁厂规模,地段、机器,均较船厂为大,而煤铁并举,事体之艰辛,端绪之繁重,较船政实为过之。合无仰恳天恩,俯念铁厂为中国创举,奉旨饬办要务,全厂告成,开炼著效,实资群策群力,准由臣将在事出力人员,援案择尤核其出力等差,分别照异常、寻常劳绩奏请给奖,以昭激劝,而励方来,出自逾格鸿慈,理合恭折奏陈,伏祈皇上圣鉴。

谨奏

奉朱批:准其择尤酌保数员,毋许冒滥,该衙门知道。钦此。

张之洞致总理衙门①电

光绪二十年十一月初六日(1894.12.2)

初五日钦奉寄谕,湖北炼铁、织布各局,均令洞一手经理,督饬前派各员妥办,自当钦遵。惟谕旨内未言及枪炮厂事。查枪炮厂地基、厂屋,即包在铁厂之内,本系一事,碍难划分。总办道员蔡锡勇及紧要委员,并翻译、机器匠首之类,皆系两厂兼管,即总管之洋匠白乃富,亦系两厂通筹,工作则互相联贯,用款则互相出入;且枪炮厂有奏,定常年经费约三十五六万两,铁厂目前专恃此款为挹注,勉强支持腾挪,若将枪炮厂划出不归铁厂,则款项早罄,目前炼铁厂即须停工,既无钢铁,则枪炮厂亦无从开造,现在赶催厂屋,以便迅速开造各械,俾应要需,似断无停缓之理。查从前屡次奏案,俱经陈明铁厂、枪炮厂、织布局三局合为一事,互相协助。仰恳天恩,仍准查照原案,将枪炮厂仍并归铁政局,华洋各员一手经理,庶于诸事有益,洞当竭力统筹,督饬局员妥速办理,以竟全功。伏祈圣裁训示。请代奏。之洞肃。语。

---

① 总理各国事务衙门,简称"总理衙门""总署""译署",为清政府办洋务及外交事务而特设的中央机构,位列六部之上。

张之洞致谭继洵[①]电

光绪二十年十一月初八日(1894.12.4)

十一月初五日,钦奉廷寄光绪二十年十月二十七日奉上谕:张之洞奏鄂省织布官局,召集商股,增设纺织厂,并添设机器缫丝各折片,业经批谕:照所请行矣。湖北炼铁、织布各局,均经张之洞办有头绪,现虽调署两江总督,所有各局应办事宜,仍着该督一手经理,督饬前派各员认真妥办,冀广利源,而济民用。将此谕令知之。钦此。因谕旨中未言及枪炮厂事,当经电奏请旨。顷接总署初七日来电:奉旨:张之洞电奏已悉,前寄谕湖北炼铁、织布各局均归该督一手经理,即并枪炮厂该括在内,即着张之洞悉心统筹,督饬局员妥速分办,以竟全功。钦此。阳。等因。除恭录咨行外,特此电达。恭绎寄谕语意,似连缫丝厂一并在内,并及。洞。庚。

张之洞致许景澄电

光绪二十年十二月十六日(1895.1.11)

铁厂开炼各种钢铁,均尚顺利。洋总管二月合同期满,不愿再留,请托克虏伯代觅精于炼西门马丁钢、贝色麻钢、炮钢上等 engineer[②] 一人,来鄂接充总管。须老成历练,曾在洋厂充总管兼晓英文者,薪水从优不惜。鄂厂现有炼生熟铁工师,及炼钢之工头、工匠、化学、医生等三十余人,皆比国郭厂所荐,足资臂助。为总管者必才望过人,方能服众。此事关系紧要,务祈谆托速觅好手,至感。洞。咸。

蔡锡勇致张之洞电

光绪二十一年正月初六日(1895.1.31)

支电悉。马鞍山洗煤机已竣工,焦炭炉腊月初二升火,需柴万五千担,搜购九千担,旬余烧尽,无以为继,炉热复冷,砖缩致有裂者,已修复完全。

---

① 谭继洵(1823—1901):字子实,湖南浏阳人。时任湖北巡抚。

② 英文,工程师。

职回鄂催办木柴，务足万五千担，块煤二百吨，方敢再生火。岁阑，购运皆难，日内必备齐。约一月，炉红热，即炼焦炭，生铁再开炼，头两月，只能保稳一炉；运料能接济，方敢开两炉自制。

蔡锡勇致张之洞电
光绪二十一年三月二十七日（1895.4.21）

铁厂有粤匠滋事，被翻译委员曾海等笞责，未俟回明提调。各匠不服，率众粤匠二百余人罢工，必欲牌示将翻译三员撤差方肯作工。勇到厂同黄守多方开导，令先开工再调翻译，众不允从。当商恽道调营勇二百余护厂，汉阳协县升营统领皆到厂弹压，复为开导，仍是面从心违，蛮悍已极。时已傍晚，明日本歇工之期。二十八日拟会营县督率开工，不愿者押令出厂，再将为首聚众者拿办数人，愿留者居多，当可就范。枪炮厂及鄂匠皆仍旧作工。

张之洞致蔡锡勇电
光绪二十一年四月初二日（1895.4.26）

粤匠事平，稍慰。译员擅责，本有不合。总由总办提调不常在厂之故。请严饬两提调务须驻厂，千万不可远离误事，鄙人不能当此咎也。

恽祖翼①致张之洞电
光绪二十一年四月初三日（1895.4.27）

江电敬悉。铁厂工匠挟众停工，前月二十六日经蔡道临厂开导，祖翼飞饬汉阳县弹压，并移会丁署协镇、周提督带队前往，该工匠始知悔惧，随即开工。次日祖翼亲往发落，将两译员严行申饬，谕令以后各事须禀候提调酌办，不得擅用刑责。其为首停工之谭匠业经逃避。当饬各工头勒限交人，一面札行汉阳县严拿，以示惩儆。该工头等均具永不再犯甘结，工作如

---

① 恽祖翼（1837—1900）：字叔谋，江苏阳湖（今常州）人。时任湖北按察使。

初。并面谕两提调均须住厂,庶遇事即可妥速办结。兹奉钧电,谨再严饬遵照。

张之洞致蔡锡勇电

光绪二十一年五月初十日(1895.6.2)

马鞍煤井换大机器,需银若干两,速拟电候核订购。现三窿每日共出生煤若干顿,焦炭何日可积至千余吨,两大炉均当即速修整,工料费若干,现炼出之钢能造双管枪否,枪管一月可钻几枝,熟铁炉速添匠学习,催多开,一月学四匠,亦应早全开矣。铁厂办事太迟延,用费无所底止,不知该道亦着急否。

蔡锡勇致张之洞电

光绪二十一年五月十一日(1895.6.3)

蒸两电谨悉。马鞍山生铁[煤]日可出百二十吨,上两层多粉。北萍煤不一色,屡较不准。今日已晴,即同黄道到山详勘,并商洋匠筹议换大机器,并改洗煤机,添挂线路各事。回省后另禀。焦炭初炼较少,积千余吨约须一月。新旧两大炉皆完备,旧炉修费约三千两。自炼钢,单管枪可造,双管则不能。钻机四部,先安一部。钻甚慢,人手未熟,不能作准。厂存生铁,合炼钢用者较多,炼熟铁用者所存无多,故不能多开炉,亟盼生铁大炉速开,方能接济。

黄遵宪①、蔡锡勇致张之洞电

光绪二十一年五月十五日(1895.6.7)

职道等十二早到马鞍山,十四午后回省。焦炭炉因中有挽砌破砖,蔽坏三座,热气隔断,火力较逊,现只开十八炉,每日出焦炭二十吨。立将坏炉赶拆,约须一月左右可以修复,以后每日约可出大块六十吨。职道等同

---

① 黄遵宪(1848—1905):字公度,广东嘉应(今梅州)人。时任湖南按察使。

下井,亲见第三层煤厚九法尺,比十日前所见更厚更佳,质坚块大,洋匠谓胜萍矿,迥非上两层之比。尤幸者,煤系坚块,洗煤机无须更改,可省半年功夫。现井深一百法尺,已兼安王三石机器,可无水患。察看此煤形势,愈深愈厚。洋匠现拟办法,不从直井加深,就横窿百法尺煤层内再开深百法尺,约八个月可成。照此法求速求省,约需三万八千两。另拟电告呈请核夺。挂线路灵便异常,因回线须由湖运水上山,应换粗者,约二千两。合估四万两。查本山三层横窿未开通以前,洋匠迭称此煤屑多质脆,成焦不坚。百法尺之下,不换机则不能深挖,而煤较直,不亟削窄,恐出煤易竭,追咎前匠,不无冒昧。请设洗煤机焦炭炉于此,将来必至得不偿失,糜费无穷。勇闻之,万分焦急。特以三层尚未开通,惟祝更得佳煤,庶冀竣前功而挽大局。今同见煤厚质佳,众口同称,实喜出意外。所炼焦炭甚佳,质松而坚,能受压力,以炼生铁极合用,胜于萍煤,与欧洲正同,尤为大局欣幸。

张之洞致蔡锡勇电
光绪二十一年五月二十六日(1895.6.18)

闻熟铁厂熟手工匠只六七名,中等者约十名,因现存白口铁无多,不能多炼熟铁等语。现生铁虽少,若不趁此多招工匠,令熟手者赶紧分投教习,将来大炉出铁多时,仍短熟手,临时再招再教,岂不又是废时虚糜?又闻枪炮厂亦因工匠太少,不敷分拨,以致诸事迟延。查各厂委员司事,月糜薪水不赀,各厂日用不少,而实在作工能造枪炮,安机器,出钢铁之工匠总不肯多雇,实属不解。上海、香港熟手工匠不少,尽可招觅,务赶速多雇,勿延。又宝令闻汪守冯倅言枪炮如欲赶造须添购车床百副等语。赶造枪炮叠经严催,该守等岂未之闻,既知必须添购车床,何以从未禀请购买?殊堪诧异。所需车床系何种,尺寸若干,即饬该守等明白电复。总之,各厂工匠必须多雇,应用机器物料务须预为禀请核办,勿致临时停待,徒致糜费误事。切切。再,新成八生七车炮太笨重,于中国道路不相宜,且止十八倍口径,式样未免太老。岂机器只能造短炮不能造长炮耶!以后务须改造长身轻小者,总须六生以下为宜,如三四生过山炮尤妙。两江。径。

张之洞致蔡锡勇电

光绪二十一年六月初四日(1895.7.25)

白乃富经理铁厂虽有微劳,业已奏赏宝星,现在合同已满,且新募洋匠已到鄂,自应照合同办理,务饬即日将经手事件,妥交德培接办,不得借词延缓把持。至该道所拟将该匠暂留数月,可斟酌妥办。至办理鄂工局洋文案一节,似乎不妥,务须慎之。以后铁厂一切事宜,万不可再令干预。不如酌送数月薪资,令其及早离厂为善。昨接总署咨,比使照称不应将白乃富辞退,鄂省应仍留用,等语。总署以不知原委由外间酌办复之。显系该洋匠营谋恋差,意欲永远盘踞把持,可恶已极。是数年来,该匠之有意延缓,借便私图。今日已和盘托出,此人万不可再用,速设法妥为安置。若令干预,必搅局误事。切切。两江。支。

蔡锡勇致张之洞电

光绪二十一年六月初八日(1895.7.29)

豪支电谨悉。白乃富臣遵即饬令销差。马鞍山第三层煤现开巷道,只能供炼焦炭十八炉,每日约出三十吨。官运萍矿,旧者走油,新者间被船户搀杂柴煤,屡试成炭皆不佳,三十五炉不能全开,上月令商人炽昌盛包运萍煤径送马鞍山,月半前后可到五万吨,以后陆续接运,包无搀杂,三十五炉即可全开。现下厂存焦炭千七百余吨,焦炉全开,即可开炼大炉。惟焦炉大炉既用之后,皆不能停火。经费煤价若不应手,必致停火贻误,汉厂砖窑焦炉七十五座,因萍煤乏款少到,不能全开,总以宽筹煤价,官商并运萍煤为急务,已具禀详陈。至洋焦炭价贵难为继,亦且缓不济急。现系炉多煤少,不能供炼焦炭,不如将购洋炭之款多购萍煤为稳妥也。

张之洞致蔡锡勇电

光绪二十一年六月初九日(1895.7.30)

语电悉。萍煤如果能济事,尚易办,兹筹解三万两专为购萍煤之用。

或由官办,或由商包办,均由该道酌量可也。两江。佳。

恽祖翼致张之洞电

光绪二十一年六月二十五日(1895.8.15)

鄂厂工匠众多,前曾停工挟制,经弹压平贴。近日复有多人于散后潜赴汉口游荡,几酿事端,其恃众胆玩情形,非兵威约束不能驯伏。前闻宪台拟调江南一营来厂驻扎,同深感盼,有此全营镇慑,便可严定厂规,弭患未形,成全者大。惟营官必须曾经在鄂,精细晓事之人。如宪台尚〈未〉遴定,似蒋游击声耀尚可胜任。伏候钧裁。

湖北铁政局致张之洞电

光绪二十一年八月二十七日(1895.10.15)

敬电谨悉。铁厂共出五千六百六十余吨,本厂用二百七十余吨,枪炮并外处用二百余吨,存一千六百余吨。又另存炼成熟铁一百十吨,贝色麻钢料出九百四十余吨;本厂用六百三十余吨,枪炮厂约用六吨,外售并外处用十八吨,存二百八十余吨。马克钢料出四百五十余吨,本厂用二百十余吨,枪炮〈厂〉约用四十余吨,外售并外处用约四十余吨,存一百五十余吨。铁货拉成钢条版一千七百余吨,本厂用三百三十余吨,枪炮房屋用各钢一百五十余吨,并外售外处用三百四十余吨,存八百八十余吨。细数另有折报。熟铁炉现据德培计,四礼拜陆续可添开十六座,须极好煤足用。工匠有炼习熟者提前用,年内全开亦可。

张之洞奏折

光绪二十一年八月二十八日(1895.10.16)

奏为遵奉电旨饬查各节,谨将两厂均已办成情形通盘筹画恭折复奏,仰祈圣鉴事。

窃臣将铁厂、枪炮厂造成式样分别进呈咨送,并陈分别筹款拨款各事宜,正在具奏间,钦奉八月初九日电旨:有人奏湖北铁政局与大冶产铁处相距甚远,以致铁价太昂,且近处并无佳煤,炼铁未能应手。查湖南北商民以铁厂为生业者极多,不患铁之缺乏,而患铁质不良,铁价较贵。铁政局犯此二弊,即难收效等语。铁政局经营数年,未见明效。如快枪一项,至今尚未制成,著张之洞通盘筹画,毋蹈前失。钦此。训谕谆切,莫名感悚。兹谨将铁厂、枪炮厂工程艰巨,现已办成情形,敬为我皇上陈之:

一、产铁远近一节——查开设炼铁炉,若论常法,自应于煤铁相连处设之。惟地理物产不能一律巧合,则亦难尽拘。大冶有铁山而无上等佳煤,江夏县属马鞍山有堪炼铁之煤,大冶在下游,江夏在上游,且原虑鄂煤不敷,拟添用湘煤,湘煤自湖南来,亦在上游;故设厂汉阳,适居其中,以期两就。汉阳近接汉口,于行销较便;又近武昌省城,于督察工程较便;且前数年大冶铁山铁路未造成,则大炉机器断不能远至铁山左右,洋匠亦不能深入。此等要工巨款,若非近在省城之外,臣及总办人员不能亲往督察,则经费必难核实,竣工更恐无期,是以酌设汉阳。以上各条,前于光绪十六年开办时,详晰奏明在案。此限于鄂省地势,又参酌中国人情,无可如何。查德国克虏伯厂,炼钢炼铁为地球第一大厂,其矿石自西班牙国运来,远在数千里之外,较其远近难易,实觉此胜于彼多矣。此原奏所谓铁政局距大冶产铁处太远,尚未悉鄂厂筹办原委情形也。

一、铁价一节——厂距铁山虽远,然陆有铁路,水有轮剥,船码头装卸又各有起重机,均属便利,合计矿石运费尚不为贵。原奏谓铁价太昂,未悉何据?至物价之嫌其太昂者,谓其较同等之货时价加昂,难于销售也。查鄂厂所出之钢铁,去年以生铁一千余吨,钢及熟铁二十余吨,发至上海耶松洋厂及昌义成洋行试销,生铁每一吨给价规银二十二两,熟铁条每一吨给价六十七两,贝色麻钢、西门士钢条每一吨均给价七十八两,较之洋产销价大约相同,惟生铁较洋价减少。若全厂专制精钢、熟铁,则甚有盈余。查外洋铁货,精钢值银在百两以外;作锅炉钢板,作船料钢板,一吨值银一百五十两以外;通行炮钢值三百两以外;制钻刀、弹簧各件之钢,值五百两以外;快炮钢及克厂炮钢,值千两以外。鄂厂现在造炮之钢,较外洋通行炮钢已不相远,以后器备工熟,则钢必愈精。今洋行于鄂厂钢铁,必较洋产压价,然犹肯给如此善价,足见制炼精良,可敌洋产;将来正可日开利源,何以言者反嫌其昂乎?此臣窃所未解也。

一、佳煤一节——光绪十五、十六、十七等年,派德、比各国矿师及委员矿学学生分投查访煤矿,前后五六次,所到不止数十处。湖南佳煤甚多,而土人成见素深,断不能运机器往开,更不能派洋匠往办。湖北本省当阳、巴东、长阳、兴国、广济、蒲圻等处煤窿,均经详查,或煤质不佳,或煤层不厚,或距厂太远。惟大冶之煤苗最多,江夏马鞍山之煤质较胜,是以两处分开。大冶于王三石、道士洑、明家湾、李士墩等处分别下钻,开井十余处,惟王三石煤层较厚,购置各种大机器,开采两年,已得煤不少,忽然脱节。若论西法,即应加工穷追;纵横开凿,以必得为度。然限于财力,只可停办。兴国富山头之煤甚旺,亦可炼铁,以运道水路不便,试办数月,亦遂停止。马鞍山则煤质甚佳,正合炼焦炭、化铁矿之用,今煤井已深至三十余丈,三层横窿已经开通,煤层厚二丈数尺,正在横开煤巷,每日出煤,以后自可日出日多。李士墩以经费支绌之故,仅用土法,作斜窿铁道开采。此窿系烟煤,甚旺,能合锅炉之用,亦甚有益。相连有一窿,系油煤,可炼焦炭,因经费为难,暂用土法,未购机器大举。原奏谓近处无佳煤,实有未确。

一、炼铁未能应手一节——臣因鄂境佳煤难得,故原议拟将江煤、湘煤参用,久经奏明。查炼铁须有佳煤,炼焦炭尤须有佳炉。该炉火砖皆须购自外洋,破碎补换,需费需时,制造繁难,尤费时日。先已购置洋焦炭炉一分,计三十五座,设于马鞍山,以炼该山自采之煤,去冬造成,本年春间试火烧热,炼出焦炭均甚合用。嗣已续购洋焦炭一分,亦三十五座,设于汉阳厂内,以炼购来湘煤,因经费难筹,去冬始行订购,现甫运齐,造成约六七个月;又于厂内令洋匠参用中西法造小砖炉百余座,以济其缺。此由原拟掺用白煤,故购炉较少,以节经费,继于开炼后,验得白煤与原有风机不相配合,而厂内自造之土炉所炼焦炭耗多质松,仍不合用,故不得已暂停化炼生铁,又续购洋炉;此由因配煤配炉,且期节省之故,致焦炭炉不能早成。现在已成之焦炭炉,可供生铁一炉之用,若七十座全成之后,半用鄂煤,半用湘煤,则全厂机炉俱开,必可供用。目前煤巷尚未开竣,出煤尚略有不敷,而今年湖南天旱水涸为历年所无,煤船难到,因并添购开平焦炭凑用。核计经费胜于停工不炼,故七月内已复开生铁大炉,此后若经费充足,自无虑煤不应手。

一、两湖土铁一节——湖南产铁处甚多,惟土法所炼生熟铁,质粗而材小,仅可制造民间平常器具,若制械造轨以及船料厂屋各种要件,断不能用。至土铁价尚不贵,所患在不合用,而不在价值也。原奏谓铁政局犯此二弊未解其指。

一、铁政局经营数年未见明效一节——查铁厂各事,以开煤为最难,开煤之难尤在凿石抽水两端。土法但取浅处之煤,俯掘逆挽至窿深水多,人力既穷,则弃去此窿,另开他处,故永不能得佳煤,得亦不多。查煤在地中,皆系大片斜倚。西法开煤,皆于距煤苗来路数十百丈外下手施工,先须凿直井,深数十丈,令其直下与煤之斜度相遇,深处见煤,然后即于煤层中向上斜开,仰而取煤,煤块顺溜而至井底,转由直井引出,则煤多而易取。马鞍山煤斜度少,直度多,故又于井中分凿横窿数层,亦各横深十数丈。直井以聚水,横窿以取煤。外洋横窿有多至十数层者。鄂省煤厂地平。一二丈以下即系整块大石,愈深则愈坚,与敲火之石等。直井宽大,须并容开井之人下入,抽水之器上出;横窿亦宽,须容人身植立,煤车出入,中铺铁轨。凡此直井、横窿,所开皆坚石,非泥土也,每日用压气机炸药开凿,多则尺余,少则数寸,中间又时有修机、清窿、抽水等事,停歇间断。至抽水之机,往往水来过多,机力不及,又须添换续购。横窿坚石既尽,乃与煤遇,若直井则须逐渐加深,虽百丈以下,皆坚石也。横窿开通以后,又须先开一里外极长煤巷,然后取煤则自远而近。煤窿不致坍塌。至于洗涤煤中杂质磺气,则须有洗煤机器;运煤至数里外水边上船,则有挂铁线路。炼成焦炭则须有洋火砖焦炭炉各件,皆极宏大,工用又极精细,砖破则须向外洋补运或造配,稍不如法,则须拆改补救,势难求速。即如开平煤矿,兴工至五六年,用款已二百余万,始有可售之煤。该厂系商人自办,断无不赶工节费之理,其难可知。今马鞍山已出煤炼炭,计工料转运各费,每焦炭一吨合银四两余;若购湘煤至汉阳厂内之洋焦炭炉炼成焦炭,每吨合银六两余;若外洋焦炭自运,每吨价银十七八两,沪买每吨价二十余两;开平焦炭上海售价每吨十一两余;彼此相较,所省甚多。虽从前凿井购机,劳费甚巨,而今日已收其利矣。至铁厂各种机炉,前托出使大臣刘瑞芬向谛塞厂订购,该厂价虽不昂,而物多未备,经洋匠白乃富于机到后随事查明,逐件增购。至临开炉时,又经专管生铁洋匠吕柏逐一考较,复增改多种,其中更有多件系就矿性、煤质、磷磺分数及产矿产煤之处所、铁矿码头之地势、炉座煤炭之风力、火力,酌量配设,本非洋厂遗漏者,亦非初估洋匠所能预知者。逐一购造,层递修合,乃底于成,自不能不需时日。今自开之煤可烧焦炭,自烧之炭可化铁矿,自炼之钢可造路轨、枪炮,可得洋行善价,铁厂之效似不外此。若时多费巨,委系创举之难。外洋创设一事,固皆不惜累年工力财力而成之者也。

一、通盘筹画一节——鄂厂若生铁两炉全开,每日可出生铁一百余吨。其贝色麻钢厂、西门士钢厂、熟铁厂三厂并炼,每日可出精钢、熟铁共一百余吨。每年可出精钢、熟铁三万吨。以七十八两之价核计,共值银二百四十万两,即价有涨落,或所出钢铁不足此数,亦可值银二百万两。惟全厂各炉并开,每年须经费银一百六十万两。洋匠白乃富原估,每月一炉需银五万两,两炉需银十万两,乃系专指生铁厂而言;若生铁开一炉,而熟铁、贝色钢、西门钢、钢轨厂、铁货厂各机炉照生铁之数酌开,每月约需银七万两;若生熟钢铁各机炉阖厂全开,需十三万余两,亦系白乃富所估,且须添炼罐子钢机炉轧锅炉船料钢板机、压工字铁料机、拉钉子料铁条机、打风机、大蓄水池、东生铁炉起重机、搬运机、吹风高白炉二座,马鞍山煤井开深抽水机,李士墩煤矿、铁山铺锰矿两处之挂铁线路、抽水压气等机,运矿车,约需银四十余万两。若不添以上各项机器,则厂中钢铁不能全行造成,钢板、钢条等铁货势难广为行销,销亦难得善价,每年即不能销至二百万两之数。盖机器愈备则出货愈速,制造愈精,所值愈多,成本愈轻,若虑此项精钢熟铁各省一时不能全销,目前可兼托洋行代销外洋,除去运保行用栈租外,亦可值银一百八十余万两,核计总有盈余。数年以后,各省风气日开,制造日盛,即可专资中国官民之用。总之,铁厂如果大举不懈,实为利国利民之举,此正今日讲求西法之大端,振兴工艺商务之始基也。

一、快枪尚未制成一节——枪炮厂自光绪十七年机器到后始陆续开工,因在粤原订枪机系大口径,后又添改小口径机器,后又添购枪弹、炮弹、炮架三厂机器,后又添购快炮机器。查外洋造枪炮厂与造枪炮钢料厂本系两事,出使大臣洪钧原议系用外洋枪管、炮管,来华成造,故无造枪炮钢料之机器,而铁厂机器系造钢货、铁货,与造枪炮之钢相去尚远。臣谓此终非长策,因又添购压炮钢大汽锤,试枪炮钢拉力、试枪炮速率各机器,并督饬局员,会商洋匠,研求配合,将近一年之久,乃得一法,将熟铁炼作西门钢,始可供枪炮料之用。此各项机厂随到随作,工程并无耽延。无如枪炮厂内即分五六厂,需砖过多,又值铁厂、煤井、铁山、布局、银元局、纺纱局、缲丝局同时并造,汉阳厂内自设一砖厂,武昌金沙洲又设一砖厂,大冶之下陆村又设一砖厂,仍不能供用。而武汉沿江上下可设砖窑之地甚少,因将百里内民间砖窑包定其十之八,并给本令其多开,百方督促,仍然不敷。此一端似甚细而实甚难,惟身经兴造机厂工程者乃知之。去年夏间,枪厂已成,机器已设,即日开工,臣率同各官亲到厂内阅看,一律齐全,不意数日后猝遭火灾,以致重修,又将厂屋改为铁料,皆由铁厂自行铸造,计此厂铁梁、铁柱、铁牵条等件,共重六百余吨,今年三月内造成,陆续安设机器,六月此行全完。而枪机曾经火灼,虽已修理完毕,洋匠谓细微处必有涨缩参差,所有机器三百六十余副,同式者止十余副,余皆一机一用,其用处与式样各各不同,凡造成一枪,须经过机器三百余次工夫,故各机须于安好运动造出各件以后,一一较准,有无疵病出入,酌量修补配合,尚须三个月,方能较毕。然自六月起,已随较随造,参用人工,已造成新枪咨送督办军务处;其余炮厂及架弹各厂,亦均先后竣工,开造车炮、快炮,现已造成验过,快炮弹已造过二千颗,去冬拨解关外恺字营及今年解济甘肃应用。总之,枪炮五厂出械之迟,由于待机待砖,又由枪厂被灾重修,自造铁料之故,以致迟一年有余,始能出械。天时人事,出于意外,无可如何。大率制造枪炮一事,工作理法虽极精密,而厂事究系专门,无甚变换曲折,与铁厂难易大小迥乎不同,以后自可源源济用。

以上各节，所有工程机炉，炼成钢铁，开出佳煤，炼出焦炭，制成枪炮，皆系万目共睹之事，不能稍有含糊隐饰。至于工作之繁重，外洋购料之周折，分设各厂之辽阔，华匠学制之艰难，亦皆凿凿有据之事。从来身居局外者，既非身习其事，又未目击其难，往往以道路传闻之语，悬揣苛求。凡有关西法时务之举，或则墨守旧法，以为不必办；或则言之甚易，视为不烦巨款而办，不需多日而成，此乃风气未开之故，固亦无足深辩。至两厂用款，部臣屡以糜费虚掷为戒，夫以筹款如此艰苦，臣身当其难，岂有不力求撙节速成之理？数年以来，督饬各局员，事事考核，款款审慎，可省则省，可缓则缓，断不敢稍有虚糜。查光绪十五年海军衙门原奏，估计造铁厂之费需银二百八十万两，系专指炼铁之厂而言，今鄂省兼办造铁厂、开铁矿、开煤厂三大端，事增则用广，势所必然，臣惟有竭此愚诚，实事求是，以期稍有万一之补于国家，其是非得失，圣明在上，微臣更何容妄置一词。以后利弊事宜，既奉旨饬令通筹。

窃查炼铁厂一事，外洋各国视为极重极要之举，尚在制造枪炮以上，是以上年五月鄂厂出铁之日，上海洋报馆即日刊发传单，发电通知各国。盖地球东半面，亚洲之印度、南洋、东洋诸国，均无铁厂，止中国所创铁厂一处。今铁煤具备，以后自当日起有功，即随时酌添机器，亦有畔岸可寻，价值亦可约计，与从前开办时之茫无涯涘者实不相同。如招商无人，自以筹款接续经营为正办。似宜尽机器之力，增工匠之能，以扩中华之物产，济武备之要需。如以巨款难筹，则请自明年起即专借一款，以供铁厂之用，即以铁厂作押，由铁厂认还，借款必然甚易，还款亦似不难。大抵西法作事必须成本厚，机器全，工程经久；其初费用巨，则其后之获利愈丰；其先成功迟，则其后之出货愈速。西人工作商务无不如此。至枪炮厂，为今日急务，无待赘言。以后计日程功，尚非难事。近日购买制快炮之样炮，据出使大臣许景澄电称，该厂明言恐有样则中国能自造，是以多方推延要求，始允售炮造机，足见中国设厂自造乃必不可缓之图，万不可恃购买为长策，亦惟有教练工匠，鼓励学习，令其精益求精。惟常年经费多则出械多，经费少则出械少，均可随宜酌办。至两厂用款，截至今年年底止，将以前划清，明年另筹办法各节,臣已于此次铁厂、枪炮厂请款各折片内上陈。所有奉旨复陈各缘由,理合恭折具奏。伏祈皇上圣鉴。

谨奏

奉朱批:知道了。钦此。

张之洞奏折

光绪二十一年八月二十八日(1895.10.16)

奏为进呈炼成各种钢铁,造成钢轨及铁路应用各件,并将造成快枪、快炮,分别咨送试验,恭折奏陈,仰祈圣鉴事。

窃查湖北铁厂自上年五月造成开炉,分炼各种钢铁,前经奏明在案。当发上海洋行试验行销,均称制炼精好如法,其钢铁甚合行销之用,该行代销者,价与洋产大约相等,钢轨坚实光洁,可供铁路之用。嗣据铁政局将所炼生铁、熟铁、贝色麻钢、西门士钢及钢轨、鱼尾片、角铁各件,裁取式样,装成一匣,共十一种,去冬寄至江宁,因军务倥偬,未敢渎陈,兹特恭呈御览。至枪炮架弹等厂,于本年六七等月先后竣工,安设机器,一面陆续较准枪机,一面试造,现已将小口径快枪并新式小口锐形药弹造成,当经臣亲看试放,其敏捷及远,线路有准,实与外洋所购新式快枪无异。炮厂内早经制成八生七车炮两尊,运来江宁验过,现将制成新式六生快炮一尊,运来江宁,亦经臣亲自试验,每一点钟可放三十出,洵属灵捷利用。惟炮系新式四十倍口径,长中尺六尺七寸,炮架系水师架,重二千余斤,全件既重,未便赍送至京,现发交江宁军械所收存。兹谨将快枪一支,新式药弹一百颗,咨送督办军务处查核,除饬该两厂分别迅速制造外,所有进呈咨送鄂厂制造各件,理合恭折具奏。伏祈皇上圣鉴。

谨奏

奉朱批:著交督办军务王大臣阅看。钦此。

张之洞致许景澄电

光绪二十一年九月十四日(1895.10.31)

克厂荐来总矿师马克斯、铁厂总管德培二人,工夫尚好,惟性情奇傲,因合同系总管名目,自谓只归总局节制外,厂委员概置不理,一切厂务,不与驻厂委员相商,独断独行,稍不如意,即以停工挟制。马尤妄诞,常与委员滋闹,迭据专办之员禀揭,现值用人之际,不得不稍示含容。此间系官厂,与外国公司不同,总局在省,难于遥制,凡事不能不与驻厂专办委员和衷商办。所谓总管者,乃总管开矿、炼铁工作事宜,华洋工匠悉听指挥。至于进退工匠,管理厂务,仍当以专办委员为主,方合官厂体裁。请托克厂电诫马、德为祷。洞。元。

蔡锡勇致张之洞电

光绪二十一年十月初三日(1895.11.19)

马鞍山焦炭炉已全开,惟三层出煤无多,参用二层,炼焦炭多碎。萍煤不来,万不敷用。开平二号焦炭化验可用,若迟疑不定,必误事机。已与订购四五千吨,俾得预先开炼。封河前除官轮自运外,兼用开平轮先运一批,俟开河后陆续再运,在津交货。用南洋船运,每吨价六两,包运汉,每吨价九两七钱,已立合同,详情立案,仍求饬派斯美等三轮,封河前再往赶运一二次,以济要需。

蔡锡勇致张之洞电

光绪二十一年十月十九日(1895.12.5)

开平煤炭未到,不敷用。今日封炉留火,候炭到再开。

(二) 生产经费的筹集

张之洞奏折①

光绪二十年七月二十四日(1894.8.24)

再,湖北铁厂,实兼采铁、炼钢、开煤三大端为一事,而开煤所费几与炼

---

① 此件系本书 113 页《张之洞奏折 光绪二十年七月二十四日(1894.8.24)》的附件。

铁冹等,本难归入造厂、炼厂项下计算。开平煤矿费至一二百万,始克成功。兹查铁厂自经始至观成以迄开炼,用款繁巨,所有奏明拨用借用之款,早经用罄,虽经奏准以枪炮厂经费匀拨应用,不敷仍多。非原估、续估之选有疏漏,实缘开炼以后经费与造厂工程本系另为一事,原奏曾经声明,必须先行筹垫一年;且事皆创举,机局变更靡常,随时补救,增出用款,多出洋匠原议之外,实非预料所能及也。所有增出用款,除外洋物料、火砖等件破碎、短数,剥运、起卸、栈租、码头,零星繁费,员司、匠头、夫役、巡勇薪工杂用不计外,约举其重且大者数端:

一、添购机炉工料。如增十五吨大汽锤一具,增贝色麻大压气机一副,增造西门士炉底火泥管及造火砖机器,增改生铁大炉东一座,炉内砖式令与煤矿之性相合,增生铁厂铁瓦厂棚,增中西两式洗煤机,增内地火砖焦炭炉,增铺地铁板,增厂内铁路,增运矿运煤铁车,增炉上铁盖,炉外水池、水沟,及四围保险门,增钢铁管、铁水箱,增化验煤铁各种器具、药料,以及汽表、风表、水表,皆极精细贵重之件。

一、添募开炼洋匠。原估拟募八人,其余悉雇熟手之华匠百余人应用。兹查开炼首以生铁大炉为重,中国从未炼过,若欲选用华匠,非得聪慧而又强壮之人,在厂精炼多年,难与斯选。即炼钢各厂,亦非得专门名家之洋匠领首作工,手法稍不中程度,即致变生意外,均属危险之极。现在续募到洋匠二十八人,均系万不可少,已较原估八人多出两倍有余。本年湖北天气酷热,为时又久,铁厂工作极为艰苦,洋匠已中热病故二人,抱病七人;内地工匠体弱生疏者,更难得力。

一、添补不全机器。查各种运到机器物料,沿途损坏既多,洋厂阙漏亦复不少,除简便零件由汉阳本厂自行修补二千余件外,甚重大精致机器,必须由外洋或上海洋厂重复购补,或此一种机器不甚灵动,则洋匠必另行购一机器以救之,或此式之炉试炼焦炭不净,旧法所采之矿不多,则洋匠又思一泫以损益之,旷日加工,致多繁费。

一、近年外洋金镑价值日长,比初定机器时加至过半。

一、往返电报与各国出使大臣及洋厂商购物料、改换机器、访订洋匠,日积月累，亦成巨款。

一、多用煤斤。铁山、煤矿开采转运以及铁厂起重、运料、试钻、开井、抽水、压气，无在不需机器，即无日不需煤斤，为数甚巨。又生铁大炉购用外洋焦炭，试炼两月，费亦不赀。

以上各款皆为原估约计所难周悉，加以王三石煤井三处，开至数十丈，已费尽人工机器之力，煤层忽然脱节中断，外洋办法必仍就其处追寻，另行开井办理。而重辟一井，非巨款不办，现在实无此财力。若非马鞍山煤井有成，则全恃湘煤，所费更巨。此则事局变迁，多费用款，均非意料所及者也。

前次续估，臣督饬局员及洋匠、矿师悉心考究，以为若能销货周转，则此次续估之后，不致再有增添之款。乃移步换形，层折过多，加工遂致加料，费日因以费工，不特非局员所能限定，并非洋匠所能预知，多方补救，繁费滋多。现在拨借各款，既已凑用无余，若行销挹注，必俟两炉齐开，一年后始能流通转输，尤须钢铁各料，悉臻精美，华洋各厂考验详审，相信有素，方可期流通无滞。至畅销后，尤防有洋铁减价抢售之患。此开炼行销之初，必须宽筹经费，始不致停炉待款之实在情形也。

目前钢铁既已炼成，正在得手，万不能不急筹接济，惟部库支绌，未便再行上请。上年二月所奏，原拟就枪炮厂、布局两局之经费添补应用，无如枪炮厂自奏明添设炮弹、枪弹、炮架三厂，计机器，运保等费已需银三十余万两，建厂之费尚不在其内。本厂用款必须兼顾，势不能全行拨用。布局现须筹还山西借款，一时尚未能协助。值此厂工已竣，炼铁已成之际，所欠者仅此目前筹垫之经费。若竟因此停工，既于大局有关，亦觉前功可惜。且熔炼钢铁，若竟停歇，则制造枪炮何所取资？关系尤非浅鲜。臣夙夜焦急，再四筹帷，惟有仍就湖北本省各款力筹匀拨应用。拟请于厘金、盐厘两项下极力整顿，设法腾挪，每年匀拨十万两济用。总期无碍京协各饷，以两年为率，其不敷之款，仍照奏案于枪炮厂常年经费项下，匀拨济用。统俟两炉齐开，销流渐广，即可自行周转。事关自强要务，臣惟当恪遵海军衙门"先轨后机"之电示，竭力筹维，次第举办，以竟全功。除咨呈海军衙门及咨户、工二部外,谨附片具陈,伏祈圣鉴,敕下海军衙门、户部速议施行。

谨奏

奉朱批:该衙门速议具奏。钦此。

张之洞奏折

光绪二十年十月初二日(1894.10.30)

奏为铁厂开炼钢铁,现已齐全,惟仅开生铁一炉,难资周转,筹拟借拨开炼两炉经费,请旨饬拨,以应急需,恭折具陈,仰祈圣鉴事。

窃照湖北炼铁厂告成,开炼生铁大炉一座,炼成生铁、熟铁及贝色麻钢、辗铁条,制钢轨,均已著有成效。其炼西门士钢厂,炼法精细,初炼尤极危险,北洋、上海各炉迭有轰裂堵塞之患,鄂厂此项钢炉,前因添设炉管、火砖等件,一时未能并举,兹已修竣开炼。洋匠参考火候,据称向来至快六点半钟,始能出钢,现仅三点半钟炼就精钢,甚为顺利。初出钢料,成色无异洋制,已足为造炮之用,炮厂业经开试机器,即以炼出之钢试造六生半及七八生克虏伯陆路车炮。若造成,依法考验钢料精坚,演放有准,即接续制造十二生大炮。现因军务紧要,已饬多炼西门士钢及贝色麻钢,为制造枪炮之用;并赶将枪厂需用铁梁柱铸成,一面补修枪厂及赶造架弹三厂竣工,开春即可制造新式小口径连珠快枪及架弹各件,以应军实要需。查今日外洋陆战专用连珠快枪、快炮,既速且远,仅止后膛枪炮尚不足以尽之。鄂厂即有炮机,自应添购快炮机器,将各种陆炮皆造成快炮,尤为利用,所费尚不甚多,已于筹办枪炮架弹厂折内另行奏陈。惟生铁仅开炼一炉,每年匀算可出铁一万五千余吨,其铁路、运道、码头及洋匠人工,原备生铁两炉之用,若仅开一炉,成本亏折甚巨,断难持久。马鞍山煤井、焦炭炉,本年十一月初必可完工,拟以湘煤搀和焦炭冶炼,尚可供两炉之用,必须接续开炼生铁两炉,始足资周转而垂久远。此钢铁齐炼,并兼枪炮厂工程,并拟开生铁两大炉之办法也。

查开炼生铁两炉,筹垫一年经费约需百万,一炉需五六十万两,业于预筹开炼成本折内陈明在案。计开炼经费,先后奏准借拨湖北粮、盐道库杂款三十万两,拨用货厘、盐厘项下银二十万两,共五十万两,尚不敷一炉之用。续请在本省各项匀拨之二十万,尚未接准部复。而煤铁并举,开煤所费几与炼铁相等,增出用款繁巨,借拨各款已奏明拨用无余。查光绪十八年冬间,铁厂全工未成之际,曾据督办招商局津海关道盛宣怀禀称:拟招集商股,承领铁厂办理,先集股一百万两,以四十万缴还官本,以六十万作为开炼经费,不足由商自筹,所有营建厂工官本三百余万,除先缴四十万外,余款分二十年归还,还清后仍报效三十万两,分年呈缴,但须炼成钢铁以后始能承领,议定条款,开具清折前来。经臣悉心筹画,若归商办,将来造轨制械,转须向商购铁,虽塞洋铁之漏卮,究非自强之本计。特以铁厂未成,商人即肯出巨款承领,足见两炉开炼后,钢铁定能畅销,办理必有把握,决计赶工营造。而部库支绌,部款必不能再行拨发,臣熟加筹度,审察时势,窃谓铁厂为武备根源,中华创举,既已开办,必宜作成,用款虽溢,尚有筹补之方,铁厂中辍,永无再办之望。熟权利害,不得不身任其难,惟有设法将钢铁炼成,则实际昭然,方可沥陈情形,仰请朝廷裁度。于是竭力设法筹垫,不惜资本,加工加料,赶将全厂工程于冬间一律造成。

自本年正月开办煅矿炉以来,添雇洋匠陆续到齐,增购机器,储煤运矿,修改炉座,添设洗煤、炼炭机炉,厂内铁路,铺地钢板,新增用款甚多,以及委员、工匠工薪,皆厂成开炼以后之经费。此系开办之初,诸事尚未完备,动需增出用款,皆为洋匠原估所不及。即就一炉两论,已非当年五六十万所能赅括,计每月约需筹垫银六七万两。迨五月开炼生铁大炉,初开一炉,出铁无多,且开炼之始,较煤试炉,曲折繁难,只能略减矿石,时多间断,不能按日必出生铁若干。又须试炼熟铁,试炼各种钢,试造铁货,制轨,铸械,以致生铁所余无多,难供销售周转。又值天气酷热,华洋工役患病者十之八九,不能多炼,经费仍无所出。前奏明以布局通筹互济,近来招集股票,扩充纱布,原为协济铁厂之用。适逢暑热异常,至秋转甚,致停日工,仅开夜工,所出纱布势难济用,只可展转腾挪,匀拨善后局杂款,并暂借布局所收股票之款,以应急需。并与上海外洋各厂婉商,应用物料运费暂令垫办,以后从容筹款,陆续付价。又兼赶办枪炮厂工程,增出架弹三厂机器运保及厂工等银四十余万两,无从应付。然筹备军实为目前要务,现经另折奏陈,仍拟就本省极力设措办理。是本年所出之铁本属无多,且尚多垫欠之款,已无以为周转之资,现在筹计生铁两炉开炼,成本约需银百万以外,实系铁厂不可少不容缓之需。若不速开两炉,则铁料难供销售,经费益无所出,必不得已仍可交商领办,而臣愚总以为非计。盖方今时局,开铁路,制铁舰,制造炮械等事,从此必须逐渐扩充,认真筹办,无待烦言而决,而一切船、炮、机器,非铁不成,非煤不济,已屡见之大学士左宗棠、李鸿章奏牍。从前闽省船厂,轮船造未及半,用数已过原估,前内阁学士宋晋以糜费太重,奏请暂停,经左宗棠议覆,奏言此举为沿海断不容已之举,此事实国家断不可少之事。李鸿章奏言诸费可省,惟炼枪炮、制兵轮之费万不可省,苟或停止,则前功尽弃,后效难图,所费之项转成虚糜,不独贻笑外人,亦且浸长寇志。沈葆桢奏言不特不能即时裁撤,五年后亦不可停各等语。查船厂造船。工未及半,用数已过原估,左宗棠诸臣均以为不可暂停,已反复郑重若此,今铁厂为制造钢轨、船械之根本,全厂业经告成,钢铁炼有成效,而欲开炼两座炉,尚少此一年数十万两之经费,以事理时势论之,无论如何为难,必应设法筹办。惟铁厂除部拨二百万之外,续增用款繁巨,均系在外竭力借拨应用,各厂垫欠物料价值运费,尚须随时陆续筹付,此时湖北支绌万分,实无可再筹之款。臣夙夜焦急,再四筹思,惟有向广东借拨之一法。

查光绪十三年,臣在两广总督任内,筹有武营四成报效一款,每年集银二十万两,奏明专供制造粤省兵轮炮火之用。嗣经两广督臣李瀚章到任,除闽厂协造已成兵轮四艘外,余悉停造,而此项报效经费,仍按年照收,并未停止。粤省用费臣虽未能周知,然近年并无创造大举,此项经费报效已历八年,自当岁有所余。又臣前在粤创设钱局,筹捐巨款,购买机器,建造厂屋,开铸银元,岁有赢余,近年该局已余存银数十万两,具见李瀚章经画之善,窃拟即就以上两项,向广东借拨银五十万两,为铁厂开炼生铁两炉成本,俟鄂省银元、纺纱两局开办后,分定年限,由鄂省纱布、银元三局归款。极知广东现有海防用项不少;惟闱姓岁增巨款,又改办潮桥盐务,整顿肇庆、潮州两关,多收税款巨万,均系臣在粤时新筹增出之款,尤赖李瀚章善于运筹,事事皆能综核节省,益觉从容,一切应付绰有余裕,臣所稔知。铁厂本系由粤移鄂,武营四成报效及银元余款又系臣在粤创办之举,每岁增常款数十万金,今为铁厂仅借用五十万两,开炼钢铁,筹备军实当务之急,无逾于此。李瀚章公忠体国,轸念时艰,必能设法腾挪,迅速解拨济用,助成自强要举。若粤省能借拨五十万,则鄂省就枪炮厂常年经费三十余万,合之得八十余万,即将铁厂、枪炮厂经费合为一事,统用分销,酌量挹注,或尚可勉强支持。相应恳恩敕部速议,请旨如数饬拨,以应急需,以维铁厂、枪炮厂大局,臣无任翘切待命之至。所有铁厂开炼钢铁,现已齐全,并筹拟铁厂开炼生铁两炉经费,借拨广东省武营四成报效及银元余款缘由,理合恭折具奏。伏祈皇上圣鉴。

谨奏

奉朱批:户部速议具奏。钦此。

蔡锡勇致张之洞电

光绪二十年十一月十九日(1894.12.15)

户部咨:铁厂开炼两炉经费,二十八日奏准由粤照拨。即日转咨到宁。复奏措词甚好。

张之洞致蔡锡勇电

光绪二十一年六月初四日(1895.7.25)

生铁炉必须赶紧开炼。焦炭炉目下每日实能炼出几十吨,生煤每日实能开出若干吨,速据实复。若炉久不开,每月徒有工费而无出货,成何事体? 每月总需七八万金,以后用款无从罗掘,以前欠债无从筹还,鄙人实无颜再向朝廷请款,亦无词以谢谗谤之口,是死证矣。惟有速购外洋焦炭数千吨,与自炼焦炭配合开炼。假如每月用洋焦炭一半,约计千吨,价值运费每吨约十七八两;自炼萍乡焦炭约每吨九两,不过每月费九千金,而每月一炉所出钢铁总值六万两,较之一钱不能收回者上算多矣。现有旨饬议办铁路,若鄂厂无轨,朝廷诘责,将奈之何? 鄂厂大炉不开,既不能再奏请拨款,阁下亦不能引见,徒受羁累,亦殊不便。望速筹之。五、闰两月经费设法凑拨一万两,此挪用他款,将来尚不知如何筹还也。即复。洞。豪。

张之洞致蔡锡勇电

光绪二十一年六月二十六日(1895.8.12)

萍煤款自六月起,每月定由江南发三万金至鄂,交该道转发酌办。官若干商若干均不拘,此专为赶紧开炉而设,万不可徒糜费而无炭。尤必须块煤,万不可多参碎屑。究竟几时能开生铁炉,即确复。鄙人为此事日夜焦急,惧无以仰副朝命。万不可视为儿戏,随意搪塞也。两江。宥。

张之洞奏折

光绪二十一年八月二十八日(1895.10.16)

奏为湖北铁厂开炼,奏准经费无著,现据皖岸、平江各商请增复新引,呈缴票费,并劝谕场商池商捐助防费,暨将湘商报效款凑拨,以应急需,而符原案,恭折仰祈圣鉴事。

窃臣前因湖北铁厂各种钢铁业已炼成,经费不敷,奏请借拨广东省武营四成报效及银元余款银五十万两。经户部议奏,请旨饬下两广总督李瀚章查照原奏在于前两项内挪借银五十万两,拨解湖北,作为铁厂成本之用。于光绪二十年十月二十八日奉旨:依议。钦此。咨行钦遵。嗣两广督臣李瀚章咨,以前项存款先经协济北洋及提拨海防用款,无可借拨,奏明咨复前来。

臣查自强要策实在练兵制器,现虽防务粗定,而痛深创巨,前鉴难忘,是精炼钢铁,正所以备广修铁路,自造枪炮,此事最为当务之急。前项措拨之款既成无着,自当别筹的款,以便接续赶办。当粤省复到之时,正值防务紧迫之际,而铁厂经费早罄,工作难停,万分焦灼。臣反复筹维,惟查江南盐务局面较宽,尚可设法,当饬两淮盐运使江人镜详细妥筹。旋据详称:运库现有之款,俱有指拨用项,无可腾挪,惟查前督臣左宗棠曾以楚皖引额尚未足数,酌加新引,所收票费均为采办军火,制造钢板船及水利、书院、桑秧堤埝等善举各项之用,归于外销,其原请皖岸增复四万二千八百五十八引,旋因是年皖省蛟水为灾,销路较滞,仅就已缴票费银两核计给发一百四十八票,计盐一万七千七百六十引;现在皖岸行销转输尚速,若就前次请复未复之引酌量加增,收缴票银,在商情极为踊跃,在要款得资补苴。此外,惟湘岸之平江销数尚畅,亦可酌增。兹据皖岸商人广大等七十二户呈缴银二十七万两,请认皖盐一百票,计一万二千引;湘岸平江商人洽豫等七户呈缴银八万两,请认平江盐八票,计四千引。共缴银三十五万两,已据如数缴齐,解交江南筹防局兑收。其新引请归现运纲分,一并循环转运。三纲之内设有新增捐款,免予摊缴。此款于要需有益,而于课款无碍,销数绝不致短绌。又另据湘岸商人请报效银二万两,不请奖叙,系属闲款,亦请提用。

又据该运司详称:续经劝谕淮南场商、淮北池商,因两淮运贩共捐江南海防经费银一百万两,尽一年限内缴清,准照海防例给奖。该商等仰体时艰,情殷报效,亦共捐银十三万两,请照运贩呈缴期限一律缴完。附案照海防例给奖实官。现在防务解严,此项捐银拟请改为铁厂经费。江南制造各局需用钢铁甚多,将来制造各项逐渐扩充,取求便捷,自于江南防务亦有裨益。计票费、湘款、场池商捐三项,共银五十万两,适符原案之数。各等情,先后详情具奏前来。

臣查增引必以岸销、商情、票价三者为衡。该运司请加皖岸新引一百票,平江新引八票,因皖岸前请未复,旧额尚有二万五千九十八引,兹因转运较速,请复悬额一万二千引,尚未足左宗棠原请之数。平江按纲开办,周转尤速,于岸销均无窒碍。至新引之盐归入钢分,仍与旧引一律,挨售三纲之内,如遇奉饬捐项,新引暂免摊派,在旧引无估压之虞,在新引获转输之利,商情均属乐从,所缴票费银两,核与左宗棠前加皖盐一百四十八票,每票缴票费银二千四百两,此次计加一百票,共缴银二十七万两,系属有增无减。又前加平岸票费,每票缴银一万两,核与此次所加平岸八票,共缴银八万两,数目亦属相符。现查各商缴银如此踊跃,毫无疑沮,且其中多系旧商认办,其为商情翕然已可概见,而于课饷毫无妨碍。复查左宗棠前收各岸票费,悉归外销,系充采办军火,制造钢板船,及水利、书院,桑秧堤埝等事之用,均经开具清折报部有案。现在各商共缴银三十五万两,以之拨充铁厂经费之用,核与前案票费支销采办善举等项,事同一律,而裨益尤多。

至淮南场商、淮北池商因海防需款,共认捐银十三万两。现在防务解严,拟请拨充铁厂经费,俾应要需而备军实,此于防务有益之事,似于情理尚无不协,已饬依限缴银,解交筹防局兑收。合无仰恳天恩,俯念铁厂为铁路造轨要用,制造武备根源,开炼经费无着,准将前项票费银三十五万两,场商池商捐银十三万两,湘岸商人报效银二万两,拨充铁厂经费之用;并恳恩准将此项商捐银十三万两归入两淮运贩捐输海防成案,一律照章给奖,以示鼓励。统计此三项新筹之款,适符原奏准原拨五十万两之数,而于盐务正课及该运司京协各饷,毫无妨碍,不胜翘切待命之至。

再,铁厂款项去冬早已罄竭,积欠累累,采矿、开煤、化铁、炼钢等事,需费繁急,不能一日停工;而本年春间,京畿防务紧急,又未敢奏请拨款,致烦宸虑,是以臣前奏于江省筹防局款拨用,计拨用之数约计已及五十余万。兹收有新筹票费、报效及场池等商捐款,自应将筹防局借动之款如数拨还,以清款目。合并陈明。其现在需用及积欠之款,已另筹办法,附片奏陈。所有湖北铁厂开炼经费无着,现经皖岸、平江各商呈缴增引票费银两,并将场商池商捐款、湘商报效闲款凑足,以还垫款缘由,理合恭折具奏。伏祈皇上圣鉴,敕部速议施行。

谨奏

奉朱批:户部议奏。钦此。

附　　片

再,铁厂去冬及今年经费,现已于两淮盐务筹集银五十万两,如数拨还江南筹防局借动之款,谨已专折奏陈。惟查铁厂开炼经费,前奏开炼一炉,每年约需六十万两,计月需银五万余两。查洋匠白乃富所估原单,系专指生铁一厂,若兼开炼钢各厂,月需银约七万两,内中洋匠四十一名,月薪一项已需一万二千余两。去冬以来,用款无出,而垫欠日多,自上年十月至今年八月,连闰计已及一年,皆系无米之炊,课虚责有,勉强腾挪支拄。此项盐务款五十万两,仅敷前数月开支之用,至积欠尚难清还。因焦炭炉工未成,且因经费不能应手,既未能多购湘煤,又未便多买洋炭,故于上年十月暂将生铁炉暂行停炼,专就厂中已炼成之生铁,学炼各种精钢、熟铁,并造枪厂之铁梁、铁柱,分制各种钢板、钢条,学炼枪炮钢料等件,是以钢铁所存无多,无从销售周转,仅将生铁千余吨,贝色麻钢条、西门士钢条及熟铁条二十余吨,发交上海洋厂试验,以觇制炼之良楛,价值之高下。

至本年七月内,焦炭所出渐多,且试验开平焦炭,亦可凑用,始将生铁大炉重复开炼。现在马鞍山三层煤窿已经开通,焦炭炉挂线路均已告成,大批佳煤已可陆续取用,各种钢铁久已炼成,钢轨亦久已造成,亟应截清界限,另筹经久办法,以清眉目,而便筹计。

恭阅邸钞,六月二十一日钦奉上谕,饬将铁厂招商承办。仰见朝廷通筹深计,既期铁政之振兴,复济度支之匮绌。查铁厂招商一节,臣数年来久已筹计及此,于上年十月初二日折内业已奏陈梗概,因俟煤井深通,焦炭炼就,钢铁可常炼不停,以后始可相度情形,酌定官办商办之局。现在诸事完竣,钢铁精好,洋行行销肯给善价,似已具有成效,自应遵旨招商承办,拟即一面迅速招商,惟各商必须亲到铁厂、煤厂、铁山、运道等处一一详看,方能定议。即有人愿承,总须数月方能接办。

目前经费即各处挪凑,只能支持至八九月之交,拟请划清界限,若商人早能承接,则用款及各项欠款截至承接之日止;若无商承办,亦请截至今年年底为止。此数月内筹垫之用款及应还之急款,大约总在四五十万之数。盖目前必须将煤巷多开,各种钢铁加工精炼,令其粲然具备,然后商人易于招集,故既无停辍之理,仓卒亦无挹注之方,惟有仰恳天恩,仍准江南在筹防局随时暂行借拨,以应急需。将来有商则归商认还;无商承办则臣必当设法筹款,奏请拨还清结。俟年底截清用数,将历年造厂、采矿、开煤用款,及厂成以后开炼经费,分案造报。至明年起,应请敕部议定办法,筹拨的款应用。如部中不能拨款,惟有暂为停工,以待有商接办。倘须停工,应由部中早为知照,以便预为核计,散遣洋匠,清理物料,方免临时束手,反多糜费。统俟有无商人承办,届时请旨遵行。

但方今时势日急,外患凭陵,日增月甚,富强之计首以铁路为第一要图;各国领事及来华效力之洋人,万国之公报及中国曾经出洋考求时务之员,苦口危言,无不以速办铁路为请;今铁厂已成,钢轨能造,正为目前救时切用之需,若反停辍不办,似为非计。不特为志士所惜,且将为万国所诧。臣于此举,不揣驽钝,身为其难,现在诸事粗成,智力俱困,此事关系富强大局,究应如何办理,圣明自必权衡至当,无待微臣之渎陈也。所有现拟招商承办,并截止今年用款,明年另筹办法各缘由,理合附片具奏,伏祈圣鉴。

　　谨奏

　　奉朱批:户部议奏。钦此。

（三）招商承办的筹划

上　谕

光绪二十一年六月十二日(1895.8.2)

　　前因给事中褚成博奏请招商承买各省船械机器等局,当经谕令户部议奏。兹据奏称:中国制造机器等局不下八九处,历年耗费不赀,一旦用兵,仍须向外洋采购军火;平日工作不勤,所制不精,已可概见。福建船厂岁需银六十万,铁甲兵舰仍未能自制;湖北枪炮、炼铁各局厂经营数载,糜币已多,未见明效。如能仿照西例,改归商办,弊少利多等语。

　　制造船械实为自强要图。中国原有局厂经营累岁,所费不赀,办理并无大效;亟应从速变计,招商承办,方不致有名无实。南洋各岛暨新旧金山等处,中国富商在彼侨寄者甚众,劝令集股,必多乐从。著边宝泉、谭钟麟、马丕瑶遴派廉干妥实之员,迅赴各该处宣布朝廷意旨,劝谕首事绅董等设法招徕,该商如果情愿承办,或将旧有局厂令其纳赀认充,或于官厂之外,另集股本,择地建厂,一切仿照西例,商总其事,官为保护。若商力稍有不足,亦可借官款维持。其办理章程应如何斟酌尽善以杜流弊之处,即著该督抚等细心妥筹,详晰具奏。

张之洞致蔡锡勇电

光绪二十一年七月十六日（1895.9.4）

铁厂一切经费议包与洋人。有愿包者否，每年经费若干，速询各洋匠，电复。

蔡锡勇致盛春颐电

光绪二十一年七月二十八日（1895.9.16）

前见六月二十一日上谕，令各省机厂铁厂招商承办。此次来宁禀商帅座，帅意铁厂经营多年，用款甚巨，甫著成效，事体重大，恐南洋华商无此才力。弟意令叔前三年本有承办之意，其时厂工未竣，煤矿未成，一切尚未就绪；今则炉机毕具，钢铁均已炼成，日内即将进呈。马鞍山煤矿自炼焦炭甚佳，足供一炉之用，参采湘煤，即可两炉全开，较之三年前难易迥不相同，阁下所目击。况朝廷决意开办铁路，将有成议，所需钢轨铁货，惟患出货不多，不患销路不畅。令叔槃才硕画，承办此厂，必能日见兴盛。帅座南洋举办之事甚多，鄂局未易兼顾，而且经费难筹。若得妥人承办，维持久远，利商即以利国。帅意颇以为然。惟三年来添置机炉工料甚多，成本益巨，似须量筹宽缓之法。议请阁下电商令叔，有无接办之意，速复再行详议。特此禀达。

总理衙门致张之洞电

光绪二十一年九月十六日（1895.11.2）

奉旨，近闻湖北铁厂采煤合用，大炉业已烧通，每年可出快枪七八千支，铁轨尤易铸造。张之洞经理此事，历有年所。著将现办情形，切实复奏。如经费不足，亦应确切直陈。现在时事多艰，中外大臣，宜讲求一实字。总之，毋妄费，毋受欺蒙，方有实济。该督其深体此意。钦此。铣。

张之洞致总理衙门电

光绪二十一年九月十九日(1895.11.5)

恭读十六日电旨,感悚莫名。铁厂、枪炮厂现办情形,并筹计经费,洞于八月二十八日谨分三折、两片具奏,计已上达。洞才庸智浅,惟有矢此愚诚,尚堪自信,敬当懔遵圣谕,事事求实,不敢妄费,不容欺蒙。窃思此两厂,事多相连,招商总不甚便,似仍以筹款官办为宜,请代奏。之洞肃。效。

张之洞致蔡锡勇电

光绪二十一年十月二十六日(1895.12.12)

铁厂仍以外洋厂包办为宜。望速分电比国、德国各大厂,速派洋匠前来估包。所有盘川等费不过数千金,可由官出。务望切商,勿再耽延,至要。昨接部复,本年用款准由江南筹防局挪用,并达知。

蔡锡勇致张之洞电

光绪二十一年十月二十八日(1895.12.14)

密宥电谨悉。外洋厂包办铁厂,上年白乃富函询比国郭厂,据复以路远不便照料推却。德、英大厂素无来往,电令派匠估包,徒滋骇异,无济于事。似宜有局外人居间游说撮合,事方易成。前有上海某洋行致函梁委员,议包沪局,请饬查此人,令其来鄂商办。或由勇与汉口瑞记、礼和各洋行令居间招徕,许以酬谢;或托许钦差转商德国各大厂。伏候裁示。闻盛道已南来,揆度时势,似包于洋人不如包与华人为宜。谨请察酌。

张之洞致蔡锡勇电

光绪二十一年十一月初四日(1895.12.19)

俭电悉。包办铁厂,先估定官本若干,令商先缴还官本一二百万,再筹活本若干,务令与官余本配搭均匀。将来除厂用经费外,余利官商各半。

固以华商包办为宜,但中华绅商,类多巧滑,若无洋商多家争估比较,定必多方要挟,不肯出价。现已分电许景使及上海瑞生洋行,转询英、德各大厂,派人来鄂看估面议。该道务并托汉口岸洋行分投招徕,许以酬谢,以期早有成议为要。铁厂款项难于持久,务须及早预筹,千万勿延。两江。支。

张之洞致蔡锡勇电

光绪二十一年十一月初五日(1895.12.20)

支电想接到。既包铁厂,则大冶铁山及江夏、大冶、兴国各煤矿均拟一并包与商办。望告各洋行知之为要。两江。歌。

张之洞致蔡锡勇电

光绪二十一年十一月十四日(1895.12.29)

兹有洋商包办铁厂,该道速即来宁面商一切,勿迟。该商议定后,尚须赴鄂厂看视也。

汪洪霆致张之洞电

光绪二十一年十二月初九日(1896.1.23)

马陀偕比领事等,昨日到两厂大略一看,云借公事厅,每日到厂细看。索铁厂机器价目全帐。查此卷帐现在冕斋处,一面函令暂先回局查检。应否给看,候示。余函奉。

陈宝箴①致张之洞电

光绪二十一年十二月十六日(1896.1.30)

衡州、湘潭均有佳煤可炼焦炭,正议开采供铁厂之用,忽闻铁政将与洋商合办,极用怅然。我公此举原为铁路、枪炮及塞漏卮而设,诚中国第一大政,我公生平第一盛业。今需用正急,忽与外人共之,与公初意大不符合。

---

① 陈宝箴(1831—1900):字相真,江西义宁(今修水)人。时任湖南巡抚。

且此端一开,将无事不趋此便宜之路。彼资日增,我力难继,必至喧宾夺主,甚为中国惜之。想公必早见及。或其中尚有屈折,或合办定有年限仍可归还,外不及知。然究不如请借洋款为得。如公苦衷难可共白,箴虽人微言轻,当力陈之。乞示复。

官督商办时期

（1896—1908）

一、汉阳铁厂的招商承办

（一）招商承办的过程

张之洞致李鸿藻[①]函（节录）
光绪二十二年正月（1896.2）

再启者：

铁厂早已告成，采矿、炼炭、熔钢、造轨，一一皆已得法，万目共睹；无如经费久罄，去秋业已奏明，只能支持，勉至年底。廷旨责以招商，数月中，极力招徕，殊无端绪。缘华商力薄，不能任此，而洋商虽有愿者，又恐格于部议，目前万分为难，万分焦灼。因前两年盛道宣怀曾有愿承办铁厂之议，当即与商，令其来鄂一看，以便议办。渠因年来言者指摘太多，东抚复奏不佳，意甚自危。故决计舍去津海关，别图他项事业，遂亦欣然愿办。现正来鄂，周览汉阳铁厂、大冶铁山、马鞍煤井诸处，俟看再作商量。

盖详核铁厂全局，因煤贵炉少，工本太巨，若非广筹资本，添设炉座，多开煤井，必致成本不敷。此事本为炼铁利用，塞漏卮以图自强，原非为牟利起见，无如户部成见已定，不肯发款，诿以招商。而盛道此来与之细谈，渠亦并无如许巨款，大意谓铁若归鄂办，则铁有销路，炼铁之本，可于铁路经费内挹注。正筹议间，适闻有芦汉铁路交王夔帅及敝处督率商办之旨（廷寄尚未奉到，此夔帅电信），渠甚踊跃，谓亦愿招商承办。窃思从前许、韦诸商，断不能独肩此巨款重任（此路总须数千万），此外刘鹗（此人甚荒唐）诸

---

① 李鸿藻（1820—1897）：字兰荪，河北保定人。时任礼部尚书、协办大学士。

人,则恐多是洋商影射,终恐难成,将来考核确实,恐真正华商之款,必不能多,许力所不能及者,则拟即令盛招商成之。盛若令办铁路,则铁厂自必归其承接,如此则铁厂全盘俱活,晚亦从此脱此巨累矣。

　　盛为人极巧滑,去冬因渠事方急,其愿承铁厂意甚坚,近因风波已平,语意又多推宕,幸现有铁路之说以歆动之,不然铁厂仍不肯接也(渠已向所亲言之)。盛之为人,海内皆知之,我公知之,晚亦深知之,特以铁厂一事,户部必不发款,至于今日,罗掘已穷,再无生机,故不得已而与盛议之,非此无从得解脱之法,种种苦衷,谅蒙垂鉴。且铁厂如归盛接办,则厂中将来诸事,大家俱可不挑剔,此当早在明察之中矣。先布大略,容再续陈,晚谨又启。

张之洞致王文韶①电

光绪二十二年三月二十六日(1896.5.8)

　　十二日寄谕已到。原折注意华商承办,不得以洋商入股。试想粤商四起,各称集股千万,岂华商具此大力耶? 有银行具保者,岂外国银行肯保华商千万巨款耶? 吕庆麟粘有银行保单,其为银行招洋股无疑,刘鹗无银行作保,其为不正派之洋人招揽洋股无疑。朝廷欲令详加体察,似亦略见及此。又谓许应锵等分办地段,准其自行承认,毋稍掣肘,若又信其数千万皆属华股。总之,事既责成直鄂,必当遵旨,不令洋商入股,以绝无穷后患。关系太巨,万不敢稍有含糊。弟与盛道熟商,官款难拨,而注意商办;洋股不准,而注意华商。华商无此大力,无此远识。如轮船、电报初招商股甚难,及见成效,股票原本一百两者,群起数十两争购其票,以此类推。路未成华股必少,路既成华股必多。窃思利害,莫如仰承意旨,先举商务总办设立芦汉铁路招商总局,由商筹借洋债,先行举办。奏明即以芦汉铁路作保,分作二三十年归还,路成招到华股,分还洋债,收到车费抵付洋息。厘订官督商办章程,虽借资洋款、雇用洋匠,权利仍在中国,不致喧宾夺主。否则

---

①　王文韶(1830—1908):字夔石,浙江仁和(今杭州)人。时任直隶总督兼充北洋大臣。

终属空谈，坐延岁月，必不能刻期而成。阁下通达时务，谅有同心，但不揭破粤商认股影射之弊，政府之误信莫解，办事之良策难进。原奏将许应锵、武等发交任用，刘鹗、吕庆麟交查。自应电请督办军务处迅速饬令诸人即行赴鄂，由鄂赴津。公与弟会同考察，面询实在股份是否悉属华商，如何承认，分辨自能水落石出，揭破之后，再行会奏真实办法，附拟电稿，即请核定，如无更动，即请由津径发。如有改正之处，示复商妥后仍由尊处发。尊意不分南北通力合作，鄙见但求速成，无分畛域，可谓两心相印。昨招盛道来鄂商办铁厂，连日与议芦汉铁路事，极为透澈。环顾四方，官不通商情，商不顾大局，或知洋务而不明中国政体，或易为洋人所欺，或任事锐而鲜阅历，或敢为欺谩，但图包揽而不能践言，皆不足任此事。该道无此六病，若令随同我两人总理此局，承上注下，可联南北，可联中外，可联官商。拟俟许、武等到后查出实情，即行会奏，一面饬令该道由津禀承尊指入都面谒军务处。凡奏中所不及者，可详细商酌，俾免隔阂，庶可速成。此系预筹大概，尊意然否，祈先密示。洞。宥一。

盛宣怀：招商章程八条
光绪二十二年三月（1896.5）

窃维为政之道，虽守成易于开创，而理财大要，非慎始无以图终。职道学仕未成，旁及商务，荷蒙不弃，采及葑菲，以宪台创办汉阳铁政局，饬令招商承接，遵于三月十八日偕同总办蔡道先到汉阳铁厂，凡出生铁、熟铁、炼钢，均一一亲见，规制井井，体物赅备。仰见宪台擘划运用之苦心，匪伊朝夕。次日至大冶周履山巅，铁苗极旺。又次日至马鞍山，惜马鞍煤矿出产，不足供一厂之用；并接见德培诸洋匠，详访周谘。通筹全局，就职道愚见，拟请分次第办法，先支持而后开拓。生意之道，不外乎谋销路。侧闻军务处招商开办芦汉总铁路，应需钢轨，价值数千万，此诚绝大机会。宜先奏请转饬该商，如果承办此路，必得用本厂钢轨。本宪台原奏之意，以保中国自有之利。如荷允旨，即责令与本厂订立合同。所有本厂应需焦炭，不拘如何设法筹本采办，漏夜专造铁轨，以应该铁路之用。有此销路，犹之当日招商局之承运漕粮,先得应有之利益,然后徐图开拓。开拓之法,必须先寻煤矿,不独本省诸山,即豫、皖、江南沿江诸山,亦应延请最有名望之矿师,裹粮深入。愚以为中国之大,造物之仁,既有铁山,应有煤矿。果能得有生生不已之佳煤,出铁必旺;出铁旺,则销路愈推愈广。上而造船制械,下而锅镀钉针,无不取资于此,实为利国利民之首务。兹事体大任重,以宪台之精心果力经营数年,几于寝食皆忘。谫陋如职道,如果冒昧从事,颠覆可知。惟念受知有素,又荷殷殷垂询,敢不略竭愚忱,以备采择。谨拟招商章程八条,伏候钧裁。谨略计开:

一、请官为保护。查开办矿务与寻常商务不同,无论煤铁礐灰诸石,皆取之于山,动与乡民交涉。铁政局虽系已成之局,一经招商,地方营汛,难免歧视。应请通饬地方文武,照旧保护。接办后,即须派洋矿师亲赴各山采访煤矿,穷乡僻壤,一见洋人,即易滋事。非地方营汛尽力保护,视商办与官办无异,鲜不枝节丛生。拟请遇有膜视之处,准商局具禀督宪照例参撤。

一、请招集商股。查泰西各国,凡重大商务,多集公司,纠资于众。兹蒙督宪招商承办,拟请先集资本一百万,每股百两,计一万股,周年官利□厘,以招满百万为度。

一、请开采煤矿。查大冶铁苗虽旺,无论钢铁,非焦炭不成。督宪创办数年,全力经营,尚无取之不尽之煤矿。商办后,必须延请矿师,四路寻采,本省诸山,固须一一履勘,即上至湖南,下沿豫皖江南沿江一带诸山,应请奏明准其开采,以成利国利民之大政。

一、请筹定销路。查商务经营,首贵输转。铁之为用固广,当此朝廷创设芦汉干路,无论官办商办,应请奏明专用汉阳铁厂所出之钢轨。不独保中国自有之利权,亦与督宪原议创办干路、开设铁政之初奏相符。至铁轨价值亦当责成商厂,核计成本,格外克己,不得因奏定居奇,致铁路公司有所借口。

一、请核计成本。查铁厂自购地建厂,并全厂生熟铁钢各炉机器,以及大冶火车、铁道、机器厂,又马鞍山厂屋、挂线路、焦炭炉,又本厂所置拖轮各驳船、江船、码头、铁路,皆系官局成本,应请饬局查照原购价值,分别门类,开具详细清册。并将存积在厂之材料,估计价目,发商承领,即作为官厂成本,俾各商知官帑数目,有所考核。

一、请酌予年限。查铁政本应官办,兹由官招商,原为经久之计,但官办尚无把握,商办亦成效难期。惟商人将本图利,万一得有佳煤,出产日多,销路日广,其时觊觎者众,难保不有以公款亏耗于前,商利坐获于后,危言耸听,群起而攻。应请奏明,如果商办获利,十年以内不得改章,以免观望。

一、请悉照商章。查贸易之道,首在用人,兹蒙改招商办,所有全厂各执事,均由商人选任朴实耐劳之人。如招商、电报各局,虽动与官场交涉,有督办、总办、提调诸名色,而局中章程,一皆商号排场,绝无官气,更无挂名干俸等事。应请准照办理,以杜虚靡而保商本。

一、请明定税章。查中西通例,凡进口一税,转口再完子税,厘金概免。钢铁为中国创办之大政,非减轻成本,无以敌洋产,即不能收应有之利权。应请奏明所有汉阳铁厂运出之钢铁,即于江汉关报完一正税,运至上海。如再转口,再完子税,沿途无论何省,厘金一概邀免,即由本厂刊发运照,呈验放行。

总银钱所:专司银钱总帐兼稽察全厂收发,并考查各所旬报、月表诸务,并采办各项应用材料。

支应所:专管华洋薪水、工食;常工、短工、脚价、铁车、轮驳等船辛工饭食以及起驳等力。经用数目按旬报明总银钱所稽考。

煤炭所:专管本厂生、熟、钢炉应用煤炭及核收各路煤炭,并多用熟谙煤质、考究等第之人。随时收发,仍按旬报明总银钱所稽考。

钢铁所:专管逐日所出钢铁,磅定准数,即送储转运所,取具收单送总银钱所稽考,仍按旬缮表分报各处。

翻译所:专与各炉洋人交涉本厂工作,并考究矿师、矿煤等事。

监工所:专管生铁、熟铁、钢炉常工及添雇小工,并照料炉顶、炉口工作等事。

材料所:专管本厂各炉厂备用各种砂、泥、木等料。又机器应用仔油荤素油等等,兼管砖厂出数收发。

案牍所:专管文牍、号信,并造办月报、年报。

转运所:专管栈房钢铁各料收发,按旬报明总银钱所。

砖石所:专管收发铁石、锰石、灰石等料。

工程所:专管翻砂厂、打铁厂、木厂及各炉修整,并铁路、火车、轮驳船修舰诸事。

巡查所:专管本厂巡丁昼夜梭巡,并弹压闲杂游人诸事。

以上妄拟十二门,以备采择。

张之洞札盛宣怀文

光绪二十二年四月初二日(1896.5.14)

为札委事。

照得湖北汉阳铁厂,本部堂经营有年,各种铁炉、钢炉、煤井早经次第告成,冶炼各件均能精好如式,此乃造轨铸械之根源,洵为自强要务。惟经费浩繁,前曾钦奉谕旨,饬令招商承办,于上年九月内具奏"铁厂另筹办法折"内奏明在案。

兹查有总办招商局直隶津海关道盛道,才猷宏达,综核精详,于中国商务工程制造各事宜均极熟习,经理商局多年,著有成效。因该道从前曾有承办铁厂原议,适因请假在沪,现经电调来鄂面商,并亲往铁厂铁山运道等处羊细查勘,议定湖北铁厂即归该道招集商股,官督商办。应即饬委该道督办湖北铁厂事务,所有厂内厂外凡关涉铁厂之铁山、煤矿、运道、码头、轮剥各船,以及应用委员司事、华洋工匠人等,应如何派司职事,及应办一切事宜,机炉应否添设,款项如何筹措,均由该道一手经理,督饬商董,酌量妥办。但随时择要禀报本部堂查考。务速体察情形,筹划尽善,酌议章程,截清旧款,限数日内禀候本部堂核定后,即行接办。该道仍俟接办后再行回沪。

惟煤铁开采转运等事,处处皆与地方关涉;铁厂现归该道督办,至武昌省城铁政局仍未便裁撤,且有清理款目事件,应仍旧归原派司道总办。该道接办后,遇有关涉地方之件,亦须咨会铁政局知照,以便量为协助。除具奏并分行外,合呕札委该道,即便遵照上项札行事理,督办湖北铁厂,迅速招商承办,妥为经理,以副委任。是为至要。

盛宣怀呈张之洞禀

光绪二十二年四月十一日(1896.5.23)①

敬禀者:

接奉宪札,内开:湖北铁厂即归该道招集商股,官督商办,应即饬委该道督办湖北铁厂事务。务速体察情形,筹划尽善,酌议章程,截清用款,限数日内禀候核定后,即行接办等因,奉此。伏查大冶铁矿,光绪三年职道督率英国矿师所勘得,风气未开,无力筹办。逮光绪十五年,宪台建议芦汉铁路,职道条陈就鄂铁造轨,毋庸购买洋铁,可塞造路漏卮;蒙醇贤亲王发交宪台核议办理。此固天欲以自强大任待宪台而始发也。光绪十八年以后,屡蒙函电谕商。官倡其始,商守其成,饬议招商办法。此次奉差到沪,蒙宪台电令来鄂面商,并饬亲赴铁厂、铁山等处详细查勘;仰见规模闳远,创造艰难,断非始愿所能企及,亦非驽钝所能参预。奉札后,徘徊中夜,毫无成算。迭经面求收回檄命,另委贤能。面谕谆谆,催令接办后再行回沪;闻命之下,弥切感惶。

当即详查铁厂实在情形。洋总管德培、洋矿师马克斯、化铁总管卢柏均称马鞍山煤质磺多灰多,取制焦炭不宜熔炼,是以先开一炉,屡作屡辍,借资开平头等焦炭,运到每吨需银十三两。加以铁锰灰石均由大冶运来,每吨需银数两;加以辛工用项,炼成生铁,每吨不过值银二十两左右,无不亏本;熟铁钢件皆由生铁转造,更无不亏本。又向铁政局开查支款,每月局用约需银七万余两,其中购煤之价只有一万数千两。如生铁两炉全开,月需焦炭三千六七百吨,开平、萍乡煤兼用,煤价即需银四五万两,尚须添购各项机器;而洋人三十六名,可删者合同未满,必应用者尚须添雇,每月薪

---

① 此时间系根据内容判定。

水一万余两,有增无减。所出钢铁,亦无畅销之路,是以开炼以来,售出生铁元多。现据德培、卢柏函称:合用焦炭仅共十余日所需,又须停炉待炭。此办理为难之情形,固不能责效于前人也。

复查大冶铁山,用之无穷,运道已经造成,必须在长江一带赶紧觅求上等煤矿。俟得煤矿,添筹商本,再就大冶添设生铁炉两座,方能保本,渐图利益。此将来推广办法也。所最难者,目前煤矿难期必得,而熔铁必须借资开平及萍乡、日本各处焦炭,每吨通扯需银十数两;且恐转运不及,断续堪虞。闻外洋焦炭至多不过银六两。加以洋匠辛工之贵,倍于外洋,所炼钢铁难与洋货争销。官本数百万业已用罄,华商魄力甚微,现拟筹集商本一百万两,除去添购机器,不过支撑数月。幸闻宪台奉办芦汉铁路之命,从前开厂炼铁,原为自造钢轨,以免巨款外溢,醇贤亲王曾有"先轨后械"之谕,意甚深远。近来国计民生俱为外洋漏卮所困,岂堪再以数千万造轨之资,浪掷于外洋?自应查照原议,所有铁路需用钢轨各件,均责成湖北铁厂按照极新西法自行制造,核计实在工本,每吨需价若干,其未得煤矿以前,轨价每吨恐须增贵数两;为大局起见,亦应通融存记。将来长江续开煤矿,大冶添设化铁炉,华匠习练可以做工,钢价必能比较外洋更贱,自当如数补还路局,挈长补短,总不使华轨昂于洋轨,此目前支持之办法也。

总之,非支持不能推广,非推广不能持久,实一定不移之理。惟中国办事最易纷歧,万一铁路所用钢轨等件仍欲取材于外洋,使华铁销路阻塞,商局何能挽回?届时应请准其停工,发还华商资本,仍归官办。此华商与职道坚明订约,职道所不能失信于华商者也。

职道从前创设电报,整顿轮船,规复布局,扩充纱厂,无不备极艰辛;及睹成效,无不横生疑谤,以为商务之利权专属也。目前铁厂,人人视为畏途;将来万一经理得手,商人竟获转圜,又将人人视为利薮,方谓职道招揽事权,大人轻忽委任,虽百喙亦难置辩。况此次以直隶道员越省代筹,且欲越省遥制,在职道因恐铁厂属于洋人,有碍国家自强大局,有负宪台经始宏谟,不得已,不避嫌怨,冒险承接。在局外又以为职道愿舍关缺,来膺铁厂,以小人之私见,度君子之公心,一人毁誉何足惜,其如大局何?现在华商未见章程,股本尚多观望,钢轨未订合同,销路尚无把握,则目前需用商本一百万两,将来应缴官本一百万两,均属悬虚。生平办事脚踏实地,必须俟议定章程,恭候核奏。职道一面回沪招齐商股,并赴天津与开平矿局妥议运煤章法,限三个月内来鄂接办,以期妥实。所有遵议招商章程,谨呈清折一扣,是否有当,伏乞札发铁政局司道核议,批示祗遵。

盛宣怀致德培①函

光绪二十二年四月十四日(1896.5.26)

径启者:

本道现奉湖广督部堂奏明督办湖北铁厂以及煤铁各矿,兹于四月十一日到厂任事,合行函致执事,查照可也。此候

刻佳

(第一号)

盛宣怀:招集湖北铁厂股东公告

光绪二十二年五月初一日(1896.6.11)

为咨行事。

照得本督办于光绪二十二年四月初三日奉湖广督部堂张奉派督办湖北铁厂,悉照轮船、电报各公司章程,遵饬招集商股,于四月十一日到厂,即作为商人接办之日。所有大冶铁山、铁路,大冶、江夏煤□,汉阳铁厂生铁炉、熟铁炉、贝色麻、西门士、〈马〉丁炼钢炉以及铁货厂、钢轨厂、制造机器六厂,皆系官本所置,全行付交商局接收。以前官局用款,截至商局承接之日为止,均归官局清理报销。议定每出生铁一吨,提银一两,缴还官本,所出煤铁全免税厘;以后由本道一手筹集股份,商本商办。除每吨提银一两抵还官本之外,其有余利,悉以归商。一俟官本提清,全局矿山、炉座、机器、铁路俱为商人产业。似此官费数百万巨帑,力创其难,商仅筹股本二百

---

① 德培(C. Toppe,生卒年不详):德国人。时任汉阳铁厂总工程师。

万两,便承其已成之业,凡此皆系国家欲创自强之基,存藏富于商之意,但求推广□产,以塞漏卮,不欲自己商民争利,故处处体恤华商为心。本道兼斯巨任,无非仰体时艰,断不□以大利所在,攘为己有。是以禀请大部奏明,援照公司章程,招集商股二百万两,每股二百两,先收一百两,自入本之日起,按年提息八厘,余利一年一派。此为本厂老商。以后如需推广添炉,再行续收一百两。援照盐务章程,有老票者方准给新票,以示优待老商之意。

查大冶铁山系光绪二年本道督率英国头等矿师郭师敦所勘得;光绪十五年经湖广督部堂张奏请开办。德、法、美、比、日本各国矿师至其地莫不争履,盖其矿石化验,每百分实有铁质六十余分,所炼各钢可柔可韧。其矿山绵亘数十里,足敷数百年开挖,实为欧、亚洲所罕见。近来试炼贝色麻钢,以造钢轨钢垫,足抵西洋上等钢轨;并炼西门士马丁钢,以造快枪快炮,足抵西洋新式枪炮。现在奏准开造吴淞上海至苏州铁路、汉口至北京铁路所用钢轨,俱向本厂定造,并奏准湖北枪炮厂、上海、江宁、天津、福州各制造局需用钢铁俱向本厂订买,销路不为不畅。本督办用人理财一秉至公,仍照前办轮船、电报、纺织各局,俱用公正商董分任办事,精敏洋匠董其工程,屏除官场习气,援照西法以兴商务,不惮辛劳,通筹全局。目前拟就汉阳总厂已成之生铁炉两座,每日可出生铁一百二十吨,先尽制造钢轨,每日三里,其余则炼熟铁货、西门钢,以应销路。焦炭则定购开平每月一千二百吨,萍乡每月一千吨,郴州每月六百吨,汉阳马鞍山自造一千数百吨,以供目前之需。照德国洋监工德培单开,每年约可得余利二十八万两。此目前筹办之情形也。

现派矿师勘查宿松、宁乡两处煤矿,皆属佳煤,与大冶一水可通。俟此矿开成,即拟在大冶江边另添生铁炉数座,就近化铁,以省运费。而以汉阳为制造厂,以造钢轨,以造各种机器。似此可收无穷之利益,本轻利重,源远流长,将万倍于轮船、电报之利,此将来推广之情形也。

本督办不惜十年心血,弃海关道而不为,承此艰巨,无非上为朝廷立富强之本,下为华商开利益之源,将天下之利公之天下,不肯为外人所攘,亦不为私家所专。凡我中国仕宦商贾,如有以本督办之言为不虚者,即将股银限一月内送至各省招商局、电报局代收,即由该局书明股商记号,先发印股,再由各局将银汇至湖北铁厂掣换股票息折。惟股份仅收一万股,每股先收一百两。各省函来愿附者纷纷,本督办只能收足一万股即行截止,迟到者必致向隅,切勿再如轮船、电报于股价既长之后,局外诸人不得其股引为憾事,混造谣言,谓轮、电各股票皆为本督办一人所得。本督办言之在先,不甘任此怨言也。用先广为布告,祈鉴察焉。

督办湖北铁厂头品顶戴正任津海关道　盛宣怀

张之洞札文

光绪二十二年五月十四日(1896.6.24)

为札饬事。

据湖北藩臬两司、铁政局司道会详称:奉札开,汉阳铁厂前经奏明遵旨招商承办,并札饬直隶津海关道盛道督办,招商集股,酌议章程,禀候核定。兹据盛道拟议章程,大致均属妥协,饬即会同核议,刻日详复,以凭奏咨办理各等因,奉此。伏查汉阳铁厂自十六年开办起,凡勘矿、开窿、购机、建厂,千头万绪,任巨时艰。经费厂工有初不及综计者,亦洋匠矿师有所不能逆料者。盖非常之功,经始之业,工作极其精密,不能尽无增改;机器极其繁多,必得相资为用。他如各处勘矿寻苗,有试办未见成效中止者,有窒碍难行停办者,历年支销之款,积少成多;又兼英镑价涨,较开办之时几增一倍,凡外洋订购机件,支发洋匠薪工等,暗中亏耗,遂成巨款,是以经费屡增屡绌。迨各厂落成之后,规模大备,冶炼生熟各铁,拉成各式钢料钢轨。铁料分寄各省官局商号试验行销,均属精好适用。现值筹办铁路,制造钢轨需料甚多,工作正殷,而经费支绌,用项浩繁,自不得不藉商力,以期众擎易举。

查盛道经理商务有年,历著成效。此次奉饬督办铁厂事宜,拟议章程,如划清官局用款,拟自路局订购钢轨之日为始,每出生铁一吨,提银一两,按年计数呈缴,以还官局用本,并先行预提银一百万两,以应官局尤为紧急之欠款。在宪台恤商利民,事事宽假,以保中国利权,该商人等当不存观望之心。将来两炉齐开,添购各种机器,并就大冶添造生铁炉数座,拟请准在湖南、江西、安徽、江苏四省沿江沿河之处,随时禀明派员勘寻开采相宜之矿,此皆为铁政急切之要图,中国富强之至计。铁厂炼出钢轨钢料,自开煤矿为本厂之用,拟请奏明免税十年,届时察看本厂,如有优利足可抵制洋铁,再行征税,系欲轻成本,抵制外洋,杜塞漏卮起见。他如铁厂员董,三年后办有成效,应准分别劳绩,择优酌保数员,以示鼓励。两厂筑成土围,派拨防勇工作;及汉阳、大冶、马鞍山三处厂局照旧派营藉资弹压各节,亦请照准。其余用人理财各条,均属妥协。

惟查由商局不拘华商洋商,随时息借以应急需一节:但恐洋商藉口以铁厂作保,恐不免暗受牵制,盛道当亦预防及之。其造砖机器,当日原因枪炮架弹各厂需用尤多,便于取土,故于枪炮厂择地建设;应请仍归枪炮局经管。如铁厂需砖,自应照实用工本代烧,不取余利,以示公允。本司职道等会同商酌,尚有枪炮厂需用钢铁料,及公共码头道路铁厂堤工各事,另拟八条,开折附呈,应请饬令添入章程条内,用昭信守。理合详请察核,批示祗遵。等情到本部堂。

据此,除批"据详及所拟章程八条,均属妥协,应准照办,业经札饬盛道添入前定章程条内,仰即移行遵照,此照"等因印发外,合就札行该道,即便遵照,将所拟章程八条添入前定章程条内具报。

计开:

一、枪炮厂制造需料甚殷,铁厂自应随时供用,但算工料原价,不另计利。

一、上下厂码头道路均与枪炮厂公用。

一、铁厂限界至钢轨厂尾木棚为止,此外俱归枪炮厂界。

一、铁厂占地居多,所有堤工岁修经费,铁厂应拟七成,枪炮厂应拟三成。至大修经费,关系地方,应归湖北善后局办理。

一、堤外官地应收民房地租,应提归公,以为汉阳地课及津贴修堤之用。

一、枪炮厂洋匠住房一所,平房两间,仍前留出,以为将来枪炮厂洋匠住处。

一、薛姓营学生被火车压断胫骨,因公受伤,虽经医愈,已成残废,先经订明月给十金,以资养赡,应仍旧给发。

一、湘鄂宾馆系善后局款购买,为建彭、阳二公祠而设,不在铁厂之内。铁厂如愿购用租用此馆,应由铁厂自向善后局议办。

张之洞奏折

光绪二十二年五月十六日(1896.6.26)

奏为湖北铁厂经费难筹,遵旨招商承办,议定章程,以维大局而计久远事。

窃惟湖北铁厂兼采矿、炼铁、开煤三大端,创地球东半面未有之局,为中国造轨制械永杜漏卮之根。开办以来,巨细万端,而皆非经见,事机屡变,而意计难周,经营积年,心力交困。今厂工早已次第告成,各种铁炉、钢炉,冶炼钢铁,制造轨械,均能精美合用。以至铁山、煤井一切机器、运道,皆已灿然大备。惟是经费难筹,销场未广,支持愈久,用款愈多。当此度支竭蹶,不敢为再请于司农之举,亦更无罗掘于外省之方。再四熟筹,惟有钦遵上年六月十二日谕旨,招商承办之一策。

方今滇、藏、粤、桂、新疆、东三省之外,英、法、俄铁路相逼而来,中国干路已成欲罢不能之势。洋商早见及此,知中国开办铁路需用钢铁必多,就地取材,获利必厚,自上年秋冬以来,则有英之陶秘深、柯第仁、贺士当,法之戴马陀等,皆外洋钢铁大厂之经理人,前后来商,自愿以银五百万两附股合办,先缴一百万,另附股四百万,加增炉座机器,添开煤井,大举采炼;得利官商均分。盖深知东部洲风气渐开,需用钢铁必多,不仅中国一处而已。而汉阳一厂,经营最先,收效必早,非有真知灼见,孰肯以巨款合办?臣惟今日五洲风会,路械船机无往非铁。西人于炼铁一厂,视为至重至大之事,铁之兴废,国之强弱,贫富系焉。大冶铁矿之旺,甲于天下,实足取用不穷。惟冶铁炼钢,非煤不济;欲添炉座,必添煤井。湖北境内产煤之区,历经试验,灰多磺重,堪作焦炭者甚鲜。即江夏马鞍山自开之煤井,虽可炼焦炭,亦以磺气稍重,必须搀合湘煤,或搭用开平焦炭,方能炼成焦煤。开平之炭,道远价昂,不可久恃;将来必于湘省及沿江各省择地方开煤井数处,方能添炉多炼。洋商力厚气壮,慨然担任,力言此事甚不为难;且外国公使、领事皆屡来婉切询商,坚欲承揽。惟矿务为中国自有之利源,断不能与外人共之。洋商合办之议,不得不作罢论。而华商力微识近,大都望而却步。从前会招粤商,迄无成议。盖煤铁并举,局势艰难,事理精深,工作险苦。煤矿未可必得,利钝即难逆睹,无怪其视为畏途也。

伏查大冶铁矿,从前本系直隶津海关道盛宣怀督率英国矿师所勘得;就鄂设厂,炼铁造轨之议又自该道发之;且曾续有承办原议。该道才猷宏达,综核精详,于中国商务、工程、制造各事宜均极熟习;经理招商局多年,著有成效,久为华商所信服。适因奉差在沪,经臣电调来鄂,劝令力任其难,檄饬将湖北铁厂归该道招集商股,一手经理,督商妥办。并即督饬司道与盛宣怀酌议章程,截清用款。其大指以嗣后需用厂本,无论多少,悉归商筹。从前用去官本数百万,概由商局承认,陆续分年抽还。惟限期须从宽缓。大率以纾民力、扶官厂为主脑。以中国兴造铁路,必须路厂一气,轨由厂造为要义。俟铁路公司向汉阳厂订购钢轨之日起,即按厂中每出生铁一吨,抽银一两,即将官本数百万抽足还清,以后仍行永远按吨照抽,以为该商局报效之款。该道力顾大局,已于四月十一日将汉阳厂内厂外各种炉座、机器、房屋、地基、存储煤铁物各件,以及凡关涉铁厂之铁山、煤矿、运道、码头、轮剥各船,一律接收。自四月初十日以前,铁厂历年各项用款,共约计银五百数十万两,除历次奏拨外,不敷之款,均系查照奏案,在枪炮局经费及布局息借之款项下移拨应用,并有积欠洋厂华厂及各商号之款,此时因所欠华洋各厂物料价值,及湘煤厂价运费,与夫洋匠薪费,铁厂、铁山、运道、煤井各处工匠员司薪费,以及存厂钢铁煤炭物料价值,兹正在官商交接之际,一时数目未能截清;兼其中多有与枪炮局牵搭分认之款。俟将各件点清,核明截数后,即当将确数行知商局立案。业经与商局议明,无论将来尾数若干,商局均允认还,并续行咨部立案,一面督饬铁政局司道分款详细造报。

　　溯查福建船政及津沪制造局，开办经费各数百万两，皆无收回之日。铁厂改归商办，用过官款，但期铁路开办，即可按日计吨，常川提缴。现已议定，俟寻获佳煤矿后，除汉阳厂两炉齐开外，必须在大冶之石灰窑一带添设新式生铁大炉四座，计每一炉日出生铁六七十吨；六炉共日出四百余吨，每年可出生铁约十余万吨；即每年可缴官款约十余万两。岁月虽宽，涓滴有著，从前所费数百万不致虚糜；而从此风气日开，造船、造械、造一切机器，次第推广，相率效法，中华开富强之宏规，国家收永远之报效，此则谊正道明之后而功利始见，庶几微臣可藉宽疚责者已。

　　抑臣更有请者。铁厂一事固在资本之足，熔炼之精，而利益转输，尤在销路之广。目前中国制造之艺尚未能各辟畦径，日出新机。农工器具，土铁足用，制造官局，岁购不多，综计用铁大宗，无如路轨。鄂厂采炼，本专为在中国铁路极大漏卮而设。比将厂造贝色麻钢轨寄交督办津芦铁路胡燏棻，督饬洋人施德林分验，据称碳锰停匀，磷硫分数最少，出产本佳；提炼加净，钢质益纯，施之抵压牵扭诸器，无往不宜。是路轨、船械种种合用，验有明征。中国苦心孤诣，炼成钢铁，不异洋产。万一各省办事人员，以意见为好恶，仍舍其自有而求诸外人，则自强之本意既大相刺谬，厂商之力量亦必不能支。此次华商承办铁厂，臣与盛宣怀坚明要约，以芦汉路轨必归鄂厂定造为断。并恳天恩饬下南北洋大臣、直省各督抚，嗣后凡有官办钢铁料件，一律向鄂厂定购，不得再购外洋之物。盖铁务为将来之大利，而目前数年内承办商人，必先垫不赀之巨本，必使商局有可恃之销路，方能招集众股，筹垫巨款，以待铁利之兴。至中国创开铁厂，专为保守自有利权起见，然非轻其成本，不能与外洋钢铁争衡。故外洋于自产钢铁，运销无不免税，以杜他国钢铁进口分夺本国之利。查中国仿照西法，炼成各种钢铁料件，运售各口，为从前官税之所无。至商厂需用煤斤，系为多炼钢铁出售，逐渐收回官本。所有湖北铁厂自造钢轨，及所出各种钢铁料，并在本省外省自开煤矿，为本厂炼铁炼钢之用；该厂中有官本巨款，与他项商业不同。应请酌照广西丝绸、烟台果酒、江西洋式瓷器，免抽税厘数年成案，量为从优，仰恳天恩敕部免税十年；届时察看本厂如有优利，足可抵制洋铁，再行征税。

总之，西法于利国利民之商务，国家必力为保护，使本国商人得自主其权利。臣深惟斯义，不敢不豫陈于圣主之前。仍当督饬该厂，考求采炼，精益求精，以给天下之用，而挽外溢之利；斯区区谋国之微忱，所不敢不勉者也。仅将商局承办湖北铁厂酌议章程，恭呈御览。计开：

一、湖北铁厂，遵奉谕旨招商承办。现蒙饬委招集商股，官督商办，自应遵照原奏。官局用款及各项欠款，截至商局承接之日为止，以前用款及各项欠款，均归官局清理报销；以后收支各款，均归商局筹办，以清界限。

一、汉阳铁厂，大冶铁矿、锰矿，兴国锰矿，李士墩、马鞍山煤矿，以及厂内厂外凡关涉铁厂之铁山、煤矿、炼钢炼铁制造修理烧焦各炉座、各机器、轮车路、挂线路、运道、马路、轮剥各船、房屋地基，以及存积在厂之钢铁煤炭材料什物各项，皆系官局成本，均于承接之日，由官局交付商局，逐项接收，造册呈报。即以交付实在各项，为接收官局成本根据，俾各商咸知官局成本数目，有所考核。

一、铁厂既归商办，自应招集商股，以固根本。惟目前承接之始，诸事尚无把握。华商欲速见效，未免观望。现拟先招商股银一百万两，仍以一百两为一股。自入本之日起，第一年至第四年按年提息八厘，第五年起提息一分。此为本厂老商，必须永远格外优待。办无成效，额息必不短欠；办有成效，余利加倍多派；嗣后气局丰盛，股票增价，其时推广加股，必先尽老商承认，有旧票呈验，方准其纳入新股，以示鼓励旧商而杜新商趋巧之习。

一、官局截至商局接办日止，所有用款欠款，据官局折开，约计总数五百数十万两；其尾数确数若干，俟截清后再行知照商局，另由官局拨付。商局备还官局已定机器，及耶松购物各欠款银十五万两。非常之局，创办之费本难逆料。内有试开各处烟煤矿，中止停废，以及试办煤厂七年常年经费，积少成多，皆如船政及津沪各制造厂所用之款，无可交代者也。今蒙湖广总督体念华商气馁力薄，铁厂事艰任巨，商办之后，筹措支撑已属万分竭蹶，深恐难于接济，至以前官局用款欠款，商力急切难筹，惟有宽其岁时，免权子母，收得一分，补偿一分，参酌商情局势，总以筹销钢轨为补救要计。拟自路局购办钢轨之日为始，所出生铁售出，每吨提银一两，按年核计，共出生铁若干，共应银若干，汇数呈缴，以还官局用本。其煤与熟铁钢件，应免再提。俟官用还清之后，每吨仍提捐银一两，以伸报效。地税均纳在内，并无另外捐款。

一、官局用款，已定炼出生铁每吨提银一两，陆续归缴。如果铁厂铁路一气呵成，所用钢轨各料悉归鄂厂购办，毫无隔阂，则出铁每吨提银一两，自有把握。届时拟请札饬路局铁厂，在于预付轨价之内，分作两次先行提银一百万两，尽先归还急需之官本。此一百万两即在造轨之后应提每吨银一两内扣抵。俟预付银一百万两扣清之后，每吨一两再行按年汇缴。如路轨不能一气，则铁厂危殆可立而待。每吨一两既不能提，自无所谓预付矣。

一、铁厂必须宽筹销路。中国现尚不能成铁舰，不惯用铁屋，不知造机器；民间农具爨器，土铁足敷所用，销铁之处无多。从前立厂本意专为造轨制械而设。本省枪炮厂、各省制造厂所需钢铁，自应悉向鄂厂定购，然亦每年所用无多。现今议造各省铁路，所需钢轨及应用钢铁料件，系属大宗。拟请奏明无论官办商办，必要专向湖北铁厂随时定购。约计两炉出铁，每日夜可炼成钢轨三四华里，每年约可成轨千里。所制之轨，与外洋顶好之轨相同，可派铁路洋员试验压力，自有定评。此为塞漏卮、兴铁厂第一要端。司铁路者，当无不公忠体国，悉用鄂厂钢铁，虽造路数万里，除雇洋匠辛工外，所费皆在国中，藉使鄂厂立定脚、不歇手，创办之用款数百万，可期逐渐有著，何乐不为？惟目前远运焦炭，多用洋匠，恐钢价比较外洋每吨略贵数两，当为存记。将来长江续开煤矿，大冶添设化铁炉，华匠习练可用，钢价必能比较外洋更贱，自当如数补还路局。絜长补短，通筹合算，总不使中国轨价昂于外国。万一路局秦越相视铁厂，则必大开漏卮，华铁销路阻塞，断难支持，与设铁厂之本意相背，关系国计甚大。商人无力挽回，应请准其停工，发还商本，或仍归官办，或即奏请停止，官款亦即停缴，以免赔累。

一、大冶铁矿各种钢铁可炼，取之不竭。所惜马鞍山煤矿直层不能多取，磺重不合化炼，必须派矿师在长江一带另寻上等煤矿，俾与铁厂相为配合。鄂厂利钝之源，在此一著。应请奏明，如湖北本省无相宜之煤矿，准在湖南、江西、安徽、江苏四省沿江沿河之处,随时禀明派员勘寻开采,以成利国利民之大政。

一、中国费巨款开铁厂,专为保守自有利权起见。然欲与外洋钢铁争衡,非轻成本不能抵制。故欧洲于自产钢铁,运销无不免税,以杜他国钢铁进口分夺本国之利。所有湖北铁厂自造钢轨,及所出各种钢铁料,并在本省或外省自开煤矿,为本厂炼铁炼钢之用,应请奏明免税十年,届时察看本厂如有优利足可抵制洋铁,再行征税。

一、铁厂目前支持局面,必须将化铁炉两座齐开,添购各项机器,将来推广必须另开大煤矿一处,并就大冶添造生铁炉数座,方能大举保本获利,否则万无转圜之法。现在公款难筹,自应续招商股二三百万两。如一时商股不及,应请准由商局不拘华商洋商,随时息借,以应急需,即以铁厂作保,商借商还。庶可及早推广,商本不致断缺,而从前官本亦不致毫无著落。

一、铁厂奉委商办之后,用人理财,筹划布置,机炉应否添设,款项如何筹措,委员司事华洋工匠人等如何撤留,及应办一切事宜,悉照轮船、电报各公司章程,遵照湖广总督札饬,均由督办一手经理,酌量妥办,但随时择要禀报湖广总督查考。

一、汉阳总厂拟派总办一员,联络上下官商之情,稽查华洋员匠之弊。并派总董三员,一司银钱,一司制造,一司收发;其余各执事均择要选派。大冶铁矿、马鞍山煤矿各派一员一董,互相钤制。悉除官场习气,皆须切实保人,其紧要之缺派定后,仍随时详报。三年后如有成效,应请准照漠河金矿之例,分别异常寻常劳绩,择尤酌保数员,以示鼓励。如有查出重咎,有职者详参降革,无职者送官惩治,庶几赏罚惟明。

一、铁厂收支银钱、采炼钢铁、出售货物,查照轮船商局章程,按月由驻局总办将清帐送与督办查核,按年由督办复核,转送湖广总督查核;并刊详细帐略,布告众商,准有股各商随时到局稽查察看。

一、督办应由有股众商公举,湖广总督奏派。总办及委员应由督办禀派。办事商董、查帐商董应由众商公举。司事应由总办及驻局商董公举。庶几相联指臂,互为勾稽。所有情荐,恐致乱群,应如西例,概不收用。并无干脩挂名，以昭核实。

一、汉阳铁厂滨临襄河，堤工实为全局保障。且有枪炮厂在内，关系官民休戚甚重。所有大修经费，请归善后局开支。炮厂、铁厂近在咫尺，如果目睹险工，当随时禀报，即由善后局派员修理。所有堤外地基租税，仍应归公，备作襄堤岁修之款。其不敷之费，由铁厂七成，炮厂三成开支，总期大局无虞。

一、汉阳、大冶及马鞍山三处厂局，向派营勇驻扎弹压。嗣后应仍请照章办理，由铁厂酌给赏犒。并请通饬有矿各州县营汛，照常保护；洋矿师所到之处，必须地方官尽力保护，以免滋生事端。商局接办以后，遇有关涉地方事件，遵札咨会铁政局司道知照，以便量为协助。

一、铁厂归商承办，万一遇有兵革水火灾异之事，机炉一切无法搬移，应照西例，各听天命，无从保险。

张之洞札盛宣怀文

光绪二十二年五月二十三日（1896.7.3）

为札饬事。

照得湖北铁厂经费难筹，遵旨招商承办，议定章程，截限交接以维大局，而计久远一案，业经本部堂专折具奏，并将商局议定章程十八条，择其关系重要者十六条详加核定，缮具清单，恭呈御览。并抄录折稿、清单分别咨行在案。惟查第十五条章程内称：一、汉阳铁厂连炮厂在内，从前因无围墙，虽周围设有木栅，派勇看守，究属防闲未密，以致枪厂失慎，煤铁时防偷窃。总因砖石之墙，工价难筹，屡议屡辍。现在禀准，援照天津制造局酌拨防勇两三营，筑成土围，以谨出入。所有筐锹赏号以及岁修之费均按铁厂七成、炮厂三成开支等语。查铁厂并枪炮厂砖石之墙，因工价难筹，一时既不修筑，营勇筑土围，乃暂时防闲之计。其事甚小，只可外间立案，不必入奏，且商局亦无须刊刻入本，与众商阅看。

又第十七条章程内称：一、铁厂内各炉厂所用火砖、土砖甚多，是以专设造砖机器。现因该厂在炮厂左近，其地恐须改为炮厂所用，自应归炮厂管理。惟商局需用火砖、土砖必须向砖厂照常自造,但造实用工本计算,将来烧砖之地,若须并设炮机,而以砖机拨归铁厂,官局用砖,亦照实用工本计算等语。此条只可外间立案,毋庸奏明。除分行外,合亟札饬。札到该道即便遵照立案。

户部奏折

光绪二十二年六月十二日(1896.7.22)

户部谨奏,为遵旨速议具奏事。

据湖广总督张之洞奏湖北铁厂经费难筹,招商承办,议定章程,截限交接·以维大局而计久远一折,光绪二十二年六月初七日奉朱批:户部速议具奏·单并发。钦此。由军机处抄交前来。查原奏内称①各等语。

臣等查湖北铁政一厂,为中国制造之权舆,亦为外人观听之所系。督臣张之洞由两广移官两湖,奏明以粤省炼铁厂机器改运鄂省,原欲抵制购买外洋钢铁,以收我自有之利权。设厂以来,该督竭力经营,苦心调护,前后青拨巨款,臣部无不一力赞成。匪特以之开拓始基,实亦所以扶持大局也。无如发端虽大而收效甚迟;用意虽深而程功未密。是以公家未收炼铁之益而已受设厂之累。上年该督奏称,请由明年筹拨该厂的款,经臣部议令亥督查明该厂自开炼之后,究竟垫用经费若干,实出各项钢铁若干,销售获价若干,应垫拨来年经费若干,以及制炼之为楛为粮,价值之或高或下,一并奏明报部。该督迄未声复。此次该督奏陈则谓:所炼钢铁,制成轨械均精美合用,现以经费难筹,遵照上年六月谕旨招商承办,责成直隶津海关道盛宣怀招集商股,一手经理。自系为权衡时势,急图补救起见。

臣等公同商酌,所请将铁政改归商局承办之处,应即照准。惟原奏声称从前用去官本概由商局承认,分年抽还,每炉出生铁一吨抽银一两,六炉计日出生铁四百余吨,每年可出十余万吨,即每年可缴官款十余万两一节:查出铁之数虽可预期,而炼铁之工殊难臆断。湖北铁厂不患无铁,而患无

---

① 此处略,内容详见本册第 159 页《张之洞奏折[光绪二十二年五月十六日(1896.6.26)]》。

煤。设使铁产丰盈,而煤矿仍难寻获,则提炼不净,钢质不纯,安能强各省必向鄂厂购求?即官本仍归无着。应令该督责成该道,督率商人,加工精制,必使所出钢铁与外洋无异,庶销路畅而利权可保。

又原奏内声称铁厂历年各项用款,当官商交接之际,一时未能截清,俟核明后即将确数行知商局立案,一面督饬司道分款详细造报一节。查该厂自开设以来,部拨经费银二百万两,又奏拨鄂省盐课厘金银三十万两。嗣因添设炉座两次,借拨盐粮道库银四十万两,并由枪炮局常年经费内借拨银一百数十万两,织布局凑拨银三十四万余两及江南筹防局借拨银五十万两,两淮盐票商捐拨充银五十万两,此有奏报可凭者也。此外有无挪借通融之款,未据分晰报部。现在官商交接,应令该督迅饬该局司道,将历年用过确数详细造报,以为将来商局按吨筹银归款之款。自归商办以后,每年出铁若干,归还官本若干,还清官本后每年按吨报效若干亦应分年造具收支清册报部。

又原奏内称鄂厂采炼原为杜中国铁路漏卮而设,华商承办铁厂以卢汉铁路必向鄂厂定购为断,并请饬下南北洋大臣及各直省、各督抚,凡官办钢铁料件一律向鄂厂定购,不得再购外洋之物一节。查卢汉铁路现由该督与王文韶督率兴办,鄂厂所造铁轨是否合用,不难躬亲查验,如果钢质较外洋为佳,钢价较外洋更贱,该督既确有把握,即北洋大臣亦无不乐从。至各省需用钢铁若如原单所称工美价良,自必向鄂厂购用,万无秦越相视之理,应请旨饬下南北洋大臣及各省督抚和衷共济。维持鄂厂即所以开浚利源,于大局实有裨益。

又原奏内称中国仿照西法炼成各种钢铁料件运售出口为从来关税之所无,请酌照广西丝绸、烟台果酒、江西洋式瓷器免抽税厘成案,从优免税十年一节。查商办铁厂专为自保利权,必成本稍轻,运销始畅。该督奏请仿照私[丝]绸、果酒、洋瓷各案暂免税厘,原应照准。惟查本年五月据总理衙门奏准通行折内声称,凡机器制造货物,不论华商、洋商统计每值百两征银十两,此后无论运往何处概免税厘等因,行知各省遵照在案。该厂现在招商承办铁务,即为商局,自应遵照总理衙门奏案办理。将来各省果能购运畅销,应俟办有成效再由该督详细奏明核办。

此外,清单所开各节,如铁厂添设炉座,派用商董司事一切事宜,或称仿照轮船、电报公司章程,或称参用西例,应由该道督率商人妥为经理,分别具报。

抑臣等更有请者,洋商包揽之议既作罢论,现招华商集股承办,自不准暗挽洋股兼用洋商致与抵制洋铁之议相背,该督尤当严饬该道划清界限,考究来历,毋得影射混乱。至商务之兴,必以能自树立为主,良工待贾决不求助于人。倘因炼铁不精以致销路不畅,惟该道是问,即该督亦不能辞其咎也。

所有臣等遵旨速议具奏各缘由,理合恭折具陈。伏乞皇上圣鉴。

谨奏

光绪二十二年六月十二日具奏

本日奉旨:依议。钦此。

张之洞致盛宣怀电

光绪二十二年七月十三日(1896.8.21)

部议铁厂事太苛,如此重税,如何能办?总须设法措词,极力吁请。俟来鄂面商。洞。元二。

张之洞奏折

光绪二十二年九月二十三日(1896.10.29)

奏为铁厂官本重大,炼铁实与制造不同,征税新章商情未便,恭折奏陈,仰祈圣鉴事。

窃照本年六月二十二日接准户部咨:议复湖北铁厂招商承办议定章程一折,奏奉谕旨,刷印原奏,咨行遵照等因。当经转行督办铁厂正任直隶津海关道盛宣怀遵照办理在案。

兹据该道禀称:此案原请炼成各种钢铁料件运售,当援案免税十年一节:部议以'本年五月据总理衙门奏准通行折内声称,凡机器制造货物,不论华商洋商,统计每值百两征银十两,此后无论运往何处,概免税厘。该厂现在招商承办，铁务即为商局，自应遵照总理衙门奏案办理。将来各省果能购运畅销，再由该督详细奏明核办等因。窃维总署奏定值百征十之案，专为预防洋人在华设厂，用机器改造土货而设。夫曰制造、曰改造，皆变其本体别成一物之谓也，如由蚕茧而缫为丝，由丝而织为绸，由棉花而纺为纱，由纱而织为布是矣。若铁之为物，必以机器造为轮船枪炮，以机器制为各种机器，始可谓机器制造货物。今采矿炼生铁，以生铁炼钢、炼熟铁，本体未改，与缫丝纺织等厂名义攸殊。铁厂用过官款数百万，华商承办后，方期陆续收回官本，商办关系尤重。中国炼铁事属创始，一切厂用繁费较多。佳煤未得，购价尤贵。再加十一之税，成本愈重，销滞商乏，官本虚悬，获咎无辞，何益于事？仰恳仍照原请，优免税厘十年。或俟官本收清，再行照收税厘，以轻成本而畅销路"等情，禀请具奏前来。

　　臣惟部臣以凡用机器，事同一律，不便于铁厂独示优异，以杜洋人来华改造土货引为藉口之端，用意至为深远。但西法于事物品类辨析名实，绝无混同。炼铁则犹是土货，制造则别成一物，本判两门，未宜牵合。中国采炼钢铁，为保守自有利权第一大政，内地铁矿决无与外人公共之理。非如蚕茧棉花，随地可买，更无虑其藉口。铁厂虽由华商承办，而官款甚巨，将欲次第提收，实官本商办之局，盈虚利害，公家与商人休戚相同，较丝纱各厂之全属商本者关系尤重。部臣谓商务之兴，必以能自树立为主。商政机括，要言不烦，然非畅销不能自立，非轻本不能畅销。中国始创炼铁，购器雇匠，悉资外洋；比之外洋厂铁，费多本重。所恃保华商以抵洋铁者，全在国家自有减免税之权，可以轻成本而广销路。他日办理就熟，工艺之学日兴，能自用华匠，自制机器，则商厂之成本益轻，洋铁之来源自杜，国家收自强之利益乃永永无穷。部臣以畅销督责盛宣怀，并责成于臣，词严义正。既已身任其难，岂敢复有诿谢？惟当艰难创办之时，首行征抽什一之政，是重其成本以塞销路，臣与盛宣怀欲展其手足，而束缚驰骤，力无所施，诚外洋铁厂所闻而称快，华商颠踣可立而待，官本无著，承其敝者岂独众商？合无仰恳天恩，饬下户部通筹熟计，俯念铁厂与丝纱各厂不同，炼铁与制造货物有别，仍准查明原请，优免税厘十年。或俟官本全数收回后再行照章征税,以维铁政而保权利。大局幸甚,微臣幸甚。理合恭折奏陈,伏祈皇上圣鉴训示。

谨奏

奉朱批:该衙门议奏。钦此。

张之洞奏折

光绪二十四年闰三月十三日(1898.5.3)

奏为查明湖北炼铁厂购机建厂采矿炼铁开煤各项用款,自开办之日起截至改归商办之日止,分款开具清单咨部立案,恭折具陈,仰祈圣鉴事。

窃照湖北炼铁厂原估、续估,及开炼以后续增各项用款,均经随时奏咨。迨至光绪二十二年改归商办,复将历年各项用款,前后综计,约共五百数十万两,截数奏明各在案。迭准户、兵、工三部咨催,开列细数清单,咨部立案。户部并行令将铁厂情形详细查勘,绘图贴说,奏咨存案等因前来,均经转行遵办。

兹据湖北铁政局司道详称:查湖北创设炼铁厂,厂大工精,事繁费巨,工程之艰苦,机器之笨重,名目之繁多,起运之烦艰,筑基之劳费,凿矿修路开煤炼钢之纷歧,随地异宜,随时增补,中国官吏工匠见所未见,实非可以常例相绳。而且机器炉砖陆续增添补购,一物不备,停工以待,耗费殊多。镑价低昂,前后不一,机件均系电致出使大臣订购,使署于付价时,不特将织布、枪炮各局机器笼统牵入,即铁厂每批机器亦复参差扯算,良以款本不敷,挪垫在所不免,而运保各费亦因之时有混淆。加以建造工程迭有迁改,煤矿试办时有废兴,拖运轮剥则视缓急以为增损,堤工险要则因盛涨而有停待。及至归商以后,点交既费时日,外局尤多淹滞,条分缕析,清查非易,此疆彼界,区别尤难。此皆历年未能骤为清厘之实在情形也。

现经督饬局员次第勾稽,截清用数。计奉准部拨银二百万两,奏拨盐厘银三十万两;借拨盐粮道库银四十万两;咨准截作勘矿费本省新海防捐尾数库平银二万八千五百五十二两零;奏明拨用枪炮厂经费银一百五十六万四千六百二十二两;又前经奏明拨用织布局股本银三十四万两,现结算清楚,除铁厂历年代布局垫付运保及代付外洋机价垫款扣除外,实用银二十七万八千七百六十二两零;收铁厂自炼出样钢铁价银二万四千八百二十五两零;借拨江南筹防局五十万两;两淮商捐银五十万两。统共实收库平银五百五十八万六千四百十五两零。实用库平银五百六十八万七千六百十四两零。除收付两抵外,实不敷银十万一千一百九十九两零,皆系分欠华厂洋厂各商号之款。其与原估续估前案未能符合者,以前系约略之词,原奏业经声明不免疏漏,及工程浩大,随时增添补救,非意料所及等情在案。此系统计造厂以至厂成,并开炼以后各项实用之全数,历年咨报案牍可稽,并非前后参差。

总计该厂开办以来,所有经费,除部拨二百万两、奏请拨用数十万两外,其余三百余万两皆是外间多方凑借,焦思罗掘而来,备历艰苦,始得成此规模。无一时不虑停工,无一事不求节省。时时察访,处处稽核,不容稍有含混。且现已归商承办,用款至五百数十万之多,议定皆可陆续收回。若使稍有浮糜,商人岂能承接,商局岂肯归还,查各省创造船政制造各局,所用经费从未收回涓滴。至故大学士左宗棠前在甘肃开设织呢局,费银百余万两,旋经后任废弃,巨款尽付东流。今商人接办炼铁厂,已有蒸蒸日上之势。是此巨款将来皆可收回,实系支而未销,与他项局厂支用已过、即归无着者,实有不同。且未归商办以前,重建枪炮厂铁梁柱六百余吨,皆是铁厂所出所造之件。现在芦保铁路即用鄂厂铁轨,似已有利民塞漏之明效。兹开具收支分款数目清单,咨部立案,并分请部示何项应归何衙门核销之处,再造具清册,送部核销等情,详请奏咨前来,臣复核无异,除咨兵、户、工三部核销外,理合恭折具陈。

（二）与洋商合办的拟议

张之洞致许景澄电

光绪二十二年二月初七日（1896.3.20）

铁厂拟招洋厂附股合办,闻克厂愿商。兹将洋文节略附后,请给该厂阅看,并令速派人来鄂妥商。洞。阳。

郑官应①致盛宣怀函

光绪二十二年二月初九日(1896.3.22)

敬肃者:

昨陈敬如兄来云,有法人德威尼即前承办旅顺工程之弟,有资三百万元,拟合办铁厂,如合意再订章程,所用洋匠合同未满者均可如故等语。或谓英人志图长江,现在苏沪等处铁路已归英商承办,汉阳铁厂不可又归英商,庶日后有人与其理论云。是否有当,乞钧裁。

官应谨上

张之洞致李鸿章电

光绪二十二年四月初四日(1896.5.16)

宋电悉。荩履安善邻谊,优崇欣慰。湖北铁厂去年有法商来议入股合办,章程尚未议妥。因众议洋股断难邀准,已作罢论矣。洞。支。

张之洞致盛宣怀电

光绪二十二年十二月十七日(1897.1.19)

佳电悉。洋商包办全工及分余利,均不可行,尊论驳之,极是。果如伍言,洋商因署奏洋款借定再发官本之语,致生要挟,能向户部商先发官本否?闻京城有人入巨款股份,欣慰。已议定否?英商摩赓来议开矿,系何章程,未悉其详。惟传闻两条,似有窒碍。洞。洽。

张之洞致盛宣怀电

光绪二十四年七月初八日(1898.8.24)

敬电云:总署电令知照比公司,无论华洋商人,均可购买,以杜英人之

---

① 郑官应(1842—1922):字正翔,后改郑观应,广东香山(今中山)人。时任汉阳铁厂总办。

口等语，实深惶惑。此事我正患俄人插入，幸得英人力阻，正宜借英人之力，知照比公司，言明俄人不得干预，比或慑于英，加此一两语，则我甚有益。何反留此隙，以启俄而杜英乎？窃所不解，望速复。洞。庚。

张之洞致盛宣怀电

光绪二十四年七月初八日（1898.8.24）

昨比领事电称：敝国驻京公使来电，现考格利工厂，奉盛京堂电商合办汉阳铁厂一事，该厂即可派员商议等语。昨郑丞来鄂，询悉台端现正与怡和商议此事，兹闻怡和已派人到厂阅看，并有人赴兴国、大冶查验铁煤各矿。云系商借二百万，以铁厂暨铁煤各矿地作押，并将厂务矿地交怡和派人代办等语。此事究系如何办法，未承电示，惟总宜格外审慎，铁厂可合办，而铁煤各矿地万不可押借款项，祈速示复。洞。庚。

盛宣怀致张之洞电

光绪二十四年七月十二日（1898.8.28）

庚电谨悉。俄人不干预，比使已立凭据。俄使亦有复函，均当咨达。宣叩。文。

盛宣怀致张之洞电

光绪二十四年七月十四日（1898.8.30）

铁厂借款，比、英虽议，未必能成。当俟来鄂面商。宣叩。寒。

（三）招商承办后的经营

盛宣怀致德培函

光绪二十二年四月十四日（1896.5.26）

径启者：

此铁厂自四月十一日起，即属公司归于商办，断不能如从前官办样式，处处亏本。从前办事均属不合,现今必须将厂务办法预先商定,总以得利为主。执事到厂已久,利弊自能洞晓。一、焦炭应如何办为最省。二、生铁炉应如何两炉齐开,每出生铁一吨,应合何价。三、熟铁厂能否得利,每出熟铁料一吨应合何价。四、钢轨每日须造三四里,两炉尽造钢轨,每吨成本应合何价。五、马鞍山、李士墩两煤矿应如何办,方能得利。六、本厂开销应如何实在节省。

此外,各事应如何整顿方能获利?即就此两座生铁炉,购用开平焦炭,每吨须合银十二两八钱,萍乡焦炭每吨至少须合银八两,通扯每吨合银十两以外,通年不使停工,通年能获利若干?凡公司办事,必须通筹利益,立定章法,方能一一按照办理。本督办亟欲观看执事筹划心思,能否与本督办意思相合,方能与执事订立合同,派定职司办事也。

此信应请阁下三日内详细答复为盼。此颂

刻佳

(第二号)

德培致盛宣怀函
光绪二十二年四月十五日(1896.5.27)

敬禀者:

奉到西历本月二十七日宪谕,谓从前亏本,由于在事诸人办理不善云云。此层某不能不力辩。在厂洋人,无分等次,凡中国官员所准者,无不竭力各尽职守。宪谕末段,甚为诧异,某不胜惋惜之至,断难听从。宪台未曾接手之前,已于蔡道台处闻知宪台已经派一中国总办。现请示知条款,用某何如,不用某何如?至其余各节,某亦甚惋惜,照西人意见,略嫌简慢,某望宪台并非有心慢之。所谓欲先观某筹划心思,能否与宪意相同,然后定某之职,华俗容或有之,以某分际,断难听从。请示钧意为荷云云。

德培禀

德培致盛宣怀函

光绪二十二年四月十五日(1896.5.27)

敬禀者:

本日呈上一禀,想邀台览。宪台所问各款,兹特谨答如左:

一、欲好焦炭之价贱,必须得寻好煤,开平之煤即甚好。湘煤虽略次,然亦可以烧焦。总之,以运煤到厂,就地烧炼为最要。一省水脚;二不碰碎为屑,以致减成(铁炉须用成块好炭,已在洞鉴之中);三所余炭气,可用诸锅炉。

二、倘开两炉,每吨焦炭通扯银十两,每出生铁一吨,其价当不到银十五两,惟事事须照西法耳。再开一炉,须添考伯炉两座,锅炉四个,抽水机一座。

三、熟铁炉虽难获利,然亦不能不备此一格,因本厂及各矿,皆需用熟铁也。或者限其出数,以足供应用为度。

四、照现在两座化铁炉而论,每二十四点钟内,当可出钢轨两里半,果有极好焦炭,应可出至三里半。每吨轨价不出银二十八两,此照每吨生铁价银十五两计算也。

五、马鞍山、李士墩煤质不佳,不能锻炼焦炭。至于如何办理,始可获利,马克斯当知其详,非某专责,不甚深知。

六、节省经费最大处,在厂中人人竭力从事,使薪水工食,无一虚糜。工匠须大加裁减,留者须各尽职守,不能托故离工,随来随去,一俟工匠习练者多,即可裁减洋匠。而且照工作多少,发给工食,不以日论,如此则人人踊跃,工食虽倍,而工作亦倍矣。照此而行,每年至少赢余银二十八万两,是按每吨钢轨售银三十六两计算也。

至于某之筹划心思,惟有据实以对。某前管钢铁厂,其大盖五倍于此,经理已历有年所,请宪台放心。某若不能胜任,克虏伯断不举荐也。此厂倘全照西法办理,将来可获巨利,某已一再言之。苟两相情愿,宪台以总办工程责成于某,必有以仰副期望云云。

德培禀

德培致盛宣怀函

光绪二十二年四月二十日(1896.6.1)

敬禀者：

兹将全厂洋匠开呈钧览。厂中应有之匠而缺尚空悬者，注一缺字，或在途二字。除贝色麻及轧轨轴匠数，只够用工外，其余各项工匠，足分两班。

全厂洋工师及洋匠单：

德培（总管，二千二百五十马克）；马克德（文案，二百五十两）；庄生（总绘图，四十三镑六先八本）；威德（装机匠目，五十二镑）；本达士（东马头洋匠，二百元）。

化铁炉：卢柏（总管，一百镑）；郎子（即连斯匠目，三十二镑）；哀敷郎子（匠目，三十镑）。

西法焦炭炉：司脱兰格（烧焦匠，七百五十马克）。

熟铁及轧轴：卜聂（总管，八十镑）；费卜聂（即蒲尼，匠目，五十镑）；德于邦（即都板，轧轴匠，三十镑）；格郎德治（轧轴匠，三十二镑）；郎拨拉（即阿林伯路，炉匠首，三十二镑）；夏乏尼（即查化尼，炉匠，二十六镑）；福多孟（即化淡梅，炉匠，二十六镑）及哀格郎德治（炉匠，二十六镑）。

化学房：史麦耳（化学师，三十五镑）；雷考司奇（化学帮手，二十镑）。

西门士马丁炉、贝色麻炉、轧轨轴总管缺。

西门士马丁炉：匠目两名，在途，九十镑，未定；工匠一名，在途，二十六镑，未定；美郎（工匠，二十七镑）。

贝色麻炉：匠目一名，缺，四十五镑，未定；勒摩昂纳（即林毛纳，开车匠，三十二镑）；马太（炉匠及管铧二十八镑）；孟司特（冲天炉匠，二十八镑）；德罗亚意（汽管火砖匠，二十四镑）。

轧轨轴：匠目一名，缺，四十五镑，未定；波拉（轧轴匠首，三十六镑）；卫根（第二轧匠，三十镑）；辜桑士（第一烘钢匠，三十镑）；德里斯（第二烘钢匠，三十镑）；德阁特（开车匠，二十四镑）。

克于表司（医生，五十六镑）。

德培禀

德培办事条规
光绪二十二年五月初八日（1896.6.18）

盛大人接办汉阳官铁钢厂，于此承认湖广总督与德培原订合同内一切条款及后开新增发明各条：

一、德培遵守与湖广总督所订合同总监工程，但不能越其职分。

二、在厂惟盛大人及盛大人替人为伊上司，所谓制造股总董二人，为郑道台帮手，不得在厂号令。

三、所雇洋人及华匠归总监工调度考察，惟去留洋人须总办与总监工商定。倘此洋人或华人究竟应去应留，总办与总监工意见不同，即请督办定夺。在厂华洋人之已经开饬者，非总监工许可，不能再用。

四、无论何事凡关于厂者，皆归总监工经管，惟须禀承伊之上司。

五、倘厂中欲添雇洋人，应由总办函请中国出使外国大臣代雇，所有在厂洋匠薪水应由各洋人径向收支所领取。

六、倘总监工能裁减洋人，随时用华人代替，足征总监工为厂竭力节省之美意，局中人无不欢喜。

七、倘总监工与在厂员司或有争论，应请总办分断，彼此不得无礼。

代盛督办押

郑官应：查勘大冶矿务节略
光绪二十二年五月二十三日（1896.7.3）

谨将赴大冶查勘情形及矿师洋总监工等问答言语缮具节略，呈候台鉴。

一、查得李士墩煤窿之水已深八尺，两横窿皆为水淹，恐有倒塌之虞。当嘱司事者不分昼夜，赶紧加工提清，以便招商承办。该矿之煤虽不甚佳，似可销于土人及供本厂火车锅炉之用。

一、据总矿师马克斯及矿师赖伦云,相近铁山坡白杨林之象白山、狮子山及下陆之铁子脑一带地方,皆出好锰铁、磁铁。又据徐、曾两绅云,戴道湾、金山店两处亦系好铁矿,近来屡有商民往勘欲买,深恐为人所买。若彼买去,就地设炉,用白煤化炼,与铁厂争利,必多妨碍。已派人设法议购,以免后患。

一、英美两国化铁炉有用白煤者。洋商金云,宜选各处旺出之上白煤数种寄英国钢铁厂试验,如果可以化铁,且能炼好钢,保无误事,即定造新化铁炉设于大冶,似较招觅可炼焦炭之矿易也。马克斯云,惟恐不能如焦炭之十分佳耳。

一、可炼焦炭之矿必须加意招觅。拟商阁下,请派员带同矿师分往沿江沿海之山,访寻有无可炼上等无磺之焦炭煤矿,以冀炭价撙节,厂可支持。如可寻得,予以重酬,先出奖格,以期歆动。据德培、马克斯云,德国化铁炉所用之焦炭,每吨成本不过三四两。今铁厂所用焦炭每吨之价如在七两左右,尚可获利;若至十两以外,断难获利矣。

一、查册载马鞍山焦炭,汉阳存七千余吨,马鞍山存二千余吨。问洋匠,云春间因用马鞍山之焦炭,以致生铁炉受伤。现在马鞍山之焦炭,勉择上等者每月所用不过数吨耳。次者出售尚乏受主。据洋匠皆称,德国克虏伯之大厂即设于焦炭矿之侧,极言其便。

一、管理大冶火车之洋匠李希德,前曾面订照原定合同续留半年。讵伊回至大冶数日后来缄,忽欲回国。又称,如要留差,必须另立合同,原定薪水四十一镑要加至七十五镑,且所住之宅倘有失窃不测等情均须铁厂赔偿等语。种种要挟出乎情理之外,已饬制造股总董冯熙光同往接手,并嘱妥慎办理,准李希德回国矣。

汪钟奇致盛宣怀函

光绪二十二年五月二十三日(1896.7.3)

大人钧座:

敬禀者,五月初四日寄呈一禀,亮蒙宪鉴。初□日洋匠科纳声称:

□□□合同，即拟赴□回国。置工程于不问，其志甚决，随即禀商总办。初□日始由汪牧应度复函，即日派翻译梁子硕前来换订合同，当嘱陈翻译肇章往告科纳，留其少待。至十四日续知梁翻译已赴大冶。科纳又言如至十五日无人到，决意回国。卑职复偕陈翻译前往，再四笼络，十六日午后，梁君始来，即刻商酌订立合同。幸科纳无甚要求，只须每月加给十镑，一年为期。议妥后，将合同两份，专送总办签□□盖关防，一留厂备案，一交科纳收执。至十九日下午始送回，仅签字而无关□，遵即亲交科纳，而科纳深以未用关防为疑。卑职随与其说，签字即足凭信，关防须用督办之关防，今已签字，自是一样。科纳疑团始释，方肯收受。即刻与之商量各工应减、应裁之处（缘未订合同时，洋人停手不管）。据云工作人夫，只可裁人，不可减薪，从前人工既多，今拟汰冗以节经费。惟□□□□两旬，拟尽五月做完一律裁减（□合同十九日方到，始得商量）。刻下各炉，均已□□修好，俟挂线路与□煤机接连（合同到后，方肯料理）。即遵宪札，先行试炼全萍、萍马各半、萍七马三三种，约两礼拜便可出焦。又声称四月间运到之萍煤，大块者甚佳，细碎者均有泥水搀杂，不能烧炼（从前萍煤一律不能合用，其病在此）。俟后请拣发大块者配运，为第一要义。

又拟添盖压汽房，缘前有之压汽房，因井内横窿开深，风力不到窿内，即不能透气，夏天即不能作工。好在机器俱全，只须用红砖十万块，以目下工程而论，似又不能减省。已向总办请示。

刻下山中急欲设法者旧存各炭，查河下隙地皆满，萍煤续到，已无处可积。若另行购地，乡民势必居奇，与其用无益之费，不如早将旧煤售运，既可稍收成本，并可腾挪余地。且河下离局约三里之遥，虽派管有人，炭积如山，偷窃甚便。总办传谕不准起运，只得遵示。卑职拟将山中各事，悉遵钧谕，任劳任怨，实力整饬，能减则减，总期无碍于事，亦不敢偏于省费，致误大局。现已□□□□，谨拟章程，恭呈宪核，请示祗遵。

再，洋匠科纳订合同后，工程各事，凡有增减，即来商酌，性亦驯服。卑职亦将应办各事，与其通商，彼此和衷共济。

昨奉总办来函：马克斯仍旧入厂，各矿匠仍归节制。大局已定，无可挽回。此信到山,非特科纳不甚浃意,即各机匠人等,亦多浩叹不置。卑职能尽一刻心,便做一刻事。至将来如有掣肘窒碍工程,只有随时请训示,以资遵守。其余未尽之言,已托职兄渊若面陈一切。肃薰,恭叩钧安,俯希垂察

卑职　汪钟奇谨禀

附清折一扣。

再,张令委勘□□,曾具禀请委接办之员。卑职旋奉总办函谕,以事简裁并。伏查山局距县较远,地极蛮野,□与小工等斗殴肇衅,且偷盗煤斤等事,防不胜防。员司既大加裁汰,耳目尤难兼及,且钱银支发,有委员互相稽核,尤觉公明。卑职为统筹山局起见,是否有当,理合附禀请示,曷胜祷切。

卑职　钟奇谨又禀

[附件]　马鞍山煤矿章程

谨将马鞍山粗拟章程恭呈宪鉴:

一、洋人宜与员董联合也。查马鞍山自开办煤矿伊始,向有总矿师一人,名曰马克斯。又有矿匠数人,在山专管工程、煤斤事宜。查马克斯常住汉口,本山只有科纳一人,如有紧要事件,皆归科纳。如有应办各事,必须与科纳商量,而科纳必请示于马克斯。如事事均待请示,华洋虽无统率,诸多隔阂。应□与马克斯面订,现在既归商办,华洋各有专职。嗣后凡机器及工程,统归科纳专管,而井内挖煤、大小工及各处小工,员董□得随时稽查。倘有包挖直井及横窿石块各工,须由洋人知会员董,派专查井工司事率工次通事面同过尺,不能听通事随意丈量。洋人更换井工头,亦须知照员董,另行招募,不得听通事指派,以杜弊端而收驾驭之效。

一、储料库房宜有稽考也。查本山向有库房一所,专储钢铁杂料等件,为数甚多,亦归洋人派通事一人经管,应付辛资,以洋单为凭。物料存取,本局不得过问。所有取用各物,只凭各机匠随意领取,该通事即饬库丁随意付给,轻重件数□无稽考,□之有无底帐,又属茫然。即洋人不至狼狈为奸,而通事与各机匠,难保无隐射之弊。应请转饬马克斯告知科纳,所有各

□,每日应领各物,饬各匠目先□凭单,载明□□需用某料、某件若干,知照员董盖戳,方准领取。库房将所发所存各料,□一旬一报,一月总报,送员董查核,俾塞漏卮(谨已商明科纳照办)。

一、工匠、小工宜居厂外也。查本山厂内西边空屋数重,各项大小工人均居于此。所有未装机件、木料、煤斤,堆集空地,日间人众,无大走漏,晚间昏黑,盗窃甚便。所用栅夫、更夫,或由洋匠、通事所派,或由请托而来,无人管束稽查,向不得力。三四更仍有随意出入者,实属漫无稽考。现拟将工匠人等一概搬住厂外。另将机件、木料堆储,派司事兼管,责令随时稽查,以肃厂规(谨已商明科纳照办)。

一、小工宜用腰牌也。查本山有总工头一名,散工头四名(已减),每日长井工百余名(已减井工□□)。小工工食向由工头支领,往往为工头移挪,亏空甚巨,小工依此为命,不容延缓。拟每晨领牌作工,由查工司事上午查一次,午后再查一次,勤者奖励,惰者罚□。□□收工时各缴腰牌,给凭条一纸,由该小工向帐房自领,俾各小工每日得以糊口,而免工头刻扣侵挪之弊(谨已试办)。

一、通事宜归员董节制也。查本山向有通事四人(拟减),专随洋人分班下井传话,而井中出煤多寡,现由洋人包与工头,每车二百四十文(约重半吨零,灯油在内),用工之多寡,无须点查。现拟定每日出煤五十吨,暂照向章试办。卑职到工未久,向由洋人支持,其中作弊情形,均未能周知,此时未敢臆拟,俟徐徐查有端倪,或包工,或点工,再行核定。所有三层窿底之直井,石甚坚硬,由洋人包工,每深一法尺,给价四五十千不等。每次丈量尺寸,概系洋人会通事丈量,□遇□□他顾,尺干带斜量去,尺寸之悬殊,洋人亦不深察。即委员司事知之,亦不□过闻。实缘华洋语言文字不通,听不肖通事,从中舞弊,洋人亦□可共谅也。嗣后通事一役,拟□与马克斯□订明,如有通事舞弊,员董可以斥退,仍归洋人另招募。洋人即与声气联贯,便于使令,如有不合,开除亦须知照员董。如此则员董稍有予夺之权,洋人所不及觉察者,员董可代为防范。

一、井内出煤宜有稽考也。查井内从前每日所出约一百吨,随出随洗,并无存积。包工一车,工价二百四十文。夜间往往有半桶算一桶,亦往往有八十报一百者。井工现有计筹小工一人，系洋人所派。而包工以少报多，只须串通该小工，即可随意混报。应请饬马克斯知会科纳，责成专管井工司事计数，该小工即可裁去，以杜弊窦。

一、办公房宜驻厂也。查本山有局屋一所，为委员司事办公之处，离厂将及一里，气脉不能贯通。厂内有工程处房屋数椽，尽可栖止，□将委员仍住局中，□司移居厂内，俾工程得以首尾相顾(谨已试行)。

一、旧存焦煤宜急运也。查本山码头堆集各炭，几无隙地。马煤既不合焦炭之用，自应从速设法运售，亦可稍收成本，且免堆集河干，日日□耗。将来各萍煤到山，炼出焦炭，亦须挪出空地，以备另储。拟请运萍煤到山回空之船，即装各炭回厂，船户势所乐从，水脚亦可酌减。

一、工匠宜归员董去留也。查本山各工匠向归洋人节制，如作弊犯规，一经委员查察除名，该工匠即求通事为之关说。洋人既不究其所以然，即函至委员，仍旧留用。朝令暮改，何以服众。嗣后遇有工匠作不法情事，员董即知照洋人，立刻斥退。洋人不得回护，以一事权。

一、月支宜预定也。查从前官局，每月以六千两为率，今年溢至七千两有奇，尚有不敷之处。现即归商办，实须逐项撙节，□□□另行册报。

一、转运宜仍设也。查从前有驻厂转运委员一人，司事一人，如需雇船运炭及领运各项料件，过河渡江，甚为繁琐。现拟归并收发股内，派□司事经理，每月稍给津贴，薪水不必另支。

以上各条，就现在情形臆见妄拟，将来因事制宜，或稍有心得，再行详加筹定。先此缮呈，仰祈

训诲

徐庆沅[①]致盛宣怀函
光绪二十二年五月二十七日(1896.7.7)

大人钧座：

敬禀者，远违钧范，倍系孺忱。敬维勋福增绥，潭祺笃祜，至为叩颂。

---

①　徐庆沅(1854—?)：字芷生，江苏吴县(今苏州)人。时任汉阳铁厂制造股总董。

此间自德培到厂后,所有一切工程,皆遵照约章,听德培号令,卑职未敢稍越界限,致启事端。仅将管见所及者,随时禀请总办,函告德培酌夺。惟细考钢铁成本,无论如接办后一个月中,每日只扯出生铁五十二吨八,不能合算。即每日能扯出五十五吨,尽造钢轨变价,亦不敷成本。盖生铁五十五吨,只能成钢轨四十八吨四,每月合成钢轨一千四百五十二吨。每吨出厂之价,约作三十五两计,每月所得钢轨之价,不过五万零八百二十两。而照此间现用人数,及日造钢轨四十八吨四,煤炭等价计算,每月必用之款,约须五万六、七千金(若所有焦炭屑子多于九五折,尚不止此数)。其余非常用之款,尚不在内。然此系指尽造钢轨而言,若如现在情形,恐每月须赔垫三四万金矣。卑职窃维目下既不能得价廉焦炭,即开二化铁炉,尽造钢轨,照现在开销,恐得利亦属无几。况欲开炼二化铁炉,必添置机器,筹备煤炭,年内决难办到,则年内七个月中,必致亏蚀资本,无可疑义。

卑职愚以为此厂若不仍归官办,似须设法变计,若照此时办法,终恐以有用之财,填无底之壑也。用特密陈,是否有当,伏祈钧核。

附呈每日成轨四十八吨四,每月约用各款清单一纸,亦希垂察。专肃。敬叩

崇安

卑职　庆沅谨禀

谨将每日出生铁五十五吨,成钢轨四十八吨四,逐月约用各款,开呈宪鉴。

计开:

一、焦炭二千零八十七吨(屑过九五折,不止此数),二万二千九百五十七两(每吨价扯作十一两)。

内计化铁炉日用六十吨〇五,每月合一千八百十五吨;贝色麻熔生铁,日用八吨,每月合二百四十吨;制造七厂日用一吨〇六六六,每月合三十二吨。

一、生煤二千四百四十四吨,八千七百九十八两(每吨作三两六钱)。

内计化铁炉汽炉,日用八吨,每月合二百四十吨;钢轨厂汽炉,日用五

十吨,每月合一千五百吨。又烘钢炉日用十三吨,每月合三百九十吨(此二项姿办后从未开炼,故约计从前用数照开);制造七厂日用五吨四六六,每月合一百六十四吨;火车钓车日用五吨,每月合一百五十吨。

一、起煤力,七百三十九两。

一、杂料,一千四百两。

一、铜、铁、钢,八百两。

一、薪水,一千五百两。

一、洋人薪水工食,九千五百两。

一、工匠工食,五千六百两。

一、长工、小工,一千四百两。

一、东码头轮船、辰船、红船、火车、巡丁等薪工,一千七百七十两。

一、轮船用煤每月一百四十吨,四百六十二两(每吨作三两三钱)。

一、大冶,一千五百两(约数)。

一、送钢至码头,二百两。

以上共五万六千六百二十六两(土木之费及一切非寻常用费,均不在内)。

郑官应:铁厂筹备事宜十八条[①]

光绪二十二年五月三十日(1896.7.10)

窃思铁厂事宜头绪甚繁,今拟择其紧要者次第筹办,必免失时贻误。谨陈十八条如左,恭候采择。

一、承办钢轨如蒙俞允,必须两炉齐开,以其所出之铁尽炼钢轨,方可支持。惟每月约需焦炭五千吨,亟宜预筹。据马克斯云,德国焦炭每吨三两,本厂焦炭每吨约价七两,尚可获利,如每吨价逾十两,则工本不敷矣。

一、焦炭,开平只允月交一千二百吨,至九月底止,周年扯计月仅八百吨,价亦太昂,殊不上算。萍乡月交千吨,郴州月交五百吨,价较开平稍廉,

---

① 此件为郑官应致盛宣怀函的附件。原函未录。

惟为数不多，又恐秋冬水涸，不能接续而来。拟嘱承办者及所派之员与马克斯、赖伦两矿师赴萍乡详勘，设法大举，总期于河水未涸之前源源多运，用资接济。

一、各厂锅炉每月用生煤三千余吨。闻湖南之宝庆、浏阳、醴陵等处产煤不少（宁乡尚无煤到，盼甚），价亦较廉。长沙为群煤汇集之所，拟于该处近河地方，派一廉谙之员带中国化学生，设局收买块煤及无磺之煤，载往马鞍山或汉厂，用西式焦炭炉开炼。倘此策可行，亦备缓急之一也。

一、马克斯云，铁厂及马鞍山西式焦炭炉开炼之后，不能停烧，一停烧则炉坏矣。必先积存无磺之煤千吨，源源接济，方可开炼也。

一、据卢柏云，化铁炉当时所砌之砖不甚紧密，中镶以细棉土，易致朽坏，近借油汁弥缝，火不外泄，汽机颇灵，出铁稍多。卢柏因厂存开平焦炭，只敷十天之用，而马鞍山焦炭积有万吨之多，极力疏通。昨于开平焦炭中搀用马鞍山焦炭十分之二，不料五月三十日卯刻因炭碴过多，汽机不灵，铁板水箱忽尔爆裂，幸未伤人，尚无大碍，当即另换水箱。卢柏又云，搀用马鞍山焦炭，出铁较少，本已不甚合算，况又加爆裂水箱等病之可虑乎！以后马鞍山焦炭不用最妙，万不获已，只可搀十分之一。

一、李士墩煤矿原已开深窿口一十四丈，两横窿各二百丈，所费已不少矣。现在水深八尺，淹弃未免可惜。嘱司事监催小工，不分昼夜赶紧抽水，然非用锅炉抽吸，用月余之工，水难尽涸，在本厂无甚利益。适有张董世祁举荐陈海春者，情愿包办四个月不领公款，月交块煤一百吨，余多听其出售，已许其试办，俟期满再议。

一、日本寄来二号焦炭样每吨价八两五钱者，化验含磺一分六七，磷零零一四，灰十四分，尚属磺轻可用，惟质松，尚非上品。且恐倭人不重信义，大批到时与原样不能符合。如与买定，宜先嘱寄样数吨来汉化验；并须令其凡运一批，自送到汉验收无误，然后将价银付清，以免搀杂。前经面嘱洋人细厘化代取安南焦炭样来汉化验，闻安南有煤矿两处，其煤价极廉也。

一、拟请再雇一洋矿师、两华矿师与马克斯于沿江沿海分投履勘，以冀早获无磺煤矿，免致远购价昂之煤，时虞停工待料。

一、宜将大冶、兴国等处白煤化验无磺者,速寄英美两国试验,如能化炼好铁好钢,即添设化炼白煤之炉于大冶。

一、宜悬重赏,招集华匠考有外国机器大书院执照及已在某厂历练有年者到鄂充副总管,以免洋匠蒙蔽。

一、宜选已通洋文之华匠往外国机器书院读书,入厂学习机器及矿师,如试其材艺确有见效者,奏请朝廷格外奖励,以期闻风兴起。

一、大冶铁矿,昨偕马克斯、赖伦履勘,尚有上好锰铁、磁铁为本厂未买者。据该处绅士云,金山店、戴道湾之铁矿亦甚佳,不独铁子脑、象白山、狮子山而已。宜皆设法买之,以免落于奸商之手,贻患无穷。

一、本厂各董司皆工商之任,固不可有官场习气,亦不可专尚文才,必须用当其长,专司一事,非守洁事熟者不可轻用也。盖董司徇私,下必弊混,所谓上有好者,下必有甚焉者也。

一、德培云,铁厂成本,渠算不出,须看月结方知。凡创办之事无论大小,必须计其出入,有盈无绌方可举办。今德培竟云算不出,可见其未当过总管矣。惟闻于炼钢之法颇精。再,马克斯性耽安逸,忽要邀赖伦同赴萍乡,俾资臂助等语。可见皆年轻性傲,非无学问,尚欠历练者也。

一、宜早筑围墙,以免货物之窃失。宜建栈房,以免各铁露天生锈。宜改设电灯,以免火油失慎,且光愈明而价愈省。宜建各司事公事房,以免散分各处,呼应不灵(现在尚有租用民房者)。宜设洋总监工及写字房,以免其远居住宅。宜造小铁路,搬运货物归入栈中,以免工费多糜。凡支小工,宜中外匠头签名,以免小工浮开。

一、厂用各材料,宜派一廉明之员驻沪采办转运,或径自缄嘱外国某厂寄来,以免经手浮开。

一、洋匠云,外国铁厂不近于煤矿,则近于铁矿。惟近铁矿者必先积储焦炭可用两月之久,而后开工,庶免停工待炭之患,盖炉火一停,不独废工失时,且铁渣梗塞于炉中,再开工时则汽机不灵,出铁之数亦不旺矣(又据卢柏云,一经停歇,待新到焦炭重烧,必须修理,极少须三四月之久,方能开工)。

一、冯倅熙光云，近年各省添造枪子，每副机器须价十余万，且各处零买小车床、刨床、钻床不少，亦漏卮之一也。宜于此间另设一机器厂，增大车床、刨床、钻床等件，可以自造，出售于中土各处，获利甚大。该倅云，中土匠人可以自造，不必用洋匠也。又据德培云，进口外洋钉铁甚多。本厂拟另设一钉铁厂，凡此货之进口多而可以获利者随时可造也。

以上各条，管见所及，是否有当，仍候卓裁。

汪应度：收发所及厂事条陈①

光绪二十二年六月初五日（1896.7.15）

一、偕同洋匠验煤，以及应接商人核议价值，向均责成卢分管；弹压河下煤船并稽察过磅司事及挑夫人等，向均责成潘锡成。其余核算帐目，填写报单以及过磅打码，各司事均尚得力。现下卢分管奉委赴湘，所遗一席，职任重大，应请添派一熟悉煤务、切实可靠之人，否则请催董总董到差，以便相助为理。

一、新收开平焦炭，截至前月二十三止，共十七次，原运二千二百四十二吨，东码头过磅，实收二千一百五十吨五百四十六斤。内惟宝华、德兴两船收数较原运为多，其余均短（细数详载另折）。统扯约在六折左右。从前或托说磅秤大小不符，近日江裕、江永、江孚三船均先就船过磅，较之东码头磅数不甚悬殊，而短少则一，可见东码头过磅并无不准（江孚一百吨，就船过磅，短少几及六吨，而东码头过磅，仅短三吨有零者，因路中遇雨打潮之故）。闻得焦炭由津运申，由申运鄂，轮船收发时，仅磅两三包通扯计数，故何地短少，无从查核。嗣后应请饬海轮、江轮装船起卸时，务见实数，各清界限，以专责成。

一、官局移交焦炭，共计七千三百十四吨零，生煤共计八千五百七十吨零，内中短数甚多，而无用之物，亦复不少。批发处虽迭次偕同客商来厂看货，而卒无一成。若不及时清理，将来愈久愈坏，且恐新旧混杂，更至无可

---

① 此件为汪应度致盛宣怀函之附件。原函未录。

稽查(现均分别堆开)。现下已偕同潘锡成逐细估计,开具清折(细数详载折上呈阅)。适官局亦派委瞿按经念慈来同点煤炭、钢铁清数,俟瞿按经到厂,再与妥商办理。

一、化铁炉每月需用上等焦炭一千五百吨(搭用之次等焦炭不在内)。现下厂中所存新旧共只六七百吨(碎屑已除出)。按照萍乡原订合同,每月一千吨,郴州原订合同每月五百吨,倘能如期而至,本无缺乏之虞。萍乡原议六月起运,郴州原议七月起运,深恐不能如约。目下厂中洋焦炉尚未告成,马鞍山之洋焦炉亦在接修运煤挂线路,所恃开平源源接济,借免停炉。

一、各厂每月需用生煤约二千七八百吨,现下厂中存储四千余吨,官局移交之萍煤,可用者约三四百吨,马鞍山尚有旧存不合炼焦之萍煤一千余吨(据马鞍山陈翻译所言,煤质好坏,未曾目睹),可以运回应用。马鞍山自挖之煤,亦可勉强挽烧锅炉,河下煤船亦时时有到,所少者炼焦之上等萍煤耳(如有好煤,即汉厂之窑亦可炼成好焦炭)。文廷钧原订合同,每月二千吨。日昨头批已到,经化学堂化验,不合炼焦,因未起卸,头批如此,以后恐更不可靠。卢分管此次赴湘,应请电饬就便查察,萍乡、郴州两处所订合同。原订每月吨数,准否可以如期,此次来煤不佳,病在何处,务知的实,可早作计议。

一、杂料所两分管,均甚得力。汪分管所拟章程十条,谨缮呈钧览。

一、钢铁所费分管原拟章程十条,业已缮呈钧览。现下厂内各事,均归洋监工节制,枪炮厂等处,凭单取件,凡一单送至收发所,转折太多,稽迟时日。有时将单径送洋监工处,洋监工即饬匠擅自径发,收发处无数可稽。因续拟章程四条,已呈总办,译送洋监工,未卜能否应允。兹谨将续拟章程,缮呈钧核。

一、厂地周围甚大,移交折遗漏各件,除点收时查出补登册折各件外,尚有堆存僻地之件,如洋木、杉木、石料、红土、黄砂、油板等,陆续寻出,补收帐上。

一、煤炭、钢铁两所月总移交之件,及新收之件,分拆开报,因交代未清,不得不划分界限。杂料所则以移交之件为旧管,接办后购到之件为新收,逐项分列,管收除在,庶几一目了然。此项月报,前奉面谕只须一份,是否须另造一份寄沪,候示遵行。

一、煤炭等件挑力,商同支应所核实减省,从前每担十文者,现仅发给六七文。夫头亦经银钱股总董派定。应用散夫之处,可免即免,总以力求节省为主。

以上皆收发股分内之事。

一、商局以计算本利为首务,日来尝与各总董核计出入。商局接办后,每月仍须赔银二万余两,盖来源仅恃一生铁炉。按照出铁极旺之数计算,每月所出生铁,约值银四万余两。倘炼成熟铁出售,核加煤斤、人工等,亦无甚赢余。从前官局每月约用银八万两左右,现下商局所省不过零星杂用。至如生煤、焦炭,各厂用料、洋匠薪水诸大宗,节省无几,月计赔亏四万余金,岁计则积亏巨款。如何能不赔亏,如何能望起色,请照会总办,统筹全局,应或可为经久之谋。

一、厂中住房虽窄,暂时人已住定,似尚可以敷衍,且俟厂务办有起色,再行添盖新居,目前借可节费。

一、洋匠责任,以吕柏为最重,办公亦以吕柏为最勤。平时终日在工,见铁渣中零星弃铁,必使小工拣出;开平焦炭屑中,苟尚有小块者,必使小工筛出。日前生铁炉中水箱爆裂(据云因多搀用马鞍山焦炭之故),该洋匠督率小工,设法补救,刻不离炉。事毕后,查点小工有被铁渣烧焦衣裤者,自出洋圆赔给,故小工均乐为之用。此等洋匠,不可多得。

一、洋监德培,必隔数日方到厂一次,于厂务绝不讲求,而专喜无理取闹(前陈洋匠积弊四说,目击月余,所言皆实)。厂中一举一动,非请示不敢行。该监工既不轻到厂,则必事事函商,翻译因而刻无暇晷。其与华人龃龉掣肘,姑不必言,即如日前生铁炉水箱爆裂,此等重大事,总监工似应亲自到炉前一阅,乃连致吕柏四信,卒不肯一步轻移。事后又以吕柏复信不详,拟将吕柏斥退。试问吕柏去后,生铁炉谁能胜任?德培之一味把持,不顾大局,于此可见。

一、枪炮厂所用炮身及枪炮上各零件,钢坯均购自外洋,所向厂中取用之钢,不过添配大件,有时用作枪身,亦颇勉强。平时尝至上厂考究钢质,见外洋之钢,与厂中之钢,精粗纯驳,迥不相同。德培擅长在炼钢,所炼之钢不过如是,留用厂中,徒闹皮气耳。

马鞍山生煤成本清单①

光绪二十二年六月十九日(1896.7.29)

谨将马鞍山所出生煤计核成本,缮具清折,恭呈台鉴。

一、每月局内开支一切(井工物料在外),约计银一千五百两。

一、每月应用物料(机器修造在外),约计银一千一百两。

每月共须银二千六百两,每日应用银八十六两六钱六分六厘。

一、每日出生煤五十吨,每吨合局用物料银一两七钱三分二厘。

一、每生煤一吨,加井工银三钱九分四厘。

一、每吨共合成本银二两一钱二分七厘。

一、每日出生煤一百吨,每吨合局用物料银八钱六分六厘。

一、每煤一吨,加井工银三钱九分四厘。

一、每吨加小工银二分。

一、每吨加木料银五分。

一、每吨共合成本银一两三钱三分。

一、每日出生煤一百五十吨,每吨合局用物料银五钱七分八厘。

一、每吨加井工银三钱九分四厘。

一、每吨加小工银二分。每吨共合成本银一两零四分二厘。

马鞍山焦炭成本清单②

光绪二十二年六月十九日(1896.7.29)

谨将马鞍山矿务局所炼焦炭计核成本,缮具清折,恭呈台鉴。

---

①② 此件为郑官应致盛宣怀函之附件。原函未录。

一、山局共设焦炉三十五座，每座装洗净生煤六吨，每四十八点钟出焦一次，约计三吨左右。

一、每日可出焦炭十六七炉，约计五十吨之内。

一、萍煤到山局连水脚价值银三两六钱，每二吨可炼焦一吨，合价银七两二钱。

一、每炼焦一吨（洗煤机焦炉），加工匠费银，约计四钱五分。

一、每焦一吨运至汉厂，上下工力并运费银，约计四钱三□。每吨焦炭合计成本银八两零八分。

一、炼萍七马三焦炭，用萍煤一吨四分，用本山煤六分，可炼焦一吨。萍煤一吨四分，合价银五两零三分；本山煤六分，价作二两二钱，合价银一两三钱二分。二共合煤价银六两三钱五分。

一、每焦一吨（洗煤机焦炉），加工匠费银约计四钱五分。

一、每焦一吨运至汉厂，上下工力并运费，加银四钱三分。

每吨焦炭计合成本银七两二钱三分。

张之洞致盛宣怀电

光绪二十二年六月二十一日（1896.7.31）

苏军门复电云：接绳帅电，知公意嘱将筹办大致及应造轨里式样详晰电知，以便饬厂赶办。现在总署全文已到，查阅立定合同，镇南关至龙州铁路归费务林公司承办，工程由铁路官局稽查，应用之费，每月公司呈报数目，三个月照付，如有未付之款，七厘行息，限三年造成，如此订明。此次春未得见费务林公司不能遽议，统俟复商再行酌定，必用汉厂钢轨，借塞漏卮，以副钧命。并将轨里式样开送再议，于南关外设栈停顿货物，易车进关，彼此各用各轨，既不混淆，亦便稽查，以副总署谆谆之嘱。删。等语。洞。马。

彭脱①致盛宣怀函

光绪二十二年六月二十五日(1896.8.4)

盛大人钧座:

谨禀者,奉大人谕,仆于七月二十四号前赴汉阳,查考铁政局应需洋匠若干,方与局务有益。仆居汉阳三日,以两日稽查局务,一日与郑道台商议。今将应用洋匠若干,每年薪水若干,谨缮清单奉呈宪鉴。最要紧者,厂中须用二人,仿欧洲法,日夜开工。盖厂中有二人,恐一人或有因病告解等情。

计开:

总管一人(此人应于炼铁、炼钢、厂务、商务有阅历者。薪水每年约二千英镑)。

副总管一人(此人应于炼铁、炼钢有阅历者,且必须是化学家。薪水每年约七百五十英镑)。

化学师一人(此人应化钢、化铁并铁苗、火泥等者。薪水每年约五百镑)。

机器师一人(此人应制造、修理钢铁机器、引擎、锅炉等事。薪水每年约七百镑)。

画师一人(此人应画钢铁机器、引擎、锅炉等事。薪水每年约五百镑)。

生铁炉师二人(薪水每年约三百七十五镑,计七百五十镑)。

西门钢炉二人(薪水同上)。

贝色麻钢炉二人(薪水同上)。

拉条厂二人(薪水同上)。

熟铁厂师一人(薪水每年约三百七十五镑)。

共给七千八百二十五英镑。

汉阳厂应付各匠师赴华川资,若合同满期,亦应付回欧盘费。匠师所

① 彭脱(T. Bunt,生卒年不详):英国人,时任汉阳铁厂顾问工程师。

居房屋，冬季所需煤炭，概由贵厂供给。仆在汉阳时，惟有生铁炉一个开工，故无机会考察有能之华工，因此清单内并未载及。洋匠此等工匠，热地之国，难于得力，不如本土工人，仆在制造局颇有阅历，各种工程华匠容易教授，单内所载生熟铁炉匠师，将来聪敏华工，可以推升，于以见洋匠教授华工之有益也。仆知汉阳铁厂现有公司所最要者，总管不第欲炼钢铁精明之人，且欲善于商务者。凡厂中所出之货，应知时价若干，客商定货当照办等情，第一要义，令公司得利。然最难之事，经手人能令公司之得利。若此总管在英国薪水甚大，如大厂家每年薪水至三四千镑。现仆所拟二千镑，大人合用，可多给些。总管系代大人暨总办担承重之人，如所造物件、核算利益等事。惟应善待总管，一概洋匠，令其拣选，为其管理，并有权利，如洋匠不准吩咐，不得洽意，可以撤差，兼有全权管理华工。凡定薪水等事，应商总办，即欲撤差匠人，亦应预先会商。大人以为与洋总管权太重，但仆决以为此顶好之法，厂务可以有益。要知总管所用洋匠，初起二三年以后，教习华生，即可代理洋师。只要聪颖匠人，皆肯教授，而后知总管公正，庶不负大人厚望。

钢铁厂之费用，全在乎煤。最要者，炼钢、炼铁非成物样万不可变冷。故此厂宜日夜开工，不得停歇。在英国常做双工，每做十点半钟，自礼拜日半夜起至礼拜六半夜止，以其余三十六点钟清理炉子、锅炉略加修饰等情，此炼钢铁必须如是办法。若每日只做八钟、十钟，无非浪费而已。炼钢、炼铁皆系辛苦工程，各炉开工，不能一时动手，看管工匠，催速做工，亦须定有章程。厂大者，容易照办，周年机器无损。英国之钢铁厂，工匠工价论吨数核算，犹各自己做工，彼愿炉子、机器常好，无庸修理，彼能挣钱愈多，而厂家亦自愿者也。

在汉阳时蒙郑大人告仆云：不得将此厂核算利益，亦不得将此厂估价若干。此事宜预先知悉方可接办。初起只作薄利，如其得利，人方肯接办。不知大人如何可以获利。如大人欲定一班洋匠，应先聘定一总管，告伊预先约定一班洋匠，而后到华。俟到汉阳，第一件事，将厂估价作息，验看矿石、煤炭等情。总办应将厂中各帐单，凡一切铁价、钢价、华工薪水等交付总管。于是可以作利，如其洽意，伊即电各匠师到华，共办厂事。如是办法，有二三月之久，此系大人最妙、最便宜之法。如欲聘定总管，将厂图及详细单、机器单等寄往，俾伊能预决应用匠师若干。此总管宜稍知华工情形(若此人在欧洲颇少)。否则伊欲误会，以为欲雇许多匠师及匠人矣。

彭脱致盛宣怀函

光绪二十二年六月二十七日(1896.8.6)

大人钧座：

谨禀者，前奉宪谕，赴汉阳稽查厂务，专为雇用洋匠多少起见，曾于四号敬呈寸禀，皆注意于此。惟昨与大人会晤，似欲将厂务议论，兹特呈大概情形如下。

全厂大旨布置颇佳，建造厂屋亦好，房屋畅大，如欲添设炉子、机器，亦无不可。

一、生铁炉布置尚好，较英国新法则太小。据德培云，每礼拜出铁四百二十吨。英国新炉则出七八百吨，甚至一千吨，不以为奇。然英国亦有小厂如汉阳者，开工颇获利益。

一、贝色麻厂(虽比英国小，然布置甚好)，且能炼钢，所有毕吉铁系生铁炉造。现英国常法，从生铁炉取出之铁，径至贝色麻炉，以省焦炭，再烊生铁，大人以为何如？以后汉阳可仿此法。

一、西门马丁钢炉亦小，只出钢八吨。英国大抵出钢二十吨至二十五吨，甚至出四十吨者。现钢炉系照碱法，然酸法为上。此料往往造枪炮、钢甲等用，即锅炉亦愿用此料。照此钢炉，如用好铁好炭，亦能出好钢，以后欲改酸法，亦甚易事也。

一、钢轨厂布置颇好，所出钢轨亦多，如定货者多，应另添机器。所添机器不大，为费亦无多。

一、钢板厂所滚钢板只四尺阔，此厂甚小，如钢板为中国枪炮厂、船坞等用，应当扩充。现造钢板最厚者五寸，江南制造厂所造钢板最厚者十四寸。钢板需大机器制造，其货更好，两端剪去，不至枉费料作。

一、钢条厂钢条,现在钢轨厂制造,如有定钢轨者,多无暇造钢条,将来应推广。此厂现所造十二分及十四分径,此笨法也。如造十二分、十八分或十二分、二十分径较为合用。

一、钢片厂,汉阳厂不造钢片,仆思中国极薄钢片,销路颇广,如屋顶等用。

一、汽锥,汉阳所设最大汽锥,如造重炮等不合用,所有十五吨汽锥,尚未设立,该锥可用之于西门马丁炉。现欧洲所用,系水力升降压锥,力量极猛,易于施用,所占基址不大。

总论贵厂虽比欧洲各厂固小,而布置平善,不过离矿较远。惟间有英国钢铁厂铁苗,由西班牙进口者,约远四百六十英里,且有经铁路取用者,该厂等尚获利息。仆知贵厂所最难者,因无合宜之煤。惟中国地大,不久必可招寻一得宜之煤矿。

汉阳铁厂所制物料,较外国来货省运费、税饷,中国人工亦贱。贵厂不出租钱,亦不征税,所以只要办理得法,应得有利,与各股均有益。

昨蒙大人面询总管所司何事,总管之事,熟悉炼钢、炼铁、稽查出货、筹划节省之法,考察匠师工人之尽职勤惰与否,须有利,无枉费。当时察看厂务,渠应立思节省之法,所出钢铁,无须细问,便可知悉。总办吩咐之事,渠应照办,凡厂中事,与总办商议。所有定货开估价单,俾总办与客人定货,均得明白。总管犹总办之手目也。

汉阳铁厂厂规①

光绪二十二年七月初八日(1896.8.16)

厂规列后。

一、在厂工匠,均须遵守后开厂规。

二、各应勤慎从事,为厂出力,凡有碍于工程之事,无益于工程之事,皆不准行。工食或论日给,或论钟给,或做包工,即照包工给。

---

① 此件封面上有郑官应手书:"七月初八日已交书办照写,颁示各厂。"

三、工匠进厂后,或自不愿留,或厂不欲用,彼此须八日前知照,照厂规办理。然若查照厂规有不得不立行开除之故,则即行开除,毋庸知照。

四、工匠捏造谣言,即行开除,毋庸知照。新雇工匠,艺不能胜于其工,进厂后十四天内开除,可毋庸知照。

五、工匠上司系匠头、匠目,每厂总管、总监工、总办。

六、工匠在厂须谨遵上司号令,倘有违背,立即开除。

七、工匠有所请告,即白诸亲临上司,不足则可照第五条,层层上达。惟至上司处请告,其数不得过二人。

八、工作时刻:日班,自午前六点钟至午后六点钟。夜班,自午后六点钟至午前六点钟。其余,自午前五点半至十一点半;午后二点半至六点半,按季而行。

开工、放工以吹汽为号,厂中工作有不能定准休息时刻者,其休息时刻,须视工程斟酌。

九、倘有要工,虽逾放工时刻,一经上司吩咐,仍须做工。未经上司允准,则放工时刻过后,不得做工。

十、工匠之本作某工者,暂以别工令作,亦不得推诿。倘因无工,或因滋闹而停工,照扣工食。惟停工之日以外,准其他去,毋庸预先知照。

十一、工匠出入,必由所定之门,经过门口,须听查问。

十二、或包工、或论日,均须于所定时刻到工,放工之前,非准不得擅离。

十三、放工之前,不得预备离工。

十四、除照例歇息外,做工时不得停手。至瞌睡、吸烟等事,尤在严禁之列。

十五、工匠到工太迟,或做工时擅自离工,即罚停一班。

十六、值班工匠,无故不得离工,若一月内有几次不到,即行开除。无故离工至两日以外者,即为擅离工程,永不再用。凡因此项事故开除,或别项事故之毋庸预先知照而开除者,罚扣一礼拜工食,充作有病工匠帮款。

十七、此厂之工匠,非奉号令,不得擅进彼厂。放工后,无论匠目、工匠,非准不得在厂。工匠不得引外人入内。倘有外人因公或别事到厂,工匠不得与之说话。

十八、禁止聚众闹事,侵犯上司、伙伴、巡役,争论殴打。倘有以上情事,即行斥革惩办。

十九、倘工匠做工时,粗疏忽略,致危伙伴或上司之身,除即行斥革外,并从重惩办。

二十、所派之工皆应竭力从事,非上司所派,不得擅做。既不准招人代替,亦不准代替伙伴。倘因粗疏忽略,致损机器、工具等件,即惟致损之人是问。

二十一、做工应用材料、工具,由匠目照派,领后皆归收管,有可锁之房,则锁诸一处。倘有遗失,或因疏忽而致损坏,即行追赔。工具之用久而敝不能用者,应缴还匠目,另易新具。做成之件,及一切材料,皆应交出。废料及零星之屑,亦应留心检交。材料、工具皆应竭力撙节爱惜。

二十二、一切工具、机器、物料,用时须格外留心,火烛尤须谨慎。电灯机器,皆派专人管理,无论何人,不得搀越。

二十三、机器厂做工处及茅厕等,皆须扫除洁净。

二十四、倘有人损坏、偷窃厂物或伙中之物,各工匠应即报闻。

二十五、禁止私用材料,私自做工,犯者即行斥革惩办。

二十六、工匠工钱,或两礼拜一发,或一月一发,由厂计算。所需开列工食清单时,候每年预定日期发给。倘开列工食清单之时,包工尚未算出,则先发所定每班工钱,俟包工结清后再算。

二十七、工匠领到工钱,即当发者之面计数领去,后再称短少,概不置理。所领工钱,或有算错,至迟三日内,必须告知亲临上司,迟不置理。有病不在此律。

二十八、舞弊应严行禁止。倘有扣工食以入私囊,或工匠贿赂上司,一经揭穿后,除即行斥革外,并罚出较所舞之弊、所行之贿百倍。

二十九、工匠违犯以上条规,或罚款,或斥革,或惩办,皆由各厂总管定夺。倘有控诉,由总办处或厂主定断。

三十、上工之时,各匠须亲身领筹,不准替代。入厂后,各匠所用器具,不准彼此私自取用。如此匠须借用彼匠器具,务必告明取用,以免寻找旷工。违者罚。

湖北汉阳铁厂告白

张之洞批文
光绪二十二年七月十四日(1896.8.22)

湖北总督部堂张批。

　　查汉阳铁厂开炉已久,冶炼钢铁,均极精好适用,实为制械、造轨之根源,关系中国自强之大计。现值枪炮厂制造各种新式枪炮,钦奉谕旨筹办芦汉铁路,炼铁尤为方今急务。拟即添开炉座,大举冶炼,以期供应不绝,免致利权外溢。兹据禀:大冶县属铁山坡、白杨林相近之象白山、狮子山及下陆之铁子脑一带地方,皆出锰铁、磁铁。此外如戴家湾、金山店等处,亦系上好铁矿。所有大冶县属及武昌、兴国等处,皆产铁矿。请一律归铁厂开采,不准商民私行勘买等情,系为裨益铁政,杜绝觊觎起见,已行北布政司铁政局通饬各州县,凡用机器开采煤铁五金各矿,必先由该商将商人姓名、籍贯及一切办法详晰呈明,听候本部堂札饬地方官查核明确,批准给谕立案后,方准购地开办,不得由民间私相授受。如有未经禀准立案,擅将矿地私买、私卖,置机挖取,一经查出,定将该地封禁充公。并将买主、卖主严行惩办,以维矿务而杜流弊。除武昌县铁矿,先经封禁勿庸开采外,所有兴国、大冶所产铁矿,应准一律归铁厂购买开采,除饬大冶县及兴国州迅速出示晓谕,禁止商民,不准私行勘买外,仰即遵照。

郑官应:铁厂次第筹办张本六十条[①]
光绪二十二年七月二十七日(1896.9.4)

　　谨按铁厂事宜头绪甚繁,今辄择其紧要者,条分缕晰,以为次第筹办张

---

① 此件为致盛宣怀函之附件,原函未录。此件前后共有三稿,此为第三稿。除第一稿见本书184页之《铁厂筹备事宜十八条》外,尚有第二稿《筹办铁厂四十八条事宜》,未录。

本,共计得六十条如左:

一、承办钢轨如蒙俞允,必须两炉齐开,举所出之铁尽炼钢轨,方可给用,惟每月约需焦炭五千吨,亟宜预筹。据马克斯云,德国焦炭每吨三两,本厂焦炭每吨约价七两,尚可获利,如每吨价逾十两,则工本不敷,无利可获矣。

一、焦炭,开平允月交一千二百吨,到九月底止,周年扯计每月仅八百吨,既不足用,价亦太昂。萍乡月交千吨,郴州月交五百吨,价较开平稍廉,惟为数无多,又恐秋冬水涸,不能接续而来。拟嘱承办者及所派之员与马克斯矿师赴萍乡详勘,设法大举,总期于河水未涸之前,源源多运,用备接济。

一、日本寄来二号焦炭样每吨价八两五钱者,化验含磺一分七,磷零零一四,灰十四分,尚属磺轻可用,惟质松,尚非上品。且恐倭人不重信义,以一号充二号,只图哄骗目前合同之易订,不顾大批到时与原样不符,样既化验可用,仍须先运一百五十吨入化铁炉冶炼,的确果佳,方可相信。至以后运来大批,宜与之切实订明,必须照样无磺且大块不碎为率,如其细碎磺重,殊不合用。运焦船到,须俟洋匠化验后磅收妥当,方可付价,以免后论。闻安南有煤矿两处,焦炭价极廉,已嘱洋人细厘化代谋取样矣。

一、拟请再雇一洋矿师、两华矿师与马克斯沿江沿海分投履勘,以冀早获无磺煤矿,免致运购价昂之煤,时虑停工待料。总之,厂务非自开煤矿多炼焦炭,终难持久,揆诸外国铁厂大都如是。

一、焦炭炉洗煤机,大者值八万,小者四万。马鞍山之洗煤机是小号,汉阳尚无洗煤机,若将马鞍山之洗煤机移于汉阳,约需移费千金,计期三个月可成。

一、洋焦炉约日烧煤一百零五吨,必须储备两个月煤料,方可开烧,一停烧仍须烘炉,以免熄火,若熄火则炉冷必裂。但烘炉之费,据科纳矿师云,今春停烧两月,用柴草烘炉,约费钱二千余串矣。

一、查焦炭炉必合煤之火力以造炉,方能合用,并非造一炉即各样煤皆可用也。洗煤机亦有粗细不同,有只能洗块者,有并末亦能洗者。凡本厂各矿机器有不适于用者,总监工理应讲究,可改则改之,须购则购之,不应徒诿咎前人,亦不必尽须另购也。

一、讲求炼好焦炭为本厂急务。据卢柏云:每日开一炉,有好焦炭,可出炼熟铁之生铁百吨,或炼贝色麻钢之生铁约七十吨。今用开平炭虽佳,奈过碎,只能出铁五十余吨。搀以劣炭,出铁愈少,甚至炉冷风门梗塞,其害不可思议也。

一、洋炉炼焦炭,用文火熏蒸,不走火,不露风,较土法用武火置煤于炉底烧炼而成者成数甚高。据马鞍山科纳矿师来单云:用萍乡三百吨,每吨银三两六钱,共银一万二千六百两;须用小工七十五名,工食银共二百四十两;洗濯炼焦连材料约银二百两;运焦一百七十吨,每吨银三钱三分,共银五百六十六两六钱六分;总共银一万三千六百零六两六钱六分。计每焦一吨,须银八两。

一、炼焦炭,宜就产煤之地开炉烧炼。若运郴州、萍乡以及日本目尾之煤到马鞍山或汉阳开炼,其弊有三:一则上下脚力运费颇多;二则远处运来,风吹日晒雨浸,油质必亏;三则船户中途盗卖,搀和水泥,在所不免。如能二萍大举开炼焦炭,则上三弊均可免,且可省三成运费。盖煤两吨炼成焦炭一吨,而焦炭轻松,较煤稍占舱位,故其运费不能减半而可减三成也。

一、近日考究本窑所炼焦炭,大约一窑能出四吨焦炭者,须装生煤六吨,底火烧煤四吨,此向来所以有十成得四之说也。然所出四成,仍未必尽属可用,或煤锤未细,或窑装未坚,或火门走风,或调水不匀,或火候有过不及,定皆减色,不得尽咎于煤质不佳。近来本窑所出焦炭至好,亦于四成中再打九折,则是生煤十吨仅得净焦炭三吨六矣。据汪董云:土法炼焦炭,每生煤十吨可炼四吨,提净能化合铁炉者,又须打八折,合计每生煤十吨净炼成好焦炭三吨二。以每吨三两六钱生煤成本计之,每炼成焦炭一吨,生煤成本已须十一两二钱四分。外加烧工及锤筛等一千一百七十六文,挑力一百六十八文,二项合银一两一钱二分,通共每吨焦炭合成本银十二两三钱六分。或煤有搀杂,或烧炼不透,成数愈少,则成本愈重矣。

一、查铁厂初办时,洋人所造焦炭炉炼不成炭,所购洗煤机细不合用。

嗣添购马鞍山之洗煤机，只能洗块，不能洗末。所造马鞍山及汉阳之西式炼焦炭炉，每处三十五六座，皆不能取煤烟以炼颜料，高炉打油以轻成本。考东洋煤多质松而火力速，质多[松]者磺亦多。所购万吨，拟请先运二三百吨来试炼如何，方可再运，以免糜费。

一、李士敦煤矿原已开深窿口一十四丈，两横窿各二百丈，所费已不资矣。现在水深八尺，淹弃可惜。爰嘱司事监催小工，不分昼夜，赶紧抽水。然非用锅炉抽吸，用月余之工，水难尽涸，在本厂无甚利益，适有张董世祁举荐陈海春者，情愿包办四个月不领公款，月交块煤一百吨，余多听其出售，已许其试办，俟期满再议。

一、宜将大冶、兴国等处白煤化验无磺者，速寄英美两国试验，如能化炼好铁好钢，即添设化炼白煤之炉于大冶。

一、各厂锅炉每月用生煤三千余吨。闻湖南之宝庆、宁乡、浏阳、醴陵等处产煤不少，价亦较廉，长沙为群煤汇集之所，较近于湘潭。拟于该处近河地方，派一廉谨之员带同中国化学生，设局收买煤块及择无磺之煤，载往马鞍山或汉厂用西式焦炭炉开炼。如能派中国矿师前往履勘，择其佳矿近水者自行开采尤妙。

一、据卢柏云，化铁炉当时所砌之砖，非但不佳，且甚不紧密，中镶以细棉土，易致朽坏，近借油汁弥缝，火不外泄。汽机颇灵，出铁稍多。卢柏因厂存开平焦炭只敷十天之用，而马鞍山焦炭积有万吨之多，极力设法变通，姑于开平焦炭中试搀马鞍山焦炭十分之二。不料五月三十日卯刻，因炭渣过多，汽机不灵，铁板水箱突然爆裂，幸未伤人，尚无大碍，当即另换水箱。卢柏又云，搀用马鞍山焦炭，出铁较少，本已不甚合算，况又加爆裂水箱等病之可虑乎！以后马鞍山焦炭不用最妙，万不获已，只可搀十分之一。

一、大冶铁矿，昨偕马克斯、赖伦履勘，尚有上好锰铁、磁铁为本厂未买者。据该处绅士云，金山店、戴道湾之铁矿亦甚佳，不独铁子脑、象白山、狮子山而已。已面嘱张牧宜皆设法买之，一面禀请立案，以免落于奸商之手，贻害无穷。

一、卢柏云：化铁炉如停炼一月，必须烘炉，约费焦炭百余吨，宜乘停炉之时速为积储,以免糜费。如熄火必须大加修理。因前年六月二十八日开炉之后,时缺焦炭,所用焦炭甚劣,以致炉身吃亏,嗣以焦炭无接济,于是熄火,遂即修整,炉身所用火砖既旧且裂(盖露天风雨所蚀,浸于水者已三年,以别无可用,不得已将就用之耳)。倘再行熄火,势必旷日修理,更费巨款,方可复见完善。以现在炉身而论,不熄火只须稍加修葺,尚可历久,惟须佳矿焦炭源源接济耳。

一、江南制造局洋人斌脱云:本厂化铁炉高不过六十英尺,一昼夜出铁五十余吨。英国近有高至八十英尺者,一昼夜出铁八百吨至一千吨。出铁多则成本自轻,盖由生铁炉有三座生铁出炉,即转钢炉冶炼,如生铁磺重,又有提磺之法,或炼熟铁,亦不使其停,须日夜不息者,以其节省工料故也。

一、查问总监工德培云:本厂考伯炉最新,化铁炉、马丁炉、钢轨炉皆寻常通用不新不旧之样,通风机则力量不足,焦炭炉、轧轴条、轧板,火砖机尤为老样,洗煤机太细不能用,贝色麻可用而又小,其式亦老,吹风机则以旧器刮垢磨光充作新器。所有买价,查与新器之价相仿等语。斌士云:条板烘炉太多,一机器不敷,拉钢轨一机亦不敷,轨轴似用倒烟炉换大轧轴较胜也。

一、彭脱云,本厂西门马丁钢炉不过出钢八吨,英国新炉出二十吨至二十五吨,甚至出四十吨。据德培云,本厂钢炉系用碱法,较酸法简便。彭脱云,用酸法为上,此料往往造枪炮钢甲等用,即锅炉亦愿用此料。德培又云,凡上年用酸法炼各种钢料者,今多改用碱法,其优劣可知矣,容待考。

一、彭脱云,汉阳所设最大汽锥,如造重炮等不合用。所有十五吨汽锥尚未设立,该锥可用于西门马丁炉,现欧洲所用系水力升降压锥,力量极猛,易于施用,所占基址不大云。

一、考究外洋熟铁货来路颇多,获利亦厚,计外洋市价每吨亦不过四十两,何以本厂每吨成本竟至五十二两之多。据总监工德培云,德国每炉用二人,日出七次,每次一吨,本厂每炉用四五人,日出五次,缘德人体壮工熟之故。故制造股徐芝生云,成本每吨五十二两,华洋工匠薪水犹不在内,其故因烧煤过多耳。拟改造新法之炉,大约每吨成本亦不过四十两,虽德培不以为然，而铁厂洋匠卜聂许可，余嘱先改两炉试办。据江南制造局洋人斌士云，英国熟铁炉多是包工，兼限煤数，过限即罚，工则每炉亦用二人，日出不过五次。华人若工熟者，除三伏暑天外，想亦可办到。惟外洋自通行钢料以后，不重熟铁矣。

一、泰西各国炼钢厂，有专造铁路材料者，有专造枪炮者，有专造轮船材料者，各专一门，获利不一。惟炼钢炼铁，必先炼无磺之焦炭，而焦炭炉中煤烟所出马摩尼高炉打，即拙作《盛世危言》所载，用作颜料、糖料、油料、强水等项，获利尤重，惜马鞍山、汉阳两处焦炭炉皆老样不能提取耳。

一、钢板厂所滚钢板只四尺阔，此厂甚小。如钢板为中国枪炮厂、船坞等用，应当扩充。现造钢板最厚者五寸，江南制造厂所造钢板最厚者十四寸。钢板需大机制造更佳，两端剪去，不至枉费物料，当与各船坞商之。

一、钢条厂钢条现在钢轨厂制造，如有定钢轨者多，无暇造钢条，将来亦须推广。厂中现造十二分及十四分径，此笨法也，若造十二分、十八分及十二分、二十分径，较为合用。本厂不造钢片，彭脱云，极薄钢片中国销路颇广，如屋顶等用，皆宜先造小样，讲求销路。

一、德培云，钢轨轻重不能定，即不能开炼贝色麻钢；既不能炼贝色麻钢，即不能开马丁炉，盖马丁所用材料以废钢为大宗，生铁甚少。照平常出钢料，仅敷成本，除非炼出质地极好之钢，为制造枪炮等用，厥价甚昂，可以获利。如开贝色麻与轨轴，专为供给马丁炉材料，断无此办法也。

一、钢轨之轻重亟盼奏定，以便即日电致外国定造轨轴，以免旷日废时，因本厂只有六十磅及七十磅之轨轴，如须德国通行三十三启罗、六十六德磅即英国七十二磅之轨轴，必须预定。若枕木仍用钢料，须购机器以备制造，计期约六个月可到也。

一、德培云，铸枪炮之钢，以启罗细布理为上，马丁次之。欲炼启罗细布理，须购机器，用马丁钢再炼，一度纳诸小罐，每罐可炼五十启罗，然马丁尽足为枪炮钢矣。

一、贝色麻钢用于铁路者为大宗，用于船料者次之，二者兼行，方能立脚。查本厂现成之铁尚属磷多，如铸钢板恐嫌过硬，硬则必脆，不得不求磷少之数。昨据马克斯云,惟金山店之矿,磷质最少,可炼钢板,故拟即购开炼已。

一、德培云,开贝色麻厂以炼钢轨,截钢轨之长者,合生铁以炼马丁。若开贝色麻与轨轴,专为供给马丁炉材料,每吨虚费七两,断无此理也。

一、本厂所出之生铁,铁细花,色青亮,与外洋茄史雪林牌号大略相同,惟铁性微燥,熔铁成水,不能耐久易冷。缘铁水冷,即恐机器件头不能全行走到,此一节最为要紧。其所以不如外洋者只此,大约牵扯可比副号雷狄卡牌号之生铁。惟铁厂之生铁,亦有铁花俱无,如泥色者。盖生铁之色,青为上,黑次之,白斯下矣。该铁熔成机器后,锉刀可锉,车床可车,性尚软而不老。性一老,则锉与车均不能用。兹已取茄史雪林样来,嘱总监工及化铁炉洋匠考究照造也。

一、冯通守熙光云,年来各省添造枪子,每副机器须价十余万,且各处零买小车床、刨床、钻床不少,亦漏卮之一也。宜于此间另设一机器厂,增造小车床、刨床、钻床等件,可以出售于各省,获利甚大。再据云,以上之件,中土匠人可以自造,不必用洋匠也。又据德培云,进口外洋钉铁甚多,本厂拟另设一钉铁厂,凡此等铁货之进口多而可以获利者,皆随时可造也。

一、查问去年拟合办铁厂之英法商人,均谓洋匠多薪水重,机炉多不合用。且雇洋匠订合同,当时言明必须教习华匠及订明每日应炼出铁货若干、钢货若干,如工程过限多少,照数加给。所有化铁炉、炼钢厂皆应移设于大冶云。

一、德培云,铁厂成本渠算不出,须看月结方知。凡创办之事,无论大小,必须计其出入,有盈无绌,方可举办。今德培竟云算不出,可见其未当过总管矣。惟闻于炼钢之法尚有阅历。月余以来,察看德培远不如卢柏认真,而好谀喜执,罔顾大局,又不洽众匠之心。马克斯则性耽安逸,加之性情浮傲,不可谓其竟无学问,而其不可靠则一也。年限未满,只可羁縻之而已。

一、熟铁洋匠卜聂与制造股董徐芝生所论熟铁炉节煤之法,德培非惟不知,乃竟不以为然,纵无私意,亦岂总监工之才乎!盖总监工应无所不知也。克虏伯厂岂有不知其才，竟荐为中国总监工之理，恐不欲我中国铁厂收效获利，彼得多卖枪炮于中国耳。愚见凡创办之事，雇外国总洋匠者，宜派一谙熟机器洋文妥员，先往外国考究，查访有学问有历练素为众人佩服者，方可聘来。所用洋匠，宜量才器使，庶免贻误大局。据德培云，铁政局有用长于铁厂工作之洋匠毕盎斯以开矿者，长于看矿之白乃富为总监工者，且买比国机器多是老样，竟有以旧作新者，故糜费颇多也。

一、查本厂洋人原拟不由外国请来，或由上海或由安南请来者，期满三年，亦复给其返国舟资，另有津贴。如德培文案由沪请来，每月薪水二百五十两，期满亦给舟资四十五镑，计已三百两，另津贴两个月，计已五百两，总共八百两，津沪各厂从未有如是之过厚者也。

一、总管之事，系熟识炼钢、炼铁、稽查出货，筹画节省之法，考察匠师工人之尽职勤惰与否，须无枉费，当时察看厂务，总管应立思节省之法，所出钢铁，无须细问便可知矣。凡总办吩咐之事，理应照办，凡厂中事与总办商议，所定货开估价单，俾总办与客之定货均得明白，总管犹总办之手目也。

一、总管不第欲炼钢炼铁精明之人，且欲善于商务者，凡厂中所出之货，应知时价若干，客商定货当即照办，故洋总管宜时与总办讨论也。

一、洋总管既系总办联手，如所造物件核算利益等事，关系甚重，理应善待。所有洋匠，亦当令其拣选，如有华洋工匠不听吩咐，轻则申饬，重则酌换。

一、本厂各董司无论何人均宜照新关办事章程，每日按定时刻到厂，不得旷其职守，且不可有官场习气，亦不可专尚文才，必须用当其长，专司一事，非守洁事熟者不可轻用也。董司概不徇私，则利可兴，害可去，厂事自日起有起色矣。

一、银钱所固极慎重，而制造所、采办所尤须精明强干、操守廉洁之人。盖制造所即考工之处，稽核所关甚重，全局之成败系焉。采办所、收发所即购办材料、验收煤斤之处，岁月之盈亏系焉。顾其中弊窦繁多，不独煤斤以次充上、以少报多而已。考工尚有洋匠可以互相稽核。至如所办材料之佳否,煤斤之高下,倘有通同作弊,上下其手者,亦非总办可以事事亲到,时时察核者也。所以各厂向章,凡司银钱者不司采买,司采买者不司收发,互相钤制,预绝弊端。

一、厂用各材料宜派一操守廉洁、精明强干、兼识洋文之员驻沪采办转运,或径缄嘱外国某厂寄来,以免经手舞弊,纵有发票亦不足据,不独扣用,而且浮开价值,吃亏不少。

一、宜悬重赏招募华匠,考有外国机器大书院执照及已在某厂历练有年者到鄂充副总管,以免洋匠蒙蔽。

一、宜选已通洋文之华匠往外国机器书院读书,入厂学习机器及矿师,如试其才艺确有成效,奏请朝廷格外奖励,以期闻风兴起。

一、查泰西工程厂分四门:一曰文事工程,英语昔抑兮英真尼亚,即开浚河道、建造铁路船坞桥梁之类;一曰陆军工程,英语密立乍来真尼亚,即筑造炮台之类;一曰海军工程,英语耐费耳英真尼亚;即造师船之类;一曰机器工程,英语美凯尼克耳英真尼亚,即制造各种机器之类。他如采矿、化铁、炼钢之类,各有专门名家,英语统称之曰英真尼亚,皆归入文事工程一类。西国诸项工程各有专门书院肄业者,在院读书数年,考取然后出外阅历,必须学识兼优,方能任事。中国借才异地,宜加意求考,何项工程应读何项之人,若用违其才,则贻误实非浅鲜,然则选才可不慎哉!

一、炼钢炼铁皆辛苦工夫,各炉开工不能一时动手,看管工匠催速做工亦须定有章程。厂大者易办,周年机器无损。英国之钢铁厂,工匠工价论吨数核算,犹如自己做工,彼愿锅炉机器常好,无庸修理,两有裨益。

一、本厂之费,全在煤炭。工匠炼钢炼铁,非成物样万不可令其间断火冷,故宜日夜开工,不得停歇,前已略详。彭脱云,英国常做双工,每做十点半钟,自礼拜日半夜起至礼拜六半夜止,以其余三十六点钟清理炉火,锅炉另加修饰,不拘炼钢炼铁必须如是。若每日只做八点十点钟,无非浪费而已。

一、总监工指示,各机器打风房墙上裂纹及化铁炉地脚稍有歪侧,无碍。询其故,知厂基本系月湖,虽用外国细棉土三万箱填筑地脚仍未坚实,以致机墙有裂耳。马克斯云，大冶有可建铁厂地基三处，不但较汉阳地基高敞坚实，而且就近铁石矿，省运费多矣。

一、马克斯云，履勘大冶可建铁厂之地有七，张牧廉泉又另得一处。且云，最善者有四，一菜子塆，二小牧养，三袁家场，四周家巷，均绘有图说。查泰西各国钢铁厂，不就煤矿，必就铁矿，克虏伯厂即设于煤矿之侧。若设于铁矿，必须先储焦炭可用两月之久而后开工，庶免断续之患。

一、围墙宜早筑，以免货物窃失。栈房宜建，以储材料及钢铁货，免各铁露天生锈。宜改设电灯，以免火油失慎，且光明而廉价。宜建各司事公事房，以免散分各处，呼应不灵（现在尚有租民房者）。宜设洋总监工及写字房，随时遇事面商，以免远居住宅。且造小铁路，搬运货物归入栈中，以免多糜工费。凡支小工钱，宜中外匠头签名，以免小工浮冒。

一、查萍乡到湘潭之株州，旱路一百八十里，水路三百七十里。旱路赶快之法有三，奈火车，但所费太巨，挂线路太远，马车路亦巨，只得酌量开阔开深河道，准轮船往来，方可大举，且于民船民田均有裨益也。

一、本厂襄河码头只有起矿石一处，且不能湾泊轮船，所以上煤炭下铁货必须过驳，糜费实多，急宜于水静且深之河边筑码头，建厂，造小铁路接至厂中，以期事便而工省。

一、本厂只有驳船四只，在大冶上载、到汉阳下载，每处耽搁两日，而楚强、楚富两船必为彼停候多日。如添造四只，则轮流拖驶，不须停候，以免虚耗日期，纵驳船有一损坏及须驳江轮焦炭，亦不必另雇洋驳，省费多矣。

一、查美国重税进口钢铁等货，正以保护本国工商自制之货。今部议厂货令照总署值百抽十文奏案，则成本更重。不知此议可禁洋人不在中国制造，而不能禁洋货不来，将来华商各厂愈难获利，是何异于为丛驱雀耶？

一、部议云：提炼不净，钢质不纯，安能强各省必向鄂厂购求。又云：如果钢质较外洋为佳，价值较外洋为贱，该督既有把握，即北洋无不乐从等因。是与接办章程第六条所载不符。虽然各省督抚及路局大员公忠体国，欲向鄂厂购办，而经手属员必多方挑剔，吹毛求疵，借词推脱，以便他购而图利私。余经办开平矿局，深知官场不愿用局煤之弊，因此可类推也。

一、查中国凡效西法创办各事,皆未能先选精于其事、操守廉洁者,当总办之任,且所用之人每多非总办所选,呼灵不应,诸多掣肘,无论大小之事,必须禀明上司而后可行,事权不一,无所畏惧,所以糜费愈多而成效卒鲜也。

一、本厂焦炭既少,价费且昂,部议又不体恤商艰,所亏甚重,现时断难大举,尤宜设法妥办。鄙见一拟归督办军务王大臣与银行铁路总筹;一拟与开平矿局合办;一拟裁节小做,将无用之煤矿及亏本之熟铁厂分人承办,本厂专开化铁炉、炼钢厂及大冶铁矿,俟炭足价廉,然后移炉于石灰窑大举。

一、查泰西各大国开矿、炼铁、制造船械、建造铁路,有国家自办者,有先准外人承办若干年者,有招商承办者。中国风气未开,既不准外人承办,而欲招华商集股,官商之隔膜未祛,民信未妥,恐议论多而成功少。今湖北铁厂位置失宜,无可炼焦炭之煤矿,现在日亏甚巨,官办尚难支持,商力岂易见效,贻笑外人,殊与自强有碍。不若奏请朝廷,由督办军务王大臣筹借洋款数千万两,先开一官银行,分设各省及英、法、德、俄、美各国,凡各省海关官银号收纳税饷,悉裁并归入该银行,岁获利息甚厚。既有巨款,则开煤炼铁,造钢轨铁路,皆可先借成本,不必招商集股,转致迟缓难成矣。

一、查煤铁二大端,胥关邦国富强之大计,此非可独责之于商,亦未可徒责之于官,而首须国家出全力以维持扶助者也。今商股未集,捐例先颁,小民何知,从此风闻裹足,必然之势也。夫官不得已而诿之于商,商不得已而又诿之亏本,官商已矣,奈国家富强之根本何!是宜请南北洋及两湖大吏抗疏,据实胪陈,必请部臣变通成法,设法保护裨助,务期厂事有成,大局可顾,则不独商民感服,我国家自强之机缄,实肇端乎是矣。

郑陶斋谨识

德培致郑官应函

光绪二十二年八月十一日(1896.9.17)

敬禀者:

现在做工情形,若不竭力整顿,断难支持。今晨钢轨厂及烘钢炉工人大半未到,贝色麻处工人又欲调换生手,其所以不到者谅系给发工食不能平允之故(郑官应批:小工日得钱一百八十文,加至二百文为率),如此人每月只得工食洋四元半,而彼同一手段不高者每月竟得四十元□,□此人心服得乎(制造总董云:华匠工食之大小,诚不能一一公允。今不妨详加考察,将工食浮于手艺者酌量裁减。惟□□可以裁减之列,须分别其异日能代洋匠作工与否。若能代洋匠者,亦不能□裁,盖华匠工食虽大,较之洋匠究廉耳)?应拟就钢厂应用工匠人数及其应得工食数目附呈钧鉴。

再,工匠来去自如,此风断不可长(郑官应批:厂规不到工者罚)。工匠工食亟应改为一礼拜一发,或每两礼拜一发(郑官应批:贫寒之家断做不到),则须做满一月后数日始发,以此维系,使不能去。擅离工者,初犯,罚工食两天;再犯,即行开除(郑官应批:均可试办,已允所拟)。倘欲辞去,须八日前预先知照,违者罚去应领工食。是否有当,即请钧裁示夺。

应需工匠人数及应得工食清单

	一等人数及每日工食	二等人数及每日工食	三等人数及每日工食
冲天炉	一人五百文	一人三百文	三人每二百文
炼钢炉	一人五百文	一人三百文	一人二百文
生铁	一人五百文	一人三百文	十人每二百文
焦炭			二人每二百文
钢桶	一人五百文	一人三百文	二人每二百文
钢胚模子	一人五百文	一人三百文	三人每二百文
夜工		一人三百文	二人每二百文
装料搬运	一人五百文	二人三百文	五人每二百文
手车		一人三百文	三人每二百文
烘炉	二人每五百文	四人每三百文	四人每二百文
轨轴	二人每五百文	二人每三百文	六人每二百文
搬轨		一人三百文	五人每二百文

续表

	一等人数及每日工食	二等人数及每日工食	三等人数及每日工食
夜工		一人三百文	二人每二百文
压轨	二人每三百文	二人每二百五十文	八人每一百八十文
磨轨		二人每二百五十文	三人每一百八十文
钻眼		二人每二百五十文	三人每一百八十文
搬运		一人二百五十文	三人每一百八十文

制造总董云：查本厂小工例给每日一百三十文，俟工艺娴熟，然后提升。长工始则月给四千五百文，后渐加至六千文，循序而进，不容躐等。厂中激劝工作之微权实寓于此。今德培欲以尽人之能为之打扫、挑炭等小工工食，驾乎工艺娴熟之长工上，如此办理，不惟以金钱掷诸虚牝，且恐掣动他厂长工欲加工食也。

锅炉匠头　二人　每四百文

生火匠　八人　每二百文

汽机匠　二人　每四百文

加油二人、吹风一人、压汽升机一人，每人一百八十文。

制造总董云：加油及升机二役虽不必上等手艺工匠，然必熟手为之，方免偾事。今其工食，令与尽人能为之打扫夫同，讵可谓之公允。

修理机器匠头　一人　八百文

修理机器匠　一人　六百文

修理机器匠　二人　每五百文

小工　二人　每二百文

轨轴开车一人四百文，现每月六十元之多。

制造总董云：开轧机车匠月给六十元，诚嫌过大。惟因前者德培言非洋匠不能充此役，故选手艺较优者充之。今德培既嫌六十元之工食太大，何从前欲用绝大工食之洋匠乎？其不顾自相矛盾往往如此。

加油　一人　二百文

打扫　一人　一百八十文

杂役　五人　每三百文

打铁匠头　八百文

铁匠　一人　五百文

又二人　每四百文

打匠　六人　每二百五十文

制造总董云：贝色麻厂所用熟铁大件，皆在外厂制造。该厂所造者唯零星小件，故充其匠目者只须次等手艺。今以次等手艺之匠目与上等手艺之机器匠目同一工食，未免偏枯。

谈汝康：马丁炉炼钢用煤今昔情形说

光绪二十二年十一月（1896.12—1897.1）

谨禀者：

前蒙宪台询及马丁炉前次与现在炼钢之成数，用煤之多少，互比之孰省孰费等因。翻译遵即历查一切，旋据华匠首李治平报称，旧时用煤，较之现在多费四五吨，而炼钢止一炉，约八吨左右等云云。伏查马丁炉自去秋改修之后，今春二月间开炉，用热煤气炉四座，需煤多至二十五吨之谱。日炼熟钢一炉，用料九吨一、二，出钢七吨八，或八吨四，合八八折；炼钢一吨，需煤三吨有零。是则煤合三倍于钢，而今则不若此也。用热煤气炉三座，需煤至多二十吨，日炼熟钢两炉，成数如前，合八八折，扯计十六吨，炼钢一吨，约需煤一吨零四之一。前则煤合三倍于钢，今则钢煤对成而零四之一。前次炼钢两炉，十六吨须两日，需煤多至五十吨，今则并为一日炼之，需煤至多二十吨。若欲炼钢四炉，今则止须两日，用煤多不过四十吨，而前则必分为四日炼之，需煤一百吨。互比之下，今时每日较前省煤三十吨，即每吨熟钢之上，较前省去煤一吨零四之三。此系今昔炼钢用煤相比奢俭之情形也。现在所炼生钢，较熟钢用煤稍多，炼钢一吨，约需煤一吨零四之三，然向时并未炼过，其用煤之奢俭，无从辨别也。兹且暂置勿论。

夫以旧匠目之用煤多而出钢少，今日之匠目用煤少而出钢多，人必夸现在匠目之能,而议旧日者为不能。然而现在,其本领固稍强胜,然又不能全咎旧日之匠目为不能也。何也?用煤之省费,大半系于钢之炉数,钢愈炼多,而煤愈省。而炼钢之炉数,权在总管,是应咎总管之不忠也为宜,夫匠目者,所司火候耳。出钢之后,总管不言再炼,虽为时甚早,而匠目决不敢再炼,势必任其虚縻煤炭,此向时之情形有相似也。如总管必欲日炼两炉,虽匠目以为时太促,然不敢不复炼,此今日之情形有相似也。尝闻之西人曰:泰西马丁炉俱日夜炼之,常例五炉,不若此处之止炼日间,而徒縻煤炭于晚上云云。翻译悉心考之,现在第二炉出钢,常在下午三点钟左右,每炉约需时五点钟。若在一日夜二十四点钟之内,赶炼四炉,以时候计之,犹可从容不迫。谁料德培必以洋匠目止有一人,不能日夜工作为辞。是则炉上现有洋匠三人,若止有一人,其余二人不知所司何事。苟日不知火候,是则与我十三四元之华匠何异,何必月费巨款,聘之外洋。或又曰,未能善知火候耳。此则不妨二洋匠分为日夜班工作,配料则让总管,出钢之前,则接洋匠首前来照料,出钢后,任其回寓歇息,日夜炼钢四炉,洋匠首必须到者,止有四五点钟之久。查化铁厂吕柏尽日在厂,而夜间又必到厂一次,互相比之,而炼钢匠首,未得谓之过劳。以现在钢炉用煤情形计之,每日炼钢二炉,需煤二十吨,若炼四炉,一日夜炼之,煤则毋须四十吨,止用三十吨可已,是又省煤十吨。钢愈多而煤愈省,成本轻而获利厚,似当与德培力辨之,不容稍缓。

再,现在所用小工、长工、工匠等,若不严立妥章,匠材何得?势必虽炼至十年,犹须借重西人。兹有章程数条,试请陈之:一曰所用小工,分为日夜班,每班二十名,不得听其早一暮一,务须择其精壮者,取其姓字,填给腰牌,谓之长小工。每名每日一百五十文,一月两领,较现在固每名每日多费二十文,然可使其心不外求,全力工作,久之自纯熟,可不待指挥而后行矣。遇有长工缺出,即可选取前名长小工填补,不必另招生手,此拨补长工之道有矣。至长工亦分日夜两班,每班十人,按名请加三元,满九元之数,以鼓其气,轮烧热煤气炉。至安置钢模,收拾钢桶,以及各项随时帮同工匠工作,不得推诿,每满一年,加洋一元。如有工匠缺出,无须另募生手,挑长工之前名者推补,谅必能从容工作,此拨补工匠之道有矣。所用炼钢工匠,每班须有六人,一为领首,余为散匠。领首须稍知洋语,月给工食洋二十元,每满三个月,考有进境,加洋一元,加至三年为止。散匠按名给予工食洋十六元,每满四个月,考有进境,加洋一元,加至三年为止(盛宣怀批:甚好)。至现在之匠首李治平,习炼有年,则不在此例。

所有炼钢匠六人,务须随时紧随洋匠,偷习察看火候,挽对钢料,以及炼钢匠应学之事。俟他日洋匠将走之时,有匠中明白者,无论其是否领首,概准其试验火候,如能合法,即着其填补洋匠之缺。按月给予工洋五十元,每满六个月,如无误公之处,即应添加洋五元,加至七十元为止。有此鼓励,人无不勉,而填补洋匠之缺,不患无人,不必借重西人。而我匠材自有,此最要者也。

惟总管之责任,似易而难,既非蠢者之能学习,即天分自高者,曾博览群书,备知炼钢之法,如或未在炉前阅历,而临时鲜不偾事。纵不然而欲炼何等之钢,吾知其未必能如愿以偿也。是则若何而后可?或曰,择通晓西语好学上进者一二人,送至外洋钢厂学习,俟其期满回国,再行派充总管,然而能否收效,尚在未知,而数千金之经费已属于乌有。兹则拟一变通之法,请申其说,则曰选择一二人通晓西语而在工厂多年者,派充学习总管,厚给薪银,不时须与洋人讨论,如有所得,即登之炼钢日记。随时考察炉火若何?而可以入料用生铁若干?含何质地,挽对废钢铁若干?何为钢冷、钢热?提磷提磺,用何善法?如何而察考钢之软硬?若何而能炼硬钢、炼软钢?以及种种,俱应留心体会。每炼一炉,务将以上各节详细填注于钢表之上,每炉钢样,编号送验,所化之样,仍送于学习总管,照号分门填明表上。暇时,总管应习化学,并须勤读已译、未译之中西炼钢书籍,如有意会所及,或有议论,即应注于钢表之空白,以质诸有道高明。一炉一表,表满三十,而装订成本,谓之马丁炉炼钢表汇集。惟表式简明,始为合用。至察看学习总管之勤怠,但阅其日记以及钢表上之议论多与少,即可明白。若所论的有可观,想在上者,必另有以慰苦心也。若此之行,不二年后,而自能领炉独炼,可以毋须西人。何也?既有书籍,以广学问,又日日见炼钢以证之。如学习总管,在洋人将走之时,请为试炼,如实能得心应手,即令填实总管之缺,薪银百两。嗣后如无误,或加至百四十两,以示鼓励。此培植人才而免延洋人之一法也。

或曰,所拟工食薪银未免过厚,岂不知后日如真能裁去一洋总管,以现在德培薪水计之,按月即省去二千二百五十马克,去一洋首可省九百马克,并二洋匠尽去之,可省去六百马克与二十八镑英金。而若尽用华人,其值按月不过数百十元。彼此互比,孰为省俭,可以立见矣。似宜熟筹之,以收可有之益,而轻成本也。

尝思铁厂根本,则为化铁厂,而获利则在钢轨,次即为马丁钢矣。余厂虽有利益,究不若此三者之厚。目下凡制造船炮,以及种种紧要之件,莫不购用马丁之钢。而钢之软者,更可假充熟铁以售之,因其接火与铁无异,而更柔硬得宜。况乎马丁炉收拾废弃,一转炼而成精质,成本轻,获利厚,销路广,倘能加意于此,是为铁政幸甚。

翻译自惟愚钝,然自到厂以来,随时随事,未敢怠忽,常加体会矣。兹承垂询钢炉情形,谨将此炉之大略,先行抒陈至此。钢表已拟就一式,如蒙赐览,谨当再为缮呈。琐渎之处,伏希原宥,临禀无任惶悚之至。

翻译谈汝康谨禀

汉厂洋工师、洋匠名单①

光绪二十二年十二月二十八日(1897.1.20)

谨将厂中现存洋工师及洋匠花名列呈钧鉴。

都板(铁货厂轧匠)　查化尼(熟铁匠)　化淡梅(熟铁匠)　简德持(熟铁匠)

以上四名系于九十六年十二月二十六日到期,西历本月即领资回国。

卢柏(化铁工师)　雷考习奇(化学匠)

以上两名系于九十七年二月初一日到期。卢拟订留,雷已知照不留。

---

① 此件为张赞宸致盛宣怀、郑官应函的附件。原函未录。

波律（轧轨匠）　卫根（轧轨匠）

以上两名系于九十七年三月十五日到期。

连斯（化铁匠目）　嘉兰德治（铁货厂轧匠）　查美伦（马丁匠）

以上三名系于九十七年四月初一日到期。连斯已知照不留。

拉夫（马丁匠目）　格耳昔纳司（马丁匠）

以上两名系于九十八年五月初一日到期。

马克德（洋文案）

以上一名系于九十八年九月十五日到期。

威德（机器匠目）

以上一名系于九十六年十二月十五日到期，去留未定。

司毛（化学匠）

以上一名系于九十七年正月初一日到期，拟留。

阿林伯路（熟铁匠目）

以上一名系于九十七年四月十二日到期。

卜聂（钢厂工师）　林毛纳（贝厂匠）　门司大（贝厂化铁匠）　马太（贝厂匠）

以上四名系于九十七年五月初一日到期。

哀敷郎子（化铁匠目）

以上一名系于九十七年七月初一日到期。

蒲尼（熟铁匠目）

以上一名系于九十七年九月初一日到期。

古巴司（医生）

以上一名系于九十七年九月二十六日到期。

德培（洋总监工）

以上一名系于九十八年三月十□日到期。

大冶矿石成本[①]

光绪二十三年正月二十九日(1897.3.2)

遵将大冶矿石运至生铁炉止约计成本呈请鉴核。

开局起至年底止共运到矿石二万一千零三十五吨(查稽查处帐)

计开各项经费:

大冶矿局经费　银二万四千两

又　洋三千五百元,七二合银二千五百二十两

又　钱二千千文,八三合银一千六百六十两

楚强、楚富两轮船经费银一千五百两

又　洋六千二百七十元,七二合银四千五百十五两八钱四分

又　购煤价银四千一百三十九两五钱四分

又　领厂煤五吨,三六合银一千八百两(查煤务处帐)

开运、利运、宝乾、宝坤、宝巽驳船洋二千八百四十一元,七二合银二千零四十五两五钱二分

修理轮驳及添换各件每年作银一千两

东码头司事五人薪火钱四百八十一千零六十六文,八三合银三百九十九两二钱八分

又　起重机及机器房机匠洋二千二百五十二元零二分,七二合银一千六百二十一两四钱五分

又　小工起力钱六百五十八千七百八十四文,八三合银五百四十六两七钱九分

又　起重机、机器房二火车用煤约五百吨,三六合银一千八百两(查煤务处帐)

又　一、二号火车机匠工食洋一千一百三十七元六角一分,七二合银八百十九两零八分

---

① 此件为郑官应致盛宣怀函的附件。原函未录。

又　长、小工钱二百三十七千四百六十四文，八三合银一百九十七两一钱

又　小工头工食钱六十四千，八三合银五十三两一钱二分

大冶局及东码头领用物料合银四千四百三十六两（查储料所帐）

共计银五万三千零五十三两七钱二分

每吨合银二两五钱二分二厘零

光绪二十二年四月至十二月

生铁成本①

光绪二十三年正月二十九日（1897.3.2）

遵将生铁炉去年十二月份全月所出生铁约计成本呈请鉴核。

十二月份共出生铁一千九百三十五吨（照报单）

计开支用钱文料件：

焦炭一千九百五十六吨，每十二两，合银二万三千四百七十二两（照报单）

矿石三千四百七十四吨，每二两五钱二，合银八千七百五十四两四钱八分（照报单）

锅炉、打铁房用煤五百五十吨，三六合银一千九百八十两（查煤务处帐）

修理机件及梓油汽油灯油各杂料等件每月作银一千五百两（分管章估定）

洋匠三人一六二镑合银一千零八十七两五钱六分

员司薪火合银八十二两

火、钓车各一部机匠工食合银五十八两

炉口长工钱五百二十千零八百五十文，八三合银四百三十二两三钱一分

---

① 此件为郑官应致盛宣怀函的附件。原函未录。

工头、小工钱八十六千文,八三合银七十一两三钱八分

筛摘捡挑抬焦炭小工钱二百八十千零五百四十,八三合银二百三十二两八钱五分

共计银三万七千六百七十两零五钱八分

每吨约合成本银十九两四钱六分八厘

盛宣怀致郑官应函

光绪二十三年二月初四日(1897.3.6)

陶斋仁兄大人阁下:

顷接比国驻汉领事来函,请延用比国考甫铿厂洋匠为铁厂总监工,并由该厂开来应用洋匠名目单一纸。兹特一并抄呈,即希察收备阅。此请台安不一。

愚弟盛宣怀顿首

[附件] 汉阳铁厂应用洋人名单

汉阳铁厂应用洋人单(此单由考甫铿铁厂翻出)。

总管汉阳铁厂工程一员,月薪一百镑至一百五十镑。化铁炉洋监工一员,月薪六十七镑至八十三镑;洋匠二名,月薪三十镑至三十四镑。化学兼焦炭炉洋匠一名,月薪三十镑至三十四镑。

炼钢洋监工一员,月薪六十七镑至八十三镑。贝色麻炉洋匠二名,马丁炉洋匠二名,拉铁洋匠二名,以上三项工匠月薪三十镑至三十四镑。车机洋匠一名,月薪四十镑。

熟铁炉洋监工炼钢监工兼管,洋匠目一名,月薪四十八镑;洋匠一名,月薪三十镑至三十四镑。

以上所开系汉阳铁厂应用人数,拟将已经在厂者留工,其缺者由外洋聘补,为在厂者工程情形已熟,且外洋来往川资甚巨。至于新聘之人,可照单给薪。再者,厂中只可用同国之人,彼此均见合意。

徐庆沅：熟铁各项工料、煤数及贝色麻钢成本清折

光绪二十三年二月初五日（1897.3.6）

谨将熟铁各项工、料、煤数及贝色麻钢成本缮呈钧鉴。

计开：

熟铁胚

生铁　二十五两

煤一点七五吨　六两五钱（三两七钱一吨）

工　二两

料　二钱

共三十三两七钱

铁货（圆扁方）

三分至五分扯

胚七七折　四十四两

煤二点五吨　九两二钱五分（三两七钱一吨）

汽炉煤二点五吨　六两二钱五分（二两五钱一吨）

工　四两

料　三钱

共六十三两八钱

六分以上拉

胚八一折　四十一两六钱

煤一点四吨　五两一钱八分（三两七钱一吨）

汽炉煤一点四吨　三两五钱（二两五钱一吨）

工　三两

料　二钱

共五十三两四钱八分

铁板胚

毛胚九折　三十七两五钱

工　二两半

煤　五两五钱五分

共四十五两五钱五分

铁板

胚八五折(本有九折,边作半价,合成八五折)

五十三两六钱(剪下之边作五折)

煤一点五吨　五两五钱五分(三两七钱一吨)

工　三两

料　二钱

汽炉煤　三两七钱五分(二两五钱一吨)

共六十六两一钱

以上之数大致如此,如煤质不能一律,价即稍有高下。

附贝色钢约价

生铁　二十五两(每吨作银二十两)

锰　一两五钱

工　一两二钱

煤　二两六钱

焦炭　三两五钱

杂料　二钱

共合三十四两

以上估价不用洋匠,如用一洋工师,每吨加银五钱。

出钢数目①

兹将丙申年四月十一起至年底止本厂所出钢料缮呈钧鉴。计开:

贝色麻厂

七月份念五起念八日止,计三天。八月份初一起十一日止、十七起十

---

① 此件为郑官应致盛宣怀函的附件。原函未录。

八午止,计十二天半。九月份初六起十一日止,十四一日,计七天。

统炼出钢筒一千零三十三筒,计七百零八吨零一百二十五已罗。又,废钢计二吨零四百五十已罗。

钢轨厂

七月份念五起至念七夜止,计三天。八月份初一起至十三日止、十六起十八止,计十四天。九月份初六起至十一日止,十四、念八两日,计八天。十一月份初十起至十五日止,计六天。十二月份十六起至念一日止、念三起念六午止,计九天半。

统轧成钢轨四百八十七吨半零二百二十八磅。又,条坯等四十三吨零三百六十三磅。又,废钢等一百零七吨半零四百零六磅。又,马丁条坯四百零七吨零三十七磅。四共轧成一千零四十五吨零一千零三十四磅。

马丁厂

九月念七日开炉至十一月十五日止。

统供炼出钢筒五百五十九吨六百四十七已罗,除已送钢轨厂轧条坯四百零七吨零三十七磅,尚存原坯钢筒一百五十二吨六百二十八已罗。

密楷致盛宣怀函
光绪二十三年二月(1897.3)

盛大人钧鉴:

敬禀者,本月十五日面陈拟造大冶化铁炉情形,并汉阳厂铁炉每月出铁数目,承谕具录呈览。按日前奉吕柏所拟新式化铁炉图样,计炉两座,每炉每日可出铁一百五十吨至二百吨,每次开炉可出铁三十吨左右,此炉之布置以备烧白煤或烧焦炭,惟大人酌夺之。据吕柏估算,用白煤每吨铁约合银六两;用中国上等焦炭,每吨铁约合银七两;其一切起造工料,约需银五十万两。此费不过五年,即可收回,以每炉每年尽有二十余万两之出货也。计两座炉所应用材料约重四千吨,设由比国运来约需运费五万余两。吕柏嘱为代禀大人,若能于招商局派船到翁拜司(比国海口)运此材料,吕柏许装满此船,不令空行,于招商局亦有利益。至拟造此炉工程内,又备有卧式生风机三架,一留备用,每机每分钟可生风七百迈当立方。以现时而论,有两座铁炉,尽可敷用。若建造多座,费用自省。使此炉能靠山而设,则一切自行上下汽机皆可不用,但作一条悬空铁道,令矿苗及煤炭直运至炉口上倒入,更觉省事。吕柏又称,敢保此项工程需时不多,并不至较诸欧洲更费矣。肃此。敬请

勋安

密楷谨上

附呈汉阳厂化铁炉自一八九四年六月二十八日起至一八九七年正月三十日止,所有出铁数目:

一八九四年六月二十八日至八月十五日共出铁一千八百吨;九月初三日至三十日共出铁一千一百九十二吨;十月初一日至十一月初一日共出铁一千六百四十三吨。

此时焦炭缺乏,乘停工之日以办修理工程。

一八九五年九月十六日至三十日共出铁五百三十九吨;十月份出铁一千六百五十六吨;十一月份出铁一千九百三十八吨;十二月初一日〈至〉初五日共出铁二百二十六吨。

自九月十六日起,十二月初五日止,所用焦炭,含炭灰百分之二十至三十,含磺百分之五,此时炉工停止三个月,至明年三月间始起。以下所用焦炭,含炭灰百分之三十至三十八,含磺百分之五。

一八九六年三月份出铁七百一十八吨;四月份出铁一千零三十五吨;五月份出铁一千三百七十二吨;六月份出铁一千五百六十吨;七月份出铁一二七百二十三吨。

由七月起所用焦炭,含炭灰只有百分之十五至二十,含磺百分之零五至一。

八月份出铁一千四百四十八吨;九月初一日至初三日共出铁一百二十一吨。

此时德培建议拆毁铁炉,而吕柏主议暂行停工两个月,因此炉工停止两个半月。厥后定议开工,其所用焦炭含炭灰百分之八至十五,含磺百分

之零五至一。

十一月十五日至三十日共出铁一千零一十六吨；十二月份出铁二千零六十三吨。

一八九七年正月份出铁二千零一十四吨。

由二月起复用下等焦炭。

附论矿苗：

查大冶从前所出矿苗含磷零一五，将此化铁，其铁含磷零二，此等铁用之炼钢，嫌其太硬。中间有来甚好矿苗，含磷只零零三，化出之铁含磷零零五，此铁合炼贝色麻钢。近日所来矿苗，磷质又有零一五之多，以之炼钢，又不合用。

郑官应致盛宣怀函
光绪二十三年二月二十五日（1897.3.27）

敬肃者：

二十、二十二密寄两缄，谅荷赐复在途矣。二十二日奉二月十三日第六号惠缄，祗承一一。应在厂愧无报称，乃承公逾恒之爱，铁路总董不准推辞，并谕以汉口分局亦即命应兼办，尤切悚惶。近日心情厌烦，为《苏报》谤毁一事寝馈不宁，此事如荷公一为援手，尚有安心办事之日。如置之办法，只可乘轮返申挺身而出矣。

贝成本一节，今将钢厂分管谈汝康所呈说贴二件呈阅。

昨接萍乡公信一封，呈祈查览，应如何复之，尚望速示遵行。此固萍人妒忌多事，然为洪昶者亦当联络驾驭，自保令名也。

金达桥梁材料已寄公平船送津。许分董寅辉所呈钢厂条陈，已交提调考究采用。沈霭沧白煤说贴已捧读。此事吕柏云前试白煤不过几成，几乎误事，断不敢再试，因风力不大，此厂无用白煤之炉。堪纳地亦云不能用。似可毋庸置议。周舜兄已到，现与徐芝生商酌办法，如何情形，容后再达。

铁路地事，似宜早定购办，因自出示禁售之后，倒填年月转售者愈多，

惟有饬县暂停税契一法,然总难免阳奉阴违也。专渢,肃请

勋安

官应谨上

郑官应致盛宣怀函

光绪二十三年二月二十五日(1897.3.27)

敬肃者:

钢厂谈翻译论德培误工情节颇畅,寄呈钧鉴,以备一说。既德领事不能令其返沪,当请总署告德公使饬渠遵照合同办理。克虏伯信已发否? 肃此,敬请

勋绥

官应谨肃

外呈谈翻译来折。

[附件一] 谈汝康:统合二十二年度钢厂商办成本说帖

谨禀者:

贝色麻厂、钢轨厂、马丁厂三厂自去年四月十一归商办之日起至年底,所用一切开支以及物料生铁各项约价结总、扯合成本,理应另折逐项约明,缮呈宪核。

今查通盘合算之余,钢轨每吨值银一百五十三两五钱有奇,条坯每吨三十五两,废钢钢轨头等每吨三十两,马丁条坯每吨四十三两,而未轧之钢筒每吨竟值一百十二两六钱八分有零。推求成本所以若是之重,皆由总管不力所致。夫思延请总管之初心何等慎重,居以华屋,享以厚禄,托以全厂,爱敬备至。下则惟命是从,莫敢有忤。此皆为铁政之起色全恃此人。凡为总管者思何以能报称之!

忆草创时,英人贺伯生有为者也,嗣以骄慢而被逐。继以矿师白乃富替之,用非所长,不无靡费。后来之接其事者,即为今日之德培。优异待之,必以为钢铁之专门,挽回是易。岂知其急急不惶者,惟恐人之不知其为

总管,身价妄高,日以殴辱暴怒为事。即洋匠亦鲜有相契合者,辄以不恢其意请去之,另招德匠以补之,只知树立私党以长声势,至钢厂如何整作,则非所计也。每日来厂一二次,怒容冷面,令人难堪。常哓哓者无非细故,而厂中之炉冷机停,若无所事,更有非纸笔所得尽宣者。若此,官办亦难持久,况现商办之局面乎!有以成本询之,则茫然无对;即有言,无非信口雌黄。乌用是总管为哉!

窃思所以创铁政,原为津汉之钢轨,是则炼铁厂,首为铁政之根本。然而赖以支持者,则全在夫钢轨出货多、销路广,或可不致亏折。今熟思成本之所以重,其故甚夥,且请陈其一二。

一曰厂基未得其宜也。夫钢厂为诸厂之首要,自应处于化铁厂之左右,最妙则莫于起于大炉之前、出铁之后。即将流质红铁直送钢厂,一再吹炼,即成钢筒而轧轨矣。如不及,再化冷质生铁一二炉接之。此比国有是法也。搬运省而杂费轻,时刻减而炼钢多,关系岂浅!而此则不然,寻常之熟铁等厂则紧接大炉,最要之钢厂则远处厂梢,几与枪厂为比邻,转辗多、时刻费,较紧接大炉者孰省孰费?而钢厂所以不易起色,此或亦其一端。然皆前总管不善布置所致也。

二曰雇用洋匠太多。原夫雇用洋匠,以中国暂时无人而招致之,月费巨金。凡为总管者宜如何育人才,去洋匠,节经费,即所以轻成本。何独为总管者鲜有以此心为心!徒知招雇其本国洋匠为事,未闻裁退以省经费也。查钢轨厂每月洋匠费约三千金,贝钢厂千余金,马丁厂不下千金。譬诸钢厂即有利益,一经扣给,虽有利而仍似无矣。况日见亏折,其将何以堪此!此钢厂未尝不因此亏折,是其二也。

三曰久停工作。伏思去年商办至年底,计八阅月零二十日。贝钢厂止做二十余日,钢轨厂四十余日,马丁厂六十余日,闲时多,做时少,成本自重。即废钢等值亦颇昂,销诸市上或售之官局,恐未能如愿以偿。为总管者宜如何画策何术而可以接连工作,如何而可以不旷时日,若何变法而炼钢快速,如何而可以减轻成本,奈何一不出此!可知停炉一日即成本加重一日,一任其炉停厂静,不顾成本之加重,而钢厂所以之亏折,此其三也。

四曰虚糜岁月,不速振作。夫总管者综理厂务,亟应条陈布置,务期尽善而后已。至已有之器具,理应按时工作,如六十、七十磅之钢轨是也。出货多,成本自轻,未闻有货而无销路。犹之生意,货足然后销路广,岂有无货以待销路!忆去年津汉钢轨之尺度未知,而别项亦不作,天下宁有是理哉?如器具不善,譬诸贝厂之生铁炉太小,化铁吹风之机之力太薄,钢轨厂压轨刮头等机之不敷用,轨轴大者之尚无,或添置,或改造,俱总管早宜筹及之。讵知至年底依然无变改。此钢厂所以亏折,此其四也。

又曰修轴需匠,势所然也。招致华匠一名,先做样板家俱,送往德培验看,未审如何而曰不合,必招德匠而后已。迨来时悉照前样车修,一无能耐。此每月四十五镑,非又掷之于乌有之乡耶!

种种谬戾,莫可尽言,兹则叙其著者而已。兹值合计成本,冒昧及之,尚祈原宥,不胜惶悚之至。

谈汝康谨禀

[附件二] 谈汝康:二十二年度钢厂商办约合成本报折

谨将光绪二十二年份四月十一日归商办之日起至年底贝钢厂、钢轨厂、马丁厂三厂所用员司华洋工匠小工等薪水工食杂费以及购用各项物料价值,并将所出钢若干吨数扯合成本,理应逐项约明缮呈鉴核。

计开:

贝钢厂计共做二十二半,钢轨厂计共做四十天半日,开支项下:

一、支洋匠炼钢师薪水盘川等约四千五百五十七镑,六两五,合银二万九千六百二十两零五钱。

一、支员司薪水伙食每月约五十二两零一分三,共合银四百六十八两一钱二分。

一、支各匠艺徒工食每月约六百九十五两二钱八分六,共合银六千二百五十七两五钱七分半。

一、支长工小工杂工等工食每月约二百二十三两三钱四分,共合银二千零十两七分六厘六毫。

一、支煤炭除划铁货厂报一千七百十八吨三,实用煤三千二百二十八吨九,三两六,合银一万一千六百二十四两零四分。

一、支用生铁七百九十六吨零七百五十己罗,二十两,合银一万五千九百三十五两。

一、支用焦炭一百八十四吨二十己罗,十二两,合银二千二百八两二钱四分。

一、支用白石八吨四十五己罗,二两五,合银二十两一钱一分二厘半。

一、支用锰铁锰精沙铁废钢共十六吨四百零五己罗,合银六百十两一钱二分。

一、支用修理机器、翻铸钢模每月约一千两,共合银八千六百六十六两七钱。

一、支用洋火砖泥水木工,约合银三千四百六十六两七钱。

一、支用库房各料约合银二千六十九两九钱六分三毫。

以上共计银八万二千九百五十七两一钱三分四厘四毫,除马丁厂应贴还钢轨厂烘轧马丁条坯所用煤炭人工杂费每吨银八两,计四百七吨零三十七磅,合银三千三百五十七两零三分六,应划归马丁厂项下外,实在约支银七万九千五百九十九两七钱七分四厘四毫。统共炼成钢六百三十八吨九百九十七磅,计轧成钢轨四百八十七吨二百二十八磅,每吨扯合成本银一百五十三两五钱五分三厘一毫,合银七万四千八百五十八两六钱八分二厘四毫;轧成条坯等四十三吨三百六十三磅,每吨扯合成本银三十五两,共计银一千五百十两六钱五分二厘。

轧成钢头废钢等一百七吨半零四百六磅,每吨扯合成本银三十两,共计银三千二百三十两四分四厘。

以上三共合银七万九千五百九十九两七钱四分四厘四毫。

马丁厂开支项下:

一、支洋匠工食盘川约一千另六十六镑,六两五,合银六千九百二十九两。

一、支用司事薪水伙食银一百十四两五钱八分。

一、支用工匠长工小工工食合银一千一百九十八两七钱五分二厘。

一、支用生铁一百九十一吨零七百八十己罗,碎铁一百九十五吨零七百十己罗,二十两,合银七千九百三十五两二钱八分。

一、支用东洋煤等八百八十九吨,四两五分,合银四千两五钱。

一、支用贝废钢钢头一百五十一吨四百七十己罗,三十两,合银四千五百四十四两一钱。

一、支用石灰矾精共合银一百六十二两八钱九分八厘。

一、支用矿石五吨七百八十己罗,二两五,合银十四两四钱五分。

一、支用沙铁矽铁锰精锰铁六十八吨零二百八十五己罗,合银二千六百三十七两三钱。

一、支用库房物料约三百三十五两六钱八分五毫。

一、支用修炉翻铸钢模约一千三百两。

一、支用修炉洋火砖约六千块连碎运费每块三五,合银一千五百十二两。

一、支用泥水木工等约合银六百六十四两四钱。

一、支认还钢轨厂轧坯贴费银三千三百五十七两三钱六分。

以上共支约银三万四千七百六两三钱五毫。

统共炼成钢五百五十九吨六百四十己罗,轧成条坯计四百七吨三十七磅,每吨扯合成本银四十三两,共计银一万七千五百一两六钱七分一厘九毫;未成条坯钢筒一百五十二吨六百二十八己罗,每吨扯合成本一百十二两六钱八分二厘八毫,共计一万七千二百四两六钱二分八厘六毫。以上两共约银三万四千七百六两三钱五毫。

林佐呈盛宣怀折

光绪二十三年二月(1897.3)

谨将去今两年饬查各矿开呈宪鉴。须至折者。计开:

一、奉查陈家山铁矿,据土人云尤胜于铁山各矿,直约半里许,横亦约半里许,先时山主不肯出售,经卑职与运道委员张丞世祈再四筹商,饬令徐绅映丹往乡多方开导，山主遂至卑县呈献。当与张丞商议由局给价五百余串，饬领具结在案。现四至俱立有界石，并谕令三十里之内不准私买私卖与民间开挖有碍官地。此处离盛洪卿铁路约二十里光景，将来出矿转运较易也。

一、奉查华兴煤窿毗连飞鹅官窿，先时被署保安汛外委陈龙等冒称官办，先后占挖，术哄华永顺等借钱数百串，缠讼近一年。卑职一再传讯，因碍有陈龙把持，未能了结，不得已禀奉督宪饬委朱守滋泽下县会同查办，遂将陈龙禀撤，方得将窿封闭，并将同伙之人押究。迨后该山主情愿将伊做成出煤窿口，并窿口外所搭栅厂以及有煤花地一并呈献归局，以赎前罪。卑职当与运道委员张丞世祈等筹商另赏给地价钱六十余串，今则均归局中，不至再有他虞。

一、准张丞移知高椅山拟筹开窿之处，离下陆分局约二里许，其山高耸宽阔。自生员王凤翥等上控后，卑职当即传讯，并将该生先行移学注劣严为申饬，正拟详革究办间，该生自知悔悟，情愿将全山呈献，听局开挖。俟煤合用，或租或买，再行酌量赏给价值，今仍照常由局开挖。

一、准张丞移以藕塘煤矿闻煤质尚佳，饬令吕巡检德和先为踩勘明晰，再行办理。卑职当即会同张丞饬令吕巡检暨徐绅映丹带同弓丈绘匠前往查勘。兹据吕巡检等禀称，该处煤窿从前民人俱傍山开挖，现据扦头指称，傍山处掘挖已尽，山下之田尚有煤质可挖。经吕巡检等再三开导各里绅，该绅等现俱具禀呈献前来，听局开挖。但地势较低，车水用费甚巨，而煤层厚薄亦尚无把握，是以未敢遽行办理。

一、准张丞移知五福窿闻产有佳煤，饬令吕巡检德和往勘。兹据吕巡检勘明该处煤窿前经土人开挖，半系块煤，嗣因开不得法，窿倒水溢，已由吕巡检暨徐绅详绘地图，禀请运道局查核。

一、准张丞函知开办侄儿窝煤矿，见煤尚好，后因生员周礼上控，奉札查复，卑职当即传讯未到，遂将该生移学注劣，一面传讯，一面谕饬吕巡检暨徐绅前往查勘。兹据该生禀称，伊实不知是局中委员开办，竟以为他人将伊山私挖，以致怀疑上控。今愿将伊山向左沥无坟之处一并呈献，听局开办,已在县具禀有案。现已移知张丞邀免究办。

一、奉查碧石渡太尉垴系陈殿春在厂呈禀愿自出资本开煤献厂,当令徐绅前往逐细确查,绘图禀复。兹据查明陈殿春呈禀开窿之处,系陈姓屋后菜园地基。据陈姓指称,菜园并未出卖,亦未租与,已在县具禀有案。并查菜园地离简姓坟山仅丈许,坟冢叠叠。伊姓亦赴县呈控,细揣春意实不仅在开煤,因离碧石渡五里之地,地名泽林嘴之处产有上上铁矿,土人称是银矿。陈意借献煤为由,实欲先占碧石渡之水路,以便出入,再图开泽林嘴之银矿,借名献局,实为肥己起见。其前在李士办理煤务时,亦多有未善之处,人皆不服,且多畏惧,是以此次往商,陈姓、简姓均不肯私卖,且并未与地方言明,即为朦禀,殊属冒昧。卑职细加详查实与该绅所访相符,遂又与张丞筹商,复令徐绅带同绘匠并认识矿苗之人前往泽林嘴,先将矿苗挖起数石试炼,如果确有把握,再行设法购归局中,以备将来采取之用。

一、余家山据王子樵呈禀督宪开办之处,奉批饬令卑职勘明是否可以准行详为禀复核夺。卑职确细详查,即是去年奉宪谕购买陈家山毗连之处,当时买地之时,即恐有傍山私挖,有碍官地之事,当即禀明并出示晓谕,此山在三十里之内不准民间私买私开。今余家山与陈家山只隔一垅,不到半里之遥,自未便听其开办,拟即据实详禀督宪批令不得开挖,免贻后患。

一、奉查刘映阶等前禀开挖之曹家垴、四分垅尹姓祖山之处,卑职饬令附近举人朱庆年查复,旋据禀与地方坟墓并无妨碍。卑职是以禀请准伊开办,一面出示晓谕。孰料刘映阶等自批准示谕到手,并未在所禀之处开办,即将曹家垴示谕移至大冶之大护力山山脚之下,与原禀请开之处各异,以致各姓往阻,几成巨事。现在不但大护力山下各坟主纷纷呈控,即原饬查复之举人朱庆年等均亦同具禀,曹家垴、四分垅均系武昌地方,并非大冶所辖,乃系刘映阶窃名朦禀,渠等并不知晓。卑职当又饬吕巡检暨徐绅同往确勘。兹据勘明开窿之处,实在大护力山下尹姓地内,并非曹家垴、四分垅之处,刘映阶等殊属谬妄,卑职当饬令刘映阶将前出示谕即日缴销,得免滋事。

以上各节均系去今各姓呈禀奉批查核禀复之件,此外尚有奉查之宝山、象白山、狮子山、胰子垴、戴家湾及卑职等访查之泽林嘴等处,容俟卑职会同张丞确细查明,再行补呈。合并声明。

盛宣怀致克虏伯①厂函

光绪二十三年三月(1897.4)

径启者:

汉阳铁厂业于五月间归我经理,贵处自早知悉。当接办时,所有由德培至各洋匠并与中国前所立合同一切承认照办。今因与德培事多龃龉,特函致贵处,望为凭断。正月二十一日得德培信,闻其不愿管各洋匠,并请立刻销毁前立合同,德培前办各工程与鄙见不相合,既据云拟销此合同,当遂其意函复将合同销毁。但工程不可一日无总司其事之人,当从速设法另请。德培工未满期求支足合同期满薪工,意在无功受禄,殊属无理。所说德培办工与鄙见不合,因其在汉阳厂办理不善以致亏折,今特陈梗概如左。

一、一千八百九十六年七月初六德培来信云:马丁炉无铁碎,并无铁轨两头锯落之铁尾,即须停工数月。后其又告汉阳总办云:无铁碎及铁轨之尾亦可开工,则已耽误数匝月矣,现在接手之新监工,炉内并无须碎铁。

二、一千八百九十六年七月十三日德培来信,拟将化铁炉灭息云云,幸未从其言,只将该炉停止后再开时此炉并无所损,与其原信不符。

三、我未接办之前已闻德培时有殴打工人之事,迨接办后曾谆嘱不得逞凶,乃一千八百九十六年七月十五日德培竟将中国委员推跌梯下,一足受伤,几致溺水。

四、一千八百九十六年七月十六日德培信云:熟铁厂牙轮之牙已坏,只可停工,若换本厂自制之轮无济于事,应候新牙轮运到再行工作。乃后将本厂自制牙轮人字式样者换去前所坏一字形之牙之轮,至今甚属合式。

五、德培云:熔钢炉已极美善,不能再求精美。乃本厂将此炉酌用煤较从前减省。

---

① 克虏伯(Krupp):19—20 世纪德国最大的以钢铁业为主的重工业公司。

六、德培所管熔钢炉兼熟铁厂时计用洋人八名帮理,一千八百九十六年五月至八月,所出熟铁二百零八吨,熟铁条一百二十一吨,钢条二十七吨,所做成熟铁二百零八吨,计已费生铁煤炭薪工材料银八千二百五十五两七钱二分,洋人薪工计二千九百五十五两三钱,照此计算,每吨熟铁需本银五十三两九钱。又熟铁条一百二十一吨,计费熟铁煤炭薪工杂料银一万一千二百零五两二钱,洋人工资银四千二百四十二两三钱二分,照计每吨熟铁条需本银一百十五两八钱八分。以后此熟铁、熔钢两厂归中国人包造,一千八百九十六年九月至正月所出各料,计熟铁七百二十五吨,熟铁条四百三十二吨,钢条二百二十七吨。计熟铁每吨需本银三十六两五钱九分,熟铁条每吨需本银六十两零二钱六分。又一千八百九十七年二月间所出各料,计熟铁一百八十四吨,熟铁条八十八吨,钢条六十二吨,计熟铁每吨需本银三十一两零二分,熟钢铁条每吨需本银五十两零二钱五分,较前数月成本更减。

七、轨轴用旧之后,本厂雇中国工匠前来修整,该匠制造模样系照外洋寄德培图式,制后就问德培合用否? 德培谓其不合,而并未确指如何不合,或其无所主见,或有心含糊不言,以致卑式马钢厂因无轨轴停工。

八、我自西五月接办汉阳之后八匝月,所出各料计卑式马钢条七百零八吨,卑式马钢片四十三吨,卑式马钢轨四百八十七吨,生铁五百五十九吨。

德培现仍在厂内,其意拟索照合同期满之薪工,否则将各厂公事勒住不交,殊觉诸事掣肘。

贵厂接阅此信后意见若何,请即详以示我。现将德培并德国总领事与我来往信件统行抄上备阅。①

再,洋人连士现已开除不在厂内。此颂

近祉

---

① 信件未录。

汉阳铁厂与帕特勃克续订条款

光绪二十三年三月(1897.4)

一千八百九十六年九月十五号汉阳铁厂与帕矿师曾经订立合同,今拟续订各款列左。

汉阳铁厂允将马鞍山煤矿并各种机器交与帕矿师管办,以四月初一日起,一年为期。其议定办理条款列后。

一、帕矿师须于每一中国月在马鞍山湖边挂路之末端,最少交煤三千六百吨,如遇小建之月,只交煤三千四百八十吨。

二、所有开采费用及一切材料由帕矿师自备,惟机器件头换新并购买新机不在此例。

三、第一条注明所出煤斤,汉阳钢铁厂允准如数收受给还帕矿师每吨汉口通用洋例银一两,按月月底结算。于下月五日内用汉口汇丰收用之中国庄票如数付楚。

四、此合同中所谓一吨者,系一千七百斤,所谓斤者,即中国洋关所定之斤。

五、前合同本订定:"如遇差遣他往勘矿,帕矿师即应遵照。"今更议定:"若因钢铁厂公事离矿,该厂允派施脱郎扼庖代,或别洋矿师,务须帕矿师择定乃可,其每次出差不得逾两礼拜之期。"

六、帕矿师于开采各事,允照最妥之西法办理,所用之各种机器亦应一律照常动作,毋使废坏。

七、钢铁厂可随时派洋矿师赴山查看矿地内外情形,如挖不合法,当即停止合同。

八、遇有不测之事,非可以预料,亦非人力所可阻止者,以致煤矿受损,钢铁厂吃亏,帕矿师不能任其责。

九、马鞍山煤矿帕矿师并帕矿师之财产,钢铁厂允为保护。

十、帕矿师仍照前合同按月准支薪水英金六十镑。

十一、马鞍山现有之材料帕矿师以为合同而用者,其售价预为估定,按月由钢铁厂扣回。

十二、此续订之约以一年为期,如期满不再展期,当于三个月前预先关照。否则仍照约办事,直至不论何时关照之后三个月再行停止。

张之洞、盛宣怀致王文韶电

光绪二十三年三月十九日(1897.4.20)

鄂厂造轨以煤为主,开平运焦易碎,苦难接济。去年佑帅商调邝荣光勘得湘潭煤矿甚好,假旋天津而中止。洋矿师未便赴湘,只得仍借邝荣光一用,乞仍饬迅速来鄂,以便派往湘潭等处,赶紧开办。感甚。洞、宣。效。

铁厂日需焦炭、萍煤约数①

光绪二十三年五月十八日(1896.6.17)

兹将洋匠及各董核算各厂日需好煤、焦炭约数列呈钧鉴。

贝色麻日工每炉用焦炭一千二百八十启罗(每日头一炉加焦炭六百四十启罗),每日约炼十炉,共用焦炭一十三吨四百四十启罗。做夜工照日工计,一昼夜约用焦炭二十七吨。

化铁炉一昼夜约用焦炭七十吨。

以上两共用焦炭九十七吨,每月约用顶好焦炭二千九百十吨,如有碎屑,皆须剔出。据煤务处潘诚斋等云,照数至少须加不能用者十分之一(郑官应批:加二百九十一吨,共计三千二百零一吨)。连翻砂厂日用六七吨(郑官应批:月需二百吨)。统计月需焦炭三千四百零一吨。查照春间化铁炉报单所报炼贝钢生铁材料数核计,约用开焦十分之六。由五月半起至明年正月望止。计八个月,应用开焦一万六千三百二十吨。

钢轨厂每炉用烘钢萍煤七吨,烘钢炉现开两座,每日约用十四吨,做夜工照日工计,一昼夜约共用煤二十八吨。

马丁厂每日炼一炉用萍煤十五吨,开两炉加五吨,现在每日炼两炉用

---

① 此件原为郑官应致盛宣怀函的附件。原函未录。

萍煤二十吨。

火车、钓车用萍煤约共十吨。

炒铁用萍煤十三吨。

以上四共每日约需萍煤七十吨，每月约需二千一百吨。恐风雨阻滞，必须时存数千吨以备不虞。

张之洞致盛宣怀电

光绪二十五年十一月初十日（1899.12.12）

前铁厂归商承办，议定每生铁一吨，缴官银一两，现日本岁购大冶矿石五万吨，商厂岁获巨款，此利益在铁厂制造之外，似应地方亦同受其益，众论方惬。拟援照生铁例减半，每运铁矿一吨，由商厂分价银五钱归官，以昭公允。至炼铁学堂，乃于铁厂有益之事，似与地方无涉，除咨达外，特先奉商。再湖北矿质，自应在湖北完税出口，前接六月翰电，亦有日本商轮赴石灰窑装载，须由汉关报明估价抽税之语，大冶之下有武穴，系江汉关分关，应在此完一正税，不应至沪新关完税，并祈知照小田切为荷。洞。佳。

张之洞致盛宣怀电

光绪二十六年二月二十日（1900.3.20）

铁厂呈阅尊电具悉。现铁厂与铁局酌拟结稿，其文曰：实结得光绪二十二年四月十一日，汉阳钢铁厂改归商等招股接办，所有机器物件，及各处厂屋，一律接收清楚，册报铁政总局，详报在案。并议定每炼出生铁一吨，捐缴银一两，拟俟寻获佳煤矿后，共设炼铁六炉，每年可出铁约十余万吨，即每年可缴官款约十余万两，蒙湖广督部堂张奏咨亦在案，并非不论出铁多少，每年认缴十万，计自商等接办之日起，至二十五年年底止，共只炼出生铁八万四百七十一吨六百二十启罗，俱有册报可稽，已照预提官本百万奏案，遵预缴银五十余万两，随时缴还。从前官办铁厂所欠华洋各商紧要各款，并划扣枪炮厂所用铁厂钢铁价值，并无余存，是预缴银数已较出铁吨数多至数十倍。至现在出铁吨数，所以不能遽多之故，实因采购焦炭道远价昂,仅开汉阳厂一炉,复兼炉座时常出险,停炼加修,致出铁未能畅旺,须俟萍乡煤矿洋窿告成,运道通达,能以六炉齐开,出铁吨数加增,捐数自可照窦按吨多交,商等亦不致久受亏累等语。是否妥协,请酌定示复。洞。号。

张之洞致盛宣怀电
光绪二十六年三月初一日(1900.3.31)

沁电及铁厂呈阅尊函,具悉。执事拟加结稿语,甚为周妥,请照加。并请于"一律接收清楚"下加"逐件查验物值均属相符,支用各项委无浮冒"字据;"不致久受亏累"下加"所有物值均属相符,支用委无浮冒,暨每年照案应缴银数及预缴过银数合具甘结"云云字样。部文似令分出两结,现拟统叙一结已足,请速酌定缮结咨鄂,以便分送三部。洞。东。

张之洞致盛宣怀电
光绪二十六年五月二十二日(1900.6.18)

箇电悉。当即添派汉阳练兵五十名驻铁厂,万不可停工。洞。

盛宣怀致张之洞函(节录)
光绪二十六年十二月二十一日(1901.2.9)

汉厂承办数年,心力交瘁。今年外洋轨价大涨,非寻常可遇,然综计出入,尚须赔累甚巨。……总之,外洋铁厂成本动辄以数千万计,即如日本新设之厂,名曰铸铁所者,闻其国家亦拨三千万。我厂官商并计不过千万,自难收效。目前只有两法:一照尊议,自添巨本大举;二与外人合办,免其中废。否则必至停工。

汉阳铁厂出洋学习人员甘结
光绪二十八年九月二十二日(1902.10.23)

具甘结吴治俭。

今承南洋公学资遣出洋,学习钢铁厂工艺。以学成为度,不论年限。

学成回华,在湖北汉阳铁厂充当工程师。头两年每月薪水银贰百两,以后每年月加银贰拾伍两,加至肆百两为止。如欲别就,即将所有出洋学费缴楚,方能离厂。如在外洋学业未成而欲回华,亦须缴回学费。

　　具此甘结是实。

具结　吴治俭(印)

父　吴锡祥(印)

保　顾缉庭(签)

　　批注:

　　援照郭承恩例,自回华日起算,在厂报效拾年。

宣统二年十月二十日

汉阳铁厂铁山煤矿公司股票存根

光绪二十九年七月初一日(1903.8.23)

湖北汉阳铁厂大冶、兴国等处铁山煤矿公司,为给发股票存根事。

　　光绪二十二年五月,奉湖广总督部堂张奏明汉阳铁厂及大冶、兴国等处铁矿煤矿,遵旨招商承办,议定章程,截限交接,以维大局而计久远,并将官商议定章程十六条,附奏核准在案。兹蒙督办铁路大臣兼督办湖北铁厂盛,饬派总董先招商股库平足银壹百万两,以壹百两为一股。第一次收银伍拾两,第二次收银伍拾两,便为完全。自入本之日起,第一年至第四年,按年提息八厘。第五年起提息壹分。此系本厂老商,必须永远格外优待。目前额息,如因创办艰难,无可支给,随后必照数补给;如办有成效,余利加倍多派。嗣后气局丰盛,股票增价,其时推广加股,必先尽老商承认,有旧票呈验,方准纳入新股,以示鼓励旧商而杜新商趋巧之习。

　　以上各章程,均于光绪二十三年六月十二日,蒙户部议奏。本日奉旨:依议。钦此。

　　除将股票式样呈送查核,并将章程、息折给商收执外,须至股票存根者。

　　计收到:

吉庆堂名下老商叁股,计库平足银壹佰伍拾两。

光绪二十九年七月初一日,给第一万一千贰百叁号至第一万一千贰百五号止,共叁股。

总董　宗得福(印)　李维格(印)

郑官应(印)　严　漾(印)

盛春颐(印)　杨廷杲(印)

杨学沂(印)　盛昌颐(印)

李维格[①]:出洋采办机器禀

光绪三十年十二月十二日(1905.1.17)

窃司员荷蒙信任,奏派出洋考查铁政,采办机炉,选雇洋匠,为振兴汉阳铁厂之图。当于本年二月二十三日启程,由美而欧,迨事毕回华,于十月二十一日到沪,计阅八月。兹将出洋以来,通筹办法,缕晰上陈,仰祈钧鉴。

甲、生料。铁厂命根,全在铁石、焦炭,故员司将所有生料,带往外洋考验,倘生料不合化炼,则旧厂必须停止,断无扩充之理;如果合用,承炼成钢铁,本轻质佳,可期与欧美争胜,然后放手做去。此员司进退行止,全视生料为断。

伦敦钢铁业名人所荟萃。员司到英,即踵访专家,以考验带往生料,得史戴德者,为一国之望,会同检点各样,由史详慎化验之,得大冶铁石、白石,萍乡焦炭,并皆佳妙,铁石含铁百分之六十至六十五分,而焦炭则等于英国最上之品,其原文说帖,已早呈钧鉴矣。查英国克利夫侍铁石,含铁百分之二十八分,厂矿相连,每吨需价四先令,而运去之日斯班尼牙铁石,含百分之五十分,需十四先令半。德国老来因铁石,含百分之三十三至三十七分,离矿远者,需十四马克。以大冶之石之价相比,胜着自在我操。日本国家铁厂(名铸铁所,明治二十九年开办),购我冶石每吨日金三元,运脚四元,加以驳力杂费,每吨到厂约需七元五十钱,视我就地取材,成本之轻重

---

① 李维格(1867—1929):字一琴,江苏吴县(今苏州)人。时任汉阳铁厂总办。

何如，而使国家尚毅然为之，可以见当今铁政之重要矣。惟我萍焦之价，倍于英德，应从核减耳。

至于大冶、萍乡蕴藏之富，前年据总矿师赖伦说帖云：大冶浮面可采之矿石，约计一百兆吨，以每年采自三十万吨算，可供三百年之用。萍乡平巷浅井可得之煤，约计五百兆吨，年采一兆吨，可供五百年之用。司员在洋时，举以告人，皆以天富中国为贺。

乙、钢质。炼钢有酸法碱法之别，酸法不能去铁中之磷，惟碱法能之。汉厂贝色麻系酸法，而大冶矿石所炼之铁，含磷过多，以致沪宁铁路公司化炼轨样后，不肯收用。谓其含磷多，而含炭少，磷多则脆，炭少则软。卜聂炼钢，减少含炭分数，使其柔软，以免断裂，然柔则不经磨擦，软易走样，其应用若干年者，不及此年数，即须更换，此汉厂贝轨所以不合用也。汉厂鱼尾板等钢系马丁碱法炼成，沪宁公司称为上品。员司博访周谘，并从史戴德之议，决定废弃贝色麻而改用马丁碱法，成效昭著，似无疑义。且改用马丁碱法后，现所剔除之磷重矿石，均可取用，亦一大有裨益处也。

丙、销路。中国铁路，正当发轫之始，各路合同，即有订购料件须先尽汉厂之条。将来即轨件一项，已非汉阳一厂所能供应。至于外销船料等件，亦属一大利源。即以上海耶松一厂而论，该厂常存造船钢铁料件值数十万金，因电洋订购，非两三月不能到华，而此数十万搁本利息甚属不赀。且存料之尺寸，非必用所需之尺寸，剪裁之余，难免糜费。若汉厂能造此项船料，一电订购，应用甚速，尺寸亦可照拉，耶松如此，他可类推。

湖北铁政，苟中国以全力大举，不但东方销路在我掌握，并可运销于美国西滨太平洋各省。盖美之煤铁矿、铁厂均在东省，东西远隔万余里，铁路运脚，每吨约需美金十元；而英国恃美太平洋各省粮食，运粮而往，带铁而回，每吨只需运脚十四先令（合美元三元半，此系中数，有低至八先令，而高至二十先令者）。虽有进口税每吨四元，而尚较自东往西车运为贱。美国松木，为中东各国进口大宗，运木船只，缺乏回载。司员道出旧金山时，运木轮船公司，极欲揽载我之钢铁，每吨运脚美金三元（十二先令）。查外洋商务之所以能愈推愈广者，在多中取利，国中邻近，仍不能尽销，则宁加水脚,求售于海外。美国溢出钢铁,运销于欧洲者,其价反视本国尚贱(美铁厂尽在东省,与欧洲仅隔一海,水运远贱于陆,故舍己之西省,而反以欧洲为溢货之市场),盖贱货得现,犹胜于搁本搁利也。惟汉厂贝钢,磷重炭轻,颇贻口实;非有取信于人之道,销路虽广,仍恐无人过问。

司员早年即闻英国有钢铁船料公估局,英厂所造钢铁船料,均由公估局派人到厂掣验,合用然后打戳,听售与船厂,船成后,造法用料均称合格,公估局始为注册列号发给文凭,船商持凭方能保险,一一钩勒,无可逃免。司员预为地步,汉厂钢铁,计非公估局派人来华验看不可,故在伦敦时,辗转设法商请,幸已邀允。将来有此局员驻验,声价可与洋商齐高,人之购料者,但有公估局员戳记,即不问其来自何厂矣。

运销外国之货,往某国者,即宜选派某国素有声望巨商专销若干年,使其有利可图,方能得其实力,开通销路。至于上海宜择洋商之素与耶松等船厂有往来者,经理专销洋厂之货,另由汉厂自设批发所,即附在该洋商之行内,经理专销华人之货,华洋价目划一,明昭信实。若经手歧杂,一人一价,则混淆紊乱,主顾无所适从,非招揽之道也。

丁、新机炉。生料、钢质、销路三要端,考核已定,于是遂筹及新机炉之事,专注炼造碱法马丁钢、船料、桥料、屋料等货。旧厂向只炼造贝色麻钢轨,除贝炉之外,仅有容积十吨之碱法马丁炉一座,轨轮一副,条板虽亦有轴,具体而微,尺寸略大之件即不能拉造;且马丁钢亦不敷远甚,仅勉供贝轨之附件而已。现所购办者系:

碱法马丁炉两座,每座容积三十吨(旧炉一座容积十吨)。

调和铁汁炉一座,容积一百五十吨(旧无)。

挂梁电力起重机四架,一架起重五十吨,一架三十吨,两架十五吨(旧无)。

挂梁电力压顶钢坯出筒机一副(旧无)。

煤气地坑一座(旧无)。

挂梁电力吊取钢坯出地炕机一副(旧无)。

轧胚轴一副,径四十寸,能轧钢胚至二十寸见方(旧无专轴,借用三十二寸之轨轴,轧胚仅十二寸见方)。

胚轴汽机,实马力七千五百五十四匹(旧即轨轴汽机,实马力三千六百三十匹)。

条轴一副,径三十二寸,能轧工字钢梁至十八寸深,七寸宽(旧轴径最大者二十寸,最小十二寸)。

条轴汽机,实马力一万一千七百零八匹(旧以轨轴汽机三千六百三十匹为力最大,此多八千余匹)。

板轴一副,径三十寸,能轧钢板至三百七十五方尺(旧轴二十二寸,仅能轧三十九方尺)。

板轴汽机一副,实马力七千五百五十四匹。

此外电力运送钢胚机、发电机、电力、水力剪锯机、电灯机等,名目繁多,另造详细清册呈报。

此次购办机炉,全得英人顾问工师彭脱之力。该工师在江南制造局供职二十年,局内钢厂机炉,系其自往外洋订购,始终一手经理,阅历甚深。此次偕同出洋,遍观美英德名厂,司员见不到之处殊多,全恃该工师以补不足,用能采取众长,自开清单,招英、德、美专门名厂十数家投标,复与同在外洋之萍矿总矿师赖伦及聘定之新工师,投标之各厂家,一再讨论辩难,然后分别定断。其正项机轴,司员订立合同,始行启程回华。附属各件及尚在绘图之碱法马丁钢炉(德国名家所绘),留交彭脱代定。以上机炉运保到汉,约共需英金十六万三千一百四十六镑,其详细价值,当列入另造机炉名目清册之内。此次所定正项附件,系向英德美九厂分购,该厂等互相竞争,开价至无可再低,而司员等照此最低之价,复行磋减,又值钢铁奇贱之年,节省尤巨。彭脱、赖伦办事,则实心实力,操守则一丝不苟,数月奔驰,舟车甚劳,无彼二人,司员断不能到此精核处也。机炉明年夏令均可到齐。合同各备三份,一交彭脱,一存汉厂,一呈钧鉴。俟其汇齐,再行汇呈。

戊、新工师。聘定新工师四人,一生铁炉、一钢厂、一轧轴厂、一修理机器厂,均赖伦及前工师吕柏帮同物色而来。合同三年,第一年后,彼此可退,每月薪水五十镑。一年之后,省工省料,多出货物,加酬劳费,每年一百镑至二百镑。二人年内可到,二人年初来华。原议此新工师四人,归总办及总矿师赖伦节制,现赖伦因矿事紧要,不能兼顾。其势只得另聘有资望可信任之总工师一人来华统制,否则华总办内外事繁,又无此中专门学问,必致小省而大亏。盖薪水有限,而工程货物出入甚巨也。前生铁炉工师吕柏,天资敏捷,笃学深思,办事亦有血性。回洋以后,阅历更多,现在德国一著名大厂充生铁炉总工师。近为该厂建一日夜出铁五百吨之大炉,为司员所巨见。该工师确系总核之才,驾驭华洋师匠,可期胜任愉快。吕柏闻我所办机炉精良,甚愿来华赞成此举,月薪二百镑,第一年后,如彼此不合,亦可辞退。新工师德人,吕柏荷兰人,与总矿师赖伦均极融洽,可免从前厂矿洋人之嫌隙。新工师所以用德人者即此意也。吕柏熟悉德法英三国语言文字,将来与铁路各公司交接必大有裨益。

己、新机炉择地。萍乡铁矿难恃,又须接展铁路四十里,需款过巨。即就近在大冶另起炉灶,亦非目前力量所能办,款项有限,惟有凑现成局面,仍就汉阳布置,步步为营,俟销路畅旺,再在大冶推广。此次借款出洋原为挽救汉厂起见,汉厂独立则不足,盖现有机轴,力小式旧,且皆一机数轴,费料费工,除钢轨及附属之件外,能造花色既少而小,以之为官局,而有常年经费则可,以之为商厂,而全靠自养则不可。设厂犹如设肆,货色备者少,而不备者多,主顾不来。旧轴所造钢板,船厂不购,以其短窄,多黄窝钉人工。其他船料、桥料、屋料等大件,无一能造。要知中国本无铁政,此系开从来未有之创局,前创后因,难易不同,凡事必经历磨折,然后知所弃取。然若以新机辅之,则尚有可为,以旧机略加添改,专造小件,而腾出新机专造大件(外洋用轨,年重一年,英已用至每码百镑,中国路轨,难免改重,欲造百镑之轨,惟新机能之),可得相互为用之益。

庚、出货。现有生铁炉两座,日夜出铁一百一十余吨。拟加大总风管,加多炉膛进风管,开用新风机,添造热风炉,日夜出铁至少一百五十吨,多则二百吨。即以一百五十吨计,月得四千五百吨。造成钢货折耗剪截以七折计,月得铁路料、船料、桥料、屋料等货三千一百五十吨。尽新旧机轴之力,日夜可造钢货约一千吨。俟款项周转稍灵,销路畅旺,拟在大冶添设生铁炉,尽收东方钢铁之利,以不负此天富之蕴藏。

辛、成本。在英时,另延名家哲美斯(曾由英国派往美国考查异同),核估出货成本,其说帖亦已早呈钧鉴。所有生料价目,均照萍冶目前之数开示,其余一切,悉本英国常数,以汉厂靡费甚大,不足为凭。据估:

生铁,每吨需本二镑九先令一便士四;

(按哲氏以两炉月出六千吨计算,渠意现有之两炉加大风力,日夜出铁二百吨,至二百二十吨甚易。若照司员从稳估计,月出四千五百吨,则成本尚须加大,而生铁捐、利息、折旧亦未在内)。

钢胚,(碱法马丁)每吨需本三镑十五先令三便士六;

钢轨,每吨需本五镑一先令一便士;

钢板,每吨需本六镑十四先令七便士;

工字三角圆扁等钢条,每吨需本五镑十七先令。

以上核估工料细数,均详于哲美斯说帖之内。哲云:铁石须碎为小块,焦炭含水不得过百分之二等语。司员按铁石碎小,尚易为力,至欲焦炭须不为船户偷盗搀水,则非轮驳得力不为功。

壬、赢余。查汉厂近年所售芦汉铁路贝轨及附属零件各价,除庚子轨价,每吨英金八镑十先令,本年宁沪铁路所购英轨,每吨五镑,涨跌悬殊,不足凭准外,其光绪二十七至二十九三年轨件之价,开列于后:

二十七年每吨

贝轨,一百五十六佛朗二十五生丁,合英金六镑五先令;

鱼尾板,一百九十佛朗七十五生丁,合英金七镑十三先令;

垫板,二百零二佛朗五十生丁,合英金八镑五先令。

二十八年每吨

贝轨,一百六十佛朗,合英金六镑八先令;

鱼尾板,一百九十三佛郎七十五生丁,合英金七镑十六先令;

垫板,二百零二佛郎五十生丁,合英金八镑五先令。

二十九年每吨

贝轨,一百六十一佛郎,合英金六镑九先令;

鱼尾板,一百八十七佛郎,合英金七镑十先令;

垫板,一百八十七佛郎,合英金七镑十先令。

三年通扯中数如下:

贝轨,每吨英金六镑七先令四便士;

鱼尾板,每吨英金七镑一十三先令;

垫板,每吨英金七镑一十九先令。

再以三项通扯,其中数,系每吨英金七镑六先令五便士。

上海瑞熔船厂开来一九零一至一九零四年该厂所购外洋运来钢板等货价目,开列于下:

一九零一年　每吨规元(运送到厂)

钢板,六十一两零四分;

三角等钢条,六十九两一钱五分;

圆扁等钢条,五十四两二钱四分;

窝钉,八十一两一钱七分。

一九零二年

钢板,六十二两八钱一分;

三角等钢条,七十两八钱八分;

圆扁等钢条,五十八两四钱;

窝钉,九十一两九钱。

一九零三年

钢板,六十一两二钱三分;

三角等钢条,六十五两七钱二分;

圆扁等钢条,六十五两三钱九分;

窝钉,一百零三两四钱二分。

一九零四年

钢板,六十两三钱三分;

三角等钢条,六十八两一钱四分;

圆扁等钢条,七十一两七钱三分;

窝钉，七十五两四钱二分。

除窝钉件小，销钢有限不计外，以四年通扯，成本各项中数如下：

钢板，每吨规元六十一两三钱五分；

三角等钢条，每吨规元六十三两九钱七分；

圆扁等钢条，每吨规元六十二两四钱四分。

再以三项通扯，其中数系每吨规元六十二两五钱八分。以哲美斯核估，三项出货成本，扯中之数比较，芦汉铁路及瑞熔船厂，实购轨件板条等价扯中之数如下：

哲美斯核估碱法马丁钢货成本：

钢轨，每吨五镑一先令一便士；

钢板，每吨六镑一十四先令七便士；

工字三角圆扁等钢条，每吨五镑一十七先令。

以上三项成本通扯中数，每吨五镑一十七先令。惟生铁系照日出六千吨之成本核算，每吨二镑九先令七十四便士。今以月出四千五百吨计之，拟每吨加生铁成本三先令，三项通扯，应作六镑。芦汉轨件之价，二十七、二十八、二十九三年中数，七镑六先令五便士，则每吨毛利一镑六先令五便士。月造钢货三千一百五十吨，每年以十一个月出货，计三万四千六百五十吨，共余毛利四万五千七百五十五镑，每镑作汉口洋例银七两五钱，合银三十四万三千一百六十二两半。除生铁捐每吨银一两，每年四万九千五百两（月出生铁四千五百吨，以十一个月算），新机炉本银二百万两，常年六厘计息（照日本借款之息），银一十二万两，钢铁煤焦材料搁本银一百万两，常年利息一分，银十万两，折旧以三十年为期，每年折银六万六千余两，总共余银三十三万五千五百两。净结余利银七千六百六十二两半（以汉口交货而论，则驳力尚不在内）。又以每吨成本六镑，比较瑞熔船厂开来钢板等价，通扯中数，每吨规元六十二两五钱八分，每年十一个月出货三万四千六百五十吨，共计成本二十万零七千九百镑，每镑作规元七两五钱，合元一百五十五万九千二百五十两。售出，每吨规元六十二两五钱八分，共三万四千六百五十吨，售元二百一十六万八千三百九十七两。除生铁捐四万九千五百两,厂本银息十二万两,搁本银息十万两,出运水脚、保险远近通扯,每吨四两(预备运往香港、日本等处),共十三万八千六百两,折旧六万六千两。总共余银四十七万四千一百两。成本元一百五十五万九千二百五十两。共余元二百零三万三千三百五十两。照售元二百一十六万八千三百九十七两,净结余利元十三万五千零四十七两。

若果如哲美斯之言,旧炉改良,两炉月出生铁六千吨(以理论断,确有其道),造成钢货七折,计四千二百吨,每年十一个月,出货四万六千二百吨,每吨通扯成本五镑十七先令,作银四十四两,照芦汉轨件扯价七镑六先令五便士,作银五十五两;又照瑞熔开来钢板等货扯价六十二两五钱八分;再将两价通扯中数五十八两七钱九分,每吨应余毛利十四两七钱九分。以每年售货四万六千二百吨算,共余毛利六十八万三千二百九十八两。除生铁捐六万六千两,厂本息十二万两,搁本息十万两,折旧六万六千两,共余五一三万六千八百两。净结余利十四万六千四百九十八两。

照上核计,赢余并不为巨,所以然者,焦价昂而用之多也。欲获巨利,非在大冶添设一生铁大炉不可,悉照最新之法,日夜出铁三百吨。约估成本如下:

焦炭一点二五吨(每吨作价银九两)　十一两二钱五分

矿石一吨半　一两五钱

白石半吨　二钱五分

厂本息　五钱

搁本息　五钱

折旧　二钱五分

人工　一两

生铁捐　一两

有余不尽　一两

共银十七两二钱五分。售银二十两。每年十一个月,出铁九万九千吨,净余银二十七万二千二百五十两。炼造钢货利愈厚,尽汉厂新旧机轴之力日夜约可造货一千吨。

癸、款项。新机炉运保到汉,前已言之,约需英金十六万三千一百四十六镑。在洋时电禀约需二十五万镑者,系连生铁炉在内。嗣因款项不敷,生铁炉拟暂缓定购。至基脚装配约需四万镑(此系悬拟之数,土工颇有出入),改良旧机炉约需二万镑,约共需英金二十二万三千一百四十六镑。日本借款三百万圆,约合英金三十万镑,除上开二十二万三千一百四十六镑外,约余七万六千八百五十四镑,作银六十万两。新机炉出货在光绪三十二年夏秋之间,打通销路至速一年。此两三年内,必须多备用款,仅此六十万两深恐不能周转,设若青黄不接,则全功尽弃,惟宫保预筹之。

子、旧厂目前办法。贝色麻钢既不合用,马丁炉日夜仅出钢二十余吨,断无开钢厂之理,除生铁炉外,即应一律停工遣散。此外,七厂可停者亦停,以仅供生铁炉修理为度。新机炉未开工之前,专售生铁,跌价广销,虽未必出入相抵,而亏亦不致过巨。所惜者,早年与外洋市面隔绝,且纽于本利,未将南洋各处生铁销路打通,临渴掘井,一时恐不易畅销耳。

丑、责任。此次订购机炉,选用工师,均司员一手经理,久荷知遇,欲委以总办厂务,司员现已无可诿辞。惟旧厂积累,则自系前人之责,司员一概不能接认,兹特坚明要约于前,惟宫保谅之。

寅、事权。用人行政,须有专一全权,宫保既予之,则或有所设施,或有人请求,事无巨细,均须饬由司员议复,再定从违,以免纷歧之病。总办人可撤换,而事权不可不一。惟出入重大,拟请时派专员到厂调查帐据,不先通知。非谓宫保不信任,亦办事宜然耳。

卯、焦炭。庚子辛丑之间,萍矿与汉厂订立煤焦价合同,以三年为期(是否三年记不甚清),生煤每吨洋例银五两半,焦炭十一两,似系宫保所断。其时汉厂售轨,每吨八镑十先令,而今年轨价五镑,外洋焦价视钢铁昂贱为涨跌,以前今之轨价比例核减,则萍矿本重,势不能支。兹持平酌拟,汉厂用焦每吨十两,将来大冶设炉后,汉冶一律九两,此价目也。至收焦付款,亦须照汉厂实用吨数酌定限止。以目前而论,拟月付焦价六千吨,煤价二千吨,其余收数,另登一册,作为代萍收存之数,若尽收仅付,是汉厂为萍矿任搁本之累,厂力如何能胜?

辰、免税。英属坎拿大(北美洲之北)无铁政,国家鼓励商人开设,出铁一吨,津贴金圆一圆。日本商轮行驶扬子江,国家年贴三十万元,行驶湘鄂苏沪,保其官利。外洋国家资助商业者,不一而足。汉厂本系官办,商人辞不获命,勉承艰巨。当今非钢铁不足立国,商人困苦竭蹶,保此铁政,尤应得国家之体恤,拟请暂免生铁捐五年,其进出口税及厘金,拟请永远豁免。

巳、总结。汉厂必有大发达之一日,惟目前三年,必须上下扶持,方克度过此艰危之境。

盛宣怀批李维格禀文
光绪三十一年二月(1905.3)

统核所议,以萍铁难恃,就冶添设新炉,款如不足,仍就汉厂配购新机,专造大件,以供商货之求给。现有生铁炉加大风力,便可日出铁一百五十吨至二百吨,折成钢货尚不足以尽新机轴之力。拟俟销路大畅后,就冶另设新炉一座,以与各国铁市相折冲。虽与本大臣急设新厂新炉之意不符,然事有次序,挽救汉厂,乃能保守铁政,若凌节杂施,必致新未成,而旧先复,所议亦未可厚非。然本大臣与湖广张督部堂坚忍卓绝,无论将来照此商办,或仍归官办,要以必增新炉为断。刻既定议就汉,便须通筹款力,照原禀生铁炉缓办外,现购机价、地脚工程、改良旧炉,此三项约需英金二十二万三千一百四十六镑,日本金钱三百万元,折合英金三十万镑,照应用之数,只余七万六千余镑,而新炉布置至快须二年,打通销路又需一年,旧厂积亏,新货活本,皆仰给于此。即将此三百万金元全数供用,亦尚不敷。矧上年二月,该郎中与张道赞宸会禀厂矿路三项,一一钩连,冒险深入,只得禀请将日本第一期金钱一百万元赶成醴株铁路,经本大臣批准照拨,并咨明张督部堂有案。嗣因萍矿急于归还铁路欠款,乃为萍矿拨用,是此项日本预借矿价,目前只能作二百万元之用。汉厂历年亏折,截至上年十月止,该郎中与张道会呈亏数清折,已折阅银一百七十八万七千余两,又据张道呈送十一月止清折,实结亏银一百八十五万四千余两。此项亏款,商股不多,俱系沪汉各银行庄号通挪应用,月月计息,随时转禀。设如该郎中所议,旧亏悉归前人,该员只管新机,无论仍就汉厂分晰不清,即各庄号阅知,后任不肯接认之言,势必群相催逼,是新未成,而旧仍立败,亦非该郎中所以挽救汉厂之本意也。

该郎中既坚明要约,本大臣自应坦白宣示。目前新机即到,旧厂钢炉已停,断无中止并再耽延糜费之理。该郎中应即日驰赴汉阳总办厂务,督同新订工司布置基脚装配事宜,并将化铁旧炉两座赶紧加风力,务使多出生铁,悉归该郎中一手筹办。张道即于交卸清楚后,专力注重萍乡煤矿及运道轮驳煤焦销路。所有汉厂旧款,新旧兼顾,应用之款,悉系本大臣一人之责,断不使该郎中有内顾之忧。各国工厂调度银钱本有专责,断非总理工程者所能兼顾,自应由本大臣另派专员总理银钱,即轮船电报两公司亦如此也。至本厂用人办事,准如该郎中所禀,给予全权,本大臣必无丝毫掣肘。所请延订吕柏为总监工,即是用人之一端。吕柏前在汉厂,居心似尚忠实,而为人粗率,恐非总管之才。该郎中既有真知灼见,姑准聘用,效与不效,其责成均该郎中一人也。

载振①奏折(节录)
光绪三十一年四月十二日(1905.5.15)

伏查盛宣怀所办各项路、矿,其承用官地,须俟路工告竣始能核报,自是实情。至其承领官款一千余万两,除卢保、淞沪业经奏销外,其余动拨各款,因不免辗转挪移,而大宗拨款亦均奏咨有案。路款自以卢汉为最巨,承办各员,往往视为利薮,因之起家,其不无浮滥可知。……查矿务一节,准盛宣怀函送清单,其总公司承办者,为大冶、马鞍山、萍乡三处。而大冶铁矿、马鞍山煤矿,初由湖北铁政局经理,嗣于光绪二十二年与汉阳铁厂一并奏归商办,所有两矿经费,均由汉厂开支,所采煤铁,除厂中自行取用外,其历售矿价亦归厂帐列收。

查汉厂赔累情形,业经张之洞,盛宣怀迭次奏咨有案。兹准盛宣怀开

---

① 载振(1876—1947):字育周,满洲镶蓝旗人。时任商部尚书。

送清折:计自光绪二十二年四月十一日改归商办起,截至三十年十一月底止,该款项下四十一款,共该洋例银五百零七万八千六百余两;存款项下十八款,共存洋例银三百二十二万四千两有奇;该存两抵,实结亏洋例银一百八十五万四千六百余两。其萍乡煤矿,系盛宣怀于光绪二十四年奏准开办,购机设厂,采煤炼焦,以应汉厂之用。兹准盛宣怀开送清折:计自光绪二十四年三月开办起,截至三十年十一月底止,该款项下二十三款,共该库平银五百七万九千二百余两;存款项下九款,共存库平银一百二十三万五千七百余两;该存两抵,实结亏库平银三百八十四万三千五百余两。综计厂矿两项,结亏至五百六十九万余两之巨,此中底蕴,已可概见。至于历年收支款目,头绪纷繁,彼此缪轕,非旬月所能钩稽。现由前总办张赞宸移交李维格接收,盛宣怀于三月二十一日亲赴汉厂督理交代。所有厂矿一切款项,尚未核定,应盛宣怀俟新旧管理员交代妥洽后,将前后款目截清,另案造报,以昭慎重。

张之洞致盛宣怀电

光绪三十一年十一月初八日(1905.12.4)

连日与湘粤诸绅议粤汉三省铁路条款,所有需用钢轨、一切钢料,鄙人嘱其统向汉阳铁厂订购,不得向外洋购买。惟据粤绅云:粤省运道路远,必须铁料价目核与别厂相同方能遵用等语。钢铁轨料各价只可与外洋各厂比较,如系同价,则必须用汉厂之物,如此方易与众绅商订。尊意如何,祈飞速电示,以便即日定议。洞。庚。

盛宣怀致张之洞电

光绪三十一年十一月十日(1905.12.6)

庚电敬悉。京汉历年所用汉厂轨件,本照外洋运至中国之价目,不能专顾商厂成本,此商务通例,请三省绅商放心定议。宣。卦。

铁良①、唐绍仪②奏折

光绪三十二年十月十八日（1906.12.3）

督办税务大臣兼署度支部尚书铁良跪奏，为遵旨议奏，恭折仰祈圣鉴事。

窃准军机处抄交湖广总督张之洞等奏，汉阳铁厂免税限期将满，恳恩展限，准免出口税厘一折，光绪三十二年八月十四日奉朱批：税务大臣、户部议奏。钦此。据原奏内称：臣之洞于光绪二十二年九月奏明，汉阳铁厂官本重大，请优免税厘十年，嗣经部议准免五年。臣盛宣怀于光绪二十七年九月三十日续经奏准展限五年，扣至本年十一月十一日又届期满，何敢再有渎陈。惟铁厂自二十二年四月招商接办后，迄三十一年一月照该厂呈送帐略，实已折亏银二百余万两，官商交受其困。前奏派候选郎中李维格出洋考察，各国炼冶之法日新月异，不得不添造新炉，改建新厂，以冀多出货而且精。但新厂告成，尚需时日；疏通销路，又须在新厂出货一年之后。而免税之限，转瞬届满。查汉厂之铁，购机雇匠，悉资外洋，视铁成本，已若以重本之货，再为税厘所困，则洋铁来源不能抵制，铁政终难兴盛。合无仰恳天恩，俯念汉厂为造轨制械，兴商杜漏之计，所制钢铁出口、转口以及内地捐销场一切等税，恩准展免十年。等语。

查湖北汉阳铁厂，经该督臣等经营布置十有余年，现在添置机炉加意炼冶，因续请免税，以冀减轻成本，销路疏通，自系为振兴商业，保全官本起见。窃思税、厘两项，列抵洋款，筹备饷需关系，甚为紧要。现方整顿税务，臣等已另折奏请将官用物料一律征税，以并税课。该厂已一再恩准免税，诚未便独示优异办理，致涉分歧。惟铁政为富强之本，南北竞争时代，诚如该督臣等所奏，非钢铁无以立国。该厂所制之铁，凡机械、船舰、路轨、桥屋及一切市面钢铁熟货，皆可取材于兹，与别项商业寻常制造事不同。中国

---

① 铁良（1863—1938）：字宝臣，满洲镶白旗人。时任督办税务大臣兼署度支部尚书、陆军部尚书。

② 唐绍仪（1862—1938）：字少川，广东香山（今珠海）人。时任邮传部左侍郎、全国铁路总公司督办。

各行省，其以西法制铁者，只此汉阳一厂。先后集款已至一千余万两，为数尤巨。还值扩充采铁、疏通销路之际，所有出口税厘等项目，应熟筹事势，酌量变通。

原奏拟自本年十一月十一日免税期满之日起，再请展免税厘十年之处，臣等商酌，拟援照上届办法准予展限五年，以示体恤。俟此次限满后，届时商业已否旺盛，官本已否提清，应如何兼筹并顾，以重国课而符定章，再由该督臣等体察情形奏明办理。

所有遵议缘由，谨恭折具陈，伏乞圣鉴。

督办税务大臣兼署度支部尚书、陆军部尚书、臣铁良
会办税务大臣兼署外务部右侍郎、邮传部左侍郎、臣唐绍仪

盛宣怀致张之洞函
光绪三十三年七月六日(1907.8.14)

汉萍共用工款一千三百余万两，已咨报。商股仅集二百五十万两，除预支日本矿价，预支京汉轨价两项，合银三百万两外，已借商款七百余万两，常年赔利至六七十万之巨，近并重息亦借不到。

张之洞咨盛宣怀文
光绪三十三年七月(1907.8)

为大冶矿山事。

光绪三十三年七月十九日准盛大臣咨开：案查二十二年，湖北铁厂商办章程第九条声明，俟获佳煤矿后，除旧有化铁两炉齐开外，再添造生铁炉数座，以期大举锻炼，保全获利。曾缮单奏奉谕旨钦遵有案，该厂自郎中维格购机回华，改良旧炉，复即订购每日出铁二百五十吨至三百吨之新式大化铁炉一座，是为汉阳第三炉。地脚工程，分投赶办，一俟机器安妥，即须接续添办第四炉，冀与原奏一一符合。照洋工程师预算，第三炉告成，与旧炉并计，月需矿石三万吨，白石、锰石在外；第四炉所需更巨。大冶得道湾矿山蕴铁虽富，然浮面铁石，采取已多，探挖太费工本。风闻东三省总督定

计开办铁厂,闽省则有南湖之商认开铁矿,晋省则有福公司之组织,迟早必办,虽各处均系振兴实业,而中国制造厂绝无仅有专赖铁路为大宗,则减轻成法,只有多购矿山,先就平面开采,以相抵制。惟大冶一带矿山,除商产外,余均由官圈购。查光绪二十七年二月,准贵阁部堂咨,如果铁厂必须扩充开采铁矿,两矿应由官按照原购价值售与铁厂,惟不得将矿售于外人。各等因。具征官商维系,并杜觊觎之用意至为深远。日本制铁所屡商添购,均由本大臣查照合同峻拒,每年不得超过定额十万吨。而汉厂添购设炉座后,自用实系不敷,应请贵阁督部堂俯准查照原咨,将官购矿拨与汉阳铁厂承购应用,并祈饬局查明价值,迅赐见复,以便转饬汉阳铁厂总办李郎中、冶局总办王道勘明界址,备价承领,藉济要需,毋任感激。至石灰窑以上,日本文武官商,常有藉词游历,赴矿屡勘官山,尤属可虑,务请严切杜绝,以顾中国权利,尤为至要,除分行外咨会查照核准,见复饬遵。等因,到本阁督部堂。

准此,当经本阁部堂查明咨复内开,查汉厂四炉告成,需款甚巨,自是实情,铁厂为本阁督部堂手创,自愿始终维持。然官于商,既已格外扶持,商之于官,即不能别思吞并。大冶矿山,有官拨归商之山,有厂自购之山,又有官家另购之山,此三层亟应分别清楚。来咨于铁厂与官家矿山交涉一节,声叙旧案,既未明晰援引证据,亦复挂漏。查来咨索购官山,二十七年本阁督部堂咨会盛大臣,有铁厂如果扩充,即由官照原价售与铁厂,惟不得将矿售与外人,等语。本阁督部堂查前咨既声明不得售与外人,则铁厂自应坚守此义,方能求地方官践转售矿山之约。乃此咨以后,盛大臣于二十五年、二十六年两次订立日本合同,售矿外人;于二十九年与日本再续合同,每年售矿十万吨之多,取价既廉,为期又须三十年之久,曾经外部诘问,本阁督部堂顾全大局,竭力维持,付诸成事,不说之列。惟既将该处铁矿彰明售与外人,则与本阁督部堂前所咨所议全然相反矣。是以盛大臣三十年六月来咨,因将官山商办一层作罢,声明先采商山,设有不足,或须采局另购之山,届时商代官挖,开除公费外,利尽归官,并应与官先订办法等语,经本阁督部堂电复照准。夫曰商代官挖,利尽归官,与官先订办法,迥非二十七年官山商购之议矣。何以盛大臣引证二十七年之案,而于三十年之案置之不问耶?

　　查大冶矿山,官拨归商之山,厂商自购之山,应归于商,官不过问。至官家另购之山,应归于官,商亦不能觊觎,此一定之理。铁厂为本阁督部堂与盛大臣苦心经营而成,本阁督部堂自应统筹兼顾。现在筹定办法,应将官购及商购各山按脉寻矿,深求蕴蓄,不能仅以浮面采取了事,如是方是正办。如果矿脉已尽,即深挖亦不敷炼冶,应俟官家矿山开办,购取官家矿石添燃。届时可以由地方官与厂商另议矿石价值,照前商定办法,如此亦属可行。总之,除以前交付铁矿山外,此外官山不能再听商人垄断侵占,以供转卖之漏卮。如至汉厂实在需铁添炼,商山采尽之时,官山亦绝无勒售矿石与铁厂之理,应以铁厂自用自炼为断。若以官购美富之矿,而大事采取,仅获外洋便宜之价,则所谓失中国之权利者,莫此为甚。此后尚希盛大臣严饬铁厂商人,勿再蹈卖矿与外人之辙,则中国利权可永远不失矣。盛大臣与本阁督部堂之必有同情也。

大冶矿山表

官购归商各矿

尖儿山	铁	康中	烟煤
蕎草林	黑锰	马颈	烟煤
白杨林	黑锰	王三石	煤
铁山寺	铁杂质	凤凰山	煤
纱帽翅	铁杂有钢矿	藕塘	烟煤
油花脸	无矿苗	五福荫	烟煤
老虎嘴	无矿苗	李士墩(飞鹅头)	烟煤
陈家湾	锰	飞鹅尾	烟煤
大冶庙	前宋曾就此处鼓铸工中厚镶铁屎	华兴隆	烟煤
		中山脑	烟煤
铁门坎	铁杂有铜矿	株树下	烟煤
余家村又息银坂	白石,中含有夥数铅质	道士㳇	烟煤

续表

尖儿山	铁	康中	烟煤
		白峰尖	柴煤
陈家山	苗似麻石，内略略有光黑色类铅质	明家湾	柴烟，间有烟煤

以上各矿或因出苗不旺，或因含有杂质，诸多停办，历经前大冶县调查列表呈报有案。

官购未交各矿

象鼻山	铁	四顾山	柴煤
老虎尾	铁		
鳏鲅地	铁		
方家山	黑铁		
尖山儿（属北乡东山堡）	铁		
尖山脚	铁		
北窿头	铜		
王家山	洋泥石		
松秧坪	多罗密银引		
铜绿山	铜		
石白山	铜		
余家山	铁		
猪头山	柴煤		

官封未交开各矿

李家冲	烟煤	白峰尖	柴煤
大王山	烟煤	纱帽山	煤
四耳海	烟煤	李家湾山	柴煤
童子脑	柴煤	土地庙山	煤
陈石木桥	烟煤	猫子肚	柴煤
高桥山	柴煤	滥子窿	烟煤

续表

李家冲	烟煤	白峰尖	柴煤
牛角山	柴煤	徐滨窿晢	柴煤
株树坽	烟煤	枫树湾	柴煤
杉树岩	烟煤	圣洋港	柴煤
走马山	烟煤	水竹包	柴煤
石炭洞宝岩	柴煤	堵城机	煤
冲天凤	烟煤	猫儿矶	煤
阴山沟	烟煤	竹木头	柴煤
磅蟹壳	铜	太平庵	柴煤
桂基坪	烟煤		
陈家湾	烟煤		
仙机山			

盛宣怀奏折(节录)

光绪三十四年二月(1908.3)

　　查自光绪二十二年五月奉饬招商接办起,截至三十三年八月为止,铁厂已用商本银一千二十余万两;煤矿轮驳已用商本银七百四十余万两。其中老商股票,由二百万加股共成五百万元,合银三百五十余万两;商息填合股票银七十九万五千两;公债票银五十万两;预支矿价、铁价、轨价约合银三百余万两;其余外债、商欠将及一千万两。抵押居多,息重期促,转辗换票,时有尾大不掉之虞。

二、萍乡煤矿的勘采

（一）早期的勘测与开采

张之洞札挥积勋文

光绪二十二年五月十八日（1896.6.28）

为札饬事。

照得湖北汉阳铁厂，本部堂经营有年，各种铁炉、钢炉、煤井早经次第告成，冶炼钢、铁均能精好如式。现值筹办铁路，制造枪炮，需用钢铁甚多，亟须添开炉座，大举冶炼。查炼铁所需以煤为大宗，而煤之体质不一，尤以无磺、无磷能炼焦炭者为上品。湖北产煤之区，历经考验，多属磺气过重，未尽合用。即马鞍山自开煤井，出煤虽旺，炼成焦炭，仍须掺合无磺之煤，方能炼成佳铁。自铁厂开办以来，迭经派员四处采办煤斤，详加考验，惟江西萍乡所产磺轻、灰少，炼焦最佳。年来派员驻萍采运，购煤甚多，用款甚巨，于地方穷民久已同沾利益。惟是土法开采，仅得浅处之煤，稍深水多，无法去水，即将旧窿废弃，另行开挖。小民手胼足胝，终岁仆仆，所得无多。用力甚苦，劳而无功，情殊可悯。若仿西法用机器开采，出煤之多，何止于十倍，而挑挖民夫，转运船户，皆相应而增。国家以引兴利，小民即以此养生，理所必然，毫无疑义。然必有熟悉矿务洋矿师亲诣履勘，妥为筹计，审察煤层片段，何处可用旧窿，何处宜开新井，置机设厂，计开成一大井，每日须能出煤三百吨者，需费若干，为期约须若干日方能竣工出煤，以凭筹议开办。据奏派督办湖北铁厂盛道篆，请委员偕同洋矿师前赴萍乡查勘前来，此举系为维持铁厂、畅兴矿利起见，自应照准。除分别咨行外，合亟札委。

札到该委即便遵照刻日束装,带同总矿师德人马克斯及翻译人等驰往萍乡.取道江西省城,听候江西巡抚部院德派员会同保护,并通饬沿途所经各州县妥为照料,务将萍邑产煤地方详细履勘。按照札饬事理,妥为筹议,禀复咳夺,毋稍率忽,是为至要。

许寅辉①、文廷钧②致郑官应函
光绪二十二年七月二十九日(1896.9.6)

敬禀复者:

本月二十八日奉到六月二十八日宪台批示,每月包煤炭吨数随时分报,勿任短延等因,并同日奉到钧函内开赶炼赶运,以补冬令水涸之不足等因。奉此,卑职等自当懍遵宪示,何敢自外生成。伏查炼炭必先采煤造窑,卑局自六月初四日接办,因厂户垄断居奇,辩论经十日之久,大局稍定,赶速催工,在紫家冲起窑炼炭。不料窑被水浸,砖坯经雨打坏,势难克日烧就。复择购王家源及安源地方添造窑厂,以期多炼,又有痞徒夜间将山沟之水放下,以致将已成未成之窑砖均已淹损,窑内亦被水浸满。业经萍乡县照移出示严禁,出差三名拘拿放水之人究办。总之,炼炭系萍乡创办之举,非三月后断难整齐。现又派熟悉煤务干练之人,至上栗市及高坑等处择地料理,设厂炼炭,合计有五处之多。俟一律停当,九月后每月足可炼炭二千余吨。卑局局面新设,正在极力整顿之秋,虽冒暑冒雨,犹必亲历其境,如其假词粉饰上听,究于卑局何益? 伏恳宪台格外垂悯。查本月间因雨少坝封,如过秋节晚稻有成,坝必大开,纵未能如春夏之易运,亦可陆续运上也。

承示油煤直运马鞍山每吨加给运脚银二钱,以恤商艰等因,蒙我宪下体商情,无微不至,已转知该商等祗遵力图报效。再饬嗣后务必配运大块,细碎勿得搀杂等因,查由萍运上均系大块,但沿途经挑驳数次,搬碎、碰碎之事往往有之,此后仍当严饬船户、挑工时加仔细也。至于船户搀和杂煤

---

① 许寅辉(生卒年不详):字复初,江苏上元(今南京)人。时任铁政局萍乡采运委员。
② 文廷钧(生卒年不详):江西萍乡人。时任铁政局萍乡采运委员。

一节,一经查出,随时严惩,未尝宽恕。前月因照料船支司事李安杰,无故被奸商唆使俞委员移送请县严缉,以致在湘潭大唐兴寺被困十数日不能出户。船户知船头受困,稽查乏人,缘在湘挽和杂煤数十担,经卢委员查出,已由号商向船头议明,照承揽罚办,合并声明。专肃禀复,恭请勋安,伏维慈鉴。

卑职　寅辉　廷钧谨禀

附呈抄录萍乡县告示一纸。

［附件］　萍乡县告示

萍乡县正堂顾为出示严禁签差踩缉事。

本年七月二十二日准煤务局委员移称:敝局价买王家源地方煤山一处,鸠工造窑炼炭。讵本月十五日后新装炭窑,竟被无赖刁徒于二十一日夜乘工人睡熟,从上流挖水灌下,泛滥横行,无论已装未装之窑,概被水湮,砖炭等物亦遭浸坏,工觉追捕无踪。恳告地方踏实石墈搬动,乘暗灌水,损败官窑,移请严示踩缉等因到县。准此,除签差踩缉外,合行示禁,仰该处居民人等知悉。尔等须知,设局开采煤炭,实属推广利源,于尔居民大有利益。况王家源装窑炼炭之处,与附近田园庐墓毫无窒碍,何得挖水灌湮、损坏官窑,实属愍不畏法。自示之后,如有不法棍徒仍敢复蹈故辙,一经访闻,或被移送,定行据案,严究不贷,务各懔遵毋违。特示。

文廷式^①致卢洪昶^②函

光绪二十二年八月二十二日(1896.9.28)

鸿唱仁兄大人阁下:

连日会谈,颇邑积臆,敝乡僻陋,款客之处必多不周,以为歉也。萍煤独办,虽竭力经营,而攻之者要不免多为谣诼,得台驾亲往勘验,谅已得其

---

① 文廷式(1856—1904):字道希,江西萍乡人。任翰林院侍读学士,兼日讲起居注。时因奏劾李鸿章等遭参劾,革职还乡。
② 卢洪昶(1855—1937):字鸿沧,浙江鄞县(今宁波)人。时任萍乡煤矿运销局坐办。

苦心。惟厂户窿户终有希冀官办加价之意,必须窒其妄念,事乃归宗。昨所面商明分暗合添一商办之法,既不使佳煤弃置,又可免业户居奇,似极妥协。如行旌到津、汉时,能面陈于督办、总办之前,依此办法各立合同,并能由地方官禁止多歧亡羊之处,实于官商两有裨益。乡居辽远不及走送,祗请

筹安

　不尽。

愚弟文廷式顿首

恽积勋致郑官应函
光绪二十二年九月(1896.10)

敬禀者:

　　窃卑职于六月二十日行抵江西省城。访问地方情形,风气未开,恶闻洋务,而萍乡接壤楚南,成见尤难融化。爰禀请江西抚宪饬下善后局刊刻告示,先行发递,并蒙札委江西候补知县张令曾诏及水师炮船一同护送。

　　卑职拟即束装起行,讵因感冒暑热卧病,旋忽变成水痘,医治匝月,甫得就痊,遂于七月二十四日清早开船。行约数十里,又接督办宪来电,知另派洋匠赖伦,已由鄂前来,不得不折回舣舟以待。直至八月初二日赖伦到省,始一同扬帆西上。沿途滩干水浅,节节阻滞,艰苦异常。途次得悉袁州所属宜春、萍乡两县均值县试,先期已由袁州府余守函嘱分宜县,请将洋矿师暂留。卑职行抵分宜,知宜春已考过三场,童生减少,遂未停留,于八月十三日抵袁州府城。晤宜春县彭令,谈及接到萍乡县顾令来函,初二、初十等日有投递匿名书函,暨以合邑童生具名张贴揭帖之事。

　　闻其事因《汉报》而起。查该报内称:洋矿师系由文绅廷式邀来招股购机取煤等语。萍民素畏机器,谓能使山崩地陷,田园庐墓悉被震伤,而借煤为业之人又恐官招新股,夺其现成之利。揭帖内归怨文绅廷式,遂指斥不遗余力,汹汹疑惧。采煤委员文廷钧因与文绅系昆弟行,亦避嫌不敢出头置辩。虽经顾令剀切晓谕,并撰就释疑四条及辨明机器情形,并将《汉报》

加以评论分给绅士传谕开导,而时中秋令节,各绅未克来城,诚恐棍徒倡闹,童生附和,势必酿成事端。

顾令复致函与卑职熟商,一面再行传集各绅,一面迅速考试,于二十五日竣事,使童生尽散,弹压较易。查袁郡以上水路不通,卑职即于二十五日由郡起早前进,经袁州协及刚字防营派拨练军兵勇并宜春县护送、萍乡县迎护差役壮丁不下百数十人,小心防范。而沿途民人素未经见洋人,拥挤观看,人多口杂,遇有赛会演戏之区,尤觉蜂屯蚁聚,洋人深有戒心,卑职赶紧趱行,不敢稍停。是日行九十里,夜宿芦溪,即系萍乡辖境。该处有巡检汛弁并防营勇丁彻夜巡逻,幸保无虞。

二十六日早起向萍城进发,忽传闻有乡民聚集乱石岭地方,据险登高,拟用石块抛掷殴击。卑职即请随带炮船籍隶萍乡之江军水师姚哨官前驱侦探,适遇萍乡县城守汛弁兵迎护,始获畅行,申刻得抵萍乡。

在城内尚宾堂住宿,该堂系合邑宾兴公局,先经顾令借定。后因童生纷纷异议,堂董几被殴辱,幸顾令力辩,洋矿师系中国延用,即与官幕无异,群喙稍息。然卑职未到之前两日,尚有联名禀贴封送绅士赴县呈递者。卑职详加访察,萍邑人情固执成见,牢不可破。顾令在任年久,尚能职信士民,而舌敝唇焦,仅不至十分凿枘。若欲家喻户晓,坦然无疑,实非岁月所能奏效。将来下乡勘矿,必须先期传集该处绅士剀切开导,并邀请敏干耐劳、名望素孚之绅偕同前往,以期履勘无阻。

卑职荷蒙委任,有可以为力之处,断不敢稍涉畏葸,即委员张令及该县顾令亦无不极力设法。惟究能做到如何地步,目下殊无把握。理合将匿名书函、童生揭帖、联名公禀暨顾令谕单、论辩各件录呈宪鉴,仍祈训示遵行。肃此具禀,敬请

钧安

伏乞垂鉴。

卑职　积勋谨禀

［附件一］ 萍乡县匿名书函、童生揭帖、联合公禀及匿名呈文

匿名书函

合邑列列先生阁下：

敬启者,吾萍去岁旱灾为数百年来所未有,易析情状,即郑监门亦所难图·公等为民请命,诚可谓力救桑区矣。今幸天眷穷黎,早稻丰收,方以为剥极必复,含哺之乐,可以渐臻。顷悉有一大害莅萍,较之旱灾加于千万,敢为公等痛哭陈之。

近闻吾萍有人在湖北勾引洋人来萍,开取煤矿,且已与洋人私立合同包办十年,十年之外岂不更立合同？似此满而复更,更而复满,就煤炭一项而论,则吾萍之精华尽、元气伤矣。其害一也。

方今洋人凶横已极,一至该山开矿,邻境势必遭其鱼肉,无人敢言。且其取煤之巧,无可思议,由此山入手,偷取他处,势所必然。数年之内,能令煤根净尽,本地必至无煤可烧。其害二也。

更有甚者,田园庐墓所在,一经洋人挖煤,田园固成废物,庐墓亦必迁徙。试问房屋可迁否？祖坟可迁否？不迁则庐墓地陷,心必不忍;迁则恐于子孙不便。至于伤龙脉、碍风水姑不具论。其害三也。

取煤之处,意其必先在水口官山动手,此地为合邑风水所关,一经开禁,受祸尤烈,且在显达者多受之。即于此处系属公地,均皆哑忍不言,岂不能蔓延他处乎？吾萍汉奸最多,现既有人为之作俑,他人更必效尤。且洋人长技唯在以利诱人,明德者尚且为利所惑,则无赖者有所借口,从此引其游历十乡,恐煤矿之开层见叠出,处处遭其残毒。其害四也。

挖煤一事,固奉官样文章而来,恐注意却不在此,实欲于白竺地方重开银矿。昔陈子元曾经契买,连日即更数主,幸俞明府追销各契,遏乱未萌。此次来萍必是暗度陈仓之计,果尔则铁矿更不难开矣。及之用机器以烧铁炉不待人力矣。利之所在,一网打尽。萍民无业谋生,其饥饿将有胜于去岁之旱灾矣。其害五也。

洋人素无人伦,各矿一开,彼族来萍,势必日多一日。人既众甚,见人

家妇女调笑尚其次之，甚至穿房入户任意强奸。金陵、苏州各处即其殷鉴，试问吾萍能受此残酷乎？不校则不甘心，校则官置不理，诉冤无路。其害六也。

抑尤可虑者，矿务既开，将来必创立天主教堂，诱人入教。凡教外之人，近教堂居住者，均不得聊生。盖以教民倚势凌人，不一而足。即有正人不愿入教，一与毗邻屡为欺压，不得已而入圈套，谅不能免。由是渐推渐广，教堂不止一处，吃教将不仅愚民。况此中男女混杂，种种恶习，难以枚举，其害七也。

公等多系清德后裔，识见高明。综此七害，想已洞悉本原，务将此等害人之人一概攻逐，不得稍事姑容，养痈贻患，俾吾萍受害于无穷也。公等果能以救旱灾之心除大害，功德无量。苟或随声附和，将来自遭其害，后悔无及矣。其应如何保全地方之处，务乞会商，先事预防，萍民幸甚。专此，即请

筹安

诸维察照。不具。

杞忧子谨启八月初二日

童生揭贴

敬达列列：

近据《汉报》，邑人被革之员文某邀同洋矿师来萍取煤，此系吸萍之髓而煎萍之膏也。而尚宾堂竟闻允借公所假馆洋人，以作育人才之区，为拨本洄源之举，于事为不祥，于人为犯顺，于地方为陷害，于土产为竭空。诸公乃瞻徇情面，甘为洋奴招附腥膻，污我清净。且后洋人踞此，始则崩坏陵谷，断绝地脉，继则铲伤庐墓，永绝人文，竭本地之精华，绝士民之生路。虽首祸归作俑之人，亦诸公实阶之罪也。兹合邑公同愤议，洋人一到，各家出一丁人，执一械，巷遇则巷打，乡过则乡屠，一切护从通事之人皆在手刃必加之例。诸公允借公所，亦在不宥之条也。为此先布，免受后累，倘再不悟，有如前言。万众一心，誓如律令。

合邑童生暨军民人等公白（八月初十日）

八月十五日揭贴

洋人不日可到,凡我合邑人等务要预备军器,齐心攻击,以免无穷之害。此白。

联名公禀

具禀耆民郑汝阳、周天赐、龚茂、五剑、欧石祥、朱熙、刘成、徐仁、郭远绪、戴异,为远夷撤煤以培元气事。

窃物华必资天宝,人杰实本地灵。萍邑迭起科名,素称富庶,皆由山川之精华既固,都邑之脉气未伤。近因挖煤太甚,伤人庐墓,损却县脉,以致风雨愆期,灾殃大起。又引外洋来萍蕴祸以暗天怒,洵非萍福也。遐思上世御夷,不诱其来,不追其往,务使中国自为中国,夷狄自为夷狄。故武帝迎浑邪,汲长孺谏其罢疲中国;光武闭玉关,林之奇称为谢域长策。今萍不知维持桑梓,反欲自丧其本根。煤务既倡于前,又接踵于继,反引招秃人,搜尽民间膏髓。总计萍邑不出十年,山谷一空,元气尽泄,有莫可复振者。纵贫民藉得挑运,何异剜肉医疮,不如驱民为农且得足食,讵料贪人败类罩及鬼方。兹值洋人未到,为此粘叩大公祖一邑主宰赏准发兵饬止,不许洋人入境,撤散煤务,驱民为农,以培一邑元气,免生无穷祸端,则合邑沾恩,万姓戴德。上禀。计粘一折呈电。

匿名呈文

谨呈十不宜。

一、招洋人来萍,凡县下已开之山,固必将脂膏刮尽,其未开之山,或用资买就,或倚势强夺。一经占取后,纵有伤庐墓县脉,总难救止。其不宜招一也。

一、招洋人来萍,栖迟必有专所,即不起洋行,必占县内公地民房以为巢穴,则反客为主,易进难退。其不宜招二也。

一、招洋人来萍,是人分两国难治,一出稍拂洋人,洋人生变,多欺县民,县民不甘,易生祸乱,约束为难。其害三也。

一、招洋人来萍,为诸民所共恶,见其异服异言,溃乱中国,圣天子且为之隐恨。倘遭愚民手刃,必贻累县主,祸及平民。其不宜招四也。

一、招洋人来萍,恐煤务未了,铁矿必开。且县下不无银矿、黄矿、金沙,一经伊眼,鲜不觊觎。且闻洋人能避水火于井中,水火能避,将无山不开,无入不深,萍邑必有山崩瓦解之势,元气大伤,殃咎立至。其不宜招五也。

一、招洋人来萍,则归农者少,逐末者多,游手学闲,奸徒并集。倘遭饥岁,或煤务暂停,势必贼盗蜂起,借生事端。其不宜招六也。

一、招洋人来萍,其居民沿河作坝,壅水灌田,洋船一到,势必开坝强过,不由分说,陷民无水荫耕。其不宜招七也。

一、招洋人来萍,则有膻可附,自蚁日多。汉口至湘潭,直抵萍城,萍江虽浅,小舟可拨,往来亦便,萍城将成鬼国。其不宜招八也。

一、招洋人来萍,则扼塞要地,凡便于营利为害者必分人踞守,后欲禁阻,是生乱之道。其不宜招九也。

一、招洋人来萍,则奉命所求,诛责必甚,县主若稍疏忽,辄违上旨。萍邑向非烦缺,将来不知增多少差使。其不宜招十也。

窃招洋人来萍,是开门揖盗,贼人见一家所储,罔不席卷殆尽;秃人见一县所有,讵不搜刮一空。但一家之蓄积无多,而一县精华有限,培之百年不足,损之一旦有余也。夫水滴藤缠,木石且为之穿断,况萍山峦秀软,何堪此千万人朝凿夕击,将元气全消?并闻洋人眼能见土五尺,能水宿,望气知炭之所在,巧夺天工,为害巨测,性本豺狼,贪图无厌,宜拒之逐之,不宜招之以中其毒。兹闻洋人来萍,是蛮夷猾夏,为天地大变,煤务广行,剥丧日促,是萍大害。爰陈刍言,冒罪上闻,不胜恐惧之至。

［附件二］　萍乡县谕令

为明晰晓谕事。

照得六月间,本县探悉湖广督宪张派有委员偕同洋矿师来萍履勘煤矿,即经简明示谕。旋奉上宪札饬,复经遵札出示。续奉善后局颁到刊板告示,又经分发粘贴各在案,诰诫不可谓不详,开导不可谓不预。

乃本月初二日忽有以杞忧子具名投函于兴贤堂者,经该堂首士宋景郊呈本县阅看,其语尽出无稽。本县以其信从省城而来,自可无须剖辩,遂亦一笑置之。讵初十日尚宾堂门首粘有揭帖,诋毁文绅廷式,其余语句与杞忧子信内相似,而以合邑童生具名。本县详细访问其谣言,系因《汉报》而起。但《汉报》原文虽牵涉文绅,而其所叙情事与地方毫无关碍,何得借端生事?本应照例严拿,但棍徒既托名于童生,当童生麇集之时,诚恐玉石不分,池鱼殃及。已由本县函致宜春县,请将洋矿〈师〉暂留数日。但既系奉上宪委札而来,岂能中止?查萍邑深通时务各绅,现均未在城内,该六堂绅董,系合县办公领袖,责无旁贷,自应开导乡愚,以免抗违上宪之咎。合行谕饬。为此谕仰该绅董遵照。

　　须知国家与外洋各国立约议定通商码头之处,洋人方得自便施为。江西全省,只有九江府城一处作为通商码头,其余均为内地,既不准洋人开店贸易,亦不能贩卖货物。洋人虽有百万资财,断不作此妄想。此次来萍之洋矿师,乃系湖北铁政局常年雇用之人。该局系张香帅创设,自光绪十九年起,收买萍邑煤炭已不下数百万担。连岁歉收,贫民借此糊口,是香帅有恩于尔萍民实非浅鲜。今因铁厂需煤比前更多,萍邑之煤最为合用,故派员前来看视,以期整顿已废之窿,振兴未尽之利。此系香帅一番美意,如果有碍地方,断不免[勉]强。况洋矿师仅止看视,不能久留,将来如何办法,全在委员与本县督同地方绅士妥议。譬如延请医师,仅能开方而已,至于服药多寡迟早,医师毫无权柄。该绅等从此着想,便可释然。其余外间谣传各节,本县亦另纸分条辨明,并将《汉报》原文抄录,加以评论,该绅等务必详细向士民讲解,俾得周知。凡安分晓事之人,经本县此次明白告诫,自必贴服。倘再有造谣滋闹,则是冥顽不灵,惟有执法严惩。其唆使之棍徒,无论举、贡、生、监,一体斥革究办不贷。各宜懔遵,切切特谕。
右仰兴贤堂、乐英堂、乐泮堂、育才堂、尚宾堂、劝贤堂绅董,准此。

释疑四条

　　一、辨勘矿与开矿不同。勘者,勘视情形之谓。洋矿师一勘之后究应如何办理,并不与闻。况该矿师在湖北铁厂每日有应办之事,薪工甚厚,不能日久远离,并非见矿就挖,何必疑虑?

一、辨并不勘金、银、铁矿。洋人讲求矿务者，以煤铁矿为上，金银矿为下。缘金银产少利微，用费太巨，最易亏本；惟煤铁两项出产多，销路广，反为大利。现在铁政局用铁亦复不少，但湖北各县张香帅已劝开铁矿多处，不必取之远地。此次洋矿师并铁矿尚且不开，况金银乎？

一、辨明与风水无碍。凡有碍田园庐墓之处，并不伤害，善后局宪告示业已叙明，而本县更进一层。自古业由主便，所有产矿之区，即使无碍风水，如业主不愿开挖，仍难勉强。朝廷虽需饷甚殷，只能劝民开矿，并不勒民开矿也。

一、辨明与传教无涉。外洋之人并非人人习教，亦由中国并不人人读书。其出外传教，亦由出外授徒，系专以传教为事者。然往来内地，多系中国从教之人转辗传习，其实真正洋人罕有深入内地者。此与勘矿之事风牛马不相及，杞忧子信内之语直梦呓耳。

以上数条，浅显易知，一经说破，人人可解。另有论机器一条，文艺较深，特另行开列于后。

论机器不易用

西洋土旷人稀，财力饶富，遇事皆用机器以代人力。中国生齿最繁，贫民众多，佣资甚贱，凡人力可施之处，若用机器反不合算，以机器工本大重故也。

近今讲求时务者，偏于喜用机器；如拘守成见者，又视机器为畏途。两者均属失中。夫谓"有机事者有机心"，其说本于《庄子》。《庄子》本系寓言，即以庄周之言为实，则拘守成见者不过为抱瓮之老农，而喜用机器者，犹不失为圣门之子贡也。试思自古及今，风气日开，今人所用之物，何一为古人所有？萍邑农田全赖筒车，此岂唐虞三代所有乎？此岂非中国之机器乎？所不同者，筒车价贱，机器价贵，萍邑人工佣值更比各处为贱，只能用机器以辅人力所不及。如煤井有水，吸之使出；或地中有火，泄之使息。

若谓用机器以代人工，则成本重而费用巨，虽至愚者亦不肯为。张香帅讲求洋务，其劝萍民用机器，不过欲为先路之导耳。究竟合用与否，能用与否，尚未可知。即使用之合宜，仍须各厂户、窑户自行作主，闻风兴起，方能挂广。姑无论机器之贵者,价值数千数万,即使机器之贱等于筒车,亦无人白送与尔萍民使用也。何疑之有?何惧之有?

抄录《汉报》原文(括弧内及文后为顾令评论):

江西省城前有"西国矿师苍至,寓居省垣城隍庙"一则,早登前报。兹闻该矿师系两湖督宪张香帅所聘(足见系香帅作主)。兹因已革学士文芸阁太史廷式,以梓里煤矿品质精良,可合诸局机器及行走轮船之用(足见系供中国之用),商诸香帅,欲集股开采,以广利源(此事不必辨其有无,然足见与洋人无涉)。香帅允之,特嘱太史挈领矿师往察煤质(足见事在未定,现在仅系履勘,并非开挖),果能合用与否,然后招股购机以从事。香帅并委员会同太史来江以勘矿地,江藩翁方伯亦委候补县张大令曾诏会勘,时太史三委员及矿师均已启行赴萍乡察验矣。

七月念三日报

查此报内所叙各节,惟称文学士与洋矿师同行,显系错误,其余各语并无伤碍,不解外间何以惶惑至此。事既系张香帅作主,则非文学士所得擅专可知。况香帅意在扩充利源,系有益于萍民,文学士即使极力赞成,亦为顾全桑梓起见,何罪之有?

谕尚宾堂首士谕稿

谕尚宾堂首士知悉:

照得本县于六月间探闻湖广督宪派有委员带同洋矿师来萍,即经会同湖北采煤委员许、文二位商议,拟在该堂或乐英堂预备公馆。因计算委员六月下旬可到,而赈荒局尚未撤局,乐英堂骤难空出。兼知江西抚宪又加派委员人数较多,惟有该堂房屋尚足敷用,因与城守营游定议,向该堂首事借定,外间毫无异议。乃因湖北委员在南昌省城因病耽搁,日久未到。本月初十日,该堂门首忽有匿名揭帖之事,外间谣言颇多,该首事不免疑惧。本县现已将此事原委并谣言不足凭信之处,另行谕饬六堂绅董,毋庸复述。兹再将该堂借作公馆毫无不合之处剀切言之。

我朝开国之初,因修明历法,即录用洋人汤若怀[望]、南怀仁等授为钦天监监正。迨粤匪之乱,有洋人名华尔者,投效我军,剿贼阵亡,奉旨赐恤。

又有洋人名戈登者,立功保至提督,迨军务平后仍回外洋,其人前数年尚存。而现在各海关延用洋人为税务司,均系办中国之事,食中国之俸。楚材既为晋用,即当畛域无分。此次张香帅派来洋矿师匠头,均系湖北铁政局常年食俸办事之人。现在系奉宪委而来,且系与湖北委员候选县正堂恽、江西委员候选县正堂张同来。试问,在该堂作寓有何不合?萍邑民情浮动,全恃各绅士开导弹压。该绅等毋得疑惧,畏葸反生事端。合亟谕饬,为此谕仰该绅等一体遵照。切切特谕。

恽积勋致郑官应函

光绪二十二年九月(1896.10)

敬禀者:

卑职到萍后,访闻地方人言,据云铁厂因广泰福公司所包焦炭未能按月解厂,欠焦甚多,特派卢委员来萍催运煤斤。卢委员查文委员运焦无多,恐误厂中要公,向各厂户议定焦炭。又有在湘潭设局收买焦炭之说,果能畅旺,自于铁厂日有起色。唯彼此加价争收煤斤,业户居奇,势必有增无减。设广泰福因之龃龉,将焦炭运往他处销售,坐视铁厂无焦,而湘潭所收又未能供厂中使用,必致两败俱伤。

卑职查问萍乡炼焦煤炉,寥寥如晨星,广泰福以月收之数不敷运鄂,故不惜巨费购地造炉,大小共八座:一名五家源,一名紫家冲,一名锡坑,一名安源,一名天紫山,一名竹窝里,一名高坑,一名龙家冲。统计本年陆续均可告成。刻下唯紫家冲已经完工,每月出焦炭四百吨。五家源本月亦可告竣,约出焦炭五百余吨以上。六处成后,今冬同时举炼,每月可共出焦炭两千余吨。一俟春水生时,源源运鄂,可以接济,无虞缺乏。文委员尚恐不敷铁厂供用,又向乡间大厂户包定焦炭。果能此后再加畅收,更有裨益。此系顾全铁厂要公起见,略将查访情形胪陈梗概。

至勘煤一节,日下萍乡县顾令邀四路乡绅来城会议,稍有头绪,又为阴雨所阻。放晴后,即与洋人下乡履勘详查,通县炼焦炉共有若干座,究能每年出焦炭若干,出油煤若干,当与洋人逐加考核,即行禀复。

再,在江省电报局汇用洋银六百元,到萍后业将用罄,刻向炭局借银二百两应用,伏祈宪台饬局拨还,是为公便。

又,江省派委员张曾诏,江省未经给发薪水银两,到萍后伙食一切均系卑职供给。合肃具禀,恭请

勋安

伏祈垂鉴。

卑职　积勋谨禀

恽积勋致恽祖翼函

光绪二十二年九月初九日(1896.10.15)

崧云方伯大人钧鉴:

揖别后,于十五日三下钟鼓轮下驶,二十日行抵江西省城,因无别事,未敢以琐琐上尘清听,然仰蒙关爱,究无日不神驰左右也。近维履福增绥,政猷丰焕,定符心祝。

勋病痊后,甫经登舟解缆,行约数十里,接盛观察电知:另派洋匠赖伦由鄂前来。只得舣舟以待。直至八月初二日,赖洋匠到省,方与之扬帆西上。沿途滩高水浅,节节阻滞,艰苦异常。十三始达袁州府城,接萍乡县顾令函知:现在县试,童生云集,恐滋事端,且又有匿名揭帖之事,谣言洋矿师系由文绅廷式招来,汹汹指斥不遗余力。遂俟其考毕后,于二十五日起身,次日抵萍,寓城内尚宾堂公所。刻下迭经商请顾令,再三明晰晓谕,并邀四路乡绅来城会议,饬将利害情形,切实开导。近来人心稍定,群喙亦息,筹办将有头绪。适为连日阴雨所阻,一俟放晴,即会同刚字营及城守营保护下乡履勘,并考核一切事宜。将来如何情形,再行续布。

兹将上禀督宪及铁厂宪信函各件,一同专呈,乞察核。如有不妥处,乞改削封好,分别转呈各处,是所叩祷。临颖不胜依切之至。恭请

勋安

诸惟融照,不戡。

积勋谨启。重九日

一、此次与洋人登程，即处处周旋，尚称和气。然有时稍不如意，即怒目相向。夷人犬羊之性，固无足怪，后来之翻译，又未谙世故，吃亏不少。

一、天气放晴，即下乡履勘煤井，东南西北，分日往看，大约有十余日，可以竣事。

一、文芸师受谤后，避嫌不管地方上事。下乡不能无绅士相培[陪]，承顾令约两孝廉刘、黄同去，庶每井百余人，不至滋事。

一、地方谣言甚多，除四乡绅导引外，又请城守千总及刚字营统领督兵数十名随护，以昭慎重。然每日所费已不赀矣。

一、前在省接盛观察电，回九江须等洋人至彭泽勘矿。过袁州晤统领江军营高参将，渠系彭泽人，据云，前有委员曾经前去勘煤，为地方人逐去。此次若与洋人同往，断不相家。乞转商郑观察及盛我翁为要。

一、禀香帅禀件，敬祈察核，倘有未惬之处，即乞更正，另缮封固送呈，出自钧裁，尤为感激。

一、萍邑与醴陵相连，西乡已染湖南悍习。洋人屡说要去察看河道，商之顾令，再三力阻，不肯保护，洋人颇为不悦。然办事不可不慎重于前，洋人怨恨，听之而已。

一、洋人一路同来，河道之浅深宽窄，山川之高下险要，一一绘之图样。盖通商以来，惟江西及湘省腹地，足迹未遂其所欲。故此次勘煤，忻然而来，借煤事必欲穷历其源，为归而献彼政府之用，故日哓哓欲赴醴陵也。

一、卢鸿昌来萍，因文家所包焦炭，未能如数解厂。闻在此另定焦炭，又在湘潭设局收买。是各立一帜，彼此加价争收，势必炭户居奇。倘文家因之龃龉，运往他处求售，湘潭若收数不旺，铁厂必受大害。必欲如此办法，务须谋定而后举行，此不可不告郑观察及盛我翁一为妥筹也。

积勋又顿

许寅辉致盛宣怀函

光绪二十二年九月二十八日（1896.11.3）

敬禀者：

窃卑职自闻马矿师将至萍乡，萍民谣言纷纷，必欲借此滋事。经卑职与文董廷钧、萍乡县顾令熟筹妥法,邀集各绅,再四开导,并由顾令出示晓谕,又谕饬各绅董通饬合邑民人,不准煽惑滋事去后,该矿师已于八月二十六日抵萍,假寓于尚宾堂。本月初间,卑职与其向各处煤矿、炭厂阅看。文董因避嫌疑不便偕往。所看数处,据云煤质甚佳,惟小坑之煤尤妙,但无多耳。至被水浸之煤窿,据马矿师称,若用抽水机器,尚易办理,惟此后果能畅旺,必须运道无碍,方可畅运。

该矿师等因到萍后,地方安静,颇欲详细履勘萍乡、醴陵、湘潭水陆路程,但顾令与恽令深恐小民滋扰,不允保护。正值连日阴雨,该矿师坚托卑职代为履勘测量,且称此节最关紧要。卑职详询向来办煤之人,佥云水道险阻艰难,未曾亲勘。问诸船户,则略而不详。因亲自雇船由萍至湘,详加履勘,凡水之浅深宽窄,沙滩、石滩、桥梁之多寡长短,水坝若干,又由萍至洙州,陆路之高低、弯曲、宽狭,铺户桥梁之多少,稻田房屋之价值,并水陆各地名,均随时绘立图说。不避风雨,经十一日始成。途次得奉总办宪手谕,询及萍乡设局炼焦利弊情形,正值江泰轮船到湘,因带该图说及火砖、生铁、硫磺各样,面呈总办宪察阅,并禀一切近情。又另具图说一份,交马矿师之翻译译出英文转交。正欲起程回萍,候员接代,适逢总办宪面谕,谓接大人电开:许委员已准销差,鸿唱未到时,关防运单交王恽兼管等因。遵于即日函知萍乡文董,嘱将暂行代管之关防运单,即速代行移交王委员接管,俟接到移复,再行禀报。

再,马矿师致恽令函称,急欲回厂,卑职深虑其履勘弗竣,无裨此行,极力慰藉。途中又函致马矿师,专丁送往,以期公事有济。

兹将与该矿师来往两函,抄呈宪核。专禀,恭请
勋安
伏维慈鉴。

卑职　寅辉谨禀
外附呈抄录与马矿师往来两函一纸

［附件］ 许寅辉与马克斯往来函件

马克斯来函

径启者：

由萍乡到湘潭一带水陆路，弟不能履勘，敬祈认真察核，计其水陆两路之各种形势，绘成中国图样，俾得请养翁译入英文，不胜感激之至。恭送台旌，恕不再行亲送。附问路程单一张，请察阅为荷。

愚小弟马克斯顿首

各路运煤与焦炭，应如何布置。

一、萍乡到湘东，湘东到醴陵县，醴陵到渌口，渌口到湘潭，湘潭到洞庭湖口，过洞庭到岳州，岳州到汉阳。以上各处里数若干？

二、几百斤船支每月能驶以上各处各路？

三、共需几多船支？

四、各种船价若何？

五、各种船水脚若何？

六、何时用以上各种船支？

七、各种船缴厘金否？

八、萍乡到湘潭水路如何？ 各栅与浅滩共若干？

九、萍乡到湘潭，每月水最深各若干？

十、别处之煤与焦炭，有混入萍乡之煤与焦炭否？ 在何处混入？ 系何种煤与焦炭？

问陆路运萍乡煤与焦炭各情形。

一、到何处，路途高起由萍乡到湘潭？

二、由萍乡到湘东，由湘东到醴陵，醴陵到洙州，洙洲到湘潭，共若干里？

三、由渌口到洙州若干里？

四、以上各处路途，如何宽窄？ 如何弯直？ 河过大小山否？ 山有几高？ 河过河涧否？ 途次有桥若干宽？ 用何料造成？ 此条分开注明。

五、江西、湖南两处,田与草地每亩价若干?

六、途中行旅货多否? 情形如何?

七、路中村落房屋多否? 其间之居民多否?

复马克斯函(译出汉文)

敬复者:

匆匆就道,不再趋辞。途中接到来示,得悉所嘱各节,自当照办。鄙人与贵国官商相处最久,相交最多,此番贵矿师到萍,虽不免辛劳,然实开从古未有之风气。在湖北各大宪视之,不胜郑重,煞费苦心。果能兴煤矿之利,除煤矿之弊,则铁政大振,而大名不仅扬于中国已也。务希贵矿师在萍多留数日,详细履勘,如铁矿有近于煤矿者,不妨顺便一看,不必彰明较着,炫人耳目。萍人见小,不得不慎。至小民谣言,尽可置之度外。总之,此次跋涉,惟望贵矿师大展才猷,大著名望,以仰副各大宪之厚期,无负各大宪之苦衷。想贵矿师精明练达,不烦鄙人琐渎也。

贵矿师从公铁政两年,鄙人亦曾在贵国使馆办公两年,今既同厂办事,自当知无不言,言无不尽,请高明其图之。

弟许复初顿首

九月十一日三更,渤于长春埠客次

盛宣怀致郑官应函
光绪二十二年九月二十八日(1896.11.3)

陶斋仁兄大人阁下:

连接号信,尚未渤复。韶甄到京,细述公言,具见筹度周详,深为佩慰。

弟今日请训,约初五六出都,封河前到沪后设立公司,年内必须来鄂,一切当可面商办理。

顷承电示,拟在萍乡自买矿山包工,自是持久正办。但须俟矿师说帖到后详细商度,再行举办,深恐缓不济急。况值官商分办之初,只得姑照鸿昌所上条陈,先行试办。除已分札并咨明外,望即转饬莫吟舫即日偕同鸿昌赴萍开局。该员等到萍购煤需款,据云汉口裕通恒可以汇兑,请转属我彭告知裕通恒，如需用款，准由莫、卢二员出具三联票，到厂凭票付还平色，一切须与公道订定。此事关系本厂全工，应请阁下愿与芸阁学士、仲鲁观察细谈，所以必须由厂派员分办之故，实出于不得已。否则非特贻误铁厂工程，萍煤若难接济，势必定购洋煤，于大局无益。且恐广泰福办理不得其法，难保无赔累之虞，转非所以爱人以德也。彼此至好，必须开诚布公，两有裨益，是为至要。许委员上禀辞差，前已批准。嗣诏甄传述尊意，可即留在厂中归公酌量差遣。刻因鸿昌回厂，先布大端。未尽之言，命其面禀。匆肃，敬请

勋安

不一。

铁厂驻萍煤务局与广泰福汉号议立合同
光绪二十二年十月十九日（1896.11.23）

立合同议据铁厂驻萍煤务局、承办广泰福号。今议萍乡分办、上栗市铁厂独办章程四则。

一、议公定煤价，彼此不能私增。

一、议焦炉除已造就者，不得毗连再添。

一、议煤船水脚订定议单后，彼此不能加价，必须挨号分装。如遇乏煤之时，只能让有煤者先运。

一、议照银数所定之煤，彼此不能争购。

查萍乡向章，本由窑户售与厂户，由厂户转售买主，凡遇已定之煤照付出银数满额外，彼此皆照不增价例，分后收买。盖虽是两局，实为一家，均不能垄断独登，亦不能利权独揽。如若不照推诚布公办理，事事垄断，即将以上所议四款，随时注销，作为废纸。倘四款内有应更改之处，必须公同商议。如有阳奉阴违，察出从重议罚。再有煤务局于八月间在湘潭，由厂户愿包每年萍乡煤、炭各一万吨，此系价钱订明在先，不在四款之内，如广泰福萍号在此约未立之前，有包定煤、炭亦然。

以上四款，系指萍乡分办章程，惟上栗市归铁厂独办，因与他人毫无交

涉,牧未列入四款之内。总之,萍乡一镇出煤,彼此各半收买,以照公允。恐口无凭,立此合同议据两纸,各执一纸,永远存照。

再,有银作钱价、洋作钱价等事,统俟在萍公议(又批)。

立合同:铁厂驻萍煤务局　会办　莫吟舫

员董　卢洪昶

广泰福汉号经手　王振夫

光绪二十二年十月十九日立

马克斯:萍矿采运情形并筹改用西法办理节略

光绪二十二年十月(1896.11)

德国矿司马克斯谨将奉查萍矿采运情形并筹改用西法办理节略,禀呈宪鉴。

敬禀者,窃斯查得该处山质向产煤斤。计矿之大,约有四十五方基罗米得(每基罗米得合英尺三千二百八十尺八九九),在萍乡之东,土人早经开采,已显煤路五条。其中可炼作焦炭者,均在山边约一百尺至四百尺之高,此种煤苗有半米得至两米得半之厚(每米得合英尺三十九寸三分七),统计有七米得半。矿之形势,区分三段:北一段阔九百米得,煤脉欹斜;中一段阔二千二百米得;南一段一千四百米得,该处脉较平直,最欹斜处约三十度。中一段及南一段较北段所蕴尤宏。据三十度欹斜之处核计,约有二万万吨。其下垂处可供炼炭用者甚多,并有烟煤、白煤杂处其中。核其油质约重二成半及三成半之数,硫磺六分及一成,磷质约六厘四毫及八厘四毫,水约八分及一成六。其三寸及六寸厚煤脉之内,藏有磷质,均经汉阳厂试验。此矿产之大略情形也。

惟查矿内有水,兼有煤气。其凝聚之处,火险可虞,故就土法开采,殊属不易。因矿顶及底并工匠之进路,易为水冲,不但工作时阻,且修理亦巨。虽亦知挖洞以泄煤气,然究未尽善。所以土人从事不数日,即欲辍工避厄。且开挖处适当煤中,所出日不过一二吨,过深又虑煤不能出,并无术以泄水,故每浅尝辄止。挖处虽多,百分中不及得一分,非但耗费,抑且濒危煤脉，反致散断。今果改弦更张，应请先禁土人开挖，因土人已挖之洞，非为水积，即为煤气凝聚，纵行西法，其难更甚。斯查萍乡之东，自十五里至四十里远，沿途皆有煤洞，其西南及北，亦所在皆是。然计一年所出，尚不足供汉阳一厂之用，因闻该厂需用煤一千吨，焦炭二千吨。此语系鄂抚委员暨矿主文芸阁学士为斯言之，并述开采极难，断不敷用。然日复一日，尽被开挖，则萍乡之佳矿增一洞即增一险，不数年间尽成险境，即西法亦难补救。此现办煤矿之实在情形也。

至炼焦炭之法，亦未合宜。或掘一坑，或筑一窑。查敖园地方有九坑，施家庄十八坑，并有砖砌大窑二座，砖小双窑二十座，中有八座业已炼炭，余未竣工。西埂有坑四，砖窑一。黄家园有坑二，小双窑十二，已炼炭者四座，其余亦未告成。坑与窑式绘图另纸。然每坑每窑六日仅成焦炭一吨，以煤斤计算，约归四折。总计坑窑五十一座，每月共出焦炭二百五十五吨，砖小双窑每月可出四倍坑窑之数。砖窑每次进煤十吨，出焦炭五吨。以上三十二座双砖窑计算，所出有四百四十吨。施家庄大砖窑二座，每月进煤十五吨，出焦炭七吨半，每月三次，供出四十五吨。西埂大砖窑每次进煤十八吨，出焦炭八吨，约四折半，每月三次，共二十四吨。总计坑窑砖窑，每月出六百四十吨，然出至四折五折之多，固已竭尽心力矣。据文学士之意，现在所筑之窑工竣，可出千吨。尚拟添筑砖小双窑三十座，则可出至二千吨矣。然以鄙见测之，恐未必如愿。因筑窑火砖质系白泥，取泥尚距萍乡四十里之遥，其砖业经汉阳厂试验，并不结实，若阅数年皆属无用。砖窑既损，炭从何出？所以知其愿之难偿也。其煤从矿运出，售价每担一百二十及一百三十文，运至炼炭之窑，已需一百四十文，益以敲块汲水及筛工等又需加十文，至炼炭已计一百五十文。每吨煤价计二千五百二十文，每煤两吨炼焦炭一吨，计煤价五千零四十文，加炼炭工费二百五十文，以极廉之价核计，共需五千二百九十文。烧红砖窑柴火尚不计其费用。此现办焦炭之实在情形也。

查该处极大煤洞在距萍乡三十里及四十里之间，次者稍小，在敖园、大夫村等处。西埂距萍乡则较近。若论转运，至萍乡皆系陆路，或扛或挑，或羊角车,由施家庄、黄家园、龙家庄至萍乡,须越高山。用羊角车每担每里四文,用人力扛,每担每里五文。所以计里四十,每担须运费一百三十至一百五十文,统扯每担一百四十文,则每吨须二千三百五十二文。

至萍乡后始由水路转运。然河道一交夏令,农民用闸障水以备灌田,秋冬又涸,惟正二三四月可以行船。其庐陵河由萍乡至渌口计长一百八十里,中有浅滩,兼暗礁林立,水涨之时吃水二尺及八尺深,能容三百十担之船,可以直抵萍乡。究之河水极大,此等船只肯装二百担及二百二十担,稍浅则装八十担及一百担为止。至芦口或湘潭,始有大船能容八百担及二千担耆,乃可直放汉阳。其由湘河至洞庭,一路亦无阻险,若用小船由萍乡至芦口,水大走六日,水小则十日、十五日不等。由芦口至汉阳之大船,风顺六日,逆则半年[月]一年[月]不等。由汉阳回空,八日及一月不等。由芦口至萍乡,六日至八日不等。至论运费,运煤由萍乡至芦口每担约七十二文六毫至八十五文。即一千二百二十至一千四百四十文一吨;运炭每担八十五文八毫至一百文,即一千四百四十五文至一千六百八十文一吨。由湘潭至汉阳运煤,每担五十二文四毫,即八百八十文一吨;运炭每担七十六文二毫,即一千二百八十文一吨。计自煤矿出售每担一百二十即二千零十六文一吨。至萍乡陆路运费二千三百五十二文,至湘潭水路运费一千三百三十文,由湘潭至汉阳运费八百八十文,共计每吨煤自汉阳计钱六千五百七十八文,约银五两。至汉阳起岸驳船夫役等费尚不在内。此亦系文学士以及深知此事者为斯言之。虽汉阳有煤斤出售,云系萍乡所产,每吨不过银三两五钱。此说恐不可信。至焦炭从砖窑出货每吨五千二百九十文,由陆路至萍乡运费二千三百五十二文,由萍乡水路至湘潭运费一千五百六十二文,湘潭水路至汉阳一千二百八十文,总计每吨焦炭至汉阳需十千零四百八十四文,约银八两。此现在煤炭成本之实在情形也。

若用西法,萍乡煤矿共可出二万万吨,已载前说。惟开采须每日出六百吨,则每月可出一万八千吨,此数除可供铁政局所需外,其余可在汉口、上海等处出售。约以开采五十年计之,应得煤一千零八十万吨,而此一千零八十万吨之数,只须萍乡二百万方米得矿地,已符此数。论开采之法,最妙择煤苗横竖之处,横行约二千米得,直竖约一千米得,又须择平坦而低洼者,以便易于起架取煤及转运诸事。查此矿最佳之煤在山之东,入手应在江西地界,至转运则江西与湖南均可。煤矿界址另在萍乡地图下注明,兹不复赘。其由湖南转运,自矿至萍乡计陆路四十里,由庐陵河至芦口或湘潭计一百八十里,由湘河至洞庭边之芦林潭三百三十里,渡洞庭以达岳州一百五十里,下扬子抵汉阳三百六十里,共计路程一千零六十里。若由江西,自矿至芦溪,陆路三十里,由芦溪入袁河至长溆五百五十里,由长溆至高河抵鄱湖边之吴城,三百三十里,穿鄱湖至湖口一百五十里,入扬子至汉阳四百七十里,共计路程一千五百三十里。斯于湖南水运路程,仅能举其大略,故转运各费半由悬揣,大抵情形相同,惟路略分远近耳。至江西水程,因周历而深知其细也。

开办既定,机器即可由此运进,较湖南为稳妥,虽现在转运煤炭,均由湖南,鄙见不如江西之宜。盖因矿所至萍乡,皆系山路,若遵西法办理,须用挂绳,约需二十五万两。而江西既由袁河转运,能将袁河开通,直达矿所,便孰甚焉? 虽由湖南路似较近,然究不若开通袁河之直捷也。他若熔铁之炉,能移至四龙腰地方,则江西、湖南两地皆宜。至袁河至现拟开采之处,所经矿地不一而足,办有成效,将来运载至上海等处销售,获利无穷。故拟先将开办此矿机器,以及由江西运进之费并一路经历之处,另载于图,而于湖南则从略也。

再查萍乡所产之煤,皆在高山边际,山岙平地即有亦不甚深。现拟开挖从斜处入手,应用提重及抽水机器。应筑隧道,以速为宜。当用钻石机器,山边之石更硬,且必用外国机匠,其匠宜预立限期,免至延误,饬令时带中国业矿良工以教导之。矿之中常患煤气,宜用通气机器以泄之。闻马鞍山已有通气机器一部,不妨移用。尚拟添购两部,则需用不至掣肘。尤宜在萍乡就近设窑洗煤炼炭,庶可一气呵成。斯闻近有萍乡所辖三处矿地所产煤斤,已交马鞍山试洗,以辨煤质之高下,并欲知用何等机器洗此为宜。洗煤机器每日可洗二百五十吨,既洗之后,可置诸四十座窑中,以炼焦炭。考煤中尚有柏油,并存杂质。柏油最利用,价亦甚昂,与大冶矿所出相似。

用以制饼，厥性甚烈，可备火车、轮船之需，业经马鞍山试验。如以磷质太重，可取金山顶所产之煤以相和也。查金山顶产煤及铁，宜设一厂，若以金山之煤与萍乡之煤相和炼铁，其铁即名为别色麻，兹不暇及。故于金山顶购地、筑基、打桩、造屋以及工作器具各费，姑付阙如。而萍乡用款则开列如左。

计开挖煤工程机器各项价目：

隧道一条，计长一千米得（每米得需五十两），计银五万两。

隧道上取煤架，共长二千米得（每米得需二十五两），计银五万两。

提重抽水机器连锅炉各项，计银五万两。

打钻机器，计银二万五千两。

通气机器，计银一万二千两。

小通气及起货机器、平安灯、绳索、钢轨、管子各种，计银三万两。

洋匠六名（每名每年一千两，以两年计），计银一万二千两。

工作房，计银一万两。

机器房填基、打桩及住房地价各项，计银五万一千两。

以上共合银二十九万两。

计开洗煤、炼炭工程各项及机器价目：

洗煤、筛煤机器全副，计银八万两。

炼炭窑两座（一座四十小窑，每窑马克五千元；一座四十大窑，每窑马克一万二千元。每马克约银一两）并房屋地基填塞打桩等，计银二十三万两。

以上共合银三十一万两。

两共银六十万两。

煤斤成本核价（以每月取一万八千吨，即每日六百吨计算）：

取煤工费，每吨合五钱。

机器二十九万成本摊入，每吨合七分。

矿司、司事、中西工匠各项薪水费用摊入，每吨合一钱。

计煤由矿取出成本每吨合银六钱七分。

炼炭成本核价（以每月出四千五百吨计算，每煤一吨，炼炭七成，约计九钱六分银之煤，炼炭一吨）。

洗筛煤机器成本八万摊入，每吨合一钱五分。

炭窑成本十四万摊入，每吨合二钱六分。

柴火费，每吨合四分。

灰每吨合四分。

中西工匠、司事薪水摊入，每吨合一钱。

煤本，每吨合九钱六分。

共该焦炭成本每吨合银一两五钱五分。

上开炭窑两座，每座四十窑，需价银十四万两。查此种炭窑，只能炼炭，不能分煤中之杂质。如须购用分质机器，再加银九万两，然此九万价银，并非虚掷，因炼出柏油等类，获利亦不菲也。

计开转运之法：

大凡转运由水道者，疏治固便，转运非难。况由江西运出，皆系巨浸，大船常可驶行，即间有小河，稍加浚治，即小舟亦得来往自如。所以最利转运，无过江西水程。现在萍煤运至汉阳，虽亦经由水道，尚不能克期抵埠。所以据文学士意，拟将开出之煤，聚归一处，于三五月水大之时，连檣赶运汉阳。然此议断不能行，因知萍煤之性，露积稍久，即不能炼炭，则此二三月之期，岂能将一年采取者，尽运汉阳耶？况焦炭历时过久，亦不适用。前拟由矿所水道直达汉阳，所惜高冈至袁州，水道较小，宜筑狭铁路一条，因该处本有官路，即可为铁路之基。至建造铁路及司理各费，容再核计。

计开江西河道情形：

查袁河在萍乡之山之东，发源于高冈坡近处。由高冈至芦溪，水道极狭，不能行船。迨入芦溪，始有他水并入，小船尚堪行驶。至宣风较宽畅，入袁州府，则更中流自在矣。此次查勘芦溪至袁州府，约水程一百六十里，因不能前往而止。据土人云，此河湾曲甚多，其水留作水碓，故舟楫概不放入。由袁州而下，大船可行。至长溯地方，有他水流入，势较宽而多曲，且有浅沙。袁河上游多山，由袁河至新喻，傍山而行，中多巨石，若下游则无是矣。袁河有水碓一百二十座，闸三十道，水之涨落，不出一米得，最利行船，冬不至冰，水大亦不致溢岸。计其里数：由袁州至分宜一百二十里，分宜至新喻九十里，新喻至长溯一百八十里，至于高河则较阔矣。然亦有浅处，惟此路极平坦。由长溯至南昌一百八十里，由南昌至吴城一百五十里。今南昌至九江小轮盛行，拖带殊便。高河之水，涨落一米得及两米得之间，拟由高冈至吴城，用能容五十吨之船，装足吃水约一米得之深，以马匹曳纤，以至长溯。由长溯达吴城，则用吃水一米得之小轮拖带，及至吴城，用能容二百五十吨之大驳船，以大轮船直拖至汉阳，此供汉阳铁政局需者。若为销售之煤，则用五十吨及一百吨之民船装运。凡拖驳船之大轮，每次可附带民船四艘，至汉口销售，其势甚便。

再高冈之矿边，宜开运河以达芦溪，河面阔十八米得，河底阔八米得，河深约一米得半。虽其中尽有可借用之河，然新开一河，较借用更稳。此河用闸十五道，另凿水池一区，即以承注高冈山泉，备旱干之用。芦溪至袁州府之河，或用人力，或用挖泥船以浚之，弯者取直，须用闸八十座。芦溪、新丰小河两条，亦可作水池之用，则大河水势更顺。袁州府至长溯，水浅之处，亦宜开深取直，用闸二座，水门三十五座，以备冲决。水道即修之后，地方皆沾利益，不至有窒碍情事。高河亦宜于浅处挖深，弯处亦当取直，则淤泥借以冲刷。尚有数处，宜筑堤岸，并须排用木桩，以期巩固。旁有支河，亦宜用闸以御淤泥。本此办理，于款项并无出入，但当择要兴工，不必同时并举。应用挖泥船十只，半租半买，不但赖以开深，且借以取直。工竣后可将五只退租，留半以备平日修治之用。从此小轮可走袁河至分宜、新喻等处，民船租买均可。然款项既经开载，尽可自造也。小轮驳船等类，依斯所开价目，不至难成。

所拟日出六百吨，既以二百五十吨炼炭，则每日运出之煤三百五十吨，而炭则一百五十吨而已。焦炭质轻而占地多，装运宜以七成煤三成炭匀装。炭可装以铁箱，其箱铁政局能造，庶炭不致损碎也。其中益处颇多，且属易办。为拖船计，一马能拖两船，一小轮能拖三船，由高冈至长溯，计程五百八十里，每船来往计十四日，长溯至吴城三百三十里，计四日，共计十八日。本此计算,宜造船二百四十只,一小轮拖一百五十吨,每月可走七次,则共拖一千零五十吨。至吴城十五只小轮应敷用矣。由吴城至汉阳,大轮一艘可拖二百五十吨驳船两艘,计程三日,驶回两日,每大轮一月走六次,可运煤三千吨至汉阳。其由民船运至湖口,计有一千八百吨可以出售,拖轮三艘共可运九千吨。其至湖口者,亦有五千四百吨,所以拟购大拖轮三艘也。

自开办日起,将一切机器、人工齐备,两年后可日出六百吨。果能即将袁河治竣,高河一律深通,则转运亦属易易。虽初办未必遽旺,然人工熟习,煤出渐多,此时不妨仍走湖南一路。迨高冈至袁州府铁路告成,约计两年,或芦溪至高冈之河开通,约一年。此一年中,计袁河、高河,皆可蒇事,则每日可运二三百吨。开办之第一年,汉阳所需煤炭,仍须萍乡及开平两处取给。致袁河、高河通利之后,不持[特]铁政局足用,购价更廉,即江西全省,亦裨益不少也。中国各处河道,皆宜仿行,因所费者不甚巨,而利赖且无穷耳。然浚河、筑路两事,宜同时开办,其用款可大半向江西津贴,凡船只由此经过,亦可计船收税,以为岁修之资。若装运尚嫌不多,只须加增船只人工而已。然而开治河道,必须择熟悉工程者订用一人,照议办理,再令其缮写章程。以后河道工程一切事宜,统归专责。即可偕其至湖南勘视,水陆路程逶迤,由江西而下。现值开办铁路,雇定工程师之后,即可于中拣派一人,至高冈及袁州府察阅铁路基址,亦筹转运者所宜及也。

计开浚治河道各项费用价目:

按治河宜先治袁河,若高冈至芦溪,宜新开一河,长约十五基罗米得,河面约阔十八米得,河底约阔八米得,河深约一米得半,河边统计约一米得半。其掘泥价,每长一米得,约工资三十九文三五,每两银合钱一千三百六十五文。

高冈至芦溪开河工费,计银一万五千两。

二十五方米得地价,计银三千七百五十两。

闸十五座(每一千两),计银一万五千两。

凿水池一区,计银五万两。

以上共银八万三千七百五十两。

芦溪至袁州府挖掘共长六十基罗米得(每一两),计银六万两。

闸六十座,计银六万两。

以上共银十二万两。

袁州府至分宜开阔十一基罗米得,计银一万一千两。

挖深四十二基罗米得,计银四万二千两。

买地十一基罗米得,计银二千七百五十两。

闸三十座,计银三万两。

砖闸一座(在分宜之上游山边),计银六千两。

筑堤六座(每一千两,为防淤泥),计银六千两。

以上共十万一千七百五十两。

分宜至新喻河开阔九基罗米得,计银九千两。

挖深三十七基罗米得,计银三万七千两。

买地九基罗米得,计银三万七千两。

水门五座,计银五千两。

砖闸一座(在分宜下游),计银一万两。

筑堤八座(在分宜下游),计银八千两。

以上共七万一千二百五十两。

新喻至长溯河开阔二十六基罗米得,计银二万六千两。

挖深二十五基罗米得,计银二万五千两。

买地二十六基罗米得,计银六千五百两。

筑堤二十一座,计银二万一千两。

以上共七万八千五百两。

高冈至长溯,河边宜筑纤道(约九米得阔),计银五万六千二百五十两。

河岸填桩各费,计银八万八千五百两。

以上共袁河费银六十万两。

查高河至南昌,吃水稍深之船已可行驶,不若袁河须处处开挖。然中段自长溯至吴城,亦有宜开阔挖深者,故并筹之。

开阔十五基罗米得，计银一万五千两。

挖深八十基罗米得，计银八万两。

买地十五基罗米得，计银三千七百五十两。

筑堤四座，计银八千两。

河岸填筑一切，计银四万三千二百五十两。

以上共十五万两。

挖泥船八只并小船等，计银十万两。

统计袁河、高河浚治各费共银八十五万两。

计开转运各费：

高冈至长溆用船一百七十只（约装五十吨，每一千两），计十七万两。

马八十五匹（每二十两），计银一千七百两。

以上共十七万一千七百两。

长溆至吴城船七十只，计七万两。

小火轮十五只（每一万两），计十五万两。

以上共二十二万两。

吴城至汉阳大拖轮三只，计银三十万两。

驳船十只，计银五万两。

以上共三十五万两。

装货机器两副，计银一万两。

铁箱三万只（每一两五），计银四万五千两。

以上运费约共八十万两。

自高冈至长溆（每日运五百吨，每月运一万五千吨），每吨合运费银四钱，内计：

管闸夫七十七名（每人每月五两），计三百八十五两。

水手一百七十名（每人每月三两），计五百十两。

马夫八十五名（每人每月三两），计二百五十五两。

喂养（每匹每月五两），计四百二十五两。

马匹减本，计二十八两。

河身九五折减本，计二千五百两。

船只九折内十二分之一减本，计一千四百十七两。

挖泥船九折内十二分之一减本，计四百十七两。

装货机器九折内十二分之一减本，计四十二两。

自长溯至吴城，每吨合运费银三钱三分，内计：

小轮十五只（每只每月经费一百二十两），计一千八百两。

小轮九折内十二分之一减本，计一千二百五十两。

河身九折内十二分之一减本，计六百二十五两。

船只九折内十二分之一减本，计五百八十三两。

挖泥船九折内十二分之一减本，计四百十七两。

装货机器九折内十二分之一减本，计四十二两。

水手七十名（每人每月三两），计二百十两。

自吴城至汉阳，每月运九千吨，每吨合运费银七钱一分，内计：

大拖轮三只（每只每月一千两），计三千两。

驳船十只（每只每月四十五两），计四百五十两。

大拖轮九折内十二分之一减本，计二千五百两。

驳船九折内十二分之一减本，计六百三十六两七钱。

每吨计自高冈至长溯　四钱。

长溯至吴城　三钱三分。

吴城至汉阳　七钱一分。

加装驳费　四分。

加薪工一切（每月一千五百两）　一钱。

统计每吨合银一两五钱八分。

运炭亦由此路至汉阳，每吨亦计银一两五钱八分。

铁箱九折内十二分之一减本，计九分。

计至汉阳每吨合银一两六钱七分。

综计煤炭运至汉阳、吴城、上海各价列左：

煤出矿，计银六钱七分。

自萍至汉阳,计银一两五钱八分。

共计银二两二钱五分。

炭在萍乡,计银一两五钱五分。

自萍至汉阳,计银一两六钱七分。

共计银三两二钱二分。

煤出矿,计银六钱七分。

至吴城,计银八钱六分。

共计银一两五钱三分。

煤在吴城,计银一两五钱三分。

至上海,计银八钱。

共计银二两三钱三分。

采运成本赢利总核:

购办机器一切,共六十万两。

浚治河道一切,共八十五万两。

舟楫马匹器具,共八十万两。

三共计银二百二十五万两。

用西法开采之后,所出煤斤,除供铁政局需用外,尚有赢余,应运至汉口、上海等处销售。查萍乡煤炭,现在汉口售价,每吨煤三两五钱至四两,每吨炭八两至八两五钱。据文学士言,萍乡之煤运往上海,供火轮船用者,可售银八两左右,此言不为无因。因查此煤质,较日本煤远胜,与英国加第夫煤不相上下。现上海市价,日本煤每吨售四两五钱至六两,至加第夫则售八两至十两,以之相较,萍煤似可售八两矣。然约价不必从昂,计以六两,在汉口计以三两七钱五分,售炭在汉阳计以八两。一月之中,上海可售萍煤约六千吨,在汉口约售四千五百吨,炭在汉阳亦可售四千五百吨。本此核计,则每吨煤可赢三两六钱七分(以三两五钱通计)。

煤在汉阳本二两二钱五分,售价三两七钱五分,盈一两五钱。

炭在汉阳本三两二钱五分,售价八两,盈四两七钱八分(以四两七钱五分通计)。

　　照上计算,煤在上海月售六千吨,每盈三两五钱,每月共盈二万一千两。

　　在汉口月售四千五百吨,每盈一两五钱,每月共盈六千七百五十两。

　　炭在汉阳月售四千五百吨,每盈四两七钱五分,每月共盈二万一千三百七十五两。

　　每月三共获利银四万九千一百二十五两。

　　每年十二月计算,共获利银五十八万九千五百两。

　　以本计利,约有二成半,即每百两可盈二十五两。

　　至欲日出一千八百吨,亦有办理之法,以七百五十吨炼炭,共计出运煤炭日共一千五百吨。况遵原议办法,矿地开长仅二千米得,故日出煤六百吨,约有五十年之久。如将议开之矿扩充一倍,则每日可出一千八百吨,亦足供一二十年之采用也。且高河沿河之矿,即可由高河转运,只须隧道再长开二千米得。取煤架照数,加增人工,添用诸凡提重、抽水、打钻、洗煤各种机器,以及烧炭之窑一概添置,船只运费亦加两倍,则利源益溥矣。

　　采运推广办法:

　　隧道一条,计五万两。

　　取煤架,计十万两。

　　提重抽水机器锅炉,计十万两。

　　打钻机器,计四万两。

　　通气机器两部,计二万四千两。

　　洋匠十二名,计二万四千两。

　　杂项计六万两。

　　工作房计二万两。

　　机器、地皮、造屋、填基、打桩等,计八万二千两。

　　以上共银五十万两。

　　炭窑,计六十九万两。

　　洗煤、筛煤机器,计二十四万两。

　　以上共银九十三万两。

以每日出煤一千八百吨,即每月五万四千吨核计:

自矿出本,每吨合五钱。

矿用成本五十万摊入,每吨合四分。

薪工一切,每吨合六分。

出煤成本,每吨合银六钱。

以每日炼炭四百五十吨,即每月一万三千五百吨核计:

煤本,每吨合八钱六分。

机器成本摊入,每吨合一钱五分。

洗工,每吨合四分。

薪工一切,每吨合五分。

炼炭成本每吨合银一两四钱。

前载开浚河道各费计八十五万两,系运日出六百吨之煤。今出数既增两倍,计款项亦须增至四百六十八万两,方可转运每日一千八百吨之多。

自高冈至长溯:

管闸工,计三百八十五两。

水手工,计一千五百三十两。

马夫工,计七百六十五两。

喂料,计一千二百七十五两。

河身减本,计二千五百两。

马匹减本,计八十四两。

船只减本,计四千二百五十两。

挖泥船减本,计四百十七两。

装货机器减本,计一百二十六两。

计由高冈至长溯每月费一万一千三百三十二两,以每月四万五千吨核入,每吨合银二钱五分。

自长溯至吴城:

小轮经费,计五千四百两。

又减本,计三千七百五十两。

船只减本,计一千七百四十九两。

河道减本,计六百二十五两。

挖泥船减本,计四百十七两。

装货机器减本,计一百二十六两。

水手工,计六百三十两。

计由长溯至吴城每月费一万二千六百九十七两,核入每吨计银二钱八分。

自吴城至汉阳,月费一万九千一百零一两,合入每吨计银七钱一分。

总计煤炭由高冈至长溯,计银二钱五分。

长溯至吴城,计银二钱八分。

吴城至汉阳,计银七钱一分。

装驳费用,计银四分。

薪工一切,计银五分。

共合银一两三钱三分。

煤在汉阳每吨成本六钱,装运费一两三钱三分,共银一两九钱三分。

炭在汉阳每吨成本一两四钱,装运费一两三钱三分,铁箱减本九分,共银二两八钱二分。

由萍乡至上海煤本:

矿本,六钱。

由矿至吴城,七钱八分。

由吴城至上海,八分。

每吨计银二两一钱八分。

本利核计:

上海售煤价六两,除本二两一钱八分,每吨盈利银三两八钱二分。

汉阳售煤价三两七钱五分,除本一两九钱三分,每吨盈利银一两八钱二分。

售炭价八两,除本二两八钱二分,每吨盈利银五两一钱八分。按在上海以三两八钱计利,在汉阳以一两八钱计利,焦炭以五两一钱五分计利。

上海每月售一万八千吨,每吨煤盈三两八钱,计一月获利银六万八千四百两。汉阳每月售一万三千五百吨,每吨煤盈利一两八钱,计一月获利银二万四千三百两。汉阳每月售炭一万三千五百吨,每吨炭盈五两一钱五分,计一月获得利银六万九千五百二十五两。

每月共可获利银十六万二千二百二十五两。

以一年十二月计算,共获利银一百九十四万六千七百两。

以本核利可盈四十一成,即百两赢利四十一两也。

前议自高冈至袁州府,宜建单路铁道,核其造价,由高冈而芦溪,而宣风,以达袁州,其路颇直而平,计有一米得及五米得之阔,甚合铁路地基。虽路边尚须加阔,再添购二米得之地,方可合用。计长六十基罗米得,轨道阔七分半米得,每米得钢轨重十六基罗格兰姆(每基罗格兰姆重计二磅零二两)。每车可装重五吨,狭路置轨底蕴,斯未尽知,须与业此者商办。然据此中人云,该处造路约银四十五万两,以英国铁路运费计之,每基罗米得则一吨需银二分。若为狭路,费必加增,中外想一辙也。然总计路程已有六十基罗米得,每吨须运费一两二钱,与水运之每吨仅一钱六分者,大相径庭,则亦何取乎迅速哉?

又拟由湖南转运费用:

查由矿所至萍乡水口,照西例应设挂绳,此绳约二十基罗米得之长。至修治庐陵河之费,与袁河不相上下,湘河亦与高河仿佛,然必有增无减,防旱亦必凿池,浅处亦宜开挖。

由高冈至萍乡水口挂绳长二十基罗米得(每基罗米得六万二千五百两),计二十五万两。

由萍乡至庐陵河开挖费,计十二万两。

水池一区,计五万两。

挖泥船一只,计一万两。

以上共十八万两,挂绳费另计。

由庐陵至芦口浚河费,计十万两。

挖泥船一只,计一万两。

以上共十一万两。

纤道(长九十基罗米得,每二百五十两),计二万二千五百两。

填筑堤岸,计三万七千五百两。

自萍乡水口至湘江共费银三十五万两。

挖掘湘江,计十五万两。

挖泥船五只,计五千两。

以上共十五万五千两,统计五十万五千两。

由萍乡水口至芦口船八十只(每装五千吨,每只一千两),计八万两。

马四十匹(每二十两),计八百两。

共八万八百两。

由芦口至洞庭湖船七十只,计七万两。

小轮十五只,计十五万两。

共二十二万两。

由洞庭湖至汉阳,大拖轮二只,计二十万两。

驳船八只,计四万两。

共二十四万两。

装货机器两部,计一万两。

铁箱二万只,计三万两。

总计挂绳二十五万两,浚河五十万零五千两,马匹器具等五十八万八百两,共银一百三十三万五千八百两。

核计成本:

由挂绳至萍乡水口成本摊入,每吨二钱五分。

由萍乡水口至芦口,闸夫六十名(每名每月五两),计三百两。

水手八十名(每名每月三两),计二百四十两。

马夫四十名(每人每月三两),计三百两。

喂料,计二百四十两。

马匹减本,计一百二十两。

河身减本,计一千四百五十两。

船只减本，计六百六十七两。

装货机器减本，计四十二两。

以上共三千两零三十三两，摊入每吨合银二钱。

由芦口至芦林潭，每吨合银三钱三分。

由芦林潭至汉阳拖船费（每只一千两），计二千两。

大驳船八只（每四十五两），计三百六十两。

拖轮减本，计一千六百六十七两。

驳船减本，计三百三十四两。

以上共四千三百六十一两，摊入每吨合银三钱。

装货机器成本，每吨合银四分。

薪工一切，每吨合银一钱。

运由湖南总计：

由矿过绳，每吨二钱五分。

由萍至芦口，每吨二钱。

由芦口至芦林潭，每吨三钱三分。

由芦林潭至汉阳，每吨三钱。

装驳费用，每吨四分。

薪工一切，每吨一钱。

统计每吨煤需银一两二钱二分。

炭加铁箱成本六分，每吨合银一两二钱八分。

［附录］ 近三年萍煤运汉数目

光绪十九年十二月运煤至汉阳　一千九百三十五吨。

二十年正月　二千九百二十五吨。

二月　二千九百四十四吨。

三月　四千八百二十八吨。

四月　三千一百七十五吨。

五月　四千四百四十吨。

六月　三千三百零三吨。

七月　二千七百六十八吨。

八月　五千一百十吨。

九月　一千三百二十三吨。

二十一年二月　一千七百零三吨。

三月　三千零三十四吨。

四月　一千五百六十二吨。

九月　三千六百八十吨。

二十二年正月　二千一百五十八吨。

二月　三千四百十七吨。

三月　五千一百二十四吨。

五月　二千吨。

六月初四至七月十二日　煤三千二百二十二吨,炭十二吨。

七月十三至八月十二日　煤一千二百二十九吨,炭二百二十五吨。

八月十三至九月初七日　煤二千二百五十二吨,炭二百九十三吨。

以上数目,系文学士抄示,虽吨数时有参差,然亦足以资考镜,故缀诸牍尾云。

卢洪昶、莫燨、王恂呈盛宣怀禀

光绪二十三年二月十五日(1897.3.17)

大人阁下:

敬禀者,正月杪及本月初八日先后专差回萍,两奉宪批并年前十二月十五日手谕抄示志观察来函一件,仰蒙宪慈训勉,指示周详,无任感激悚佩之至。

伏查采办焦煤,卑职洪昶原拟办法,本以厂户分包及收煤自炼二者相辅而行。嗣到萍体察煤务情形,订价分包只可资其力于一时,以期合而见多,得以迅速接济。萍人唯利是图,商号既敢存垄断之私,各厂户日久生心,更难保无把持居奇之事。选购佳煤,设炉自炼焦炭,较之包价本尤合算,方谓有钱购煤何难成事。及日于煤务相习,所见萍、栗各窿户反复变诈之情,令人莫可揣测。虽售煤时曾经明立合同,限定日交数目,与之严约议罚。而一经付定后,迟交、短数几若习为固然,且不难屡变其说,冀餍欲心而后已。非审至确实万分,不敢建造炉座,稽迟误事,操纵仍难以自如。所以卑职汲汲于购井、开煤,策久远而预为自立之谋者此也。至于建厂设炉,自批地订砖,以至鸠工购料等事,近因各厂户争先斗捷,价皆倍贵于前,炉砖一项尤为贵而难得。一厂之成,遇天色晴明,亦需两月余方能竣事。阅时既久,用费不赀,必有数窿与厂相近,并力经营,以为多取多炼之法,其成果[本]仍可稍轻。故安源地方连开亨顺、兴顺、同顺等三井。

去腊禀明,除遇确有成效,而又价廉工省便于烧焦之窿,不再添购。后复在梓家冲元顺井左近顶得彭姓、蔡姓两井,取名贞顺、利顺;岁前准前局欧阳令移交高坑煤井一座,与所开和顺井相近。今年正月内用价洋二百四十元将此煤山全行购回,择日开井取煤,拟名丰顺。计在高坑、安源、梓家冲三处,前后共购煤井八座。应即谨遵所奉两次钧谕尽此数处试办,并即以此立为限制,以后可再添购。

惟是烧炼焦炭,建造炉厂,以及挑煤运料出入山径之中,均非天晴不能赴办。去腊雨水过多,诸形迟缓。职是之由,正月以来又复连日雨雪,至今不止。厂户有炉者炼成焦炭不能挑出山内;欲修炉者因窑户积久未能造坯,无砖可用;间有购买新屋墙砖,而雨雪联绵,拆修亦均难动手。盼望晴明,实深焦切。除将元顺井暂拟开办章程另开陈外,所有现办煤务情形,各井工作并与广泰福交涉等事,合并分条,胪陈宪鉴。

一、煤窿积水皆因去路不通,以致愈积愈多,前功尽弃。近日萍、栗一带因久雨,水势过盛,煤窿被浸者日有所闻。卑局所购之窿,除丰顺未曾开办、和顺系去腊所开路浅尚无蓄水外,元顺、贞顺均经前人开有水井,出路极畅,窿内并无停蓄。和顺井现与广泰福合股开煤分用应修水井之处,须由石壁穿通,费工未及赶办,门内低处略有积水。俟风井告成,即可由此而进,将正口改作通风,其水尚无妨碍。亨顺、同顺、兴顺旧有水井均各早已疏通,水皆随时流去,毫无存积。查官窿最旺之处以元顺井为最,贞顺次之。现均赶造焦炉，所关尤为重要。迭经留意考察，其窿内分开煤巷，均有水路曲折相通，达于水井之口，畅流而去。土人所称为风水无虞者，信可无虑水患也。

一、土法开窿忌水之外，复有春深闭气之虞。灯入即熄，香火不燃。问多见于三月内，土人谓之桃花灯。虽不致因此弃窿而停，待多时所误已为不多，推测其由，皆风路开未如法所致。查官窿之风井，风路以顺井为合法，故为土人所称许。贞顺井系并开两口，各于正路分开，支巷联贯其间，彼此互相通风，又可以并力取煤，亦极合法省费。兴顺、同顺本俱开有风井，亨顺旧与同顺相通，即借同顺以为风井。现因两井俱向前架路取淤，尚未开穿，暂于亨顺井正路之旁赶开风路，依土法用风车抽送。大凡煤窿内水路畅，即可无闭风之患，盖亦水流风动之义也。

一、萍砖质坚耐火，本与开平砖略同。自各厂户争先收买，搜罗一空，其价为之飞涨。窑户急于应付，泥色火候不暇讲求，质脆且松，贵而难得。元顺井积煤甚多，急需砖料起炉，几于无从购办，而炉基厂地均已租成，既盼天晴，又恐晴时料不应手。正在焦急之时，适接铁厂运砖之信，窃幸得此可应急需。乃迟之又久未到，恐缓不济急，遂分托厂户速为代订萍砖函请停运。讵雨雪联绵，订砖之坯犹未造，厂砖随即由湘转运到萍，又深幸前函未及接洽，竟于参差中获此接济，裨益实非浅鲜。当即发挑进山，拟只用之炉内近火之处，其炉座顶面概以萍砖修砌，可期坚实省费。但积久不晴，仅趁雨稍止时，将捶煤存炭各棚抢工搭起，并趱成土炉二十座，业于初一日起陆续开炼。其余基约尚可修土炉三十余座，一俟晴霁，催到窑砖，即将高炉并工赶造。计来洋砖三万余块，约可砌高炉内膛十座。窃意元顺厂一律竣工后，贞顺、利顺之煤均可并归一厂，炼焦即多，亦不过于各井分添土炉，仍止一处经理，以一事权而省经费。现在高坑、安源两处亦已预订窑砖，俟出炼时，当可应炉工之用。洋砖价值过贵，应谨遵宪谕，请即停运。

一、自腊月久雨以后，厂商为难情形亦复同于官厂。甚至如善裕福、同庆春两家窿被水冲，须另开新口改道取煤，不能分力兼顾。善裕德并有高炉四座，恐其因此久误，当派焦匠往代经理。其余各厂或因炉座未成，积存煤数甚巨，于霖雨中抢修土炉，同有炉之厂冒雨开炼。而脚夫不能挑送出山，仍旧无从起运。正月内经派妥人分头严催，令设法招徕脚夫，前后计共挑出五百余吨。其距河过远者尚存有三百吨内外。雨中山径难行，必俟晴霁方能挑出。因来炭好坏不齐，现派化学生张德薰每日亲赴各厂，带同焦匠两名、亲兵一二人，将来炭分别拣选后，方准过秤装船，填单起运。但尚在开办之初，未便去取过严，亦断不能将就启运，致启异日含糊草率之弊。凡内夹壁石稍多、火力不透与太过者，以及上下汽花琐屑零碎，俱一概挑除，不准装载。若到厂尚有琐碎一二成，恐系沿途盘剥所致。从前煤船夹带条铁私货，闻多在长沙河下挖起原载之煤，装铁舱底，复将煤炭还原筑平，以避签验。抵汉口时必先起铁交行，然后赴厂报到。如此再起再装，并加坚筑，虽有大块，所碎必多。嗣后畅旺之时，拟恳宪台由鄂咨调驳船数号，分驻湘潭、长沙、岳州等处稽查催趱。仍照前厂调用驳船章程，每船酌给津贴十数千文，仅一司事薪水、火食之资，而得十余人之用，且可轮流上下。省费益公，莫便于此，是否可行之处，伏候宪裁。

一、元顺、贞顺两井均系照本地向章酌拟办法。派同来司事一人经理银钱帐目。应需竹木，专派一人管办，油米大宗则仍由萍局购存，随时具领。所有挑挖各工，均有日定交煤之数，不能减少。工资多寡各地不同，大率煤质坚者工资数少，而挖煤者每交煤块一担，给挑力一文，挑工逾额加给七文。末多而块少者工资略多，而挖挑各工均不再给力钱。一切工资、煤数、挑工、挖工均有日流分簿详记，以备查核。兹将两井现定人数、工资并窿内现开煤路，另单绘图赍呈宪鉴。内掌井一人，指引煤路、开煤，募用挑挖各工约束而调度之，为一井之主，于窿务最关紧要。许奎年熟悉梓家冲煤山情形，办事亦极得力，现并令兼管贞顺、利顺两井。架路者，清理煤路，审上下土石松结之宜，以定架木大小疏密，随时整修更换，所系非轻。收筹者收煤认真，乃无徇情私给挑力之弊，则所关于煤斤钱数出入者，亦甚重焉。如夜班加人，每项须再添派一人，借资轮替。现因炉座未成，贞顺井存有净煤十万斤，元顺井块末积至百余万斤。本拟启运到厂，以久雨未能挑送出山，开炼时足可敷用，是以未再加人照常工作。就元顺井所得人数、工价、油米以及架路、树木等项通盘扯算,每人每日约需钱二百余文,计日出二十六两,山秤生煤三百余石,较购之窿户块末牵平每担需价八十文者,极为合算。其余各井或系初开,或在架木挑淤,工价略亦相同。所用工匠无多,现尚未曾定数。开凿石壁系凿眼用炮药轰击,由石匠包办,每丈价十元至十四元不等。其近煤极坚一层名癞子石,坚结异常,包价加倍。高坑派司寊文从读经理,安源系司事杨名芳,股东罗鸣岗同管三井之事,亦均有日流工帐可稽。

一、栗市煤务未能即有成效,酌留司事数人在局照料收煤,曾经禀明在案。溯自去冬十一月二十五日开局以后,将各窿缴到生煤复加化验,实只高塘之五福、祥兴、兴发三井合炼焦炭。经俞委员铨勋酌修长方式平地砖炉及土炉试炼,其质尚佳。但三井皆拖巷小槽,出煤不旺。加给价钱,饬令并力开挖,则又搀杂。壁石太多,难于挑拣。招商合开之六兴井,于年底见煤,化得质尚可炼,第亦未见大槽,不足供用。民间纷纷开窿,多至二十余处。惟兰芽冲、书院、生衿等所开之煤,灰少磺轻而意在居奇,议价立据,忽又反复无定,不愿交煤。开年后裁省高塘炼焦小工,正议将局用再加裁减。值春雨坏窿,五福等三井俱因积水日多,赶工抽水,并开水巷修路,不能取煤。经俞委员及胡绅心田在于萍醴交界之姜坡地方,寻得陈姓废窿两座,上下相距甚近。据原掌井人称,因同股意见不合,缺资见弃,系与书院合开兰芽冲之井同一煤槽,当日出数甚旺。现在开巷放水,修路换树以及批山搭棚,至多不过需费四百千即可见炭。议分三股,局认一股,支用经费以一百三十千为限制。如果煤旺合炼,再认还股资一份,作为商一官二。生煤照市计价,焦炭归局自炼。又河下里左近经欧阳帮董招商自开茂兴井,亦尚在加工凿石,未曾见煤。所有栗市一局亟宜从速裁并,但恐萍商因而居奇,未免掣动大局。适元顺井赶修炉厂,需人经理工程、收发焦煤等事,遂截至二月初五日止,将所留司事、亲兵、工役人等分别调萍遣派。化学房仍留栗市,以便各处送化煤样,除胡、李两绅衿外,只留化学生王士林、司事胡贵勋带小工两名驻局照料,薪工火食均经酌定数目,每月支银洋合钱计共九十一二千文,俱由萍局给领。欧阳帮董本在萍局经理厂户包价等事,现仍留萍，拟如至下旬五福等三井尚无煤交，拟并将高塘厂一并裁减，俟六兴井开至大槽再行复设。俞委员已赴醴陵，该处生煤经谦莘丰商号合股承包，议定合同包运湘潭交收，不合者剔退。每吨给价湘平银二两二钱五分。卑局并未合股自办，谨已分抄宪批，飞函知照俞委员妥慎办理。

一、志观察函称加价馘收一节，查去秋卑职洪昶在萍临行与厂户拟定，每焦炭一吨运湘交收给湘平价银六两五钱，内以银一两作为运费。至九十月内文绅廷钧趁卑职尚未到萍，亦与厂户包办，议在萍坐收每吨给萍平银五两五钱。萍平较湘平每百大二两四钱，是已暗加焦价银一钱余矣。卑职开局时价买赖香山煤窿已以五百元定议，而该绅加至六百二十元，使张云峰出名批顶致悔初议，此皆该绅首先负约，加价馘收之确有实据者也。及卑局购窿自办，该绅百方阻挠，惟恐其事之成。于元顺井则捏控业主欠款千余金，呈请封井于前，十一月十九日，复纵令其侄文惠芝到窿抢挑煤斤于后。于利顺井则私以重价顶得林姓股分，今年正月十六七日两次纵令林禄英及其侄文盛才、管井叶老五等到窿滋扰。查此井原只三股，卑职以二百元顶得两股，只余一股在外，既顶该绅，林禄英复何得称有股分，化一为二，情弊可知。且两股之价二百元，顶一股者贵至加半，是尤加价馘收，意欲败坏官局煤务，以图自利之显然者也。卑职遇事退让，因炼炉未成，允许元顺井给生煤以应该号急需，并在窿价内代扣业主欠款百七十余千。又允利顺井与之合股开挖，同包厂户，焦煤则按船分运，无非为厂工紧要，只求焦煤日畅，无分彼此之意。而该绅往往反是，推测其心，仍一垄断把持、自私自利之见，不欲有官局与之并立而已。卑职事事留心，总期自立于不败之地，不存计较之心，冀其愧而自止，故迄未敢以前事上渎钧听。而该绅乃以己所施于人者，妄相呈诉。近日商号卢炳元接办煤务，该绅深有负于志观察之栽培，及与官局种种为难情形，久之必俱上达。卑职等谨遵平价收买之谕，厂户尚极力护持，以冀煤务日臻畅旺，何至于商号存倾轧之见。务求宪台函致志观察，谆饬卢炳元和衷共济，庶彼此均有裨益，无任祈祷之至。

一、奉宪札现准湘抚宪咨，据岳州厘局禀称：铁船煤船过境，拟另编鄂字号大票查验，完厘每百担定钱一串文，按月另解总局，由湘潭转运委员如数领回,作为办煤经费,以杜船户夹带蒙混之弊,而于铁厂仍毫无妨碍,应准照行,札饬遵办各等因。奉此,谨查完纳厘金向须制钱足敬,以银易钱颇多亏折,完厘过数不无稽延。再由长沙领回湘潭,未必即能以原银发还,掺私短串,折耗既多,加以挑力运费之需,积久更成巨款。若改为每百担完纳洋钱一元,于事较为利便。如以定章咨行,未便更改,即用鄂铸各种银元照市酌中定价,每元作足数钱若干,其尾数不足一角者,以制钱找足。声明不得凿坏元面,则完纳时既无挑剔久延之虞,湘局领回亦少折耗运脚之费。以岁计之,所省于公款者实多。可否咨行之处,伏祈裁夺。肃禀专差赍呈。

敬请

钧安

　　伏祈垂鉴。

卑职　莫燨　卢洪昶　王恂谨禀

敬再禀者:

　　查开井取煤就现拟元顺、贞顺两井办法,以日出煤数核计人工、火食、架树、器用之费,实有余利。是知购窿自办,果得风水无虞,章程厘定后自可为恃久之计。近日文绅父子于卢炳元接办后,忽自有煤窿数处炼焦售之商号,不惜出全力以相争。彭藻才太史与绅首陈小楼、袁安臣等皆汲汲以开井为务,其获利之厚可以想见。自卑局购得梓家冲,安源各窿厂户皆爽然自失,文绅忮忌更深,造作谣言离间卑局所用之人,冀合互相攻击,不安于所事,难保不辗转间构蜚语遍传。卑职亦深知树立之难、开窿之险与夫经理之不易,顾念受恩深重,始得以有今日。若既见其利,又为思虑所及,而不勉竭其愚,拊心何以自问。焦炭起运稍迟,虽因久雨所致,然自开局以来,除生煤二千八百吨外,已运过九百余吨。去岁广泰福五、六、七三个月仅运十余吨,结至半年内始共有六百余吨运至湘潭,亦足见此事创办之难。人言萍乡煤旺而佳,但为天时地势人事所限,难于力求迅速。盖谓春雨过多,凡煤井无水巷者多致停工,又山河盈涸不常;夏初封坝,舟楫不通;五、六、九、十等月插秧收谷,采摘茶子;农忙之际无从觅雇挑夫,有煤亦难出运也。故从前办煤者皆以冬收春运立说,月计不足,岁计有余。如欲克期办运,其势恐有未能有备无虞,似厂次不可不预存一半年应用之炭。以现在情形计之,但得天气晴明,四五月间萍焦断无不旺之理,一月二千吨,卑局自可办到。此后风气日开,自必有增无减,合之商办焦煤或可得供两炉之用。讲求既久,炼法自精,且当与开平炭并称一时,又系自开之煤,各井齐旺,炉座并成,异时不待商号厂户之接济亦能如数备运。彼时必有跌价以求售者。文绅不欲官局与之并立,盖亦有见于此,深为日后之虞耳。伏祈宪台俯鉴愚诚,俾得循序图成,从容以竟其事,稍遂涓埃之报,卑职幸甚,大局幸甚。

至于用款,一切自当懔遵钧谕,撙节开支,但开办之初费用不无稍大。现今情形熟悉,渐以因事量裁,力图简省。凡司事之不能得力与焦匠之炼法不精者,皆随时开除,以免糜费。所有去年十冬腊三个月报册,月内即可缮齐赍呈宪核。肃禀,再叩
钧安

卑职　洪昶谨再禀

敬又禀者,开平焦匠前经卑职携带到萍,旋派匠首司事至高塘试炼数炉,据称地势与炉座不宜,遂仍调回萍局。此间窿井狭小,不能如开平之大,焦炉零星散布,每处一二匠人足可照料。乃该匠等五人指臂相联,不能分开。及购得贞顺井,以煤旺时炉座较多,大可于此位置,属其前往相度地势,俟窑砖交到即可赶紧起炉。而该匠一再力辞,坚称此地山势高峻,一至春夏之交,虑焦炉为水所浸。告以当地情形,决无此患,而该匠等不肯过细访问,执意辞归。因鄂匠来者已多,情形较熟,只可听其归去。其冬腊两月薪水已经付清,正月本可不给,虑彼虽趁便舟而沿途不无需用,遂仍给半月薪水,以示体恤。合并禀陈。敬请
钧安

卑职　洪昶谨又禀

盛宣怀札张赞宸①文

光绪二十三年二月二十二日(1897.3.24)

为札饬事。

　　据江西萍乡县绅商萧立炎等公启,称本厂采煤委员卢洪昶倚势据井,不公不平,信任杨寿春擅作威福,地方啧有烦言各等语。此事卢委员倡议官商分办,原以杜奸商把持分利酿怨,砌词公讦事在意中。惟函中有厂户包办之炭多不可恃,于是以重价夺井,一切不顾等语。卢洪昶先后在梓家冲等处,自购煤窿五六处,历经批饬,只可听民自挖,不宜购地以重成本。若如所称要地已尽为萍人买据,所余零星无用,大都不成片段,杨寿春大言欺人,并非事实云云。则似卢洪昶包办自挖皆无实际,或系官商分办致有挟嫌攻讦。此风实不可长,于煤务出入綦重,事关鄂厂要需,虚实均应密察。为此抄粘原禀札饬,札到该提调即按照原指各节,亲赴萍乡详细密查,并妥筹购煤办法,缕晰具复,以凭核办。切切此札。

计抄粘札湖北铁厂提调张令赞宸

盛宣怀札卢洪昶、莫燨等文

光绪二十三年三月十五日(1897.4.16)

为札饬事。

　　接二月十五日禀函并揭图三件,盈篇累牍,只是敷陈艰难创始情形,于煤务有无起色,能否按时接济,毫无切实办法,阅之令人气闷。函中大指谓厂户把持,乃自购煤窿,冬令雨雪,致挑运维艰,究竟奉委至今,实领银数若干,已运焦炭若干,已挖未炼之生煤若干,造成炉座若干,每座每次可以出炭若干,竟无一语指实。萍乡水道纡曲,冬季干涸,夏季封坝,只春秋二时舟楫往来。刻已三月垂尽,封阻在即,运煤几致无望。是该员数月勾当,仅与绅士纠葛缠讼,无怪人言啧啧,谓包办不足恃,乃以巨资购买商窿。实所

---

① 张赞宸(1863—1907):字韶甄,江苏武进(今常州)人。时被委派萍乡查办煤务,后任萍乡煤矿总办。

购者皆零星不成片段,为本地窑户弃置不开之具,闻四窿之中已有两窿见水。鄂厂需炭之急,不可一日断缺,望萍甚于望岁,乃迁延诿饰,贻误至此。虽于京中面申诰诫,办不得手须撤差参办,尚恐不足以抵过。张提调面禀萍局实已领银六万余两之多。据收发所禀称,正月至三月十三止,仅止运煤二千一百余吨,炭六百五吨,与去年原禀大不相符。来函所云天气晴明,每月可得二千吨,不过因本年雨水过多,为此悬空推宕之词,究竟一月二千吨系何时算起。至不用本地炉砖必用洋砖,试想洋砖价贵,本地砖广泰福已用过合式,何以不可用?以开平焦匠为不如鄂匠,任令归去,试想开平焦炭何以合用?请调炮船沿途稽查,亦属具文。但能煤旺运多,则该员致厂之信,所有封仓加锁,各任专成。自萍至湘乡若有掺杂,系该员之过,湘乡至厂若有掺杂,系转运局之过,亦足以剔除病弊。仅恃一二兵弁,岂能任怨得力?完厘仍须拨还,或钱或洋,吃亏均属无几,似未便向抚台琐屑,将来再作道理。

顷晤卢令炳元,据称官商两局调停已妥,但商局不要之坏煤,官局以贵价买之,诸事争斗,诸事吃亏。谓好窿俱在商局,土人皆以坏窿骗官局,所用杨、欧二人均不正派等语。日内拟即派张令前往查办,并统筹购运持久之法,该员速将领过银数,运过煤数,已成炉座,已挖生煤之数,并封坝之前究尚能运若干,照札所指,切实逐条开一简明清折,速将专差带回。呈候核办。

上栗市既无佳煤,应即停办,不得仍用浮词搪塞干咎。煤务要信须勤写,专差速送。隔数月得一禀,又尽空谈、无办法,玩世浮滑,均堪痛恨。特此申饬,懔之切切。此札。

札萍乡煤务局委员卢升令洪昶、莫县丞爔等

卢洪昶、莫爔呈盛宣怀禀

光绪二十三年三月二十八日(1897.4.29)

大人阁下:

敬禀者,本月二十七日申刻专差到萍,祗奉严札饬即刻日禀复勿稍延饰等因,卑职奉持之下悚感兼萦。伏念前后各禀,皆据实详陈,并未敢稍有缘饰,致增咎戾。所购八井内惟利顺井略有积水,旋即开通风路仍旧做工,并无两井因水停废之事。厂户焦炭,广泰福商号初系美恶兼收,见卑局必须挑拣后方为收数起运,该号始行仿办。局购炭价迄未加贵分毫,炭之佳劣俱经运厂验收比较可见。卑局现有各井虽不敢自谓如何,第较之该号梓家冲八井水浸崩塌,时有所闻。复于卑局利顺井三股内,以重价暗购一股,必欲合本开挖而后已。当购贞顺井时,该号央请卑职每日给予生煤五二斤,情愿照付价值。又在元顺井山旁另开合盛井,取同一槽之煤,月初曾经穿道三次。以此观之,似尚非好窿尽属商局而官局皆为坏窿可知。欧阳莆董右局经理各厂户包焦领价,杨寿椿专管各处煤井,所办公事均为人所共见,无须卑职回护。

卑职开局以来,始因该号合盛井之人两次到利顺井寻衅滋闹,不由理说,继因穿通元顺井拦截煤路,不得已先后移县,有案可稽,并未与地方绅士稍有龌龊缠讼。卢令面禀各节果否确实,抑系逞臆徇私,仰荷宪明洞察,委员到萍查办,自有水落石出之时。卑职未敢哓哓渎辩,唯仍有妥慎办公,以期赶速购运。敬候张令到萍查明,呈候定夺,除遵饬按照札内所指各叄并栗局停办情形开具清折赍呈外,肃具寸禀。敬请

钧安

伏祈垂鉴。

卑职 洪昶 燨谨禀

盛宣怀批卢洪昶禀文

光绪二十三年四月初七日(1897.5.8)

卢于令洪昶禀遵饬声复办理萍煤情形由批。

禀折俱悉。核计局用煤价运费及山井价值,各厂领款等,共二万二千八百余两,现只存银一万二千余两,与原领湘平六万二千八百余两之数不符,立赶紧造册申送核夺。此后月清月款,限于下月五日内分晰详报,不得日久含混。

至已运之炭,自炼者仅十成之一,山中所存只有八十余吨,为数无几,可见购窿徒耗资本,毫无把握。应一面包给厂户,多采多运,一面就已成炉座,切实仿照开平炼法,踏结烧透。遵依前札发去样煤,在萍雇工挑选,再行封舱起运,以杜船户掺伪之弊。每月一千四五百吨,断不可少。河水盛涨,应漏夜催趱,勿为封坝所阻。

上栗市据报于三月十八日停工,究竟赔本若干?现有之窿能否售与本地窑户以供民用?姜坡两窿虽称化验合用,亦应详细确查有无磷磺,能否炼焦。设质不甚佳,即应停止,以杜折阅。余俟委员到萍逐款根查,再饬遵照。总之该员自顾责成,虚实俱在洞鉴也。此缴。折存。

盛宣怀札张赞宸文

光绪二十三年五月十五日(1897.6.14)

为札饬事。

照得前据萍乡绅士攻讦卢委员洪昶采办焦煤诸欠妥慎,曾札委该提调赴萍逐款密查。嗣因鄂厂创设总稽核处,事务繁重,一时未能骤离,改委江苏候补知县李令宗琏驰往查办。兹据电禀:卢洪昶办事尚属忠勇,惟好大喜功,粗率用事,以致官绅腹诽。现经该令酌拟办法,据称与厂户订定每月至少交局焦炭一千三百吨,短交一吨罚银一两,已领局款就炭价扣还,官局不再添购煤窿。此自办情形也。从前厂户领过官局银两并购井砌炉一切费用,均归广泰福按照原价顶收,每月订定必须有净炭三千吨到厂,如少一吨亦罚银一两。该令并拟照从前官炭价值,每吨折减四五钱或三数钱,以示官局让给商办之利益。此归并情形也。分析电陈,求示祗遵等情,到本大臣。据此,查卢洪昶办法之误,先与文姓争购煤窿,不肖司事如杨寿春辈经手播弄,元顺一井报价二千四百元,山主只得数百元,余尽杨姓侵蚀。嗣因购窿旷日持久,挖不得法,见水辄停。卢洪昶恐受总厂诘责,旋又暗受厂户之愚,先借山本,继支炭价,游移推宕,日复一日,炭既不能照缴,价亦岂能按扣,此虚掷公款羁误炉工之实在情形。因已无待复查,昭然若揭。惟前定官办初议本杜商办居奇,现如李令所拟归并广泰福一说,无论减价包数,未必可靠。即甘词承揽,久必垄断要挟,故态复萌。察度二者,自以就现有局面包采自炼为颠扑不破。萍焦衰旺关系全厂盈亏,该提调现办稽核各事略有端绪,应即遵照前札,迅赴萍乡会同李令等悉心整顿,从长筹计。究竟厂户包交每月一千三百吨、自炼三百吨是否确有把握?所购兴顺、亨顺、同顺三窿均已见水,能否赶紧提汲,指日开采?砖炉焦匠制炼已未得法,驳船水道夏秋能否畅行?卢洪昶固非总理之才,其信任劣司如杨寿春辈,种种贪妄,尤应驱斥一二。该提调务当不避嫌怨,通盘筹算,应举应黜,本大臣不为遥制,并勒令卢洪昶将领过厂款银八万余两,分晰赶造清册呈报,毋许丝毫弊混。除照会郑总办并札饬总稽查宗令得福暂时代理提调兼总稽核事务外,合亟札行。札到该提调迅即兼程赴萍,妥筹经久,毋稍瞻徇推诿。切切此札。

札湖北铁厂提调张令赞宸

王庭铭家书
光绪二十三年五月二十五日(1897.6.24)

敬禀者:

　　男于二十六日到萍,沿途大雨,气闷已极。大兄回沪否?男到萍后,查访各节录呈慈鉴。

　　一、卢所买之二千四百元一山,名元顺窿,该山已挖过四年之久,大槽炭已取完(该窿所产之煤尚好,惜乎已挖取将完)。闻文姓前出三百余元,山主业已允定,后洪昌与之争买,出二千四百元。据云山主只得价数百元,其余均被经手之杨寿春等所得。现在文姓与卢洪昌为此山结讼,刻尚未了。

　　一、文姓初尚与洪昌和衷,就是买了此山彼此即有意见。

　　一、洪昌性情椎鲁,大言不惭,遇事又不肯细心商之于人,尽听小人之言,以致将公款浪费。

　　一、各炭厂包办焦炭,均先预借银若干。初则说明在炭内扣还,及缴煨时,又复不遵。闻得各包炭户先所借之银,作为山本云,此一层似乎不妥。

设或停办，借去之银岂不付之流水。共各包户预借之银，约有万金之谱。

一、该处人民与兴国州龙港无异，洪如何能当此大任。

一、洪只能听人使用，断不能独当一面。

一、该处小驳船，水大时由萍运湘潭，每只能装一百四十石之谱，水小时尽能装十数石，如水再小不能装也。该处每月可出焦炭二千余吨，除将坏者拣剔外，足有一千二三百吨，所虑者，运道难耳。

一、小驳由萍运湘潭，每担一百十四文，由潭换大船运汉，每吨银九钱，运费尚不贵。

一、据土人云，前洪处由山挑炭，所遇之处，被土人有意将路口挖开，与洪为难。后洪请人说开送钱，始将路口修好。

一、萍如有一好好坐办之员，声名稍有人望者，尚可能办，如卢断不行也。

一、洪所买之贞顺窿，每日可出炭二百数十余石（每石作六十斤）。

一、又元顺窿（每日可出四百余石，每石亦作六十斤）。

一、又利顺窿（每日可出百十余石，每石亦作六十斤，均系由窿内出。该窿现已见水，恐要停歇）。

以上三窿，每月山上用费作一千余元，一切用费不在其内云云。

一、洪所买之兴顺窿，现已停歇，想必窿内有水。

一、和顺窿、丰顺窿，现在做窿口，尚未见炭，好与坏不得而知。

一、和顺窿、丰顺窿，据云窿内不但有水，而且煤亦不多。

以上各节，男不过言其大略，男已与进之兄说过，不写信寄家兄。谨呈慈鉴，务求大人速令吴相公写好，转寄大兄。并求函嘱大兄，千万不可与进之晓得。所有该局一切银钱帐目等事，男均不曾问一句，乞大人放心。

此信系忙中执笔，尚有许多细情未曾写上。匆匆叩禀福安。男与进之同住一房，以致写信不甚便当。

铭禀

萍乡各厂户公立条规

光绪二十三年五月(1897.6—7)

我邑焦炭由官煤局运赴湖北铁厂,屡经洋匠考验,间有不甚合用者。前官局查办委员莅萍集合帮公立包字,议定月交吨数,并拟整顿煤务经久条规四则,交委员面呈盛大臣察核。兹特刊录于左,以便同志省览焉。

计开:

一、焦炭首重灰磺均轻,质坚色润。欲求灰磺均轻,质坚色润,必须责成井上挖手,先将井内当头之壁层剔除净尽,然后挖煤。上箕出井之时,由拣工逐箕过细验明无壁,然后发厂过筛。复由筛手验明无壁,然后用密筛筛净。又由炼工验明无壁,方准入炉烧炼。如此正本清源,乃能炼出佳焦,增广销路。倘挖手不先剔壁,希图含混,一经拣工验出,则罚挖手本日工钱,以奖拣工。拣工如不仔细,一经筛手验出有壁,则罚拣工本日工钱,以奖筛手。筛手糊涂,一经炼工验出有壁,则罚筛手本日工钱,以奖炼工。焦炭出炉后,如仍夹有壁块、壁末,则罚炼工三日工钱,以示加等之意。所罚之钱,随时赏给各班工人,无论多寡,作为酒资,俾众咸知。如挖手、拣工、筛工、炼工人等,能一月内无过,亦宜酌给奖钱,以昭激劝。庶互相箝制,各有专责,始肯慎重将事。凡我同人,务宜一律照办,以整帮规而维大局。幸勿阳奉阴违,致劣焦无从销售,自取亏累之苦。

一、各号炼焦,宜先将所有之煤井取样送局化验合用,方可开炼。凡质劣、油轻、灰磺皆重,不合炼焦者,止许发售生煤,不准设炉炼焦,以杜混杂,阻遏销路之弊。违则公同禀局县封井,均不稍事姑容。

一、合帮承办焦炭,每月包有定数,截长补短,可盈不可绌。倘有将合用焦煤,私售别处,以致比较不符包数,议罚之款,惟私售人是问。至炼出不合用者,应先报明,方准另卖。

一、焦炭成本甚重,必须严禁挑脚盗卖。欲绝盗卖,尤宜先禁销赃。从前外卖外收,各窿受苦,指不胜数。嗣后遇有盗卖盗买情事,一经查明确实,公同禀请追究,务各破除情面,以为明知故犯者戒。

以上四条,皆系本帮各号切己切要之事,祈各同志,永远遵行,是为至幸。

萍邑福善堂同人公立

张赞宸致盛宣怀函

光绪二十三年七月二十五日(1897.8.22)

敬禀者:

窃卑职前奉五月十六、二十一日两次钧札,饬赴萍乡复查煤务妥筹经久,嗣又奉七月初八日宪檄并粘抄李令宗琏原禀,饬令按节讲求各等因。奉此,卑职遵于五月二十九日首途由湘潭赴萍乡。

查湘潭为焦煤运厂咽喉,自黄道建藩去后,司事等种多不妥。现经札派王县丞恂接办,卑职已谆令从严整顿,从速起卸。萍乡事吊查流水总帐,细核之各厂各井分帐,并无弊窦,创始多费则有之。至购买窿井,卢升令洪昶并无肥己情事,经手员司则外间啧有烦言,虽查无实据,而事非无因。履勘各路井厂,应停者停,应开者开;稽查各处员司,应撤者撤,应调者调。迭将复查情形及整顿湘潭、萍乡局务,严饬考究炼焦,先后据实电禀在案。复核李令原禀所筹办法及查办各节,确切详尽,无待卑职缕陈。

卢洪昶任事忠勇,不为无功,但轻率矜躁,罔顾前后,咎实难辞。管见萍事至重,急宜定一办法,应请另简操纵得宜、宽猛并用之人前往接替,庶使官绅通气,厂户服从。所有官商合办与否,并现在厂户反复无信、一切善后事宜情节甚多,非禀牍所能罄达。谨遵电命,诣沪分条详细面陈,讨论酌办,以期持久而杜流弊。总之,果能得人,炼炭不患不精,出煤不患不旺,厂户不患不信,官商不患不和。所患者惟运道耳。

矿煤运萍城皆陆路,十余里至三、五十里不等,挑力甚大。萍城运渌口皆小河,入冬水浅,夏秋间农民蓄水灌田,闸坝一百八座之多,须待大雨开放,转运艰滞,小船掺和,竟无良策。或主秋冬多炼、春夏多运之议,诚非无见,但焦炭为化铁炉日用所需,周流不息。若不源源接济,一朝停待,伤炉实甚,势不能以运无定期之炭,保不误此刻不容缓之炉。再三筹虑,非仿西法设挂线路不为功,又苦工费太巨,创办不易。既经履勘,自当仔细测绘,预备将来之用。已将萍乡城东三十里之黄家源择由平坦少湾之路测绘至醴陵、渌口。此口为渌水入湘河处,由此卸煤装船,下驶不虞中阻。兹将亲勘官局、商号、民户所开煤井、槽路、炼焦厂炉编列表目一册、萍乡黄家源至醴陵渌口测绘陆路图说一卷、萍至湘潭水道图说一卷、官局自置矿井图一卷、各种炼焦炉座图一卷、萍乡土法炼铁图一卷、顶购矿井契据抄底一本,并萍局去冬开办至六月底止收支银钱折一扣、炼运焦煤折一扣,又上栗市局开办至停办止用款折一扣,汇呈鉴核。

再,卑职五月禀准交卸铁厂提调并总稽核差使月支薪水五十两,领至四月底止,合并声明。肃禀,虔叩

勋安

伏乞鉴察。

卑职　赞宸谨禀

敬再禀者:

卑职往返湘中,借资游历。此邦山水雄秀,土脉肥厚,民情刚直朴勤,实为各省之冠,其间必有大经济、大学问者接踵而起。宪台素重人才,还乞随时留意,刍言上献,借备钧裁。续肃,再叩

勋安

伏乞崇鉴。

卑职　赞宸谨再禀

(二) 正式开采及经营

张之洞、盛宣怀奏折

光绪二十四年三月二十六日(1898.4.16)

奏为陈明湖北铁厂改归商办后情形及造轨采煤各事力筹整顿皆有端绪事。

窃臣之洞创办湖北铁厂次第告成，光绪二十二年因经费难筹，遵旨招商承办，奏准交臣宣怀接收，一手经理。臣宣怀以冶铁炼钢亚东创举，事体至重，头绪尤繁，只以事关中国大局，不敢不力任其难，遵于是年四月十一日接办。先将汉阳总厂区银钱、制造、收发为三股，每股遴员董二人董理之。铁山、煤矿亦各派员董分任其事，并于总厂设立总稽核处，均令查照成规，认真整顿。

伏维铁厂本旨缘铁路而起，当以制造钢轨为第一义。顾熔铁非焦炭不可，连年因本厂无就近可恃之煤，呼吁于开平，谋济于洋产，价高而仍不给，故化铁虽有两炉，仅能勉开其一。又当以勘求煤矿为造轨之本原，臣宣怀督饬员匠，讲求各国钢轨之程式，炼制之奥窍，一面与外洋名厂订购轨轴机器研精试造。

嗣奉督办铁路总公司之命，发轫所先经营芦汉，复饬厂中员董加工并力，专意造轨。查照奏定章程，先后预拨轨价银一百九十万两。现计解运到工及成造在厂之轨，几及万吨，随配鱼尾片、螺丝钉各件称是，桥料、钢板等物亦皆能趱造应用。截至上年年底，核计运工轨料各价已逾五十万两，自保利权，渐有成效。惟兹事皆中土所未经见，熔炼之合法与否不能不恃监工之西人，而其人或由出使大臣访订或由洋厂推荐来华试用，往往行与言乖，一再更换，每遇新旧交接之间，不免稍稽工作。特所患犹不若乏煤之甚也。开平华矿，宜当与汉阳华厂休戚相关，年来恳切筹商，上烦宸听，奈煤价已加至极昂之数而交煤仍难应汉厂之求。至于洋煤，更不足恃。外洋用五六金一吨之焦炭，我几三倍其价，钢铁成本悬殊，势无可敌。一旦各国有事，又动辄禁煤出口，将来恐虽出重价而不可得。

臣宣怀有鉴于此，两年以来于沿江上下、楚西、江、皖各境分派委员带同矿师搜求钻试，足迹殆遍，惟江西萍乡焦煤曾经试用，最合化铁。矿脉绵亘，所产尤旺，实为最有把握之矿。但土法开采浅尝辄止，运道艰阻，人力难施。臣等深维大计，铁厂利钝之机全视萍煤为枢转。现已购办机器运萍大举，一面勘明运道，定议选就该县黄家源地方筑造铁路一条至水次计程三十余里。路成之后，再筹展至长沙与干路相接，并先于沿途安设电线，消息灵通,转输便捷。繁费在一时,收利在永远,此后取之不尽用之不竭,汉厂即可并开两炉,大冶亦可添设炉座。至于大出土货开造物无尽之藏以为民生之利,尤朝廷广辟地利之至意,泰西富国之学之精义也。铁路、电线经过之地,吁请敕下江西、湖南巡抚转饬所属地方文武随时照料,妥为保护,以副国家维持铁政之至意。所有湖北铁政改归商办后情形及造轨采煤各事迄有端绪缘由,谨合词恭折陈明。

谨奏

奉朱批:另有旨。

再,萍乡煤矿现筹大举开办,运用机器、延订矿师以及筑路设线,工役繁难,目前需费约百万有余,收效在数年以后。只以鄂厂化铁炼轨,事虽商办,实国之大政,不得不先掷目前之巨本,以博将来可恃之焦炭。惟中国商情向多见小利而忘大局,诚恐萍煤运道开通,经营有绪,复有商人别立公司,纷树敌帜,多开小窿,抬价收买以坏我重费成本之局。甚或勾引外人,如上年湘省有串买矿山之事,迨经查出,根究挽回,业已大费周折,皆虑之不可不早,防之不可不周者。拟请嗣后萍乡县境援照开平,不准另立煤矿公司,土窿采出之煤应尽厂局照时价收买,不准先令他商争售,庶济厂用而杜流弊。相应请旨饬下江西巡抚饬属审禁。此铁厂全局利钝所系。谨附片具呈。

谨奏

军机处字寄
光绪二十四年四月(1898.5)①

军机大臣字寄湖广总督张之洞、大理寺少卿盛宣怀、江西巡抚德寿、湖南巡抚陈宝箴。

光绪二十四年三月二十八日奉上谕:张之洞等奏陈明湖北铁厂改归商办后情形一折,湖北铁厂经该督等招商承办,现将造轨采煤各事力筹整顿

---

① 原件未署日期,此系根据内容判定。

已有端绪。即着照所议办理。所有铁路电线经过之地,着德寿、陈宝箴转
饬地方文武妥为保护。另片奏萍乡煤矿现筹开办,请援照开平禁止商人别
立公司及多开小窿抬价收买等语,着德寿即饬所属随时申禁,以重矿务。
张之洞等折片着分别抄交德寿、陈宝箴阅看。将此各谕令知之。

盛宣怀致俞廉三①函

光绪二十七年三月二十九日(1901.5.17)

接萍局电称,湖南编修曾广钧、中书饶智元、县丞周瑞等,在萍乡县具
禀开设宝源聚公司,采买萍煤运湘贩售,先蒙尊处批准,发给公文,并札长
沙府转饬各县出示晓谕,并请萍乡县颁示存案等语。查萍乡煤矿二十四年
三月奉旨禁止商人别立公司,饬赣省随时申禁,以重矿务等因。现该商等
别立宝源聚公司,在萍采买,禀请萍乡县颁示,不特显违奏案,且与尊处批
准之文不符,其为影射无疑,乞速赐查禁,并就近电饬萍乡县严禁。

轮船招商局经办萍乡煤矿有限公司招股启②

光绪二十七年九月(1901.10)

江西萍乡煤矿叠经泰西名矿师赖伦、克利马等详切履勘,质佳苗旺,数
百年采之不尽。光绪二十四年盛大臣会同张督宪专奏,奉旨开办,两年有
余,已见成效。其煤炼制焦炭,足供湖北铁厂之用,煤质之佳尤胜开平,轮
船、铁路最为合用。初仅零招商股一百十万两,嗣因购置机炉,需款不赀,
又向礼和洋行订借马克四百万,约合规银一百十余万两,分年归还。兹因
添设铁路九十里,庶能畅通运道,总计成本以及归还礼和借款。共需规银
四百万两,除前已招有商股一百十万两外,拟添招股本规银二百九十万两。
除已允江西绅商附搭五十万两,轮船招商局认搭一百万两外,净应添招商
股规银一百四十万两,每股规银一百两,即在萍乡煤矿总公司以及各通商
口岸招商局挂号,每股先收规银十两,出给收条,俟挂号截止,填给股票息

---

① 俞廉三(1841—1912):字廙轩,浙江山阴(今绍兴)人。时任湖南巡抚。
② 本文选自 1901 年 10 月 19 日《中外日报》。

折,每股找收规银九十两。本公司专招华人股本,凡入股者须请填明姓名籍贯,以注明根册。所有招股章程,另有刊本,请向各口招商局取阅可也。

　　谨启

盛宣怀致张之洞电
光绪二十八年十二月二十七日(1903.1.25)

　　从前蒙公以铁厂相属,宣禀请先招商股,再行接办。公以宣有轮、电在手,劝谕先接。数年来两局附股借资辅助甚巨,礼和洋款并以轮产作保,幸无干预,曾蒙公奏在案。今夏面商续借礼款,实为大冶加炉,萍乡运驳,嗣因礼欲指实轮产抵保乃止。慰帅来沪,力主扩充,曾托郑道面禀,调回李维格与洋商试议借款。大约就厂矿抵借,则厂矿之权利必属于彼;然不借款,则煤焦不能运,炉机不能添。日炼钢铁数十吨,售价不敷炼本,接济已断,人情势利挪借已穷,必致牵连颠败,昼夜焦思! 北洋现设国家银行,包涵甚广,自必统中国财政出于一途,通商银行断站不住。拟即声明礼和借款中止,请将该行商股二百五十万两,改作萍矿商股,部款一百万两,原议二十九年起,按年分还二十万两,三十三年还清,拟请暂拨铁厂按年发息,一如常例。厂矿得此交济互用,可纾目前之急。查银行二十三年亦经钧处会同奏复。现在改章,如蒙许可,拟请会同电奏,以期妥速。乞钧示。宣叩。沁。

张之洞致盛宣怀电
光绪二十八年十二月二十八日(1903.1.26)

　　两沁电均悉。宁沪铁路合同事,请尊处将电奏稿拟示,商定即发。萍矿、铁厂用款,拟以通商银行官商股本拨用甚善。惟袁慰帅前与尊处议扩充办法,似是拟借款五百万,计尚短百五十万,是否足敷周转? 如尚不敷,莫如趁此时再借定洋款百五十万或百万,以期一气呵成。用则提,不用则止。为数较少,当可以矿厂作保,而不作抵,若留以有待以后再奏较难。现慰帅允为维持,尊处似可托其从中助力,或无须再借之处,统祈酌定。

洞。勘。

萍乡矿务公司股票存根

光绪二十九年七月初一日(1903.8.23)

萍乡矿务公司为给发股票存根事。

光绪二十四年三月,督办铁路大臣兼督办湖北铁厂、轮船招商事宜盛,会同湖广总督部堂张,具奏萍乡煤矿援照开平筹款商办,并派员总办各折片,钦奉谕旨:萍乡煤矿现筹开办,请援照开平禁止商人别立公司及多开小窑抬价收买。即著德寿饬所属,随时申禁,以重矿务。钦此。钦遵在案。

兹由盛大臣咨明京师矿务、铁路总局,遵照奏定章程,设立公司商办,选举总董,先集商股库平足色宝银壹佰伍拾万两,以壹佰两为一股,自一股至千股皆可附搭,按年官利壹分,闰月不计。再有盈余,照章应按十成之二五提出缴部,以伸报效。余均照章分派。萍乡铁、锑等矿,叠经洋矿师勘验,质佳苗旺,且铁性合炼上等钢轨。煤铁毗连,实为中外难得之矿。本公司业已购有各矿山地,目下先办煤矿,并设炼焦之洋炉、洗煤机,运煤之轮驳、铁道、挂线路。众董公议,凡事先难后易。将来气局丰盛,扩充铁道,续办他矿,应行推广加股之时,须照轮船、电报等局,先尽开创老商,出验旧票,纳入新股,以示鼓励。再股商如有限于财力,听其自行出让,本公司只认票折为凭。

除将股票式样呈送查核,并将章程息折给商收执外,须至股票存根者:
计收到　省　府州　县人
吉庆堂名下老商贰股,计库平足色银贰百两。
光绪二十九年七月初一日,给第陆千贰百肆号至陆仟贰百伍号止,共贰股。

总　　董　陈善言　朱宝奎　严　潆　林松唐　何嗣焜　施肇英
　　　　　盛春颐　盛昌颐
办事总董　张赞宸
帮　　董　卢洪昶　莫　燨

张之洞致盛宣怀电①

光绪三十二年十月二十四日(1906.12.9)

各路来电均悉。萍乡会匪勾结浏醴等匪滋事,诚为可虑。敝处已派第八镇协统参将王得胜、标统李襄邻等率步队三营、炮队一队即日启行。惟上水迟缓,湘水又涸,大轮不能行,现设法觅小轮拖至靖港,舟行抵洙州,乘铁路车径到萍乡,会合赣湘各军,相机剿办矣。洞。敬。

张之洞致军机处电

光绪三十二年十月二十四日(1906.12.9)

昨接萍矿道员林志熙、上海盛大臣来电称:江西萍乡有会匪四起,抢劫占踞上栗市,声势浩大。湖南之浏阳亦拿获会匪多名,醴陵亦报起匪二股,该匪等并有革命军先锋字样,恳请派兵越境会剿。查该匪悖逆显著,伙党繁滋,到处响应,萍矿及路已值银数百万,若成燎原,为患更大,不止矿路而已。湘抚来电,已派兵往剿,兹由鄂派第八镇十五协协统参将王得胜,二十九标标统李襄邻等,率带步队全标三营、炮队二队,已于本日启行。惟湘水甚涸,大轮难进,现设法广觅小轮拖至靖港,舟行至洙洲,乘矿局铁路车径到萍乡,会合湘、赣各军,相机分赴萍、醴一带,实力剿力,务期及时扑灭,免致蔓延。请代奏。之洞肃。敬。

张之洞致岑春蓂②电

光绪三十二年十月二十八日(1906.12.11)

顷据萍乡矿局林道、醴陵汪令先后来电称:匪众现均窜入浏阳,势甚猖獗。现又由敝处添派步队一标三营、炮队一队即日速行往剿。惟到长沙后,或由省径赴浏阳,或由醴陵再行赴浏进剿。道路情势以走何处为便,长沙赴浏有水路否,匪踪应先取道何处为宜,并望详示,以便电饬该营相机办

---

① 此电同时致赣抚吴重熹、湘抚岑春蓂。
② 岑春蓂(1868—1944):字尧阶,广西西林人。时任湖南巡抚。

理。至感。洞。俭。

张之洞致岑春萱电

光绪三十二年十一月初一日（1906.12.16）

萍矿关系万分紧要。诏旨严切，设有扰毁，无从补救，不比他处一战之利钝也。王协统得胜所部步三营、炮两队，必须赶紧星夜驰赴萍乡，保矿局，剿萍匪，万勿截留。鄂军一到醴陵铁路，浏匪必夺气，湘军必鼓勇获胜。前敌匪破，省城何忧？如必欲护省，以后尚有续到队伍。再商办。切恳切恳再用余、张办团极好，有团自可保省安民。洞。卅亥。

张之洞致岑春萱电

光绪三十二年十一月初八日（1906.12.23）

饬鄂军诸将，电请译出飞送，其文曰：七日内叠奉电旨，严饬各军扼剿。本日电旨因平江王得胜各节，圣意尤为焦急。兹遵旨分饬鄂军王得胜、李襄邻、白寿铭、炮队卓占标、步队戴寿山，迅速探贼匪大股所在，无论或浏或平，并不限定何县，总须迎头奋勇攻剿，不准迁延、推诿，避居于无匪之地。至由岳州至平江，闻道路平坦，可令白统所带之炮队由此路进。此外，或由省城，或由湘阴，或由醴陵直趋浏阳，其中以何路较平，能用炮队，请馥帅查明后，饬卓占标即带所部炮队由能行之路前进。各军如三日内无接仗电报，定干严谴。各军皆于每十里设一步，拨递要电、要禀。王协统得胜，除留一步营保护萍矿外，该协统应督李、卓各营，赴浏会剿。岳州已另派营填防。王、李、白、卓、戴五将，均各自电禀复，如有情形变幻之处，并请馥帅相机酌度，指示机宜，各该员务须遵行督院。庚。等语。速请分饬至感。湘军各营，现分抵何处并望速示。洞。齐寅。

张之洞致王得胜电

光绪三十二年十一月初十日（1906.12.25）

醴陵县飞送。

各营兵数甚多，数日内仓猝，难于全行。该统该管带等，速即公同商酌,挑选精锐一两队,改变轻装,带足子弹,探明由萍赴浏阳捷径,即日起程,星驰赴浏境东北乡,探明匪踪所在,相机截剿,勿稍迟误干咎。此两队行后,余营可从容开拔矣。湘军在浏阳、在平江屡报胜仗,江西亦屡奏剿匪有功,该军若始终安坐,不见一匪,岂不愧见湘军赣军耶。懔遵即复督院。卦。

张之洞致林志熙[①]电
光绪三十二年十一月十二日(1906.12.27)

青蒸两电均悉。前因赣抚电坚云无匪,秦臬电亦坚云无匪可剿。既云无匪,则鄂军驻防萍境为多事,自不必以有用之兵,久居无事之地,故速调王协统回湘。兹据电称各节,情词迫切,与赣抚、秦臬来电迥乎不同。既云匪党众多,矿厂危急,大局所关,岂有不允。鄙人性情,向来专作独任其难之事,尤专作费力不讨好之事。已电饬王协统暂留萍地,另饬选带精锐一队,驰往湘境,搜捕余匪。仍希将矿厂如何吃紧危急、匪势如何众盛、日前湘抚来电,合股长驱一切情形,单衔详细电禀两江督院、赣抚院、湘抚院、盛宫保,俾知鄂军并非避居无匪之地,亦非越俎多事也。洞。文。

张之洞致军机处电
光绪三十二年十一月十三日(1906.12.28)

据萍矿道员林志熙及鄂军协统王得胜电,叠接湘抚阳、庚两电,匪目曾广锽供:安源总头目系肖克昌,匪众约六千人,均与会内通气,约定会合接应浏股往江西一带,长驱直入。密请防拿。查肖克昌,系北洋大臣来函所指之内部头目等语。旋经该协统王得胜、标统李襄邻督军,会同赣省防营胡应龙,于初十日拿获正法。该匪党羽,蠢然欲动,坚留鄂军仍驻安源保厂等语。顷奉十二日电旨,饬拿肖克昌,谨以上闻。再前数日,湘抚电匪势注重长沙,又岳州镇府县电禀,平江之匪,将趋岳州出长江,请兵甚急,因又赴

---

① 林志熙(生卒年不详):字虎侯,福建闽侯(今福州)人。时任萍乡煤矿总办。

派标统吴元泽率杨缵绪一营,星夜赴岳填扎防剿,早已到防。此时湘匪已无大股,惟有合力搜剿,踩拿匪目,以防复炽。请代奏。之洞肃。元。

张之洞致岑春煊电[①]

光绪三十二年十一月十四日(1906.12.29)

岑帅元电悉。湘潭为湘省精华,若稍有扰动,前功尽弃,断断不可轻视。饬王协统速再拨精锐两队,乘火车由洙洲赴湘潭弹压,万紧勿延。如安源情形不便多拨,即连前日饬拨赴浏之一队共成两队并赴湘潭亦可,由该协统酌办,即复。洞。寒。

张之洞致盛宣怀电

光绪三十三年三月二十七日(1907.5.9)

粤汉全路,难期速成,惟有先将武昌至洙州一段修成,则萍乡可直达汉口,中间经过长沙、湘潭、岳州、武昌等巨镇,亦成一小小局面,以后股便易招。鄙意拟分三段修造,则路短费省,成早利速。现拟武昌至岳州五百一十里归湖北修;岳州至长沙三百五十里归湖南修;长沙至洙州一百一十里旁接枝路,通湘潭六十里共一百七十里,拟请台端代修。闻林道言,工已估过,费甚不多,尊处似可借款筹办,将来此路修成以后暂归萍矿局管理,湘省何时将路款还清,即随时交还湘省,萍局只图畅通转运之利,不图管路行车之利。照此办法,多用工程师,每段之中又分为四五小段,同时并举,一年半可成。自谓此举,实是良策。今日与林道志熙言及,渠甚以为然,特此电商,望速裁酌示复,以便商之湘省。切盼。洞。感。

盛宣怀致张之洞电

光绪三十三年四月初三日(1907.5.14)

感电悉。自己筹款造路,分段分年,本是良法,粤路惜不计及此。公拟

---

① 此电同时致王得胜。

以沫洲至长沙一段,责成敝处借款代修,暂归萍矿管理,湘省何时将路款还清即随时交还湘省。为萍矿计即为大局计,敢不承命。惟萍矿资本五百数十万,只有股分一百五十万,余皆借贷,以礼和、大仓两款为最巨,恐难指矿续借。现因铁厂、煤矿相依为命,若仍前分作两公司,难免畛域,拟商并作一大公司,添集巨股,步步扩充,萍煤运道实非早通铁道不可。公意分作三路,克期年半成功,不胜狂喜,侄无论如何必当设法图成,以副钧命。宣。江。

[附录一] 　张赞宸:奏报萍乡煤矿历年办法及矿内已成工程①

光绪三十年十二月(1905.1)②

谨将萍乡机器煤矿,光绪二十四年开办起截至三十年十一月止,该存款目及工程产业大致情形,开呈钧鉴。

股本来源和收支情况

款项该存项下。先后股本库平银一百万两。

查首次入股为创始老股,计汉阳铁厂二十万两,招商局十五万两,铁路总公司十五万两,香记等户十万两,共六十万两。二次入股为续招老股,电报局二十二万两,招商局八万两,香记等户十万两,共四十万两。二共库平银如上数。

该付息股,库平银五十万两。

查前奉督办宪盛谕,创始老股六十万两,每股派给息股六十两,共三十六万两。续招老股四十万两,每股派给息股三十五两,共十四万两,二共库平银如上数。自分给息股之后,截至光绪三十三年十二月底止,不再派利,于息折内盖戳注明。

礼和洋行借款,除已陆续归还外,尚欠库平银七七九七八一.四八四两。

查前奉督办宪札开,于光绪二十五年二月二十八日,即西历一八九九

---

① 　本文选自《萍乡煤矿调查本末》一书。

② 　原件未署时间,此系根据内容判定。

年四月八号,订借德商礼和洋行德银四百万马克,长年七厘起息。现交德银一百万马克,礼和扣佣五厘,其余三百万马克无扣,仍暂存礼和,以备代购萍矿各种机器料物之用。已用则照长年七厘计息,未用则缴萍矿四厘回息,自西历一九〇〇年正月一号起,至一九一一年正月一号止,分作二十三批摊还,本息清讫。等因。

现在截止一九〇五年正月一号止,共十一批,本息均已如数付清。尚有十二批,除将来本息款应按年开支外,计结欠本款,德银二百四十万马克;照此次第十一批还款马克之价,共合规元八五四〇九二. 五〇七两,折合库平银如上数。惟马克价时有上下,不能以此作为将来准数。

汉冶萍驻沪总局库平银一五三一七九八. 三三两。

查应结汉冶萍驻沪总局,规元一六七八八五〇. 〇九七两,折合库平银如上数。

招商局库平银二〇三二一八. 九二两。

查招商局首次入股,库平银十五万两外,尚应结规元三一〇四〇七. 九四七两,除奉督办宪行知,二次又入股库平银八万两,申规元八七六八〇两外,尚该还规元二二二七二七. 九四七两,折合库平银如上数。

(以下是借入款项——编者注)

通商汉行往来,库平银九五四二九. 四六两。

协成号往来,库平银三六〇六八. 二两。

道胜行往来,库平银一三一九七一. 四四两。

仁太庄往来,库平银三四四三一. 二四二两。

元大庄往来,库平银一三一三一〇. 二二两。

惠怡厚庄往来,库平银八三九〇〇两。

大仓行往来,库平银二六二六三九. 七两。

万丰隆庄往来,库平银三三三八九. 一三两。

豫康庄往来,库平银四二五九. 六两。

和丰庄往来,库平银一九〇九六. 二两。

载昌记往来,库平银九三七〇. 一两。

庆安庄往来,库平银三七四四.二九两。

颐记号往来,库平银六七七五.五两。

福记往来,库平银五〇三四.五两。

升记往来,库平银四六八五.一两。

张凯记往来,库平银一八八五.二六两。

萍乡官钱号,库平银十二万两。

归并各商井厂分期付价,尚欠库平银八万一千两。以上共计结该库平银五〇七九二〇八.六七六两。

存汉阳铁厂结欠,库平银七八五七八四.七一两。

存汉冶萍驻沪总局抵还礼和洋行本息,库平银九五九〇〇两。

存大冶铁矿局,库平银二九六八.二六四两。

存马鞍山矿局,库平银一二四九四.〇五八两。

存萍乡官钱号资本湘平银一万两,合库平银九五八三.三四四两。

存萍乡官钱号五届盈余,库平银四九〇八五.八二四两。

存上海、南京、安庆、汉口、武昌等处,售出生煤焦炭尚未收回价款,库平银三九六三五.五两。

存萍乡矿运醴陵、湘潭、武汉在途生煤焦炭,约值库平银二〇一四〇〇两。

存萍乡总局及各井厂并醴陵、湘潭、岳州、汉阳等外局备用经费及挑力水脚等款,现银钱洋三项,共合库〈平〉银三八九六一两。

共计结存库平银一二三五七七七.七两。

以上该存两抵,实结该库平银三八一三五二〇.九七六两。

查萍矿开办之初,并未领有资本,起首用款,即皆贷之庄号。及二十五年,始借礼和洋行德银四百万马克,除四分之三仍暂存礼和,以备代购机器料物之用外,仅只现银三十余万两。以还前欠,尚有不敷,而一年两期,转瞬即届应还息本之日率,又由息借,以为应付。至所收股本,乃二十五年以后事,且系陆续零交,指作还款,不能应时济用,势不得不辗转挪移,以为扯东补西之计。借本还息,则息银即变本银,庄号月结,月滚越多;再加以马克吃亏,以故七年之间,所付庄号及礼和息银、并老商股息,共已有一百五十余万两之巨。

上项结该库平银三八四三五二〇.九七六两。除去此项息款一百五十余万两外,计开:机矿平巷三条,直井一口,矿轨、煤车、电车、钢缆、起重、打风、抽水、钻石各机俱全;又矿山基地,及总局与各厂栈房屋,大小机器制造厂、大小洗煤机、洋式炼焦炉、造火砖厂、电气灯、德律风一切矿内矿外工程;又天滋山、紫家冲、小冲、黄家源、铁炉冲、善竹岭、张公塘、高坑、锡坑、南木坑、坝善冲、五陵下,太平山一带周围数十里内土矿、山地、炉厂;又湖南小花石煤矿机器产业;上洙岭铁矿、白茅锰矿、盆头岭锑矿、白竺铝矿,又各外局基地、房栈、轮驳各船,实用库平银234万余两,均有历年出入流水帐暨各厂栈外局报册存查。所有开办机矿前后情形,以及上项所述详细办法,敢为缕晰陈之。

萍乡煤矿创立的起源

谨按采办萍煤,始于光绪十八年九月,欧阳令炳荣奉湖广督宪张徽委赴萍设局,收买商厂油煤,运济铁厂锅炉之用。二十二年四月,督办宪盛接办铁厂,改由广泰福商号承办。并令就萍设炉,试炼焦炭,议定每月办运煤焦额数。乃迟之又久,未能照合同办理,遂复派员赴萍设局,改为官商分办。至二十三年夏秋间,广太福亏折过重,商力不支,将所置产业:如煤井、焦厂、轮厂各船,一切生财,悉数归并官局。所亏之款,由局认给,于是,萍煤复归官局自行采运。时汉厂生铁炉开炼已久,所需焦炭初购于英、比等国,以价钱太贵,揽用宝庆白煤,火力不足,几致铁液融结不流,炉座受损。湖北所开王三石煤矿,以水势过大,缀于半途。马鞍山虽经见煤,购置洗煤机、洋炼焦炉,而煤质内含磺过重,炼出焦炭,非揽用开平焦不能以炼贝铁。开平一号炊焦,每吨正价连杂费、麻袋、装工、小脚,需银十六七两,道远价昂,且不能随时运济。恒以焦炭缺乏,停炉以待;而化铁炉又苦不能多停,停则损坏。

湖广督宪张,分委各员,遍历湘、鄂及邻近各省著名产煤之区,寻勘煤矿,比较化验,惟萍煤灰少,磷质俱轻,于炼焦化铁最为相宜。乃始则就铁厂添设洗煤机、洋炼焦炉,将欧阳令运到油煤于铁厂及马鞍山分别试练,均以船户搀杂过重,难以炼焦。继而广太福商号就萍试炼,复由官局分督各商井厂,仿造外国圈式高炉,及开萍、河南等土炉,事经年余,炼出焦炭,多属生熟参半,质地泡松,仍不能一律合用。赞宸二十三年六月内奉差到萍,周历县治东南一带,凡产煤之山必逐井考验,均属脉旺质佳,迥非他处所可比。及因专就炉座考较,并预杜商厂居奇之渐,由局自购土井采炼,以为之倡·创为平底炉法,督率官商各井厂悉心试炼,逐节讲求,驯至焦炭出炉坚光刃响,巨细成条;化验则灰磷矿质俱轻,到厂炼铁果合炼钢之用。二十四年三月内,蒙湖广督宪张、督办宪盛,会同奏准,仿用西法购机大举开采,并派赞宸总办其事。

吞并土窑,实行垄断开采

因先度地开窿于县治东南,距城十四里之安源地方。陆续购得田山一千三百余亩,开直井一口,上开巷及东西平巷各一处,凡开煤、炼焦应用机器、厂屋、炉座等,均经择要购办,一面造筑萍安铁路十四里,由安源直达宋家坊水次,俾煤焦机器物料出入俱获利便。萍民向以开煤为生,各山土井林立,密如蜂房,甚至数丈之内并开两井,窿内挖穿,则灌水薰烟,持械聚众,以致酿成巨案。因曾奏奉谕旨,不准多开小窿。乃先将逼近安源之各商井,酌给优价收回,以重民生;而遵功令。此外尚有商井、商厂数十家,煤质极佳,合炼焦炭,乃为设保合公庄,举派董事,严定开井界限,立章程,以整齐之焦炭,由局收买;按照灰磷轻重,分别价值等差,遇事秉公办理。但机土各矿,并官商各厂,以及船户挑脚丁夫等不下万数人,工价水脚等项目需现钱甚多,皆刻不可缓之款。山僻难得,率须购之长沙、湘潭等处,道远运艰,深处应付不及,别滋事故,因而禀设矿局官钱号,多备现钱。凡汇款兑换,由号经理,刊印各种钱洋花票,并仿照苏州钱业行使竹筹,每支一百文,商民均极称便。

二十八年冬,因萍、醴尚未通车,存焦过多,搁本甚巨,饬官商各井厂暂行停炼。商厂所存煤焦,听其另外出售,如无水脚,矿局可为雇船垫款代运。乃商场以各家存货俱多,急切难得销路,且井搁不开,必即倒坏,若仍雇工抽水、修路,则又经费难筹;经公庄董事到局再四恳求,情愿将井厂一律归并矿局。时值款项支绌,本属无可为力,因查所称各节确系实在情形,曲体商艰,凡牌号向列公庄之井厂,准给优价收买;其开在二十四年以前,不愿归并者听之,遂于二十九年七月内立据成交。矿局开办六年,至此始得事权归一。

先是二十七年五月内,蒙前两江督宪刘前江西抚宪李,钦遵二十四年三月二十八日上谕,会同督办宪盛,出示申禁。查照湖南奏定矿务章程,大矿以机器开采者,四至依脉十里内,无论何人之业,均不准另开窿口;小矿以人力开采者,四至依脉三里内,无论何人之业,均不准另开窿口;如有违禁私开,或将废井重复开挖,希冀扰乱矿章者,由地方官严拿治罪,并分行县局遵照在案。至是各商井厂归并到局,由绅商出具公禀,自归并后,无论矿局开挖与否,其井口四至三里内,俱应遵照矿章,无论何人之业,俱不得阑入境内另开窿口。当经据情移县委员会查,将未经归并之井,造具清册,准其挖卖烧煤,自烧粘块,不准砌炉炼焦,并不准私炼粗炭,致滋弊混等情,由县立案示禁。

当地人民反对垄断

溯当创办伊始,地方风气未开,矿路并兴,事甚棘手;加之外来匪类造谣煽惑,希图于中取事,一时民气颇为不靖。二十七、二十八两年内,竟连为粘贴伪示。幸一以镇定处之,联络正绅,剀切开导,并由本矿巡警处先后拿获会匪头目两名,送县讯实详办;而于矿内外所需工役,又复多用萍人,使贫民共霑矿利,乃始信开矿之大有造于地方也。

施工计划

查萍煤以安源为最旺,地势亦最低。原测盆式大槽在其东南紫家冲地方,由安源山脚开入,恰与槽路相当,故开东平巷专为进取此项盆煤,并取安源二号大槽中段之煤。但正路开通紫家冲,必须穿过重山,其中石质极坚,施工不易,经在山崖断裂之处下面打钻。忽上面崖塌石崩,崩坍而下,压毙工人,壅塞正路,非沿路砖砌坚固甕圈,上施钢梁,不敢前进。安源系属斜式煤层,以东平巷挖取上段从前各土井未曾挖尽之煤,并开放废井积水,以免危险。直井西平巷,则挖取中下段从前各土井未曾挖尽之煤。此两井一横一直,紧相毗连,直井前相距六法尺处又开一小吊井,深十法尺,井底与西平巷正路通连,直井取出煤车,皆即放入小吊井内,由西平巷推出,凡三平巷所取之煤,以东平巷为总出路。直井所取之煤,则以西平巷为总出路。如在东、西两平巷正路下取得之煤,不便挽之使上,则在两正路旁各开一斜坡,路下通直井之第一层横巷内,煤车放下,亦即由直井吊起,放置西平巷出。以故各井上下旁通,均经铺设小铁路。煤车出东西两平巷,各过铁桥,可直送至大小洗煤台内,一经洗净,从煤仓放入斗式铁车,其仓下复有小铁路沿各段板桥接通一二三号洋式焦炉,每一炉顶有圆洞门三,其车系活底挽车,就炉扳机,底脱煤即自灭炉内。洋炼焦炉均在第一层山坡上,将坡切直,修砌长石驳岸一道,下接火车,分路焦炭出炉,即可装车起运。炉后系第二层山坡,亦照前式砌高石驳岸,就驳岸上下建造煤栈六十间,前高后低,石驳岸恰在前簷之内,上铺小铁轨,均由两平巷口分路至此,以为屯储生煤之地。如运清煤机中剔净之煤块,则机前有门,恰当火车分路,承以车箱,出机即落箱内,满则起运。

　　凡此钩心斗角者,皆为省工求速起见。工费虽巨,煤焦出数愈多,则所摊成本愈少。时自二十四年起,结至三十年十一月底,萍矿共已运到汉阳铁厂焦炭三十二万一千余吨,生煤十九万一千余吨。即就焦价一项计之,每吨洋例银十一两,较之从前购用开平焦,每吨连运费一切开销需银十六、七两者,实已为铁厂省银一百六、七十万;若购用洋焦,则更不止此数矣。兹将矿内外已成工程,及每日所出煤焦数目,分列如下:

矿内工程

　　一、安源煤槽已见者有九槽。曰老槽,厚一尺;列碧槽,厚四.五尺;曰一号大槽,厚六尺;曰三夹槽,厚三尺;曰二号大槽,厚四尺;曰大底板槽,厚二尺;曰小底板槽,厚一尺;曰三号大槽,厚六尺;曰小槽,厚一尺。其紫家冲盆式大槽,厚一二丈不等;小坑、黄家源等处,均系挖此槽路。

　　二、直井。现已开深一百一十七法尺。距井口下六十法尺,开第一层横巷;再下五十法尺,开第二层横巷,分中左右三路开进。中巷取二号大槽煤,已开九百余法尺。左巷取一号大槽煤,右巷取三号大槽煤,均已开有二百余法尺。

三、西平巷正路。现已开出一千二百法尺有零,取一、二号大槽煤。分路支巷十有一条,长各一百法尺;正路及分路旁,各开有斜坡路一条;分通直井第一层之中巷。左巷长约一百二十法尺。

四、东平巷正路。现已开进一千六百余法尺,取三号大槽煤。分路一条,长八十法尺,通西平巷。其正路旁亦有斜坡路一条,下通直井第一层之右巷,较西平巷加长。

五、上平巷内。并开正路两条,中隔十法尺,现在各已开进一千二百法尺。每开五十法尺处,开横巷一条。两正路旁亦各开有斜坡路,下通西平巷,长约七十法尺。凡山面各废井存煤积水多已开通,井口留作风井,直井西平巷均恃上平巷为畅风路。矿内工程,以开通东平巷内正路,直入紫家冲盆式大槽为最要,亦最难。现用洋匠以器钻石,每日可打进二法尺至三法尺不等,据矿师云:约再过十八个月可以开通。

煤焦产额

一、直井,现在每日出生煤三百余吨。

二、上、东、西三平巷,每日出生煤三百吨至一千一百吨。

三、一二号洋式炼焦炉,现在每日炼焦六十余吨。

四、三号洋式炼焦炉方始升火,至来年二月内每日可炼焦炭一百吨。

五、机矿土炉五十座,现在每日炼焦三千余吨。

机矿所炼焦数外,尚有各土井厂,每月额炼焦炭五千吨。合并计算,每月共有焦炭一万三千吨;明年醴株通车,必可按月悉数运出。据矿师云:未通紫家冲以前,机矿日出生煤,再过三个月,可加到八百余吨,逐渐递加至一千吨止。俟通紫家冲以后,但须多备矿车,即二千吨外亦可做到。

矿外设备

一、总局一所(电报房内)。

二、直井吊车房一座,并大小起重机三,钢缆俱全。

三、直井大小钢起重架,并两层铁棚一座,矿内小铁路并矿车五百部。

四、五——六寸双筒大抽水机三部,铁管并小抽水机二十余部。

五、直井锅炉房一座,并兰克轩锅炉五个,每个一百匹马力,八个空气压刀。

六、电机房及打风机房各一座,电气打风马力机各二部,发电机三部,并电气拖重机九部,大小电灯俱全。

七、电光堆料房一所。

八、直井办公房一所。

九、医院一所。

十、机矿及收支、稽核、化学等处办公房共一排,全矿德律风总机器房在内。

十一、机矿及收支、稽核、化学等处员司住房两排,在直井吊车房后。

十二、窿工器具材料房一所。

十三、修理窿工器具打铁房一所。

十四、修理矿棚一大间。

十五、东平巷总门一座。

十六、东平巷华洋员司办公房及住房各一排。

十七、窿工洗浴房并水柜。

十八、窿工餐宿处一大所。

十九、小洗煤台一座,洗煤机、铁桥、水池、炭仓俱全。

二十、大洗煤台一座,洗煤机、清煤机、铁桥、铁棚、水池、炭仓俱全。

二十一、煤栈楼,上下各六十间,并栈内石砌驳岸一道。

二十二、造砖厂一座,造火砖机器、锅炉、抽水机俱全。

二十三、烧火砖窑两大座。

二十四、一号洋式炼焦炉二十四座。

二十五、二号洋式炼焦炉三十座。

二十六、三号洋式炼焦炉六十座。

二十七、出炭机三座,横直铁路俱全。

二十八、各号洋式炼焦炉、顶煤车、铁路全,并砖脚钢梁木桥四座。

二十九、各号洋式炼焦炉前砖坪水管，并石砌长驳岸一道。

三十、制造处机器打铁钢砂等厂共一大所（厂内大小车、钻、刨床，起重机、水力机，熔铁、熔铜、打铁、打钢等炉，各种翻砂、打铁、打铜器具，并锅炉、抽水机、皮带轮轴，以及机器应用各器具俱全）。

三十一、木厂一所（木模木匠应用各器俱全）。

三十二、机器材料栈楼房一所。

三十三、材料处办公房一所。

三十四、收发煤务处员司办公及住房共一所。

三十五、煤务处小工房一所。

三十六、洋员住房三所。

三十七、洋匠住房二所。

三十八、在矿员司住房四所。

三十九、机器匠住房一所。

四十、工匠住房四所。

四十一、巡警处营房二所。

四十二、旧收发栈司友并公庄绅商办公住房，及官药局共一所。

四十三、石砌驳岸大水沟一道计长六百法尺。

四十四、土炼焦炉五十座。

四十五、旧炸药库一座。

四十六、各锅炉房水池两口。

机矿而外，所有萍乡东南，天滋山、紫家冲、小坑、龙家冲、黄家源、铁炉冲、善竹岭、张公塘、高坑、锡坑、南木坑、坝善坑、五陵下、太平山一带，周围数十里内，煤井归本局管。业除已停外，现开七井并附于后：

土井

1. 天滋山　发顺井。

2. 紫家冲　通顺井。

3. 小坑冲　福顺井、合顺井、金顺井。

4. 龙家冲　太顺井、恒顺井、盛顺井、同顺井。

5. 黄家源　谦顺井。

6. 高坑　仁顺井、森顺井、信顺井、泰顺井。

计共十四井,皆属煤旺质佳。所炼焦炭系用人工洗过,灰磷之数,平均计算,灰不过十五分,磷不过〇.〇六,此于机矿外并置土井采炼之情形也。尚有本矿及外局所置产业,并拖轮各船,应一并分列后:

轮驳

一、深水轮船,萍富、萍强、祥临、振源等大小四号。

二、浅水轮船,萍元、萍亨、萍利、萍贞等四号。

三、钢驳船四号,每号装煤焦四百吨。

四、大木驳船三号,每号装煤焦三百余吨。

五、小木驳船十七号(内装煤焦一百吨者两号,余均装三十吨至五十——六十吨)。

产　业

一、购置安源矿基田山一千三百余亩。

二、购置湘潭转运局局屋一所。

三、购置湘潭转运局杨梅洲栈基二十余亩,并华洋员司办公房两所。

四、购置岳州稽查并转运局城陵矶栈基七十余亩,并填土自二尺余至七八尺高不等。

五、租赁湖北省城外复兴洲栈基二十余亩(自光绪二十九年正月租赁日起,以三十年为期)。

六、购置汉口栈基六十八亩。

七、小花石煤矿并机器基地、房屋生财(该矿在湖南长沙府湘潭县城西南一百二十里,滨临湘江,前经湖南矿务总局购机开挖,旋即停止。前湘南抚宪俞,以湘绅恐利权外溢,愿归并与萍矿执业,于光绪二十七年十一月二十四成交)。

八、购置萍乡上洙岭(即仙居岭)铁矿山(该山在萍小西路距城六十里,距湘东轨道四十里。矿师赖伦履勘,据称,铁苗甚旺,以萍煤熔炼必可合用,有英国化学师史戴德化验单附后)。

九、购置萍乡白茅锰矿山(该山在萍城西南五十里),屡经矿师赖伦化验金称质佳产富,有英国化学师史戴德化验单附后)。

十、购置萍乡盆头岭锑矿山(该山在萍北路,距城六十里,与醴陵县交界。矿师赖伦履勘,锑苗质佳)。

十一、购置萍乡白竺铅矿山(该山在萍城西南一百里,经矿师赖伦勘验矿苗甚旺)。

以上系全矿历年办法,并矿内外已成工程,购置机器、房屋、轮驳、产业大致情形。

［附录二］　俞燮堃[①]:萍矿土法炼焦附图详说

光绪三十三年孟冬月(1907.11)

自　序

迩来百度维新,凡讲求利源者,莫不扼腕言开矿。朝廷主持于上,臣庶经营于下,举从前风水之说、锢蔽之见,一洗而空,诚可谓开通之世矣。然矿产虽多,而其最切于用,销路宽而获利厚者,尤以煤为称首。光绪十六年,鄂督今相国南皮公创设铁厂,铸枪炮,造钢轨,以塞漏卮,需用焦炭甚多。购之外洋,则价极昂;运自开平,则难为继。于是委欧阳斐斋大令采办萍煤,在厂开工烧炼,讫不能合用。自宫保督办宪盛接办厂务,以鄂炼不如萍炼之能省运费也,委卢鸿沧观察前往办理,观察荐余同往(余时滥竽汉阳铁厂),力辞不获,遂奉督办宪札委萍栗两局砌炉验焦事务,此二十二年事也。阅明年,毗陵张绍甄观察来萍接办煤务,一面创开机矿,一面收各商井焦炭,以供鄂厂急需,委余总理收发暨内河运输(时须监修河道)、地方交涉并考核炼焦等事。余素不谙煤务,自奉差莅萍以来,维日孜孜,遇事咨询,不敢稍自暇逸。时见各商厂焦炭虽属可用,而烧炼殊不如法。何以言之?窿内原出煤末,虽知过筛,而筛上拣壁未能净尽,此灰分所由重也。筛下之

---

① 俞燮堃(生卒年不详):字彤甫,江苏吴江(今苏州)人。时任萍乡煤矿土炉炼焦处长。

末壁炭糅杂,无法提出,概不作用,是弃炭甚多也。或用砖炉,或用圆炉,或用屏风式炉,而皆不甚适用,是炉座不良也。自升火以至成焦,须周七日夜,是历时太久也。十成煤末迨至成焦,仅得三四成,是火耗甚多也。种种不良,皆于成本大有关系。而各商先入为主,莫肯深求。二十四、五年两年,本局收买安源土矿十余处,二十六年,改委余兼营,遂饬工改用平地炉,人人称便。窃维经商首重成本,若将筛下之末概为弃置,得半失半,何利之有?因用人力淘洗,以期去壁存炭,时则事务殷繁,不能专注,所为改良者止此。

二十九年,机矿告成,洋焦渐出,爰有归并商井之举,酌留数井,以补洋焦之不足。委余专董其事,余于是朝斯夕斯,以力求进步为主义,将煤筛改用大眼,前此在筛上拣壁,而今从筛上拣炭,费工少而壁易尽。其极小不能拣出者,另堆另洗。洗法至此又分粗细。炭益净而灰分益轻,此选煤之渐次改良也。

自从改用平地炉炼焦,日期虽减短,然尚需五六日之久。窃以为,炉太宽则燃火必迟,炭过厚则炼熟须久。改窄炉座,薄装煤末,其火力之燃熄必速。既而果然,后复加高烟囱,燃火益快,自升火以至成焦,不过六十点钟。炼法至此,在事诸人莫不谓尽善尽美矣。而余尚不敢稍留缺点,每出焦之时,细心体察。时或见有白灰厚粘之处,研精覃思,知是所盖之灰太粗,有罅隙透风,致令火化(焦成则裂冰纹,灰粗则冰纹内不能盖入,是以火终难熄)。于是加盖细灰一层,而其弊遂绝。此炼焦之渐次改良也。

成焦既速则火耗甚少,而灰分愈轻,此其故何哉?盖所化者,煤之精华,而渣滓不化也(炼焦日久,后燃者熟则先燃者化矣)。譬如:有百分精华十分渣滓,派分不过十之一耳。若将煤化至八十分,而派分渣滓较重矣。浸低而化至六七十分,则派分渣滓愈重矣。火耗少、灰分轻之根于成焦甚速,职是之故。

回忆每次改良时,未免略增小费。而司友、工人,辄以经费太重相阻挠,不知余之略增经费,正为减轻经费起见也。以炉座论,前此月炼四次者,而今可炼七次矣;以焦炭论,前此每百斤剩三四成者,而今增至七成矣;

以灰分论,前此二三十分不等者,而今纵多不过十六七分矣(灰愈轻则焦价愈贵)。每月所增出款无几,而所增进款甚多。盖至是而阻挠者始贴服,且交口称赞,谓余力求进步之目的已达也。

是时洋焦与土焦并驾齐驱,在贵耳贱目者于土焦皆无所可否。三十年,李一琴部郎来矿,亲取洋焦、土焦数种,偕矿师赖伦携至英国,经著名化学师史戴德化验签字,云洋炉焦炭较英国上等头尔姆焦炭一样,土炉焦炭更好等语,载诸报章,传布中外,而土焦之声价于是有定评矣。

因思中国煤矿,所在多有。其所以不能发达者,大抵皆震于开平、萍乡开采之难,需款之巨,是以无人跻办。其现在已开掘者,既无机器以资洗炼,而又不解人力洗炼之法。所以,除售净烟煤外,壁石与煤相错杂者,遂不免货弃于地,殊属可惜!夫无资本而不能开与开而不能尽地利,皆于商务前途大有阻力。中国贫弱之病,有已时乎!

同人以余所创炼焦之法,虽无机矿之巨观,却足补土矿之未备。中人之产,皆可经营,期岁之间,便见效果。厚民生而开利源将于是乎,在怂恿公诸同好,俾业是者得藉为嚆矢之助。余遂不揣冒昧,笔之于书,付诸手民。若以为自炫所长,则非余之用心也。

光绪三十三年岁次丁未孟冬月　吴江俞燮堃彤甫氏书于萍矿差次

总　纲

炼焦之法:将窑内所出生煤块末,分别捶筛洗净,如法装入炉内。或干末湿末分装,或和匀合装,均不拘也。装毕,盖茅草、壁末,用砖叠成火路烟囱,复加盖汽面毛煤。然后升火,火燃透,将炉门封固。逾两日,见炉边烟尽,其中已无明火,即须先去边上汽面,将砖夹开,随用细灰密盖,随盖随熄,免致火耗。此时火候将成,极须留意察看火色。

看火之法:视烟全尽,烟囱内有白火飘漾,微带绿色,即焦炭炼成之候。赶将汽面下完,拆去烟囱火路,统用细灰密盖一二日,必火息透,方可出炉。

自升火至出炉,约历三昼夜之谱,但此为净煤,油重、装炉浅而炼又得法者言之,否则多一二日。新炉初炼,亦难求速,然亦从无逾六日者。大率炼焦愈快,则出数多而炭亦坚洁。迟者反是。出炉后,尤必须细心审视,如所出之炭见有厚粘白灰、凸凹不平之处,是即透风火化之过,务须考察致此之由而整治之。

捶煤筛煤

生煤出窿,块末预分,块煤较大者,以刀剖开,视其中有无夹石,有则剔除之。以净块发打炭厂捶碎。厂内捶工分行布列,地取宽坦瓦屋、茅棚随宜。捶以弯式坚木为之,头与柄连,长共三尺许,如人伸肘而翘其掌。头方柄圆,头长约居三之一。块煤捶毕过筛,筛面小块复和大块同捶成末(此等小块必须细心看过有无壁石,如有壁石夹杂其中,则不可和大块同捶,必归入头子另洗)。此项捶末,灰分极轻,最合炼焦之用。

洗　　煤

窿内原出末煤,其中杂质较多,须先以二三分大眼筛筛过一遍。除筛上大块用手拣出,归并块煤捶碎外(其炭壁糅杂,不能用手拣出者,谓之头子,另堆另洗),其筛下末煤,挑存洗煤厂。厂内置大木桶多具,每桶以能容水十担上下至二十担为度,高约三尺,径三四尺至五尺。另制竹箕,如淘米筲箕式,箕面前敛后侈,即就敛处留为箕口,佘边用竹篾包扎坚固。其底后兜,由兜前斜至口。洗时工人以箕盛末煤入桶。洗之法,须两手执箕边,微没水内,煤质轻而石重,始以两手略作颠簸之势而振荡之,继则以一手执箕,使其边出水面,以一手上下淘和数次,复将箕没水内,边漾边拖,则煤俱随水漾入桶内,碎石沉于兜底。视煤已尽,则倾弃其石。复盛煤洗如前,桶内水耗则添,煤多则以长柄捞爪取出,盛大篾箩内秤收,过一二时,水汽稍减装炉,见火极易燃着。若与煤块捶成之干末同装,须先装干末,将湿煤末装于上面,或拌匀同装亦可。此项洗末,杂质细壁尽出,灰分之轻,亦不亚于块煤,可炼成十三四分灰超等焦炭。

造　　炉

造筑土炉,宜就近井厂高燥处为之。若在平地,必须多开沟路。炉底亦宜较炉外地面略高,勿使蓄留湿气,炼焦不透,致多黑脚。炉式长方,底以砖漫平,四周宜版筑土墙(既开炼后如需添炉座,即用不能盖面之断砖砌墙亦可，既能经久，又复省费），墙脚深尺许，脚上墙高三尺，厚一尺四寸，宽以中空八尺为度。长视地势，自三五丈至八九丈均可。版筑眼预须砌塞。炉底与墙相接处，用黄土筑成小斜坡。火门宜两面对开，每面火门距离之度，勿过三尺。火门之式，宜外方而内圆，外大而内小。外火门高一尺四寸，深七寸，宽一尺，即就土墙挖成，门下距地留高三寸。内火门在外火门内层土墙上，偏凿圆孔，径大六寸，其式斜上通入炉中，上沿约与外火门相齐。每炉一排相间处，须各留路，以便装炉出炉。

查东南数省，产煤之地虽多，素未闻砌炉炼焦之说。自湖北创建铁厂，始见有所谓焦炭者。张观察莅萍之初，洋矿洋炉尚无朕兆，不得不收炭商井，以立局面。爰饬各炭商以及本局所开之井厂，一律炼焦，而砌炉苦无师承，惟焦匠之为听。彼时所招焦匠，有来自开平者，有来自河南者，有来自铁厂者，各炫技能，以行其是。所筑炉座，有砖炉、有圆炉，有屏风炉等式，皆不合用。光绪二十三年始改造以上所述之平地炉，然炉虽改良，而炼尚未得法。自入炉至出炉，需历七日之久，以故各厂之炭出头甚少（只有三四成，至多亦不过五成），灰分亦重（重者三十余分，轻者亦有十五六分），仍袭数年，毫无起色。自二十九年归并商井之后，余始潜心考查，精益求精。知其弊在装煤太厚，则从而减之。知其弊在烟囱不高，则从而增之，于是火力之燃熄极速，出头好而灰分亦轻矣。

装　炉

煤末装炉，宜深一尺三四寸，略掩内火门之半，装好，上铺干茅草，茅上略盖壁末，薄不逾寸（煤内之石，工人谓之壁。此取洗煤箕内所弃之壁，筛取细末，以备盖炉之用）。然后以砖坯叠成火路烟囱。火路叠法：先以砖坯相对侧立，上面平盖一层，如鸽子笼式。务使横直相接，屈折相通。当火门上，必各有横路一条，烟囱即叠于炉心火路之上。与两边火门相直多少，视火门之数。每层用砖坯，四块单砖侧立，略以黄泥层砌而上，勿过高低，以三尺为最适宜（过高则幌，恐至打坏火路。低恐不能吸风，火力难以畅速）。火路砖上加盖毛煤四寸，是谓汽面。汽面上必须盖灰，庶无烊化。所得汽面炭，仍可作炊爨之用。

升　火

炉座如法装毕之后,便可升火。先取次等末煤和炭头油泥,做成炭砖,置于炼焦初成、已去汽面之热炉上,不过数时,便已干燥。以此作升火之用,免得动用块煤,藉省经费。若遇大雨且缓,俟天晴看过,如为雨水结紧,须扒松另装另盖。升火之时最为紧要,各火门火力宜急,不可间断。如火已干而雨忽至,须加用块煤接续,火力及透炉心,虽大雨亦可无碍。升火之后约十二小时,各烟囱即一齐上火,俱有红火冒出,各火门始可停烧,以砖封固。倘遇升火后,仅一头烟囱上火,余无红火冒出,速将出火之烟囱用砖略盖,则炉内火力扯开,即可以次第出火。审系火力滞塞,不能由炉边直透炉心,可先通烟囱,并开是处两边火门,以长铁条通过,仍复封好,火亦必起。炼时炉墙裂缝,火门塌开,均能透风泄火,致多折耗,急须以泥涂塞。

出　焦

焦炭炼成之候,用细灰密盖,将火遏息。然后用铁条撬松,工人挑出。若火未熄透便行撬松,遇风复燃,偶失照料,必致全炉俱化,不可不慎。如系赶炼之时,急需炉座转轮,即用水渍熄亦可。

造　砖

所用砖坯,可包工自造。每块长八寸,厚二寸,宽必六寸,始能合用(砖宽则叠成火路既高且宽,不致为烟气壅塞)。每炉多少,视炉之大小为衡,不能预定。泥质坚结者,每用一次可得整砖七成,松者仅四五成,余俱破碎,不可复用。此等红砖可售与本矿及附近人家起造屋宇等用,以卖砖之款抵做砖坯之款,有赢无绌。如无销路,即以红砖仍作砌火路烟囱之用,至再至三,藉减经费。

煤务处历年提化龙家冲土矿人力洗炼焦炭灰分表

三十四年补录

光绪二十九年

井名	化验月份	每百分灰重
同太	九月下旬	十六

续表

井名	化验月份	每百分灰重
星顺	十月上旬	十二一四①
同太	十月中旬	十五
同太	十月中旬	十四
同顺	十月下旬	十一
同顺	十一月上旬	十一
太顺	十一月上旬	十四
星顺	十一月中旬	十二
星顺	十一月中旬	九.八
星顺	十一月下旬	十一.四
星顺	十一月下旬	十〇
太顺	十一月下旬	十四
同顺	十一月下旬	十三
同顺	十二月中旬	十三
星顺	十二月中旬	十三
星顺	十二月下旬	十二
星顺	十二月下旬	十三
通共		二百一四六
平均		十二.六二三

光绪三十年

井名	化验月份	每百分灰重
同顺	正月中旬	十二
太顺	正月中旬	十六
星顺	正月中旬	十〇
盛顺	正月中旬	十六.六
太顺	正月上旬	十九.六
星顺	正月中旬	十三.四

---

① 此处疑为"一二.四"之误。

续表

井名	化验月份	每百分灰重
盛顺	正月中旬	十五. 四
同顺	二月上旬	十八
星顺	二月上旬	十〇
盛顺	二月上旬	十二
同顺	二月中旬	十四
太顺	二月中旬	十五. 六
星顺	二月中旬	十〇
盛顺	二月中旬	十五. 四
同顺	三月上旬	十二
太顺	三月上旬	十五
同顺	三月中旬	十〇. 四
星顺	三月中旬	十〇
盛顺	三月中旬	十三
星顺	三月下旬	十〇
盛顺	三月下旬	十三
太顺	三月下旬	十三
星顺	四月中旬	十二
太顺	五月中旬	十四
太顺	五月下旬	十五
星顺	五月下旬	十二
太顺	闰五月中旬	十〇
星顺	六月中旬	十一
星顺	六月下旬	十二. 四
太顺	七月上旬	十四. 八
星顺	七月中旬	十〇
太顺	七月下旬	十二. 二
星顺	八月上旬	九. 六
盛顺	八月上旬	十一

续表

井名	化验月份	每百分灰重
星顺	九月上旬	十六.四
盛顺	九月上旬	十二
盛顺	十月上旬	十〇
盛顺	十月中旬	十一
盛顺	十一月上旬	十一
星顺	十一月中旬	十〇
盛顺	十一月中旬	十〇
星顺	十一月下旬	十二
盛顺	十一月下旬	十一.四
星顺	十二月上旬	十〇
盛顺	十二月中旬	十〇
同顺	十二月下旬	十九
盛顺	十二月一旬①	十〇
通共		五百九一.二
平均		十二.五八

光绪三十一年

井名	化验月份	每百分灰重
同顺	正月上旬	十五.八
同顺	正月中旬	十三
同顺	正月中旬	二十三
同顺	正月中旬	十六
星顺	正月下旬	十二
盛顺	正月下旬	十一
同顺	二月中旬	十四
同顺	二月下旬	十二.四
同顺	三月上旬	十五

---

① 此处疑为"十二月下旬"之误。

续表

井名	化验月份	每百分灰重
盛顺	四月上旬	九
盛顺	四月中旬	十〇
同顺	四月下旬	九.二
同顺	五月上旬	十一
星顺	五月上旬	十〇
盛顺	五月上旬	十二
同顺	五月下旬	九.八
星顺	五月下旬	十〇.六
盛顺	五月下旬	九
同顺	六月上旬	十三一六①
星顺	六月上旬	十〇
盛顺	六月上旬	十一.四
同顺	七月上旬	十二.四
同顺	七月上旬	十二
同顺	八月上旬	十二.四
同顺	九月上旬	十四
星顺	九月下旬	十〇.六
同顺	九月下旬	十一
同顺	十月上旬	十四.〇
星顺	十月上旬	十二.六
盛顺	十月上旬	十三.六
同顺	十月下旬	十一.四
星顺	十月下旬	十一
盛顺	十月下旬	十〇
同顺	十一月上旬	十六
星顺	十一月上旬	十〇

---

① 此处疑为"十三.六"之误。

续表

井名	化验月份	每百分灰重
盛顺	十一月上旬	十八
太顺	十一月上旬	十五
同顺	十一月下旬	十三.四
星顺	十一月下旬	十二
太顺	十一月下旬	十八
通共		五百〇五.二
平均		十二.六三

光绪三十二年

井名	化验月份	每百分灰重
同顺	正月中旬	十二.四
太顺	正月中旬	十一
星顺	正月中旬	十二.六
同顺	二月上旬	十七
同顺	二月上旬	十九
星顺	二月上旬	十三
同顺	二月下旬	十五
星顺	二月下旬	十一
盛顺	二月下旬	十一.四
同顺	二月下旬	十四.六
太顺	三月上旬	十一.六
星顺	三月上旬	九
盛顺	三月上旬	十三.六
同顺	三月中旬	十九.四
同顺	三月下旬	十二
太顺	三月下旬	十五
星顺	三月下旬	十二
盛顺	三月下旬	十三
星顺	四月中旬	十二.八

续表

井名	化验月份	每百分灰重
盛顺	四月中旬	十二
太顺	四月中旬	十○
同顺	四月一①旬	十六
盛顺	四月下旬	十五.六
星顺	四月下旬	十三.二
同顺	闰四月上旬	十六
星顺	闰四月上旬	十四.六
盛顺	闰四月上旬	十三.二
同顺	闰四月中旬	二十.○
太顺	闰四月中旬	十九
星顺	闰四月中旬	十三
同顺	五月上旬	十三.八
太顺	五月上旬	十三
星顺	五月上旬	十二.四
盛顺	五月上旬	十二
同顺	三②月下旬	十四
太顺	五月下旬	十三.二
星顺	五月下旬	十二
盛顺	五月下旬	十三.六
盛顺	六月上旬	十一.四
星顺	六月中旬	十一
盛顺	六月中旬	十一.六
同顺	六月中旬	十三
亿顺	七月上旬	十三
星顺	七月上旬	八

---

① "一",疑为"下"字之误。

② "三",疑为"五"之误。

续表

井名	化验月份	每百分灰重
星顺	七月上旬	九
盛顺	七月中旬	十一
星顺	七月下旬	九
盛顺	七月下旬	八
亿顺	七月下旬	十一
星顺	八月上旬	十一
盛顺	八月上旬	十一.三
亿顺	八月上旬	十二
同顺	八月中旬	十六
太顺	八月中旬	十六
亿顺	八月中旬	十二
盛顺	九月上旬	十三
亿顺	九月上旬	十四
星顺	九月下旬	七.二
同顺	九月下旬	十四.八
星顺	九月下旬	九.二
盛顺	九月下旬	十六
同顺	十月中旬	十二
星顺	十月中旬	十二
同顺	十月下旬	十四.四
星顺	十月下旬	十四
盛顺	十月下旬	八.八
同顺	十一月下旬	十二.四
太顺	十一月下旬	十二
同顺	十二月下旬	十二.八
盛顺	十二月下旬	十二
通共		九百〇〇.八
平均		十二.八七二
总数		

续表

年份	化验次数	灰分总数
光绪二十九年	十七次	二百一四.六
光绪三十年	四十七次	五百九一.二
光绪三十一年	四十次	五百○五.二
光绪三十二年	七十次	九百○○.八
通共	一百七十四次	二千二二一.八
平均	每次	十二.七一一四九四二

附　录

安源机矿土炉炼焦,自光绪三十二年九月起,至三十三年十二月底止,洗煤、炼焦经费数目列后:通共实用银伍万柒千叁百零叁两肆钱玖分捌厘(员司、工匠薪食及出入运费,一并在内,上车挑力,归煤务处结算)。共炼焦伍万捌千贰百柒拾吨零壹百肆拾启罗,每吨炼费扯九.八三四一○钱。除起造炉座、房屋等项,实用银伍万零零叁拾玖两伍钱叁分玖厘,每吨炼费扯八.五八七五钱。除人力洗筛费及炉座、房屋等项,实用银肆万伍千叁百零柒两叁钱柒分柒厘,每吨炼费扯七.七七五四钱。

附录　十二月二十日上总办林禀稿

大人阁下:

敬禀者:窃洗煤台倾出壁末,铁路两旁曼衍堆积,自开办以来,多历年所,数目当以亿兆计。因洋焦灰分宜轻,淘汰须严,故壁内稍含煤质,犹如砻谷者糠内偶有碎米也。若不听[任]居民筛作炊爨之用,则愈积愈多,必碍车行。又恐积久自焚,毁伤铁轨枕木。局中有见于此,是以贫民筛挑者,概不禁止。地虽占而不加广,壁日出而不见多,诚两便之道措置最为得法已。

惟近来查得,萍城商厂裕金和所收油煤,多系贫民取壁末淘洗而得,因思小民挑作炊爨之用则可,若厂收装售下游,实于局中运销有碍。然既不在禁止之列,又未便遽为禁止。再四思维,惟有将后出者自行洗炼,不但可以防害,而且可以兴利,或亦张弛之道所宜然也。爰派人除去粗壁,将细末淘洗，每百斤得净煤二成三成不等。炼成焦炭，亦有六成，送交化学处化验数次，化灰重者有三十余分，轻者亦有十八九分。然灰分虽不甚轻，而火力尚足，尽合炊爨之用。复将洗炼成本及各项用费合算，如每月炼五六百吨，每吨仅扯银壹两五六钱谱，炼至千吨可减至壹两三四钱，若炼至二千吨以上，每吨有经费壹两可以集事。

爕堃查此项壁末，如果开工洗炼，化无用为有用，一举有数善焉。请为我宪台详陈之：

本矿各处爨焦，每年约需五六千吨，今以不费成本之煤炼用，约可省费壹万数千两。此一利也。

闻武汉粗焦，每百斤售钱八百文，每吨合银八两有奇，今此焦运出，减价发售，以广招徕，每吨仅售银五两零。在买者省费八分之三，自必争先相购；在局中得倍称之息，又无候销搁本之虞，此二利也。

凡营商业者，销路必期广而且久，方有利益，爨焦一物，是普通货也，非如油煤之仅供机器厂、轮船等用；上等焦之仅供铁厂、钱币局等用之为专门货。专门货价值操纵在人，普通货价值操纵在我，且专门货尚有停工滞销之虑，而普通货则为宦商士庶日用所必需，供求相应，循环无已。

又闻柴煤每挑亦需钱三百七八十文，重只数十斤，合算每吨需银五两谱。今爨焦与柴煤同价，而火力则一炉可抵两炉之久，表面价虽相埒，内容却实省钱。人情莫不思占便宜，将见用柴煤者亦将改而用焦炭也。销路广而且久，不待智者决矣。此尤利之无穷者也。

或者谓货弃于地久矣，小民携取，衣食攸关。一旦收回，是绝其生路。不知以新末推归洗厂，我自有余，以旧末让与贫民，彼非不足，各得分愿，何碍之有？

犹忆光绪三十年，前总办宪张在汉口时，爕堃曾有炼卖爨焦之请，张宪深以为然。其所以寝而不行者，因彼时装运皆系民船，二焦并运，恐其搀杂；现在既换官船，可不必虑及此弊。爕堃为谋公益起见，细思此事有利无害，实在可行。愚虑所不及，不敢壅于上闻。为此具禀，敬恳宪台俯赐查核施行，可否据情转详督办宪核办之处恭候鸿裁。敬请

钧安

三、煤铁互售与举借外债

（一）预借矿价与煤铁互售

盛宣怀致张之洞电

光绪二十五年二月十五日（1899.3.26）

日本铁厂总办和田来沪，持伊藤函面商，以彼煤焦易我铁石，令赴鄂谒见后，赴大冶看矿。彼请第一办法，系租山由其自开，已力阻不允；第二办法，只售铁石，按吨定价，或换焦煤，当可无弊。相约回沪再议，惟须一年后方可有用处。冶矿需员孔亟，前函商调恽令（莘耘），尚未蒙复，适解守（砚山）销假，已令赴大冶矣。

与日本制铁所订立互购煤焦矿石合同

光绪二十五年二月二十七日（1899.4.7）

大清国头品顶戴大理寺少堂督办汉阳铁政局盛、大日本制铁所长官和田，为订立合同事，照得现因清日两国交谊日敦，辅车情切，凡事互求利济，煤铁一事，大属富强要端，兹经商酌拟定各款办法，开列于左，以便遵守，而昭慎重。

第一款　此次合同订后，日本制铁所需向中国湖北汉阳铁厂所属大冶铁矿购买矿石，第一年定买五万吨，第二年以后需购数目，须于本年三月议院议准以后订定，至少亦以五万吨为度。汉阳铁厂及盛大臣兼辖之轮船招商局、纺织纱布厂亦须由日本制铁所经手，每年购煤至少以三、四万吨为度,须先送招商局向来合用之煤样,面议价值,听凭择定,并须照招商局向来与日本商人所订合同章程一律办理,经手并无用[佣]钱,此专系运煤来华,运铁回日,来回装货,水脚便宜,两有裨益。

第二款　前款系专指日本制铁所派驶轮船自赴大冶石灰窑江边受铁矿石而言,若汉阳铁厂能将矿石自行运沪交货,则除矿石正价外,日本制铁所应另加扬子江运费每吨洋二元,在黄浦江过驳载向日本,即不必拘定第一款购铁即须购煤之例,但必须彼此预先商妥而后行。又,石灰窑本有趸船可以停泊受载,日本船须随时量水浅深,派船往装。如日本船因吃水过深,不能泊近趸船装载,所费驳费,由日本制铁所自认。

第三款　所有中国汉阳铁厂及别项局厂每年需煤或间需焦炭之额数,须先订妥约需若干吨,知会日本制铁所预备,近年煤价涨落无定,议照招商局购煤章程,每年分四次按照时值,议定各种价目,焦炭用否,随时酌定。

第四款　日本制铁所所购矿石成色价银,均照另开清单办理。惟磷、硫各种轻重数目,日本制铁所所派驻冶委员应与汉厂自用之洋矿师共同察看,不可有意偏执,硬改价目,致欠公允。此项矿石成色,应彼此指定矿石化验一次为准色。

第五款　汉阳铁厂既为通工易事、彼此裨益起见,决不愿以劣石销售,致日本制铁所不能源源购买,该处附近采铁山场,除汉厂按月先尽自用外,日本制铁所订购在先,即有别项销路,合同期内,亦必须先尽日本,每年五万吨之矿石,决无缺少,如日本要加买矿石,亦必照办。但日本制铁所亦不得于此大冶合同之外,另与中国各处及岛地他人他矿,另立买铁矿之约,大冶亦不得将铁石卖与在中国地方另设洋人有股之铁厂。

第六款　日本制铁所拣派委员二、三名常驻石灰窑、铁山两处,以便经理购买矿石等一切事宜,汉阳铁厂应备合式房屋,租与各该员居住,不取租值,并由局员妥为保护。

第七款　本合同限期自签字盖印之日起,以十五年为满。如期限满,彼此意见允洽,仍愿接办,并不知照缴销合同,即为展续十五〈年〉凭据。

大清光绪二十五年二月二十七日

大日本明治三十二年四月初七日

　　　　　　　大清头品顶戴大理寺少堂 督办湖北汉阳铁政局　盛(押)

　　　　　　　　　　大日本制铁所长官　和田(押)

　　　　　　　　　借用大日本驻沪总领事衙门之印

　　[附件]　购买大冶铁矿矿石定准成色清单

第一　磁铁矿石

铁

矿石每一百分之内,须有铁六十五分,方为准色。

一、如有铁多于前定准色,则每多一百分之一,每吨加价一角。

二、如有铁少于准色,则每少一百分之一,减价一角,以外均照此一律添扣价码。

三、有铁一百分之五十以下者,一概不买。

锰

一、矿石一千分之内须有锰五分,方为准色。如有锰多于准色,则每多一千分之五,每吨加价一角。

磷

一、铁一万分之内有磷五分,方为准色。如少于准色,则每少一万之一,每吨添加一角。

二、如有磷多于前定准色,则每多一万分之一,每吨减价一角。

三、铁一万分之内如有磷过八分以上者,一概不买。

硫磺

一、矿石一千分之内有硫一分者,方为准色。

二、如有硫多于前定准色,则每吨减价二角五分,以资毁硫之费。如再多之时,每多一千分之一,每吨减价半角。

三、如有硫一千分之五以上者，一概不买。

铜

一、铁千分之内有铜四分以上者，一概不买。

矿块之大小

所有装载轮船之矿石如有漏出二十五密利米达之网眼者，一概不买。并且所有购买矿石全数之六成以上，须系七十五密利米达之大块。惟毋得有过于一百五十密利米达以上之大块。

第二 褐色铁矿

锰

一、先行查验有锰几成而二乘之，再将所得之数加于铁之成分，而算该矿价值。譬如一百斤矿石内有锰五斤，有铁五十斤，则五斤锰二乘之作为十斤之铁块，再加上五十斤铁，共合成六十斤之铁而算，盖以锰价较铁稍贵之故也。

其余各样成色，均照磁铁矿石而加添一百分之十五。

第三 论定磁铁矿石价值

自订立合同之日起，至东历明治三十四年十二月、华历光绪二十七年十一月为止，所有磁铁矿石价值，装载运矿轮船舱内，每吨定价两元四角。至期满后之价，届时再行商酌协定。惟该矿右成色必须按照前开准色，方为合式。仍将该定成色开列于左：

铁：矿石一百分之六十五分

锰：矿石一千分之五分

磷：铁一万分之五分

硫：矿石一千分之一分

铜：铁一千分之四分

张之洞致盛宣怀电

光绪二十五年六月十一日（1899.7.18）

昨准大咨送日本在大冶通易煤铁合同。查大冶铁产富饶，而中国焦煤短缺,以有余之铁,随时酌易急需之炭,未始非计。故前此和田来鄂面谈,弟嘱其到沪与阁下妥商办法,惟细阅此次所开合同,不无过虑。合同以十五年为满,试办之事,为期未免过久。设或佳铁不多,岂不于自用有碍,一也。限定每年卖铁石吨数,价值亦嫌太廉,操纵似欠自如,二也。以上三端,似均宜详酌,略放活动,似先定三年或五年为妥。此时合同已定,不知尚能设法更改否。又此事有关大冶矿山,似须咨明总署,以免局外妄议,尊意如何,并祈酌示为盼。洞。真。

盛宣怀致张之洞电(节录)

光绪二十五年六月十五日(1899.7.22)

日本通易煤铁一事,和田自鄂回沪,急于成议,本欲将合同稿寄请复核,并调大冶矿师来沪商酌成色,小田切力请,此事已奉宪台面允,和田急欲回国,立待签定。继思去冬曾面蒙钧谕,有益无损。伊藤又有函来,此时日本若据俄、德、英、意成案,索办一矿,自开自运,何难之有?今拒其租山自挖之请,而欧亚矿厂通易有无,诚为彼此利益,况已炼成之钢铁可售,我若苦乏焦炭,先售以炼铁之矿石,并易其可炼铁石之焦,计亦良得。至冶铁数百年无尽之藏,岁售五万吨,十五年计之,不过七十五万吨,为数甚少。近又勘买九江铁矿,防人觊觎,似不患其缺铁也。惟所定矿质太劣,愈形其价值太廉,争论再四,不肯稍加,特于第三论价值条内言明,光绪二十七年十一月期满,价值再行酌定,此即操纵活动处,与钧意先定三年符合。昨小田切商请免税,复以出口税断不能免,如日本商轮赴石灰窑装载,须由汉关报明估价抽税;或将矿石运沪交货,亦须由沪关完税。小田切回国尚无复信。本拟俟宣进京时咨署,可免误会,因美约稽滞,约秋初北上。荩虑周密,自应赶紧办咨。

张之洞致盛宣怀电

光绪二十六年三月二十八日(1900.4.27)①

与日本互易煤铁一事,去年承示合同,当以十五年之期太久,铁数太多,电请详酌略放活动,其最要者,尤在期限太久,至多似不可过三年五年,若照十五年,每年五万吨,共七十五万吨,设或将来佳矿不多,东人必须取盈,铁厂转无可用,况尊处正在推广萍煤,兴修铁路,萍煤旺后,铁厂自必添炉,需矿更多,若煤旺炉增,而矿石已罄,则铁厂数百万资本皆成虚郑,为患过巨,阁下独不虑此乎。至价值多少,甚属细事,鄙人为此实深忧虑,是以迟迟尚稽咨复。昨准日船运铁完税之咨,则一切似已商定,但不知期限已改几年,原合同已更正否?已奏咨有案否?此等事,合同虽定,若非奏咨有案,仍可再商,且合同有湖广大宪之语,似即指鄙人而言,敝署尚未咨复定议,则此语鄙人实不敢贸贸承认。鄙意为今之计,惟有严其吨数之年限,而稍宽其增价之年限,或许以照此吨数只先定五年,五年后再议,此五年内价值即照现议之价,此加彼减,日商或肯就范。弟专为铁厂利害计,即专为台端计,祈鉴谅详酌至幸,即盼电复。洞。啸。

张之洞致盛宣怀电

光绪二十六年五月十一日(1900.6.7)

日本买大冶铁矿事,小田切来,鄙人正告之曰此事我未咨复。本难允准,但上看伊藤侯面子,下看贵领事交情,格外通融,暂允两年,后仍当另议,以后须咨路矿总局。小田切意在每年不限五万吨,弟持不许,彼无词。到沪必与阁下议,万望坚持,并示复。商结咨文发否,并示。真。

煤铁互售合同第一次续订条款

光绪二十六年五月二十五日(1900.6.21)

大清国光绪二十五年二月二十七日,大日本明治三十二年四月初七日

---

① 原文与代日韵目不符,照录。

订立大冶矿石合同章程,现经续议,所有条款,开列于左,未经续议条款,仍照原合同办理:

第一款　汉阳铁政局认保日本制铁所派运矿石轮船赴石灰窑受载矿石之时,每日可上载一千吨,倘值雨雪大冷天及过年、端午、中秋日期有碍劳工不能用力者,不在此例。

第二款　所有清单成色,改订如左:

铁量　矿石在百分之内须有六十二分以上。

磷量　矿石每一万分之内有四分以下者,定买二万吨,其在五分以下者,定买三万吨。

硫磺量　矿石一千分之内须有一分以下。

铜量　矿石一千分之内有二分六以下者,定买二万吨;其有三分以下者,定买三万吨。

矿块之大小,仍照原合同清单办理,毋庸改订,如有褐色铁矿,价值随时另行商定。

大清光绪二十六年五月二十五日

大日本明治三十三年六月十一日

　　　　　　　大清头品顶戴大理寺少堂 督办湖北汉阳铁政局　盛(押)

　　　　　　　大日本制铁所长官和田　小田切(代押)

　　　　　　　大日本钦命驻沪署总领事　小田切(押)

煤铁互售合同第二次续订条款

光绪二十六年八月初五日(1900.8.29)

大清光绪二十五年二月二十七日,大日本明治三十二年四月初七日订立大冶矿石合同章程。

现经续议,所有条款开列于左。未经续议条款,仍照原合同办理。

第一款　汉阳钢铁商厂认保日本制铁所派运矿轮船赴石灰窑受载矿石之时,每日可上载一千吨,但须于两礼拜前知会到船日期,方不致误;倘值雨雪大冷大风之天及过年、端午、中秋之日期,有碍劳工不能用力者,不在此例。

第二款　汉阳钢铁商厂须在石灰窑开设化验房，以便日本制铁所派驻委员亦可借用化验，无须租值。

第三款　购买大冶矿石成色暨价值，自订立此正合同之日起，以五年为限，改订如左：

一、左开头等成色矿石，每一吨订价三元正。

铁量　矿石每百分之内，须有六十二分及六十二分以上者。

磷量　矿石每一万分之内，有四分及四分以下者，定买二万吨；其有五分及五分以下者，定买三万吨。

硫磺量　矿石一千分之内，须有一分及一分以下者。

铜量　矿石一千分之内有二分六及二分六以下者，定买二万吨；其有三分及三分以下者，定买三万吨。

二、左列二等成色矿石，每一吨定价二元二十钱。

铁量　矿石每百分之内须有五十九至六十二分止。

磷量　矿石每一万分之内须有八分及八分以下者。

硫磺量　矿石一千分内须有一分及一分以下者。

铜量　矿石一千分之内须有三分及三分以下者。

矿块之大小，仍照原合同清单办理，毋庸改订。如有褐色铁矿，价值随时另行商定。

第四款　原合同订购五万吨，均为头等矿石。

第五款　二等矿石拟购若干吨，应于三个月前，由制铁所与钢铁厂彼此商量定夺。惟此项矿石与原合同所载五万吨无涉。

大清光绪二十六年八月初五日

大日本明治三十三年八月二十九日

　　　　大清头品顶戴大理寺少堂 督办湖北汉阳钢铁商厂事务　盛（押）

　　　　　　大日本制铁所长官和田　小田切代（押）

　　　　　　大日本钦命驻沪署理总领事　小田切（押）

[附件一]　小田切①致盛宣怀函

敬启者:

　　照得本日签定大冶矿石合同第五款内开:二等矿石拟购若干吨,应于三个月前由制铁所与钢铁厂彼此商量定夺等语,如所需加多或减少,随时与钢铁厂商定,已承贵督办面允。相应函达,请烦查照,乞即示复,以便转达可也。专此布渤,敬请

晚安

小田切万寿之助

八月念九日

[附件二]　盛宣怀致小田切函

径复者:

　　顷奉惠函内称本日签定大冶矿石合同第五款二等矿石等语。查制铁所购用二等矿石每年以二万吨为准,如所需加多或减少,随时与钢铁厂商定各节,敬已领悉。兹查合同第五款,此项矿石拟购若干,原有三个月前彼此商量定夺之语,惟每年至多以二万吨为限,不能再过此数,庶日后装运易于周转。合先声明,应请台端转告贵制铁所查照办理可也。复颂日祉

盛宣怀

八月初六日(即阳历八月三十日)

矿石运输及装载章程

光绪二十六年十一月(1901.1)

　　大清光绪二十七年、大日本明治三十四年关于矿石之运输及装载今后处理方法协定条款如左:

　　○　小田切万寿之助(1868—1934):字富卿。时任日本驻上海总领事。

第一款：设同一称量器，以日本制铁所及大清国所备者两相比较定之。

第二款：清国大冶矿局宜常贮狮子山上等铁矿六千吨于石灰窑日本码头，以便制铁所运船抵窑时，尽船装载。但遇涨水及溢堤等意外事变，不在此例。日本制铁所派船赴窑，其借装必要矿量，经出发后，得由制铁所驻在员以汇票支付装入矿量全价十分之八，其余十分之二则俟日本制铁所分析后再行如前支付。但汇票兑款场所得更协商。

第三款：大清光绪二十七年内，大日本制铁所购定上等矿石八万四千余吨，下等矿石二万余吨，得由大冶矿务局内如数装载。

大清光绪二十六年十一月

大日本明治三十四年一月

大清大冶矿务局总办　　解茂承

驻大冶大日本制铁所委员　西泽公雄

大冶购运矿石预借矿价草合同

光绪二十九年九月二十一日（1903.11.9）

一、督办湖北汉阳铁厂之大冶矿务局订借日本兴业银行三百万日元，以三十年为期，年息六厘，正合同画押之日，先交一百万日元，以后每三个月交一百万日元，计合同签字后六个月交清，利息照每次收到之日起算。

二、以大冶之得道湾矿山（附图）①，大冶矿局现有及将来接展之运矿铁路及矿山吊车并车辆房屋、修理机器厂（此系现在下陆之修理厂）为该借款担保之项。此项担保，在该限期内，不得或让或卖或租与他国之官商，即欲另作第二次借款之担保，应先尽日本。

三、聘用日本矿师在取矿之山，归督办大臣节制，俟督办大臣聘用不论何国之总矿师时，该日本矿师即应遵从督办大臣之命令，归总矿师调度。

四、此次借款言明以制铁所按年所购矿石价值给还本息，不还现款。惟查大冶矿山概系直形，并非平槽，以后采挖愈深，工费愈多，是以十年期

———————————

①　图略。

满，须另议价值，其可以浮面浅挖之处，大冶矿局必应设法浅挖，以免双方吃亏，总以后十年挖矿之深浅易难，比较前十年，又须考查英国铁价涨跌折中会定矿价。倘会议不定，即应彼此各请公正一人，秉公定价。倘此两人意见不合之处，即由此两人公请一人断定，彼此即应照办，不得再有异议。

五、照光绪二十六年原订合同，改为每年收买头等矿石六万吨，不得再少，以敷全款之息，带还本金，并订明至多不过十万吨，如须于额定六万吨之外，添购一万吨至四万吨，应按其数多寡，于一年至少四个月前，由制铁所长官与督办大臣彼此商量定夺，头等矿石价目每吨三日元，订定十年期限，期满查照第四款办理。

二等矿石照光绪二十六年八月原合同第五款办理，如火车运送实来不及，彼此商缓日期，订明二等矿石每吨日金二元二十钱。

六、正合同签字日起，所有光绪二十五年二月又二十六年八月所订矿石合同，展限三十年，除照购用日煤毋庸照办、矿石价格概照本合同之外，其余未经续议条款悉照原合同办理。光绪二十六年八月初五日所订矿价，直至明治三十八年八月二十九日为止。是日以后，即照新订合同价格，头等每吨三日元，二等每吨日金二元二十钱，照办十年。

七、借款合同期限既订明三十年，则每年应还本项便以十万日元为度，如某年制铁所收运矿石吨数价值仅敷还息，则先尽还息，是年应还本金，便迟至下一年归还。

又，如制铁所收运矿石吨数价值，除抵还借款利息外，尚有多余，大冶矿局即将多余之数，尽数抵还本项，利随本减。

尚本项逐渐减少，计算不到三十年便可还清，则大冶矿局暂停数年还本，以符合同三十年期限，此暂停还本数年内，矿价抵息外，多余之数，制铁所付交现款。

三十年期满，本项如有尾款未清，大冶矿局自应照数清结注销合同，然制铁所应允竭力多运，以便在合同期限内本利全数清讫，俾符原约。

八、制铁所不得在大冶或中国境内设炉设厂，将所购矿石熔炼钢铁。

九、制铁所每次将应付矿价径交日本兴业银行，即取该银行收条，交到大冶矿局,作为已收还之款抵算。

十、议定制铁所雇来不拘何船装矿时带运煤斤之水脚,制铁所应努力使照日本他公司寻常运煤水脚相等。

以上草合同,现今日本驻沪总领事小田切已接有制铁所及日本兴业银行画押签定之权,当与督办大臣盛会同签定。俟盛大臣会商商部、外务部、湖广总督;日本驻沪总领事会商制铁所及日本兴业银行,如无窒碍难行之处,以一个月为限,即照此已经签订之合同,由盛大臣会同制铁所所派之人及日本兴业银行商人,另缮正合同三份,重行画押,三面执守为凭。

大日本钦命驻上海总领事　小田切　（印）

大清国太子少保前工部左侍郎 督办湖北汉阳铁厂　盛　（印）

大清国光绪二十九年九月二十一日

大日本国明治三十六年十一月九日　订于上海

［附件一］　盛宣怀致小田切函

敬启者:

本日签定大冶借款草合同第五款订明,每年售与制铁所矿石至多十万吨,倘将来大冶矿局除供给自用外,尚有余力可以多售,则于所订十万吨之外,再售两万吨,应届时彼此先期商定,特缮本函作为合同附件。清贵总领事一并存照。敬颂

日祉

盛宣怀

光绪二十九年九月二十一日(1903.11.9)

［附件二］　小田切致盛宣怀函

敬启者:

本日签定大冶借款草合同第十款订明制铁所装矿轮船带运煤斤之水脚,所以力争必须与日本他公司运煤水脚相等者,因虑水脚跌贱侵碍贵大臣兼辖萍乡煤矿之利,是以制铁所应允努力使令运矿轮船带运煤斤不得比

他公司便宜。特缮本函作为合同附件,即请贵大臣一并存照。敬颂日祉

小田切万寿之助

明治三十六年十一月初九日

盛宣怀致顾肇新①电

光绪二十九年十月初一日(1903.11.19)

草合同已补寄,其详已叙入咨内。彼买我矿石如得预支矿价,此系商矿自己筹款,为国家兴利,便益无过于此。惟恐南皮另具意见,失机可惜。彼去年电称铁厂事不过问,由我做主。此次合同,断无流弊,然终属外人交涉,自应请大部主持,迅速核复,以免日本变卦,请密达邸堂,铁政之幸。

张之洞致盛宣怀电

光绪二十九年十月十五日(1903.12.3)②

咨函及草合同均悉。添设炉座,扩充铁厂,极是。预借矿价亦是筹款不得已之计,办法苟无流弊,鄙人甚愿赞成。但细阅合同,有必须妥酌者,借款三百万元,息六厘,每年计利息十八万元,订明每年至少收买上等矿石六万吨,每吨价三元,计价亦十八万元,仅敷还息,又订明不能还现银。设使日人每年仅运六万吨,三十年后,虽已还过五百四十万元,而本银丝毫未还。是日本仅借予我三百万元,永远须我每年供彼矿石六万吨,虽合同有制铁所应允竭力多运之语,究属空言,殊不足据。倘彼不少六万吨之数,便不为违背合同,我亦无词以责之。即或不然,初数年仅敷还息,将还本归在后数年,则我亦吃亏利息甚巨。鄙意必须与之订明,每年于所售矿石内带还本银若干,利随本减,至少每年收买上等矿石约七万吨,如兼购二等矿石,则订明每年必购足约二十一万元之矿石,务期本利匀摊,计至三十年恰可还清。如须多购矿石至十万吨,除还额定本利外,随给现银;倘因不得已事故,我每年不能供足此数,则或还现银或推至下年补运,应请酌办。总

---

① 顾肇新(? —1906):字康民,江苏吴县(今苏州)人。时任外务部右侍郎。

② 原文与代日韵目不符,照录。

之，务使三十年内，彼必有矿石以供制炼，三十年后，我毫无遗累，方为周妥。此节关系紧要，必须商改至要。至合同内，以得道湾作抵，将来是否即采此山矿石？抑采何处矿石？函内又添入官山一语，窃有未解。所谓官山者，是否指前承办铁厂时，官拨归商之山？抑以后官另购之山？未能明晰，祈即查明示复。鄙意此次商借商款，宜先采商山之矿；商山不足，再采从前承办日官拨归商之山；倘仍不足，必须采及以后官另购之山，则须与官商明办法；或以价买，或拨借款若干归官，方昭平允。不然，若用官另购诸山之矿石，官尽可自售，而借给商用，何须假手于商？即使给以股票，亦属虚文无济。若卖官山之矿以为商本，此事不能行，后来湖北督抚断不能默然也。至此次借款，鄙人为铁政计，自当极力维持，然将来此款如何拨用，亦望预先明定章程，随时咨明，以免旁人指摘为妥。统祈速复。元。

内田①致张之洞函

明治三十六年十二月一日（1903.12.1）

敬启者：

　　所有大冶矿局借款一节，前据小田切总领事禀报，业经与盛宫保会商订定草合同，并订于一个月后，批定正合同者。盖因该总领事劳碌成疾，亟愿告假旋国，此所以该总领事强请盛宫保先订草合同之实在缘由也。本大臣查阅该草合同，其所列各条，尚属公允妥恰。谅该草合同亦早达贵宫保核鉴矣。如以为无甚窒碍，务望贵宫保鼎力赞成，俾小田切总领事得以早日回国养疾，则该总领事自必感戴盛情于无涯矣。只因应订正合同，截至华历十二月二十一日为期，本大臣拟于日内往〈访〉台端，面馨一切。即祈订期示复，是为切祷。泐此，顺颂

日祉

---

① 内田康哉（1865—1936）：时任日本驻华公使。

张之洞致内田函

光绪二十九年十月十五日(1903.12.3)

敬复者:

大冶矿局借款事,尚有窒碍及未能明悉之处。本部堂正与盛大臣往返电商,一俟询商明白,当即订期拱候惠临,畅谈一切。先此奉复,顺颂

日祉

外务部致盛宣怀电

光绪二十九年十月十六日(1903.12.4)

日商欲购大冶矿石,前经议有成约;此次预借矿价,原为维持铁厂起见,所订草合同经本部复核,尚属可行,希即与日领订定,咨部立案。铣。

盛宣怀致张之洞电

光绪二十九年十月二十八日(1903.12.16)

谏电谅邀鉴。钧意务使三十年内,彼必有矿石以备制炼,三十年后,我毫无遗累,至少之数核定七万吨,付息外带还本,茞虑极佩。前议草约时,日人本请多运,即如本年已运七万余吨,因汉冶筹计供给日矿外,尚须留备自用,故磋减至六万吨为至少之数,藉敷还息。现又另立附件,以十二万吨为至多之数,逐年抽本,即是虑到期不能清完之意。彼之运数不能无轩轾者,囚运船有忙闲之故耳。此约虽以不还现款为宗旨,倘至三十年尚有尾款,则草约第七条订明,照数清结,注销合同。清结者,即以现款找付未还之本,一经注销,事便完结,断无遗累。日本制铁所现只一炉,已运七万余吨,如四炉齐开,只虑多运,碍我自用,不能尽多供给。至采挖矿石,自应先尽商购之山及官拨归商之山,设有不足,后来或须采及官山,届时拟请商代官挖,开除工费外,余利尽数归官,并由官派员稽查工费,自当先行立案。日人处似不便揭破官商字样,虑其借端径向官索,利权尽失。至借款如何拨充炼冶,遵当定章咨明,以昭征信。草约末后一节,在宣理应请示,在日

人则云两造已经磋磨至极处,一字不能更易,宣昨由先茔回沪,督率李维格等复核合同及另立附件,已照元电商改,紧要关键不出范围矣。小田切顷来面告:病假回国,已奉其政府照准。并知我外务部已经核准,一月限期已满,请速签正约后,即须东渡。并嘱致意尊处,迅付回报,等语。此事诚如钧谕,为铁政筹款不得已之计,务求始终维系,准照草约签定,以免延宕变封,至深感祷。祈电复。宣。勘。

张之洞致盛宣怀电

光绪二十九年十一月初六日(1903.12.24)

勘电悉,读之殊多不解。每年运矿石至少之数,系为我还本息计,加多于我有益;至多之数,系为预备供足彼炉座熔炼计,加多于彼有益。既须留备自用,十万吨之数再不宜再加,切要切要。前内田公使来商,当告以非将至少之数加至七万吨,每年抽还本项,三十年本利全清,鄙人万不应允。昨内田已接其外部电,允于合同载明每年至少运上等矿石七万吨,想外部亦电小田矣。但不愿声明,如上等矿石不敷,即以二、三等者补足。谓尊处曾向小田云:每年尽可有上等矿十万吨,不虞缺乏也。此层应否于合同内声明,应请详酌。内田又云:其外部电云,制铁所经费系每年议定,本年难以骤加,请另备照会声明,七万吨之数,须俟前合同五年期满后起算,前合同五年之期,计至明年秋间即满,明秋之前,仍以六万吨为限,云云。鄙意不过欲三十年后不遗后累。至官山、商山一层,乃我自行商办之事,另行妥酌可也。祈与小田将合同更正,并将续订附件涂销,仍以十万吨为至多之限为祷。洞。语。

盛宣怀致外务部电①

光绪二十九年十一月初六日(1903.12.24)

部江电敬悉。钧意删去矿山运路作保,自系为严杜流弊起见,已切实

---

① 此电同时致张之洞。

转商日领。据称：商家三五万款项，尚须的保，矧什百倍蓰于此？且据山作保，权仍在己，非指名评产之比，断难遵删等语，词甚决绝。窃思此项预支矿价，诚如大部铣电、张宫保元电，为维持铁厂筹款不得已之计，历年与洋商磋议借款不止一次，厂矿担保外，并须侵我办事之权，因是屡议无成。日人肯如此迁就者，因制铁所业费官本二千万元，非购铁制炼不可。开议之时，本索全冶矿山作抵，磋磨至再，始允虚指得道湾商山一座作保。其连及运路者，只为运矿起见，另无他意。查部定章程，洋人准在中国地方买地开矿，设执此相争，不必预付巨款，便可购山自办，官商俱困，流弊更多。即如福公司因矿及路坚持欲在晋豫内地自行制铁，但求其照约在商埠设厂尚无把握。此次日人在合同内载明，不得在中国境内设炉设厂将所购矿石熔炼钢铁，实已力防流弊。两两比较，大冶合同已极便宜，此与日领商后不能遵删拒保之原委也。官商两厂一节，查厂商承办时有官拨归商之山，有厂商自赔之山，如纱帽翅、得道湾、金山店等处并为商山。现售矿石已遵照张宫保来电之意，定议悉取于此。设有不足，或须采及官购之山，届时商代官挖，除取工费外，利尽归官，并由官派员稽查。目前合同内不必流露官山字样，虑彼借端向官索山，自行开挖。将来如果采及官山，自必先与官订办法，此分别官商山产之办法也。钧意每年六万吨仅敷还息，应将至少之数酌加，总以三十年本息还清为准等因，实为此合同紧要关键，足补草议所未备。现又与日领事坚持面议，遵照钧电及张宫保元电，至少之数改为七万吨。该领已电劝制铁所两次，勉强应允。各款磋磨已至极处，应请迅速核复遵照签定。此机一失，汉厂机炉旧而且少，不能足用，颠覆在即。目前官本无可拨，商股无可加，洋债无可抵，数年以来，焦头烂额，日夜思维，始得此无中生有一线之生机，实属转败为胜、百年之要策。铁政关系制造，各国视为强弱关键。中土仅此一矿一厂，若为大局计，似未便听其蹉跌也。愚昧之见，不敢不直陈。务求力为维持，铁政幸甚，大局幸甚。宣怀。鱼。

张之洞致外务部电①

光绪二十九年十一月初九日(1903.12.27)

盛大臣鱼电悉。前因合同载,每年至少运矿石六万吨。查六万吨之数,其价仅敷还息,永远负累,是以敝处坚持以为不可,当经一面电沪商改,一面与内田切商,必须每年带还本项至少运上等矿石约七万吨,计至三十年本利全清,无丝毫遗累。嗣接盛大臣勘电,仍未议妥,并未允每年七万吨之数,但与之订立附件,反将至多之限加至十二万吨。查至少之限,系为我还本息计,加多可免后累,于我有益,至多之限,系为预备供彼炉座熔炼计,加多则彼无缺乏之虞,于彼甚便,如此则操纵仍是在人,殊未稳便。幸前数日内田饬其参赞来言,日本外部来电,已勉允照鄙意,加至少之数七万吨,而未提至多之限,当于语电电沪,请与小田切将合同照改,并将附件涂销,仍以十万吨为至多之限,此时想已达到。至官山、商山一层,先取商山,如有不足采及官山,商代官挖,开除工费外,利尽归官,办法亦甚平允,自可照办。惟此乃我自家商办之事,自不宜载入合同。至作保一切,凡借洋款,必须有保,若每年所运矿石仅敷还息,或恐山为人占,今已允运至七万吨,到三十年后本利全清,虽指山作保,似亦无妨,况得道湾系商人所购所开,所有山上工厂、运路有商造者,有官拨与商用者,与大局无妨,更无窒碍。铁政关系全国富强,此次筹款关系铁政成败,预借矿价逐年以矿石抽还,较别项借款尚少流弊。兹至少之限已加至七万吨,至多之限仍是十万吨,则此约并无不妥,应请大部迅赐核准为幸。洞。庚。

内田致外务部函

明治三十六年十二月二十九日(1903.12.29)

湖北大冶矿局筹借款项一事,曾经盛宫保与小田切总领事妥为商酌,签订草合同。本大臣于本月十七日(华历十月二十九日)与张宫保会晤时,

---

① 此电同时致盛宣怀及鄂抚端方。

谈及此事,并询及有无异见。据答称:草合同大纲,俱以为然。惟查按照草合同所列办法,其借款本利,于三十年限期内,深恐难于还清;如能将日本铁厂每年应购上等矿石,定为至少七万吨,倘或所出上等矿石不敷七万吨,可将次等矿石补足,以抵上等矿石七万吨之价,则于限期以内,本利还清,确有把握,实为两无窒碍。倘于日本政府允照此议办理,则深愿极力赞襄,以期成全等语。本大臣因立即电达本国政府,旋奉复电内称:此议尽可允行。惟本国铁厂现在堆存矿石尚多,故于明治三十七年内仍照原定章程购买六万吨,可将此节另备照会声叙明白。至于张宫保谓上等矿石不敷七万吨,则以次等矿石补足一节,似不必多虑。盖因盛宫保曾允定购上等矿石十万吨,可见大冶矿山每年所出上等矿石,断不至少于七万吨。由是观之,张宫保所言以次等矿石补足云云,似毋庸叙列等因。当于本月二十二日(华历十一月初四日)派郑参赞将上开外务大臣复电之意,转达张宫保,并面陈既经日本政府允照此议而定,虽稍有参差,于大致无甚出入,请其从速赞成,当承张宫保应允即行照此电达盛宫保矣。本大臣乃闻,此事现在外务部核议,因该草合同内第二条列有抵押一节,似以为将大冶矿局全行让给于我国者,如果〈诚〉然,实属误会之甚者也。盖此次议定大冶矿局借款,按照大冶矿局所需款项之数,先行笼统交出,即按我国铁厂所需矿石每次购运之价,折算扣还,限期届满,本利一律还清,则合同内所列还款抵押,自亦一并作废。查始而小田切总领事与盛宫保商议借款,未曾一字提及将该矿局让出等语,草合同内亦无近似之条,其还款年限及筹还办法,草合同内条列明晰,可以稽考。但借款由借主指某物作为抵押,是属通例。中国向由外国借款,无不指定抵押之物,然则此次大冶矿局指该局所属若干产业作为抵押,亦属循例之事,似不得以此通例抵押,认为让给之据。此次草合同既经由盛宫保担责订定,似未便因此误会,以致功亏垂成。倘蒙贵王爷俯察以上情节,迅即饬令电达盛宫保,准其将正合同画押订定,实为公便,惟希主爷鉴照,切望施行。

张之洞致外务部电[①]

光绪二十九年十一月十四日(1904.1.1)

沪元电悉。昨郑参赞来录示杏翁所拟附件稿,语尚活动,内有除留备自用外及临时商办等语。是自用如万一不敷时即断不能加此二万吨;如果自用有余,自无妨多售,且言明临时商办似无流弊,敝处已允存此附件,但须照郑送来原文一字不可改易。洞。盐。

大冶购运矿石预借矿价正合同

光绪二十九年十一月二十八日(1904.1.15)

一、督办湖北汉阳铁厂之大冶矿局订借日本兴业银行日本金钱三百万元,以三十年为期年息六厘。正合同画押之日,先交金钱一百万元,以后每三个月交金钱一百万元,计合同签字后六个月交清。利息照每次收到之日起算。

二、以大冶之得道湾矿山(附图)[②]、大冶矿局现有及将来接展之运矿铁路、及矿山吊车并车辆房屋、修理机器厂(此系现在下陆之修理厂)为该借款担保之项。此项担保,在限期内,不得或让或卖或租与他国之官商。即欲另作第二次借款之担保,应先尽日本。

三、聘用日本矿师,在取矿之山,归督办大臣节制,俟督办大臣聘用不论何国之总矿师时,该日本矿师应遵从督办大臣之命令,归总矿师调度。

四、此次借款,言明以制铁所按年所购矿石价值给还本息,不还现款。惟查大冶矿山,概系直形,并非平槽,以后采挖愈深,工费愈多,是以十年期满,须另议价值。其可以浮面浅挖之处,大冶矿局必须设法浅挖,以免两面吃亏,总以后十年挖矿之深浅难易,比较前十年,又须考查英国铁价涨跌,折中会定矿价。倘会议不定,即应彼此各请公正一人,秉公定价。倘此两人有意见不合之处,即由此两人公请一人断定,彼此即应照办,不得再有

---

① 此电同时致盛宣怀、端方。
② 图略。

异议。

五、照光绪二十六年原订合同改为每年收买头等矿石七万吨,不得再少,以敷全款之息及带还本项,并订明至多不过十万吨,应按其数多寡,于一年至少四个月前,由制铁所长官与督办大臣彼此商量定夺。

头等矿石价目,每吨日本金钱三元,订定十年期限,期满查照第四款办理。

二等矿石,照光绪二十六年八月原合同第五款办理。如火车运道实来不及,彼此商缓日期,订明二等矿石每吨日本金钱二元二角。

六、正合同签字日起,所有光绪二十五年二月又二十六年八月所订矿石合同,展期三十年,除购用日煤毋庸照办,矿石价值概照本合同之外,其余未经续议条款悉照原合同办理。光绪二十六年八月初五日所订矿价,至明治三十八年八月二十九日为止;是日以后,即照新订合同价值,头等每吨日本金钱三元,二等每吨日本金钱二元二角,照办十年。

七、借款合同期限,既订明三十年,则每年应还本项,便以金钱十万元为度(如每年制铁所收运吨数价值仅敷还息,则先尽还息,是年应还本项,便迟至下一年归还)。

又如制铁所收运矿石价值,除抵还借款利息外,尚有多余,大冶矿局即将此多余之数,尽数抵还本项,利随本减。

尚本项逐渐减少,计算不到三十年便可还清,则大冶矿局暂停数年还本,以符合三十年期限;此暂停还本数年内,矿价抵息外,多余之数,制铁所付交现款。

三十年期满,本项如有尾数未清,大冶矿局自应照数清结,注销合同,然制铁所应允竭力多运,以便在合同期限内,本利全数清讫,俾符原约。

八、制铁所不得在大冶或中国境内设炉设厂,将所购矿石熔炼钢铁。

九、制铁所每次将应付矿价径交日本兴业银行,即取该银行收条交到大冶矿局,作为已收还之款抵算。

十、议定制铁所雇来不拘何船装矿时带运煤斤之水脚,制铁所应努力使照日本他公司寻常运煤水脚相等。

以上正合同连附件三件,各缮三份。

日本制铁所

湖北汉阳铁厂之大冶矿局

日本兴业银行各执一份为凭

大清国太子少保前工部左侍郎 督办湖北铁厂　盛宣怀

大日本国制铁所代表人　小田切万寿之助

大日本株式会社日本兴业银行理事　井上辰九郎

大日本国钦命驻沪总领事　小田切万寿之助

大清光绪二十九年十一月二十八日

大日本明治三十七年一月十五日　订于上海

［附件一］　盛宣怀致小田切函

敬启者:

　　本日签定大冶借款正合同第五款订明,每年售与制铁所矿石至多十万吨。倘将来大冶矿局除供给自用外,尚有余力可以多售,则于所订十万吨之外,再售两万吨。应届时彼此先期商定,特缮本函作为合同附件。请贵总领事一并存照,敬颂

日祉

盛宣怀

［附件二］　小田切致盛宣怀函

敬启者:

　　本日签定大冶借款正合同第十款定明,制铁所装矿轮船带运煤斤之水脚,所以力争必须与日本他公司运煤水脚相等者,因虑水脚跌贱,侵碍贵大臣兼辖萍乡煤矿之利,是以制铁所应允努〈力〉使令运矿轮船带运煤斤不得比他公司便宜。特缮此函,作为合同附件,即请贵大臣一并存照。敬颂

日祉

小田切万寿之助

[附件三] 小田切致盛宣怀函

敬启者：

  大冶购运矿石预借矿价正合同第五条内开：照光绪二十六年原订合同，改为每年收买头等矿石七万吨，不得再少，以敷全款之息，并带还本项云云。本总领事应加函说明：光绪二十六年八月初五所订合同直至明治三十八年八月二十九日为止。是以每年收买头等矿石至少七方吨之约，须至明治三十八年八月二十九日以后方能照办。其前约未经届满之上一年，即光绪三十年，制铁所应允至少之数收买头等矿石六万吨，请贵大臣查明复示为要。特缮本函作为合同附件。敬颂

日祉

小田切万寿之助

盛宣怀咨外务部文

光绪三十年六月二十二日(1904.8.3)

为咨呈事。

  前因湖北汉阳铁厂炼冶钢铁机炉无多，历年亏折，势极艰危，非筹借巨款，扩充新厂，无以济屯出险，于时局亦深有关系。经本大臣与日本驻沪总领事小田切代日本制铁所及日本兴业银行面商，议定预借矿价日本金钱三百万元，就煤炼铁，另购新机，议立草合同十条，于光绪二十九年九月二十一日鉴印，仍声明俟与外务部、商部、湖广督部堂妥商无碍，再鉴正约，抄稿分咨查核，并节次函电商办有案。嗣于上年十月十五承准正任湖广总督部堂张之洞元电内开：添设炉座，扩充铁厂，极是。预借矿价，亦是筹款不得已之计，甚愿赞成。但合同订明每年至少收买上等矿石六万吨，计十八万元，仅敷还息，不敷还本。必须订明每年于售矿内带还本银若干，至少每年收买上等矿石七万吨，总期本息均摊，三十年后，全款还清，毫无遗累。至以得道湾作保，商借商款，自宜先采商山之矿，商山不足，再采以前承办时官拨归商之山；设仍不足，必须采及以后官家另购之山，则须与官商明办

法，或以价买，或拨借款若干归官，方昭平允。此次借款，将来如何拨用，亦望定章咨明为要。十一月初三日，承准贵部电同前因，并谓矿山运路作为担保，甚有流弊，令即妥商删除电复各等因。准此，当经本大臣与日本领事切实面议，据称商家三、五万款项，尚须的保，矧十倍蓰于此，且虚指一山作保，并非挂名洋产，担保一节，例难遵删等语。

查开议之时，该领事本索全冶矿山作抵，磋磨至再，始允虚指得道湾商山一座作保。其连及运路者，只防阻碍运矿起见。另立专条订明不得在中国设炉设厂熔炼矿石，实已力阻流弊。至每年运矿数目，遵电坚持，业已改为至少之数每年收买头等矿石七万吨，至多之数不得超过十万吨，抵付全款利息外，逐年带还本项。将来就萍乡煤矿添设新炉，不仅就煤，并须就近采取萍铁，则冶铁只是供给汉厂旧炉所需，自用实系有余。所订十万吨之外，或须加售两万吨，冶局亦可照售，仍须先时商定，庶操一切在我。凡此改订之处，总冀三十年本利全清，日后毫无遗累。该领事迭次电劝日本制铁所应允，即来催签正约，经本大臣于十一月初六日据情电商，并以厂商承办时，有官拨归商之山，有厂商自购之山，如纱帽翅、得道湾、金山店等处，并为商山，现售矿石，已议定悉取于此。设有不足，或须采及以后官家另购之山，届时商代官挖，开除工费外，利尽归官，并由官派员稽查，目前合同不便写明官山字样，虑其借端指索。如果商厂采及官山，自应与官先订办法。至借款如何拨用，遵当定章咨明，以昭征信各等语，先后电请贵部及正任湖广总督部堂张之洞迅赐核准，以便遵照签定。旋于十一月初七日承准正任湖广总督部堂张之洞语电内开：昨内田公使来云，已接其外部电允，于合同内载明每年至少运上等矿石七万吨，惟请另备照会，声明七万吨之数须俟前合同五年期满后起算，计至明秋期满以前，仍以六万吨为限，其至多之数，于彼有益，不宜再加，祈与小田切将合同更正，并将续订附件涂销，仍以十万吨为限。又准初九日庚电：先取商山，如有不足，采及官山，商代官挖办法，亦甚平允，自可照办，此乃自家商办之事，不宜载入合同。至作保一节，凡借洋款，必须有保，况得道湾山厂运路，系商购开，虽指山作保，亦与大局无妨，更无窒碍。此次借款，关系铁政成败，逐年以矿石抵还，较别项借款,尚少流弊,兹至少之限,已加至七万吨,至多之限仍是十万,则此约并无不妥,应请大部迅速核准为幸等因,又于十一月十二日承准贵部文电内开:六冶合同,希即查照香帅庚电,与小田切妥商签定等因。遵即回告日本总领事,据云得京电,由使馆参赞面商张宫保允准通融,不销附件。正驰电请示间,十一月十四日承准正任湖广总督部堂张盐电:昨郑参赞来,录示附件稿,语甚活动,且言明临时商办,似无流弊,已允存此附件,但须照原文一字不易等因到本大臣。遵即知照小田切,按照商定各节,斠改缮正,计正合同十条,附函三件,于光绪二十九年十一月二十八日,即明治三十七年一月十五日,在上海铁路总公司签押盖印,分别存执。并由兴业银行按照订定期限,于东历一月十五、四月十五、七月十五日,分三批交款前来。

本大臣先期札派汉厂总办候选郎中李维格,携带冶铁、萍焦各项矿样,兼程出发,周历英、美、德国各大厂,悉心考验,定购新式机炉,回华安设。现据电禀,已抵德京,应用机价若干,应雇机师几人,以及机座地脚、工厂房屋、水陆运费、材料薪伙,统俟该总办将厂单估单及购机造屋图样,邮寄到沪,即就此项金钱,分别支给,仍开名目价款,列册资报,以符原议。除分咨外,柜应照录正合同(附清折一扣)①,备文咨呈贵部,谨请查对备案施行。

(二)举借外债的经过

张之洞奏折
光绪二十五年六月十七日(1899.7.24)

奏为遵旨查明招商局保借洋款办理萍乡煤矿,有益民生,无碍商局,恭折据实复陈,仰祈圣鉴事。

窃照承准军机大臣字寄,光绪二十五年四月初二日奉上谕:有人奏大理寺少卿盛宣怀办理江西萍乡煤矿铁路,以招商局洋泾滨各产抵保洋行借

---

①　未录。

款,请饬查禁等语。萍乡煤矿,前据张之洞等奏陈开办情形,并无抵保借款之说。若如所奏,因萍乡一隅之矿辄以招商局各产抵保,殊属有碍大局,著张之洞详细查明,即行知照盛宣怀毋得轻许,致滋流弊,是为至要。原片著抄给阅看,将此谕令知之,钦此。

查各国自强之道,不外铁路、轮船、枪炮,数大端皆以铁厂为根基,而炼铁、炼钢尤以得佳煤炼焦炭为先务。湖北前经奏开铁厂,遍觅煤矿不得佳质,后经访获江西萍乡煤矿最合炼焦之用,历年饬铁厂购用不少,实为铁厂化铁、炼钢造轨之根本。因路僻运艰,故未能尽量采购多开炉座。上年三月间,经督办铁路大理寺少卿盛宣怀会同奏明购用机器,筑路设线,派员总办,力筹大举,并援照开平,禁止商人别立公司及多开小窿、抬价收买,以济厂用而杜流弊。仰蒙谕旨钦遵在案。

盖开矿不用机器不能深入得佳煤;炼焦不用洋炉不能去磷成佳钢;运道不用铁路、轮剥不能济急用而轻成本。目前造轨,将来行车,需用焦煤皆属极巨。路厂与萍矿互相关属,皆为杜塞中国漏卮要举。至轮船招商局每年用煤为出款大宗,上年因开平煤不及接济,多购洋煤虚糜二十万金,以故竭力筹办萍煤。至今已用银五十万两左右,系由湖北铁厂认股二十万;铁路总公司、轮船招商局各认股十五万,均以其相需甚殷也。现在每日出煤二三百吨,运道节节艰阻,所运不敷所用,必须先由矿山造铁路一条,至萍乡河口,由湘潭至汉口置造轮剥各船,使每日可运数千吨,足供铁厂、轮船、车路之用,然后路厂可相持不敝,招商局亦受其益。而萍矿得可恃之销路,即操获利之券。但购办机器,营造铁路、轮剥,需款至紧,事当未成,利尚有待。华商之股,未易立时招集,盛宣怀当因机器各件,多由德商礼和洋行垫购,为数已巨,故与该行议借四百万马克,分十二年摊还,统由萍乡煤矿公司商借商还。惟向来借用洋款,必须给以办矿事权,并须分得矿中余利。此次盛宣怀议明,萍矿仍归自办,仅给借息七厘。彼既无办矿之权,又无余利可得,不得不照商例,切实保借,因将招商局产业以为作保之据。当经议订,借款合同分别咨呈总理衙门、路矿总局核准存案。此盛宣怀以招商局保借礼和洋款、扩充萍乡煤矿办法之情形也。

　　此次钦奉寄谕当将此项借款每年还款本利共须若干,是否以招商局全局各项产业抵押,抑止上海洋泾滨一处机房产业作保,现在全局各项产业,共值银若干,洋泾滨一处产业值银若干,至抵押与作保有何区别,设将来借款本利万一无著,洋商能否将全局占踞管理,有碍大局各节,向盛宣怀详细咨查,旋准咨覆,并详考案。

　　据查借款合同载明,招商局允保礼和垫款四百万马克息本,其息本未还以前,不将上海洋泾滨南北地皮、栈房产业出售,或抵押于人等语,实系招商局仅止作保,并未将产业抵押,且止上海洋泾滨一处栈房产业作保,并未将全局各码头及轮船作保。查光绪十一年向旗昌洋行赎回招商局之时,因无款可筹,曾将全局各码头、轮船按照商例抵押与汇丰银行,其时经律师将各项地契、船照均缮押契赴英领事衙门,过立汇丰银行名,至光绪二十一年,还本清楚,始收回各契据,仍是招商局户名,系属洋商抵押之一定办法。现借礼和之款,止有合同载明作保字样,并未将地契交给,亦未赴领事处过户,是招商局产不作抵押之明证。又光绪二十四年,商局结帐载明,全局码头、轮船、栈房各项资本六百八十六万两,其中上海洋泾滨南、北、中栈房产业值本一百六十八万八千两,以保礼和借款,系专指此项洋泾滨栈房产业,是并未将全局资本作保之明证。

　　至于抵押与作保区别之处,查抵押则产业已属于人,作保则产业现在仍在我。现在不过由招商局作保,设将来借款本利无著,应先将所借礼和四百万马克购办之煤矿、机器、铁路等物以及该煤矿公司自己股本五十万所办之矿产各物,尽其所有以归借款,必不致将招商局保产作抵。如煤矿公司各物不敷还款,再由保人如数补足赔还了事。如保人不能将欠款赔补,始将合同内所指作保之产业变价补足。此作保不能遽抵之明证。兹查礼和借款,前三年不还本,后十年每年摊还四十万马克,约合银十三万两左右。预计此矿三年后,每日至少出煤一千吨,一年出煤三十万吨,每吨提银五钱,已足敷归还本利。就使意外之变,出煤无多,该煤矿尚有股分及借款所置铁路、机器各项产业,不难作第二次借款,为借债还债之计。就使该煤矿及铁路机器各项产业不足抵偿,而所短之数已属有限,铁厂、铁路公司、轮船公司应照商例按股摊赔，至多不过数十万两，断不致将作保之洋泾滨产业为彼所占，更不能将全局占踞管理。此又查明盛宣怀保借洋款不难筹还，与招商局无碍之情形也。

查该少卿盛宣怀此次以招商局保借礼和洋款，实因商股一时难集而萍乡煤矿所关于铁政甚巨，不得不力图其成，核计借款本息。每年止摊还十余万两，为数不巨，必能清还。盛宣怀综核素精，断无将成本数倍借款之商局送与外人之理。

恭绎此次谕旨，原只戒其勿得轻许作抵，致碍大局，然则此事之有无流弊，应否阻止，自以于招商局是否有碍为断。体察合同办法情形，实与招商局并无妨碍，且此事既经咨明总署及路矿总局，均经核准有案。而洋行久经订立合同，既与招商全局无妨，似不必另起波澜，致外人别滋口舌。合无仰恳天恩，仍准以此款扩充萍矿，不独与铁厂有益，而地产工作日盛一日，于萍乡小民之生计裨益尤宏。现仍一面招集商股办理，拟有章程，并当多留矿股，专待江西商富附入，以示公享美利之意。计股票拟定一百万两，铁厂及铁路公司并轮船公司招商局入股五十万两，其余五十万两由盛宣怀将章程、股票咨送江西巡抚藩司，就地招股。如有不敷，再向他省招集。其所认股分限六个月缴足，以免观望、贻误。如此办法，盛宣怀肩借款之难，任开凿洗炼修路转运之劳，而江西商富享入股获利之逸。有盈则江西商富分一半之利，无效则盛宣怀一人还全数之款，似亦极为平允。

所有遵旨查明招商局保借洋款，办理萍乡煤矿并未轻许抵押，不致有碍大局，且实有益萍民生计各情形，理合恭折，据实复陈。伏祈皇太后、皇上圣鉴，训示。

谨奏

奉朱批：知道了。钦此。

张之洞致盛宣怀电

光绪二十六年十一月初七日（1900.12.28）

苏龛言：闻李维格私议铁厂、萍矿、湘路费多亏巨，以后无策，或租与柯克里厂包办等语。万万不可。军火器料禁矣,铁厂尚可与人乎? 此次赔款,约需数百兆,必借洋款,似可即于此次借款时,附借三四百万,不过畸零尾数耳! 多开数炉,速造湘潭之路,此时铁厂乃当行出色之文。阁下乃中外推重之人,债勿忧难还,奏勿虑难允也。至如何筹还,如何措词,或能请国家酌认若干尤妙,台端自有智珠矣。洞。麻亥。

张之洞致盛宣怀电
光绪二十九年正月初六日(1903.2.3)

豪电悉。尊意先借通商银行款,缓借洋款,以免外人执权,虑患甚远,请即照办。惟此事与南洋无涉,本系尊处专责,尽可专奏。鄙人现不在鄂,且铁厂办法,历年鄙人皆不与闻,未便会衔。致慰帅电亦只可云鄙意谓然,不必由敝处出名会电,好在慰帅担认在先,宫枢前已经陈明奏入,无虑不准。前沁电谓铁厂一事,鄙人以阁下轮、电在手,劝谕先接等语,记当时阁下但言能兼办铁路,则愿接铁厂,鄙人允为奏保,并无计及轮、电之语。此语本无足辨,但凡事须求核实,故特附陈及之。祈鉴。洞。歌。

张之洞致鹿传霖[①]电
光绪二十九年二月初九日(1903.3.7)

湖北铁厂、萍乡煤矿,以款绌不能大举扩充,坐失美利,其势颇窘,恐终难支持。兹由盛侍郎电奏,请将通商银行部款一百万两,暨商股三百五十万两拨归铁厂,得此巨款,添炉、接轨、运煤,速出钢,多获利,确有把握。其部款分年还本付息,仍照通商银行原案办理,不致延误。查铁大局所关,盛此次所请,尚在情理,此奏如交议,务请鼎力维持,俾资周转,免致有碍铁厂,曷胜感祷,并祈电复。洞。庚。

---

① 鹿传霖(1836—1910):字润万,河北定兴人。时任户部尚书兼督办政务大臣。

汉阳铁厂与三井洋行订立一百万日元借款合同

光绪三十二年正月二十日（1906.2.13）

立合同湖北汉阳铁厂（此后称铁厂）上海三井物产会社（此后称三井），因同日订立合同，铁厂允派三井在日本等处代为专销所造货料，为此三井遂允订此合同，借与铁厂日币一百万元，订定条款如后：

一、三井此项借款，或在汉口按照当时汇价付与铁厂；或付与铁厂所指无论何家银行，自西历 1906 年二月底起至十一月底止，分十期匀数付交，利息自每期付款之日起算。

二、铁厂每次收到款项，即出期票付与三井，由铁厂督办、总办签押。此项借款，照后开日期分期分数付还。

1907 年六月三十日付还日币十五万元。

1907 年十二月三十一日付还日币十五万元。

1908 年六月三十日付还日币十五万元。

1908 年十二月三十一日付还日币十五万元。

1909 年六月三十日付还日币二十万元。

1909 年十二月三十一日付还日币二十万元。

每期付还款项，即将该期该数期票交还铁厂注销。

三、按年七厘半起息，即每百元按年七元半、半年一付，即西〈历〉六月三十日、十二月三十一日。

四、汇价上下，铁厂担承。

五、如合同期内，铁厂另借款项，还本付息，须先尽三井。

六、三井照另订之代销合同所售钢铁价款，或一月者，或数月者，如将遇期票到期，可归三井收存，以之付还。到期本利如有不足，即在汉口查照汇价付银。其三井收存之款，按年六厘起息，即每百元按年六元。

七、如期票到期，铁厂不能照付，三井可将下开动物［产］执掌销售，至未清之款还清为止。计开：

铁厂制造之各种钢铁货

栈存之煤炭焦炭

栈存之材料

如以上所开各物不值所欠三井之款,三井仍可向铁厂追索,至还清为止。

八、无论期票到期与否,铁厂可将借款全数一时付还,或全数内之一〈部〉分亦可,惟销钢铁合同,仍至期满始止。

九、如有争执,两造各请公正人一人评断;如仍难断定,由两公正人合请一人,此人所断,即为定评。此合请之一人,须由两公正人于尚未评论其事之前,预先订定。

十、因三井借此款项,故铁厂保其佣钱,详见代销合同。

十一、此合同华英文各有三份,铁厂执两份,三井执一份;如有争执,以英文为准。

光绪三十二年正月二十日即西历 1906 年 2 月 13 号

湖北汉阳铁厂　督办

总办

三井物产会社

上海支店长

附款:

兹特订明,同日所订借款合同内第一、第二款所开,铁厂收到三井十期借款所出之期票十张。一俟借款全数交齐,此项期票即改为六张,以一年为期,期满再换。新期票至该合同第二款所订还清之日为止。

湖北汉阳铁厂　督办

总办

三井物产会社

上海支店长

萍乡煤矿向日本大仓组订借日金二百万元合同

光绪三十三年三月十九日(1907.5.1)

日本大仓喜八郎、中国萍乡煤矿局为给发借票事,今由日本大仓喜八郎承认借与中国萍乡煤矿局日本金元二百万元，其条款办法开列于后：

一、本数：大仓喜八郎承认借与萍乡煤矿局日本金元二百万元，言明在上海、汉口两处交付。俟交到后，萍矿驻汉运销局另有萍矿借款期票交与驻汉大仓经理人手收为凭。

二、息金：周年以七厘五毫计算，即每百元按年七元五角。每年分两次付息，以东历五月底及十一月底为期。

三、借款年限：此项借款以七周年为期，前三年只付息金，后四年本利按期分还，其年月载在借票，兹开列于后。再此项借款，亦可于三年后将本金全数先还，或先还半数，惟须在四个月前知照大仓，至其息金亦即以还本之日为止。

第一期应还	本利	日本金元	五十万元明治四十四年五月 十五万元光绪三十七年三月	日 日
第二期应还	本利	日本金元	五十万元明治四十五年五月 十一万二千五百元光绪三十八年三月	日 日
第三期应还	本利	日本金元	五十万元明治四十六年五月 七万五千元光绪三十九年三月	日 日
第四期应还	本利	日本金元	五十万元明治四十七年五月 三万七千五百元光绪四十年三月	日 日

四、借款担保：萍乡所借日本金元二百万元，以矿局所有生利之财产物件均作为借款抵押，及至借款本利还清之时为止。再俟萍矿还清礼和借款，位次便以大仓为第一。萍矿亦切实声明，不将已抵之产再抵别款。

五、允认：此项借款合同，均经矿局股东承认。

六、市价：萍矿局所借大仓日本金元二百万元，言定照票按期清还。到期付还时，概照银行市价收付，彼此不得低昂。

七、收据：大仓驻汉经理人自收到萍矿驻汉运销局到期还款之银，当将合同内第三条萍矿局所立之到期借票交与驻汉运销局经理人手收，并须另给收条一纸，以为期满彼此注销合同之据。

八、合同：自立合同后，各无异言，均照合同办事。再，此次合同一式四纸，大仓喜八郎执一纸，汉口大仓经理人执一纸，督办萍矿盛宫保执一纸，萍乡煤矿局执一纸，俟本利皆清，合同即为废纸，此照。

明治四十年五月初一日

光绪三十三年三月十九日

大仓喜八郎　橘三郎（代）

驻汉大仓代理人　橘三郎

督办萍乡煤矿总局　盛宣怀

总办萍乡煤矿局　林志熙

总办萍乡驻汉运销局　卢洪昶

汉阳铁厂与汉口正金银行订立日金三十万元借款合同

光绪三十三年十一月初九日（1907.12.13）

一、督办湖北汉阳铁厂之大冶矿局订借日本横滨正金银行日本金货三十万元，正本合同画押之日后六个礼拜交付。以五年为期，年息七厘，付交本款之日起算，每半年壹结付清。

二、照光绪二十九年十一月二十八日、明治三十七年一月十五日日本制铁所及日本兴业银行与督办湖北汉阳铁厂之大冶矿局所订大冶购运矿石预借矿价正合同，将汉阳铁厂运售日本制铁所之矿石定数，自本合同订定之日起，每年添加二万吨，以五年为止。此项矿石价由日本制铁所交付日本横滨正金银行，以抵还本之数。

三、凡借款担保及矿石含质价值等一切事项，本合同未及详载者，悉照光绪二十九年十一月二十八日、明治三十七年一月十五日日本制铁所及日本兴业银行与督办湖北汉阳铁厂之大冶矿局所订《大冶购运矿石预借矿价正合同》一律办理。

四、以上本合同缮就两份：湖北汉阳铁厂、日本横滨正金银行各执一份为凭。

大清太子少保前工部左侍郎 督办湖北汉阳铁厂　盛宣怀代表李维格

大日本横滨正金银行汉口分行总办　武内金平

大清光绪三十三年十一月初九日

大日本明治四十年十二月十三日

　　湖北汉阳铁厂另将光绪二十九年十一月二十八日、明治三十七年一月十五日日本制铁所及日本兴业银行与督办湖北汉阳铁厂之大冶矿局所订《大冶购运矿石预借矿价正合同》及其附件三件抄录底稿交付日本横滨正金银行查照。

驻扎汉口大日本帝国领事　高桥橘太郎

盛宣怀致上海正金银行函

明治四十三年二月二十七日（1910.2.27）

敬复者：

　　接本月二十四日来书，知前次汉阳铁厂向贵行汉口支店所借日金三十万圆，其每年归还本利以矿石折价充当，并附表一通详注按年交纳矿量等情均悉。此项矿石交付方法，本大臣业致函与日本制铁所及兴业银行协商，拟托制铁所每年在大冶受领矿石，输送回所，由制铁所核算归还本利之矿石代价送交与兴业银行受领，再由兴业银行将该矿石代价逐年纳入贵行本店清尝借款本利。此项办法业作函商办理矣，现二处尚无回音，一俟得复当即通知。兹将所致二处书翰钧呈钧览，并希转达贵行本店为祷。此复

正金银行上海支店